INHALT

Clemens Vollnhals · Jürgen Weber | Hg.

Der Schein der Normalität

Alltag und Herrschaft in der SED-Diktatur

OLZOG

Die Deutsche Bibliothek – CIP-Einheitsaufnahme

Der Schein der Normalität :

Alltag und Herrschaft in der SED-Diktatur / Clemens Vollnhals; Jürgen
Weber (Hrsg.). – München: Olzog, 2002
ISBN 3-7892-8077-1

ISBN 3-7892-8077-1
© 2002 Olzog Verlag GmbH, München
Besuchen Sie uns im Internet: http://www.olzog.de

Umschlagentwurf: Gruber & König, Augsburg
Satz: Verlagsservice G. Pfeifer / EDV-Fotosatz Huber, Germering
Druck- und Bindearbeiten: Ebner, Ulm
Printed in Germany

Heinrich Oberreuter

Vorwort

Erinnerung fällt nicht immer leicht. Verdrängung, Verklärung und Reaktivierung überlagern des Öfteren historische Tatsachen. Schon nach dem Ende der ersten Diktatur des vergangenen Jahrhunderts haben die Deutschen – bei aller Erinnerungsarbeit und „Bewältigung" – diese Erfahrung gemacht. Die Frontgeneration z.B. neigte dazu, ihre traumatischen Erfahrungen durch die Anrufung der – trotz allem – auch männerbündische Heiterkeit erregenden Erlebnisse in Schützengraben und Gefangenenlagern in den Hintergrund treten zu lassen. Im Volk wurde der „deutschen Katastrophe" (Meinecke) vielfach Autobahnbau und Kriminalitätsbekämpfung des NS-Regimes beigesellt. Niemand lebt offenbar gern in Zeiten exklusiver trostloser Erbärmlichkeiten. Auch wenn die Dimensionen ungleich andere sind – die Mechanismen des Entfliehens präziser Erinnerung sind nach der zweiten Diktatur ganz ähnlich. Es verklärt sich, was sich positiv interpretieren lässt, und es verblasst das Erbärmliche.

Natürlich ist diese Erscheinung kritikbedürftig. Sie motiviert nebenbei historische Forschung und Aufklärung. Da aber über die Periode von 1933 bis 1989 die deutsche Gesellschaft insgesamt im Glashaus sitzt, gibt es für niemanden ein Recht, mit Steinen zu werfen. Dennoch besteht eine Pflicht zu wahrheitsgemäßer Darstellung der Geschichte.

Die gegenseitige Wahrnehmung der Deutschen kann man nicht vom Ende der Teilung her beurteilen. Besonders im Westen waren die Kenntnisse über die politischen, ökonomischen und gesellschaftlichen Alltags- und Lebensbedingungen im Osten verschwommen. Umgekehrt galt, dass das Fernsehbild von der Wirklichkeit mit der realen Wirklichkeit des Westens keineswegs übereinstimmte. Gerade den Zusammenhang von Herrschaft und Alltag aufzuklären, verlangte intellektuelle Operationen, für welche weder im Allgemeinen die Vorbildung und im Besonderen das Interesse zu allen Zeiten bestand. Am präzisesten war der Wissensstand sicher zu Beginn der Teilung, als Gründungsintentionen und Zielvorgaben beider Systeme evident erschienen. Die Zuweisung der BRD zum Lager des Klassenfeindes entfaltete im Osten keine Glaubwürdigkeit. Im Westen galt die DDR bis in die sechziger Jahre unzweifelhaft als Diktatur mit totalitärem Anspruch, im Kern gekennzeichnet durch das Weltanschauungs- und Politikmonopol der Partei, woraus sich die Alltagspraxis der Herrschaft ableitete.

Doch schon Mitte der sechziger Jahre nahm jedoch im Westen die Neigung zu, von den rechtstaats- und freiheitswidrigen Konstruktionsprinzipien der DDR und der ihnen folgenden Praxis zu abstrahieren. Stabilisierung galt als Voraussetzung für Liberalisierung – eine bitter enttäuschte Hoffnung. Währenddessen nahm im Osten nach dem Mauerbau die Anpassung zu, obgleich die offenkundige Repression nachließ. Die Instrumente der Diktatur wurden differenzierter, griffen aber nach wie vor nachhaltig in die Lebenschancen des Einzelnen ein. Den Bürgern blieb wenig übrig, als sich im Grunde alltäglich – internalisiert – auf die Logik des Faktischen einzulassen: Freiheit als Einsicht in die Notwendigkeiten. Joachim Gauck spricht von einer Selbstentmächtigung durch höhere Einsicht, beruhend auf Ohnmacht und Ausweglosigkeit durch die historische Situation. Selektive Wahrnehmung griff um sich. Manches wollte man gar nicht so genau wissen – ein Phänomen, das nach Hannah Arendt typisch für das Leben unter Diktaturen ist. In selektiver Erinnerung setzt sich diese Haltung bis heute fort – und in der Befürchtung, der geschichtliche Wandel und die Geltung neuer, konträrer Legitimitätsideen griffen nach der eigenen Biografie – ein Irrtum, der in letzter Konsequenz eine nachträgliche Identifikation von Person und System herstellen würde, die es damals im Alltag für die allermeisten nicht gegeben hatte. Denn sich in unentrinnbare Strukturen nolens volens einzupassen kann keineswegs mit einer solchen Identifikation gleichgesetzt werden. Das Leben ist unter den gegebenen Bedingungen zu leben. Sich zu arrangieren oder sich in alltäglichen Widerständigkeiten zu engagieren ist eine ganz unechte Alternative. Sie als alltägliche Lebensweise zu unterstellen oder gar einzufordern bezeugt nichts anderes als Unverstand. Wo im Alltag Diktatur herrscht, müssen die meisten Biografien zwangsläufig gebrochen sein. Über Unvermeidliches müsste man sich nicht genieren. Erst recht ist es kein Anlass und keine Rechtfertigung für Vorwürfe von außen. Entsprechende Vorwürfe bezeugten nur die Fortexistenz der über Jahrzehnte in die westdeutsche Gesellschaft eingesunkenen Desinformation über Alltag und Herrschaft in der DDR.

CLEMENS VOLLNHALS/JÜRGEN WEBER

Einleitung

Mit Herrschaft und Alltag sind zwei Schlüsselbegriffe benannt, die das Leben in jeder Diktatur ganz spezifisch prägen. Dies gilt erst recht für Weltanschauungsdiktaturen, die sich nach der Eroberung der Macht nicht mit der Ausübung der staatlichen Herrschaft und der Verteidigung ihres Machtmonopols begnügen, sondern auch im Weltanschaulichen ein ideologisch bestimmtes Deutungsmonopol für sich beanspruchen. Die Unterwerfung der gesamten Gesellschaft unter den politischen und ideologischen Führungsanspruch der herrschenden Partei ist das Charakteristikum moderner Weltanschauungsdiktaturen, das sie vom herkömmlichen Typus autoritärer Diktaturen unterscheidet. Es ist das visionäre Endziel, die Verwirklichung der großen Utopie, das den Einsatz aller Mittel zur völligen Umgestaltung der Gesellschaft legitimiert. Der unmittelbare parteistaatliche Zugriff auf alle Lebensbereiche duldet jenseits privater Nischen keine eigenständige Autonomie von Ökonomie, Kultur und Gesellschaft. Der totale Herrschaftsanspruch hebt die bürgerliche Trennung von Staat und Gesellschaft auf und ordnet alle Bereiche dem planenden und steuernden Primat der Politik unter. Weltanschauungsdiktaturen bedürfen zu ihrem Erhalt sowohl der Integration, die auf vielfältigen ideologischen wie sozialpolitischen Komponenten beruht, als auch der permanenten Kontrolle, Repression und Ausgrenzung. Integration und Repression prägen denn auch den Alltag; beide Momente ergänzen sich wechselseitig und sind konstitutiv für die innere Systemstabilität.

Dass die DDR eine Diktatur war und die SED das Machtmonopol innehatte, steht außer Zweifel. Strittig ist in der öffentlichen Debatte allein die Frage ihrer Charakterisierung: War sie eine totalitäre Diktatur? Soll man die Ära Honecker als spät-totali-

täre, als post-totalitäre oder nicht besser als eine autoritär
geprägte Fürsorgediktatur bezeichnen? Auf abstrakter Ebene,
auf der Ebene der politischen Herrschaftstypologie, lässt sich
hier trefflich streiten. Zumal der Totalitarismusbegriff, obgleich
wesentlich älter, als politischer Kampfbegriff aus der Zeit des
Kalten Krieges belastet ist, und vielen der Vergleich von Nationalsozialismus und Kommunismus als anstößig gilt. Auch gibt es
in der Wissenschaft ganz unterschiedliche Definitionen dessen,
was man unter „Totalitarismus" zu verstehen habe. Gleichwohl
sollte dies nicht dazu verführen, den heuristischen Erkenntnis-
wert der verschiedenen Spielarten der Totalitarismustheorie zu
unterschätzen. Die vielfach feststellbare Begrenztheit des totalen Verfügungsanspruchs von Weltanschauungsdiktaturen ist
per se kein Gegenargument, sondern verweist lediglich auf den
Umstand, dass die Umsetzung des prinzipiell schrankenlosen
Herrschaftsanspruchs in der Praxis stets auf vielfältige Begren-
zungen und Widerstände stößt: auf den gesellschaftlichen
Eigensinn wie auf exogene Faktoren, die außerhalb des Systems
liegen und die revolutionäre Dynamik begrenzen.

Was bedeuten diese knappen Vorüberlegungen nun für die
Geschichte der DDR, für Herrschaft und Alltag in der SED-
Diktatur? War sie nicht doch, zumindest in der langen Amtszeit
Honeckers, eine kommode Diktatur mit einer liebenswerten
Nischengesellschaft, der bis heute nicht wenige nachtrauern?
Oder war ihr primäres Merkmal der monströse Kontroll- und
Repressionsapparat der Staatssicherheit, die alle Sphären der
Gesellschaft konspirativ durchdrang und zersetzte? Die Ant-
wort fällt bekanntlich sehr unterschiedlich aus. Dies liegt nicht
nur an den differenten Lebenserfahrungen der Täter und Opfer
und – jenseits aller einfachen Zuschreibung – dem breiten
Spektrum der Mitläufer und Nutznießer des Systems. In Rechnung zu stellen ist ebenso, dass Herrschaft und Alltag nicht
umstandslos in eins fallen, dass das eigene Leben auch und gerade in der Diktatur nicht deckungsgleich mit den politischen Verhältnissen ist. Deshalb ist es auch nicht sonderlich verwunder-

lich, dass in der Erinnerung vieler Ostdeutscher die positiven Erfahrungen des Alltags überwiegen: die Solidargemeinschaften in Betrieb und Nachbarschaft, der gesicherte Arbeitsplatz, die stabilen Mieten etc. Die durch Umfragen belegte DDR-Nostalgie dürfte jedoch weniger das Resultat fortwirkender politischer Überzeugungen sein als vielmehr eines elementaren menschlichen Grundzuges, der die Bewältigung des privaten Lebens enorm erleichtert: Wir erinnern uns eher an das Gute und vergessen das Schlechte. Hinzu kommt vielfach ein emotionaler Affekt, ein untergründiger Abwehrreflex gegen den dominierenden Westen, den die PDS meisterlich auszubeuten versteht.

Eine der zentralen Aufgaben der politischen Bildung ist seit langem die selbstkritische Auseinandersetzung mit der NS-Diktatur. Insofern ist es keine neue Erkenntnis, wie zählebig politische Mythen und ideologische Versatzstücke als Restbestände besonders im familiär-privaten Umfeld fortleben. Die schlechten Seiten werden von den vermeintlich guten getrennt und gegeneinander aufgerechnet. Dass die „sozialen Errungenschaften" der DDR, der Konsum-Sozialismus Honeckers, mit dem Ruin der wirtschaftlichen Leistungsfähigkeit erkauft wurden, bleibt dabei außer Betracht, um nur ein Beispiel zu nennen.

Das komplizierte Wechselverhältnis von Herrschaft und Alltag in der SED-Diktatur unterlag in 40 Jahren einem beständigen Wandel, der in den verschiedenen Bereichen unterschiedlich ausfiel und vielfach erst noch vertiefter Erforschung bedarf. Insofern wäre es vermessen, schon jetzt eine Bilanz ziehen zu wollen. Als eine Entwicklungstendenz lässt sich sicherlich festhalten, dass der offene Terror und die harte Repressionspolitik zur Umgestaltung von Staat und Gesellschaft, die die frühen Jahre maßgeblich geprägt und eine große Fluchtbewegung hervorgerufen hatten, mit dem Mauerbau 1961 ihren Abschluss fanden. Beton und Stacheldraht symbolisierten das Scheitern im Wettstreit der Systeme, den die SED-Diktatur ohne den Einsatz sowjetischer Panzer schon beim Volksaufstand am 17. Juni 1953 verloren hätte. Sie war von Anfang an das abgeleitete Produkt der sowjetischen Besatzungsmacht – und erst in einer sehr viel weiteren Perspektive das Ergebnis des vom Nationalsozialismus begonnenen Zweiten Weltkrieges. Der „Sozialismus in einem halben Land" bedurfte gewaltsamer Geburtshelfer und ging folgerichtig mit dem Zerfall des sowjetischen Imperiums unter.

Mit dem Amtsantritt Honeckers 1971 begann die Phase einer verstärkten Integrationspolitik, die auf die Sozialpolitik als Mittel zum Erhalt der Systemloyalität setzte; gleichzeitig wurde der Apparat der Staatssicherheit bis 1989 nahezu verdoppelt. Sozialpolitik und Staatssicherheit sollten den Machterhalt der kommunistischen Diktatur garantieren, deren visionäre Heilserwartung sich längst in den Mühen der Ebenen verbraucht hatte. Lediglich im Westen vermochte in den siebziger Jahren der utopische Gehalt des Kommunismus noch eine intellektuelle Faszination auszuüben, was zumeist keine Begeisterung für den „real existierenden Sozialismus" implizierte. Vom revolutionären Impetus einer ursprünglich breiten sozialen Bewegung war kaum mehr übrig geblieben als die ideologische Rechtfertigung einer Diktatur, die sich selbst als „Diktatur des Proletariats" bezeichnete, deren greise Führungsriege jedoch nur noch ein Ziel kannte: die Sicherung des eigenen Machterhalts. Die Bewahrung des Status quo war das oberste Ziel Honeckers, eines hochgedienten Apparatschicks, der in persona den bürokratisch versteinerten Sozialismus verkörperte.

Mit dem ideologischen Furor und Terror des Nationalsozialismus wie des Stalinismus hatte dieses Regime wenig gemein, worauf Kritiker der Totalitarismustheorie mit guten Gründen verweisen. Eine Gleichsetzung verbietet sich in der Tat. Der immer wieder herangezogene plumpe Vergleich beider deutscher Diktaturen, der die Unterschiede verwischt und indirekt die NS-Verbrechen relativiert, bedient mehr tagespolitische Interessen im politischen Meinungskampf, als dass er die wissenschaftliche Erkenntnis befördert. Von solcher Instrumentalisierung abgesehen, ist der Vergleich eine wissenschaftlich selbstverständliche Methode, die es erst überhaupt erlaubt, Gemeinsamkeiten und Unterschiede festzustellen. Anders als der inhaltsarme Begriff der „modernen Diktatur", der völlig offen lässt, was denn am Charakter – nicht an einzelnen Herrschaftstechniken – dieser Diktaturen „modern" gewesen sein soll, vermag eine modifizierte Totalitarismustheorie hier wesentliches zum besseren Verständnis und zur kategorialen Einordnung im Sinne einer Typologie von Herrschaftsformen beizutragen. Dies setzt freilich voraus, dass wir uns von der weitverbreiteten Auffassung lösen, das Wesen totalitärer Regime sei der permanente Terror und Massenmord oder, wie es im Werke Hannah Arendts düster aufscheint: die Auflösung der menschlichen Existenz im Lager als dem eigentlichen Ziel totalitärer Herrschaft.

Fruchtbarer für eine vergleichende historisch-politologische Analyse erscheint dagegen ein Totalitarismuskonzept, in dessen Mittelpunkt nicht die Vernichtung, sondern die totale Kontrolle steht , wie es beispielsweise von Kielmansegg vertreten wird. Er benennt drei Kriterien: 1. Die Monopolisierung von Entscheidungsmacht in einem Führungszentrum, das keiner Form institutionalisierter Kontrolle unterliegt und prinzipiell jede Entscheidung an sich ziehen bzw. jede außerhalb des Führungszentrums getroffene Entscheidung revidieren kann. 2. Die prinzipiell unbegrenzte Reichweite der Entscheidungen des politischen Systems. Und 3. Die prinzipiell unbegrenzte Intensität der Sanktionen. Das schließt, wie Kielmansegg weiterhin ausführt, die Möglichkeit des Terrors ein. „Aber viel wichtiger ist im Grunde die unbegrenzte Verfügungsgewalt über die Gesamtheit der Lebenschancen des Einzelnen diesseits des blanken Terrors [...]."[1]

---

[1] Peter Graf Kielmansegg: Krise der Totalitarismustheorie? (1974). In: Eckhard Jesse (Hg.): Totalitarismus im 20. Jahrhundert. Eine Bilanz der internationalen Forschung, Baden-Baden 1996, S. 286-304, hier 298f. Einen Überblick über die neuere Literatur geben u.a.: Hans Maier (Hg.): „Totalitarismus" und „Politische Religionen". Konzepte des Diktaturvergleichs, Paderborn 1996; Ders./Michael Schäfer (Hrsg.): „Totalitarismus" und „Politische Religionen".

Die Verfügungsgewalt über die Gesamtheit der Lebenschancen des Einzelnen ist gleichsam das innere Band, das die Beiträge des vorliegenden Sammelbandes miteinander verbindet. Sie sind keinem theoretischem Konzept verpflichtet, sondern beleuchten aus unterschiedlicher Perspektive einzelne Aspekte des Verhältnisses von Herrschaft und Alltag in der SED-Diktatur. Im Mittelpunkt steht hierbei die Ära Honecker, speziell die siebziger Jahre, die gemeinhin als das beste Jahrzehnt der DDR gelten. Neben fachwissenschaftlichen Analysen stehen persönliche Erfahrungsberichte, in manchen Beiträgen kommen beide Perspektiven zum Tragen. Die Beiträge beleuchten verschiedene Facetten des Themas, sie konzentrieren sich auf bestimmte Aspekte, behandeln aber längst nicht alle Bereiche, die man für eine umfassende Darstellung des Verhältnisses von Herrschaft und Alltag heranziehen müsste. Dies war weder möglich noch angestrebt, insofern vermag der vorliegende Sammelband keine abschließende Bilanz zu ziehen. Gleichwohl möchte er einen Anstoß für die politische Bildung geben, sich des Themas kritisch anzunehmen. Integration und Repression, Sozialpolitik und Staatssicherheit bedingten sich gegenseitig. Sie durchdrangen den Alltag auch dort, wo der Herrschaftsanspruch der Diktatur weniger sichtbar in Erscheinung trat.

Existent und jederzeit aktivierbar blieb der Herrschaftsanspruch der SED allemal. Dafür sorgten schon die vielen großen und kleinen Inhaber von Posten und Funktionen in den politischen Apparaten und gesellschaftlichen Institutionen , die im Auftrag der Partei in den Betrieben und Schulen, in den Wohnbezirken und in den Freizeit- und Kultureinrichtungen etc. ein

---

Konzepte des Diktaturvergleichs, Bd. II, Paderborn 1997; Alfons Söllner/Ralf Walkenhaus/Karin Wieland (Hrsg.): Totalitarismus. Eine Ideengeschichte des 20. Jahrhunderts, Berlin 1997; Achim Siegel (Hrsg.): Totalitarismustheorien nach dem Ende des Kommunismus, Köln 1998; Klaus-Dietmar Henke (Hrsg.): Totalitarismus. Sechs Vorträge über Gehalt und Reichweite eines klassischen Konzepts der Diktaturforschung, Dresden 1999.

wachsames Auge auf die DDR-Bürger – „unsere Menschen“, wie es im obrigkeitsstaatlichen Jargon der SED häufig hieß – warfen. Natürlich waren dem Durchgriff der Herrschenden gegenüber den Beherrschten in der DDR auch Grenzen gesetzt. Am Schlendrian der Basis und an der Unlust des Einzelnen, sich anzustrengen, konnten noch so vollmundig verkündete Initiativen der Parteiführung zur „Vervollkommnung des Sozialismus“ scheitern. Mit Lippenbekenntnissen und äußerlichen Loyalitätsbekundungen zum DDR-Staat versuchten viele Bürger, sich Freiräume zu sichern, ohne damit das Regime stabilisieren zu wollen. Kleine Arrangements zwischen den Machthabern und den Bürgern sicherten Ruhe und Ordnung im Land und fixierten den Status quo. Doch wenn die Führung ihr Machtmonopol bedroht sah, gab es keine privaten Nischen mehr, in die sich die Bürger zurück ziehen konnten. Eigensinn, Aufsässigkeit oder gar Dissidenz , öffentlich demonstriert, wurden dann schnell zu Staatsverbrechen. Über die Grenzen der Diktatur sollte man daher nicht spekulieren, ohne die historischen Quellen zu befragen .

Die folgenden Beiträge befassen sich mit der Allgegenwart der kommunistischen Parteidiktatur in der gesellschaftlichen Wirklichkeit der DDR, mit ihren brutalen und subtilen Formen der Kontrolle und Bevormundung der Bevölkerung, mit der Bedenkenlosigkeit , mit der sich die Machthaber über menschenrechtliche Standards hinwegsetzten und Andersdenkende verfolgten. Auch die für das Regime kontraproduktiven Folgen von Planwirtschaft und politischer Entmündigung kommen zur Sprache. So verstanden es die von der Führung als Untertanen behandelten Bürger der DDR durchaus, dem Volkseigentum auch seine positiven Seiten abzugewinnen und sich in der Mangelgesellschaft einzurichten – allerdings anders als sich das die Machthaber vorstellten: die geringe Arbeitsproduktivität und die weit verbreitete „institutionalisierte Verantwortungslosigkeit“ (Stefan Wolle) zählten zu den gravierenden Folgen der Parteidiktatur in der DDR.

Wollte man aus den verschiedenen Beiträgen ein allgemeines Resümee ziehen, so spricht vieles für die Definition Kielmanseggs. Die SED-Diktatur war sowohl ihrem ideologischen Herrschaftsanspruch nach als auch in der machttechnisch perfektionierten Gleichschaltung von Staat und Gesellschaft totalitär verfasst. Allerdings nahm ihr Sanktionspotential gegen den „inneren Feind" in demselben Maße ab, wie es galt, auf die Reaktionen des Westens und wirtschaftliche Interessen Rücksicht zu nehmen. Mit einer inneren Liberalisierung aus freien Stücken hatte dies jedoch wenig zu tun. Es waren vielmehr äußere Zwänge, die eine Mäßigung des ideologischen Gestaltungs- und Verfolgungswillens bewirkten und somit auch gewisse Freiräume schufen. An der Grundstruktur der vollständigen Gleichschaltung und Entmündigung der Gesellschaft änderte sich jedoch nichts, lediglich die Methoden wandelten sich. Sie wurden subtiler und raffinierter, um die Illusion des äußeren Scheins – die heile Welt des Sozialismus – aufrechtzuerhalten. Wer sich dem Austausch von angebotener Fürsorge gegen Gehorsam nicht verweigerte, konnte sich mit den Verhältnissen arrangieren, ohne mit ihnen in Konflikt zu geraten. Das durchaus erfolgreiche Konzept manipulativer Sozialsteuerung musste freilich versagen, als der wirtschaftliche Niedergang unübersehbar wurde und sich für die Bürger mit dem Wegfall der sowjetischen Interventionsdrohung neue Handlungsräume eröffneten.

Der hier vorgelegte Sammelband geht auf eine Tagung der Akademie für Politische Bildung Tutzing im Oktober 2000 zurück. Er enthält neben den für die Drucklegung teils erheblich erweiterten Referaten auch einige das Thema abrundende Beiträge, die eigens für diese Publikation verfasst und zusätzlich aufgenommen worden sind.

STEFAN WOLLE

Sehnsucht nach der Diktatur?

Die heile Welt des Sozialismus als Erinnerung und Wirklichkeit

Gespenster am toten Mann

Im Juni 1998 ging eine irritierende Meldung durch die Brandenburger Regionalpresse. Zunächst griff die Boulevardpresse die Geschichte auf, dann widmeten ihr auch die seriösen Zeitungen mehr oder weniger lange Artikel und Kommentare. In Brandenburg an der Havel hatte ein Wohnungsmakler bei der Besichtigung eines zum Verkauf stehenden Mietshauses einen makabren Fund gemacht. In der Dachgeschosswohnung entdeckte er auf einem Sessel vor dem Fernseher eine mumifizierte Leiche. Dem Obduktionsbericht zufolge war der ungefähr fünfzig Jahre alte Mann eines natürlichen Todes gestorben. Der Verstorbene hatte sich ungefähr vier Jahre in der Wohnung befunden, ohne dass sein Tod jemanden aufgefallen wäre. Der Mann, dessen Name mit Klaus S. angegeben wurde, war 1943 in den Wirren des Krieges geboren wurden. Nie hat er etwas von seinen Eltern erfahren. Als Waisenkind fand er Aufnahme in eine Pflegefamilie. Von ihr soll nach Erkenntnissen des Brandenburger Ordnungsamtes niemand mehr leben. 1969 heiratete Klaus S., doch die Ehe wurde nach einem halben Jahr geschieden. Klaus S. fand nach der Lehre Arbeit im Stahlwerk, das seit Generationen der halben Stadt Lohn und Brot bringt. Im Jahre 1975 zog er in die Wohnung in der Nähe des Zentrums von Brandenburg: zwei Zimmer, Küche, Außentoilette. Nach der Wende baute das Stahlwerk seinen Personalbestand ab und schloss dann gänzlich. 1991 verlor auch Klaus S. seinen Job. Beim Arbeits- oder Sozialamt lagen keine Meldungen vor. Offenbar hat er in der folgenden Zeit von seinen Ersparnissen gelebt. Mit der Arbeit verlor er jede soziale Bindung. Keine Kollegen, keine Freunde, keine Verwandte. Im freien Fall nach unten gab es nun kein Halten mehr. Aus dem Haus, das ein Alteigentümer beanspruchte, zogen die Mieter allmählich aus. Zum angenommenen Zeitpunkt des Todes von Klaus S. im Jahre 1994 war das Haus noch teilweise bewohnt. Dann wurde das Haus ganz geräumt. Lediglich das Energieunternehmen und die Wohnungsverwaltungsgesellschaft interessierten sich noch für Klaus S. Der Briefkasten des Toten enthielt neben Bergen von Werbung vor allem Zahlungserinnerungen. Schließlich wurde das Haus vom Amt für offene Vermögensfragen dem Alteigentümer zugesprochen. Der neue Eigentümer bot das Haus zum Verkauf an. Jetzt erst kam die Tragödie eines einsamen Todes an die Öffentlichkeit. Das Meldeamt brachte endlich den Datensatz Klaus S. auf einen aktuellen Stand, Stromfirma und Wohnungsgesellschaft konnten die Schulden ordnungsgemäß verbuchen, Sozialamt und Versicherung den Vorgang abschließen.

Welch ein Stoff für ein absurdes Theaterstück à la Samuel Beckett oder Heiner Müller! Ein toter Mann im Fernsehsessel, der sich vier Jahre lang von der stumpfsinnigen Fröhlichkeit der TV-Shows berieseln lässt und dabei eine beachtliche Energierechnung produziert. Die Computer der Stromfirma und der Wohnungsgesellschaft spucken Mahnungen aus, die von der Post an den toten Adressaten befördert werden. Währenddessen wird das Haus restituiert, die Immobilie erhält einen neuen Besitzer, der das Objekt zum Zwecke der Sanierung leer räumen lässt. Das Verschwinden des lebenden Objekts fällt nicht mehr auf. Die großen sozialen Tragödien Balzacs verblassen vor dieser Trostlosigkeit. Die moderne „Comédie humaine" kommt ohne lebende Menschen aus – mehr noch, sie kommt auch ohne Schuld, Verstrickung und Sühne, kurz ohne Nemesis aus. Niemanden trifft eine Schuld an der Tragödie in dem grauen Mietshaus in Brandenburg. Alle Computer waren richtig programmiert, jede Behörde hat ordnungsgemäß ihre Pflicht getan, alles vollzog sich nach Recht und Gesetz. Die Schließung des Stahlwerks war ebenso rechtens wie die Rückerstattung und der Leerzug des Hauses. Lauter Rechtsstaatlichkeit, lauter Sachzwänge, lauter soziale Abfederung – und im übrigen haben die Bürger der DDR ja nichts anderes gewollt, als sie im Herbst 1989 auf die Straße gingen.

Die doppelte Sicherheit der DDR

Warum wird – jedenfalls im Osten – jeder die Geschichte als Parabel für das Ausgeliefertsein, für das passive Erdulden, für die Reduktion des Menschen auf die Ware-Geld-Beziehung empfinden –, so wie sie 1990 über die Menschen in der sich auflösenden DDR kam? Man wird nun einwenden können, die Geschichte hätte sich ebenso gut in Gelsenkirchen oder Mühlheim an der Ruhr abspielen können. Dies ist wohl wahr. Aber eben nicht in der DDR – und dies aus mehreren Gründen.

Erstens hätte unbenutzter Wohnraum bald schon die Begehrlichkeit wohnungssuchender Nachbarn auf sich gelenkt. Angesichts der spottbilligen Mieten und des extremen Mangels an Wohnraum war eigentlich jeder ein Wohnungssuchender. Wer nicht für sich selbst eine Wohnung suchte, hatte einen Verwandten, Freund oder Kollegen. Aufmerksame Zeitgenossen hatten sich auf überquellende Briefkästen, verdorrte Balkonblumen und ungeputzte Fenster spezialisiert, um mit solchen Leerstandsmeldungen ins Wohnungsamt zu gehen oder einfach einzuziehen und vollendete Tatsachen zu schaffen. Zum Ärger der Staatssicherheit wurde auf diesem Wege manche KW – „Konspirative Wohnung" – enttarnt und musste einer anderen Nutzung zugeführt werden.

Zweitens wären Hausbuchführer und HGL – „Hausgemeinschaftsleitung" – schnell auf das Verschwinden eines Mieters aufmerksam geworden. Sie trugen Mieter und Gäste, die mehr als drei Tage blieben, in ein großformatiges Buch ein. Ihnen oblag die Kontrolle der Treppenreinigung, der Säuberung der Ecke vor den Mülltonnen, der Beflaggung zum ersten Mai und der Sammlung der Spenden für die Volkssolidarität. Sie waren natürlich auch die erste Anlaufstelle für die Polizei oder die Staatssicherheit, wenn es irgendwelche Fragen gab.

Denn *drittens* unterlag es einer strengen Kontrolle, dass jeder Bürger einer ordentlichen Arbeit nachging. Beim Verdacht auf „asozialen Lebenswandel", den schnell jeden Unangepassten treffen konnte, wurde der ABV – „Abschnittsbevollmächtigte" – aktiv, machte einen Hausbesuch und „klärte den Sachverhalt". Gelegentlich kümmerte sich sogar die Staatssicherheit um Personen, die keinem geregelten Lebenswandel nachgingen.

Viertens schließlich bildete auch das Arbeitskollektiv ein System der Sozialkontrolle. Bei längeren Abwesenheiten kümmerte sich nicht nur der Amtsarzt und lud den Werktätigen vor eine ÄBK – „Ärzteberatungskommission" – sondern auch das Kollektiv. Ein Vertreter der BGL – „Betriebsgewerkschaftsleitung" – machte sich mit einem Blumenstrauß sowie einem Geschenk im Werte von 15 Mark der DDR auf den Weg, um dem Kranken die Besserungswünsche der Kollegen zu überbringen. Falls, wie so oft, keine frischen Schnittblumen zu bekommen waren, machte es auch eine Sukkulente im Blumentopf oder ein Trockenblumenarrangement. Dafür wurden gelegentlich Hilfsaktionen organisiert. Dem Kranken wurde Holz gehackt oder die Kohlen in die Wohnung geschleppt. Auch bei Umzügen oder Renovierungen wurde mit einem Transporter aus dem Betrieb geholfen und die Kollegen schleppten das Mobiliar. So wusste jeder, welche Schrankwand und welche Couchgarnitur der Arbeitskollege hatte – die Auswahl war ja ohnehin nicht erheblich.

Es sei zugegeben, dass alle diese Systeme der sozialen Sicherung und Kontrolle nicht lückenlos waren. Sie waren auch nicht unveränderlich, sondern wurden im Laufe der Jahre teilweise perfektioniert und teilweise gelockert. Nicht jeder Winkel der Gesellschaft war gleichermaßen gut ausgeleuchtet. Insgesamt aber lag über dem Land ein dichtes Netz von gegenseitiger Beaufsichtigung, Bevormundung und Kontrolle. Die Gesellschaft bewahrte ihre Mitglieder vor dem Abdriften ins soziale Abseits – im schlimmsten Fall griff die Psychiatrie ein –, aber sie hinderte sie auch am Ausbruch.

Die Obrigkeit war wie ein liebender und strafender Vater. Sie behandelte die Untertanen wie Kinder – mit Zuneigung und, wenn es sein musste, mit Strafe. Der Grundanspruch der Gesellschaft war ein pädagogischer. Am Ende sollte die „sozialistische Persönlichkeit" stehen. Nirgendwo war der „neue Mensch" präzise definiert. Doch gerade das Vage, Unbestimmte öffnete der Willkür viele Möglichkeiten, unliebsame Mitglieder der Gesellschaft zu disziplinieren. Bestrafung traf gleichermaßen Abweichungen im Sozialverhalten wie im Denken. Sozialkontrolle war immer auch politische Kontrolle. Zwischen der Repression durch den Machtapparat und der Sozialkontrolle bestand eine enge Verflechtung. Die DDR bot ihren Bürgern Frieden, Geborgenheit und Sicherheit. Dies waren und sind die Schlüsselworte zum Verständnis der DDR. Frieden meint sowohl den Schutz durch die bewaffneten Organe und die sowjetischen Waffenbrüder als auch die innere Harmonie der Übereinstimmung von Individuum und Gesellschaft. Geborgenheit meint sowohl den Schutz durch die das Land umgebenden Mauern als auch das Eingesperrtsein. Und Sicherheit hatte die schwebende Doppeldeutigkeit von Staatssicherheit und sozialer Sicherheit. Wer die DDR und ihr Weiterleben in der ostdeutschen Mentalität verstehen will, muss sich der Ambivalenz dieser Gemütszustände stellen. Ein erheblicher Teil der Menschen hat den Umbruch von 1989/90 nicht als Befreiung empfunden, sondern als Verlust, als Demütigung, als Negierung ihrer Lebensleistung. Nach dem Ende der DDR entstand ein leerer Raum, in den unterschiedliche Ideologien und politische Kräfte einzudringen versuchen, die oft eine seltsame Mixtur bilden.

Die Herrschaft der Verwalter des Mangels

Der Theorie zufolge herrschte im Sozialismus die Arbeiterklasse im Bündnis mit den Genossenschaftsbauern und den anderen werktätigen Klassen und Schichten. Der Artikel Eins der Verfassung der DDR wies der SED die führende Rolle zu, wobei es sich nach Auffassung vieler Kritiker tatsächlich nur um eine Clique von Polit-Bürokraten handelte.

Im Alltag dominierte dagegen eine heterogene soziale Gruppe, die man als „Verwalter des Mangels" bezeichnen könnte. Zu ihr gehörte jeder, der über die Vergabe irgendeiner knappen Ware oder Dienstleistung verfügte, vornehmlich also Handwerker, Kellner, Verkäufer, aber auch Mitarbeiter der Verwaltung.

Die Verwalter des Mangels im Sozialismus – und hier bedarf diese Theorie der Ergänzung – übten über den Tauschwert eine Art außerökonomische Macht aus, die mit der politischen nicht nur nicht identisch war, sondern ihren wirtschaftlichen Prämissen und Intentionen sogar zuwider lief. Angesichts eines Überangebots an Waren und Dienstleistungen ist der Kunde König, bei permanentem Unterangebot dagegen der Inhaber der Verteilungsgewalt. Neben der in ihrem Wesen ebenfalls illegitimen, doch fest etablierten politischen Hierarchie gab es deshalb in der DDR eine unsichtbare Gesellschaftspyramide, in der Oberkellner in Nobelrestaurants oder Inhaber von Fliesenlegerfirmen durchaus über den mittleren Repräsentanten des SED-Apparates rangieren konnten. Die Auswüchse der „Verteilungsmacht" wurden zwar immer wieder öffentlich kritisiert und gelegentlich mit administrativen Mitteln bekämpft, doch verstärkte jede staatliche Reglementierung der Distribution auf längere Sicht den Mangel und damit den Einfluss seiner Verwalter.

Die gastronomischen Einrichtungen beherrschten die „Gaststättenkollektive". Das führte zu seltsamen Bräuchen, die mit der deutschen Einheit verschwunden und deswegen überliefernswert sind. Den Eingangsbereich der Restaurants zierte in der Regel ein Schild mit dem Hinweis „Sie werden platziert". Der Gast hatte davor innezuhalten und zu warten, bis ein Kellner kam und ihm einen Platz zuwies. Dieses Ritual galt auch dann, wenn genügend freie Kapazitäten zur Verfügung standen. Es empfahl sich nicht, gegen die ausdrückliche Anweisung großspurig den Gastraum zu betreten und selbstständig einen Tisch zu belegen, denn dann konnte es geschehen, dass der Kellner den Unbotmäßigen mit Bemerkungen wie „Sie können wohl nicht lesen?" oder „Was bilden Sie sich denn ein, wer Sie sind?" zurückscheuchte. Doch damit nicht genug. Wer derart unangenehm aufgefallen war, musste mit „erzieherischen Maßnahmen" rechnen und extra lange warten. Rebellisches Aufbegehren barg sogar das Risiko des Lokalverweises in sich, und das Verlangen nach dem theoretisch überall vorhandenen Beschwerdebuch „Der Gast hat das Wort" rief nicht selten blanken Hohn hervor. Trinkgelder spielten in diesem Zusammenhang natürlich eine wichtige Rolle und gingen fließend in Schmiergelder und Bestechung über. Falsch wäre allerdings die Annahme, das Diktat der Verteiler sei ein rein ökonomisches „Herrschafts- und Knechtschaftsverhältnis" gewesen. Bei Handwerkern und anderen Dienstleistungsberufen spielte nicht allein die Höhe eine Rolle, sondern auch die „seelische Betreuung". Bei Reparaturarbeiten in der Wohnung musste sich der Kunde als Handlanger einsetzen und wie ein „Stift" belehren lassen und über die Witze der gestandenen Handwerksleute auch dann noch lachen, wenn sie auf seine Kosten gingen.

Ein anderes Phänomen könnte man als „Negativwerbung"
bezeichnen. Während die Werbung seit dem Entstehen der
Ware-Geld-Beziehung dem Zwecke dient, Kauflustige anzu-
locken, bestand eine ihrer Varianten in der DDR darin,
Kundschaft fernzuhalten oder das Personal vor lästigen Fragen zu schützen. Schon am Eingang von Verkaufseinrichtun-
gen oder Gaststätten verkündeten Schilder, was es alles nicht
gab, oder wiesen auf zusätzliche Schließungen hin. „Keine Je-
ans", „Keine Kutten", „Keine Kord-Hosen", „Kein Außer-
Haus-Verkauf", „Kein warmes Mittagessen", „Kein Kaffee
und Kuchen", „Geschlossene Gesellschaft" oder der Hinweis, dass der Laden wegen „Krankheit, Renovierung, Inven-
tur, Wasserrohrbruch, Havarie" oder ganz allgemein „aus
technischen Gründen" geschlossen sei, bilden nur eine kleine
Auswahl dieser spezifischen Subkultur handgeschriebener
Mitteilungen. Sie zeichneten sich durch inhaltliche Vielfalt
und nicht immer ganz korrekte Orthographie und Gramma-
tik aus. Außerdem bemühten sich die Verkäufer auf eigene
Faust, die Öffnungszeiten so weit wie möglich zu reduzieren.

Die doppelte Sicherheit der Diktatur

Keiner der zentralen Begriffe der SED-Propaganda ist so
doppeldeutig und verräterisch wie jener von der Sicherheit.
Sicherheit meinte in der herrschenden Topologie vor allem
soziale Sicherheit. Sicherheit wurde speziell im Sprachge-
brauch der Funktionäre aber auch als Synonym für das Ministerium für Staatssicherheit gebraucht. Man mied die amtli-
che Bezeichnung ebenso wie die Abkürzung, sondern sagte
die Sicherheit oder *die Genossen von der Sicherheit.*

Tatsächlich gegeben hat es eine Sicherheit des Arbeitsplatzes.
„Keine Leute, keine Leute" war der nahezu sprichwörtliche
Stoßseufzer aller ökonomischen Leiter in der DDR. Der Per-
sonalmangel war die universelle Begründung für die schlechte Bedienung in den sozialistischen Einzelhandels- und Ver-

sorgungseinrichtungen jeglicher Art. „Kollege kommt gleich" lautete der in den gastronomischen Einrichtungen übliche Hinweis auf etwaige Fragen ungeduldiger Gäste. Doch ließ dann der Kollege oft sehr lange auf sich warten, und weitere Beschwerden waren angesichts des überlasteten und schlecht gelaunten Kollegen des Gaststättenkollektivs offensichtlicherweise sinnlos.

An jedem Werktor hing ein Schild mit der Aufschrift: „Wir suchen aus der nichtberufstätigen Bevölkerung". Dann folgte eine Liste von Angeboten. Es galt die Faustregel, je geringer die Qualifikation des Werktätigen, desto größer war der Bedarf. Akademiker hatten gelegentlich Schwierigkeiten, einen entsprechenden Arbeitsplatz zu finden, Hilfsarbeiter niemals. Das führt zu merkwürdigen Disproportionen in den Betrieben. Ungelernte Arbeiter verdienten oft mehr als die Meister und sogar die Diplom-Ingenieure.

Die Folgen dieser ökonomischen Disproportion waren seltsam zwiespältig. Der Alkoholkonsum, speziell während der Nachtschicht, war oft beträchtlich, ein Viertelstündchen vor Schichtschluss in Richtung Dusche zu verschwinden galt als normal, zu Arbeitsschluss wollte man wenigstens schon am Werktor sein. Was man zu Hause oder auf der Datsche brauchte, nahm man aus dem Betrieb mit und witzelte dabei, es sei ja Volkseigentum und jeder könne sich seinen Teil nehmen. Oder man witzelte: Erich Honecker hat doch gesagt, wir können aus unseren Betrieben noch viel mehr herausholen. Im Grunde konnte man es keinem Mitarbeiter verdenken, daß er sich mit Werkzeug, Brettern, Baumaterial auf der Arbeit versorgte. Die Dinge waren im staatlichen Einzelhandel kaum zu bekommen.

Die hohe Frauenberufstätigkeit verstärkte den Teufelskreis von Mangelwirtschaft und Schlendrian am Arbeitsplatz. Einkaufs- und Behördengänge waren unausweichlich, denn nach

Dienstschluss waren die Geschäfte oft leer, die Arzt- und Friseurtermine ausgebucht. Kranke Kinder waren die universelle Ausrede. Allerdings gab es in diesem Falle in der Regel auch kein Geld.

Einige der am häufigsten gebrauchten verbalen Kennzeichnungen der DDR bewegen sich im semantischen Assoziationsbereich der Wärme. Im positiven Sinne wird die menschliche Wärme des Kollektivs oder der Hausgemeinschaft gerühmt, im abwertenden Sinne wird gelegentlich von der „Kuhwärme der Herde" oder von „sozialistischen Wärmestuben" gesprochen, deren Wiedereinführung im Bundestagswahlkampf 1998 von CDU-Politikern einer „Volksfront" aus SPD und PDS unterstellt wurde.

Es hat diese größere Wärme in der DDR tatsächlich gegeben und zwar nicht nur im metaphorischen sondern im ganz wörtlichen Sinne. Die Neubauten – und zwar Wohnungen wie auch öffentliche Gebäude und Handelseinrichtungen – waren in der DDR in der Regel gnadenlos überheizt. Wer im Winter in warmen Sachen eine Dienststelle oder eine Versorgungseinrichtung betrat, war in Minuten schweißgebadet.

Dieser Hitzeschock hatte keine ideologische, sondern teils ökonomische, teils rein technische Gründe. In den Neubaublocks waren die Energiekosten Bestandteil der lächerlich geringen Mieten. Die Heizungen liefen also faktisch zum Nulltarif. Hinzu kam das Fehlen von Wärmeisolation in den Neubauten, die zwar von den Architekten vorgesehen waren, doch aus Kostengründen in den letzten Jahren des hektischen Neubaus von Wohnblocks zunehmend eingespart wurden. Doch selbst wer aus Gründen erhöhten Umweltbewusstseins oder ökonomischer Vernunft die Heizung drosseln wollte, hatte keine Chance. Entweder befanden sich keine Thermostate an den Heizungen oder sie waren defekt. Wer sich nach Kühle sehnte, öffnete das Fenster und heizte zusätzlich die Landschaft.

Ganz ähnlich vollzog sich die Wasserverschwendung. Warmes Leitungswasser „aus der Wand" gehörte zu den begehrten Eigenheiten der beliebten Vollkomfortwohnungen. Der Wasserpreis war ebenfalls pauschal im Mietpreis enthalten und erst nach der Wende wurden schrittweise Wasseruhren in die Häuser eingebaut.

Lediglich der elektrische Strom wurde einzeln berechnet, und die Wohnungen verfügten über einen Stromzähler. Trickreiche Neubaubewohner, denen Sparsamkeit durchaus nicht fremd war, wenn es um das eigene Geld ging, füllten die Waschmaschine und sogar die Kaffeemaschine mit dem kostenlosen warmen Wasser aus der Leitung, um Strom zu sparen. Die Verschwendung und Umweltverpestung dramatischen Ausmaßes spielte sich in einem Land mit extrem schmaler Energiebasis ab, das seit der Anpassung der sowjetischen Erdöllieferungen Ende der siebziger Jahre zunehmend auf die heimische Braunkohle zurückgreifen musste. Selbst die Briketts für die noch immer weit verbreiteten Kachelöfen in den Haushalten wurden zunehmend knapper und die schlechter werdende Qualität konnte man deutlich an den Kohleresten erkennen, die vor den Haustüren lagen. Denn außerhalb von Berlin war es üblich, dass die Braunkohle lose vor die Türe geschüttet wurde und in Wochenendeinsätzen mit der Schubkarre in Kellern und Schuppen transportiert wurden. Überall waren die Mülltonnen und Container bis zum Überquellen mit der rötlichen Asche gefüllt, die sich gelegentlich entzündete und den penetranten Gestank von verbrennendem Müll verbreiteten. Der über den Städten in der Luft liegende Gestank von Müll und Hausbrand wurde zum Geruchsmerkmal der untergehenden DDR.

Die politischen Folgen dieser Missstände waren widersprüchlich. Die institutionalisierte Verantwortungslosigkeit untergrub langsam aber sicher die ethischen und gesetzlichen Normen der Gesellschaft. Dies konnte nicht im Sinne

der herrschenden Apparate sein. Die Schraube des wirtschaftlichen Niedergangs drehte sich durch diesen Verfall
ständig weiter und untergrub auch die politische Macht.
Dennoch hatte der Verlust an zivilgesellschaftlichen Normen
im Sinne der Herrschaft durchaus auch eine stabilisierende
Wirkung. Untertanen, die den ganzen Tag mit den Misshel-
ligkeiten der Mangelwirtschaft beschäftigt sind, organisieren
sich schwerer zur politischen Opposition. Die Profiteure der
Schattenwirtschaft bildeten allmählich eine eigene soziale
Schicht, die zwar keinerlei politische Neigung zum SED-Sys-
tem verspürte, aus gesundem Eigeninteresse an einer Ände-
rung der Verhältnisse aber kein Interesse hatte. Die Reaktion der Staatsmacht war dementsprechend duldsam und
resignativ. Polizei, Staatssicherheit und Justiz schritten nur
noch in Extremfällen ein. Die neue Kultur der allgemeinen
Bereicherung am Rande und jenseits der Gesetze wurde in
den achtziger Jahren zunehmend hingenommen.

Die lockeren Sitten am Arbeitsplatz waren eine Scheinfrei-
heit, die erkauft wurde durch die ständig wachsenden ökonomischen Zwänge der Mangelwirtschaft. Die alltäglich gewordenen kleinen und gelegentlich nicht mehr ganz so kleinen
Klauereien und Unterschlagungen in den Betrieben waren
ein Teil der ökonomischen Zwänge der Schattenwirtschaft, in
der jede Dienstleistung und Ware durch Sonderkonditionen
erhandelt wurde. Es entstand eine heimliche Hierarchie der
Verwalter des Mangels, deren Herrschaft im Alltag nicht weniger drückend war als die politische Macht des Apparates.
Die tägliche Jagd nach notwendigen Konsumgütern und
Dienstleistungen schuf zweifellos auch politische Frustration,
die unmittelbare Auswirkung waren in der Regel jedoch Le-
thargie, eine weit verbreitete Müdigkeit gegenüber den gesellschaftlichen Problemen. Die Gefahr war in den achtziger
Jahren bereits groß, dass die Gesellschaft aufgrund ihres inneren Zerfalls auch die Kraft verlor, sich aus sich selbst zu er-
neuern. Das historische Exempel für Ursachen und Mecha-

nismen dieses Prozesses, bei welchem es im freien Fall nach unten offenbar keine Grenzen gibt, bot die Gesellschaft der sich auflösenden Sowjetunion seit den siebziger Jahren. Die scheinbar auf eine Erhaltung und Verbesserung des Systems zielenden Forderungen und Bestrebungen der kirchennahen Umwelt- und Friedensgruppen der achtziger Jahre erklären sich aus dieser seltsamen Verschränkung der politischen Fronten in der DDR. Manche – wenn auch durchaus nicht alle – SED-Funktionäre waren durch ihr korruptes Verhalten längst zu wirksamen Systemgegnern geworden. Die Bürgerrechtler, die gegen Umweltsünden, für Wasseruhren, Baumschutz und bessere Müllbeseitigung eintraten, in diesem Sinne Eingaben schrieben, Anwohner mobilisierten und sich dafür von der Stasi schikanieren ließen, traten vordergründig für das Gesetz ein. Es ist kein Zufall, dass aus diesen Kreisen die politische Opposition der Wendezeit entstand. Als sich in der DDR zur Jahreswende 1989/90 Untertanen zu Bürgern entwickelten, standen auf den Forderungskatalogen die Abschaffung des Privilegiensystems als auch Umweltforderungen ganz oben.

„Erich's Rache"

Als die DDR starb wurde die DDR-Identität geboren. Ohne Wehmut von den verklungenen Tagen des Realsozialismus zu reden, gilt in weiten Kreisen der deutschen Öffentlichkeit längst als degoutant. Dabei fehlte es in den Jahren seit 1989 nicht an Aufarbeitung, Bewältigung, Aufklärung und zeitgeschichtlicher Forschung. In zwei Enquete-Kommissionen hat der Deutsche Bundestag mit viel Aufwand und beachtlichem Ergebnis sich mit den inneren Strukturen der DDR und der Überwindung der Folgen der Diktatur beschäftigt. In den Medien nahmen und nehmen die DDR-Themen einen breiten Raum ein, und die Bücher jeglicher Couleur über den dahingegangenen Staat sind kaum noch zu zählen. Fast alle diese Zeitungsartikel, Fernsehbeiträge und Bücher bemühen

sich um eine kritische Auseinandersetzung. Trotzdem gehen
all diese Bemühungen wenigstens an einem erheblichen Teil
der Betroffenen seltsam spurlos vorüber. In den ersten Jahren nach der Wende lagen in den Buchhandlungen, wenigstens in der ehemaligen DDR, auf einem speziellen Tisch
meist ganz am Eingang griffbereit die neuesten Enthüllungs-
bücher über die Stasi – heute befindet sich im größten Medi-
enkaufhaus Berlins ein launiger „Ostalgie-Shop“, wo man
außer den Memoiren von Hans Modrow und Egon Krenz
auch eine DDR-Fahne oder ein Honecker-Bild kaufen kann.

Längst schon bedient sich selbst die Werbung der vermeintlichen oder tatsächlichen DDR-Mentalität. Und wer sollte
besser die geheimen Wünsche und Sehnsüchte der Menschen
kennen als die Werbefachleute und Marketingstrategen? So
wird für die zu DDR-Zeiten bekannte, nach der Fernstraße 6
zwischen Leipzig und Dresden benannte, Zigarettensorte
„f 6“ mit Sprüchen und Plakaten geworben, die bewusst an
DDR-typische Werte anknüpfte. Gemeinsam sitzen gemüt-
lich Kollegen beieinander und „rauchen eine“ – ganz so wie
es vermeintlich früher üblich war, als noch nicht der Stress
und der Konkurrenzkampf den Alltag bestimmten. Sogenannte „Ostprodukte“ verspricht inzwischen fast jeder Su-
permarkt. In den Regalen stehen Spreewaldgürkchen, Rade-
berger Bier oder Halberstädter Würstchen. Angesichts der
Freude des Wiedererkennens wird von den alten und neuen
Freunden der Wiedererkennung dieser kulinarischen Köst-
lichkeiten gern vergessen, dass die genannten Produkte im
Sortiment des volkseigenen Einzelhandels damals durchaus
Seltenheitswert besaßen und eigentlich nur in den überteuer-
ten Delikat-Geschäften zu bekommen waren.

Selbst Erich Honecker feiert seine Wiederkehr als Geist aus
der Flasche – genauer gesagt aus der Schnapsflasche. „Erich's
Rache“ steht in nicht ganz korrektem Deutsch auf den Etiketten, die ein Spirituosenhändler aus dem westfälischen Ah-

len vorzugsweise in den neuen Bundesländern auf den Markt bringt. Die Beschwörung des sozialistischen Flaschengeistes scheint sich zu lohnen. Nach Presseberichten hat der Hersteller bislang zehn Millionen Flaschen des „Rachenputzers" abgesetzt. Die „sehnsuchtsvolle Erinnerung vieler Ostdeutscher an die alten DDR-Zeiten haben das Getränk zu einem Verkaufsschlager gemacht", wird der Hersteller zitiert. Vor allem in Sachsen und Thüringen sei das Produkt besonders beliebt. Da wird nach Angaben der Firma zufolge „Erich's Rache" in einigen Läden schon knapp und wird stilgerecht als „Bückware" unter dem Ladentisch abgegeben. Man mag solche Erscheinungen ernst nehmen oder nicht – Symptom für den Zeitgeist im Osten sind sie allemal.

Vor allem die „Partei des demokratischen Sozialismus" pflegt die Erinnerung an die schönen Seiten der Diktatur. Es geht dabei kaum noch um die sozialistische Ideologie oder gar revolutionäre Träumereien. Die PDS ist längst so brav wie ihre Mitgliederschaft. In der Regel sind es ordentliche und recht durchschnittliche ältere Leute, die sich gerne treffen, um gemeinsam ihre Ressentiments gegen die neue Zeit zu pflegen. Die PDS ist die einzige Partei, die im Osten Deutschlands wirklich verwurzelt ist. Vielleicht ist sie überhaupt die letzte deutsche „Milieupartei". Ihre Mitglieder und Funktionäre sind aktiv in Sozialverbänden wie der aus DDR-Zeiten überkommenen „Volkssolidarität", bei der Organisation der Jugendweihen, an der fast so viele Kinder teilnehmen wie zu den besten Zeiten Erich Honeckers, im Kleingärtnerverein usw. Sie tun überall dort eigentlich gar nichts Böses. Weder unterwandern sie die Demokratie noch planen sie die Weltrevolution. Es geht ihnen vor allem um ihre gebrochenen Biographien. Sie wollen sich selbst und ihren Mitmenschen beweisen, dass es wenigstens zum Teil doch höhere Ideale waren, die sie in die Reihen der Staatspartei und auf die Karriereleiter geführt hatten.

Sehnsucht nach der starken Hand

Die Symptome könnten kaum bedenklicher sein. Die Parteien, außer der PDS, befinden sich in einem erbarmungswürdigen Zustand. Es herrscht ein allgemeiner Rückzug aus der Politik. Die politische Öffentlichkeit, die im Herbst 1989 nach fünfzig Jahren Abwesenheit unter Schmerzen wiedergeboren wurde, ist schnell wieder verloren gegangen oder reduziert sich doch wesentlich auf die mediale Öffentlichkeit des Fernsehens und des Internets. Demokratie läuft Gefahr zur permanenten Meinungsumfrage zu degenerieren. So wie die Einschaltquoten der Fernsehkanäle steigen, sinkt die Zustimmung zu bestimmten Politikern und Parteien. Der Schlips passt nicht zum Sakko – das gibt Minuspunkte. Zunehmend vollzieht sich eine Atomisierung der Gesellschaft. Jeder sitzt allein vor dem Bildschirm und ist verdrossen. Die Wahlforscher registrieren in den neuen Bundesländern eine geringe Bindung an bestimmte Parteien. Es fehlen die ausgesprochenen Stammwähler, die Bindungskraft der Parteien ist gering, sie leiden an Mitgliederschwund und Überalterung.

Nach dem Verlust des schützenden Staates sehnen sich die Menschen nach Vaterfiguren. Kaum war die SED-Diktatur beseitigt, begann die euphorische Begeisterung für Helmut Kohl, der am 18. März 1990 gar nicht zur Wahl stand, aber trotzdem der frischgewendeten Block-CDU in der letzten Volkskammer fast die absolute Mehrheit einbrachte. Kohl war der nette Onkel aus dem Westen mit der dicken Brieftasche. Ein Rest SED-Propaganda mag sogar mitgespielt haben. Die CDU war jahrelang als „Partei des Großkapitals" verunglimpft wurden. Nun sagten sich die Leute: „Großkapital ist doch genau das, was wir brauchen." Als die versprochenen „blühenden Landschaften" nicht ganz so farbenfroh erblühten wie erwartet, wandten sich die Wähler von Kohl wieder ab und machten ihn für alles Ungemach verantwortlich. Wiederum wurden die Wünsche auf eine Person projiziert und wurden enttäuscht.

In schwankenden Zeiten brauchen viele Menschen Leitfiguren, die mehr sind als nur die „großen Macher". Im Freistaat Thüringen ist Ministerpräsident Bernhard Vogel in diese Rolle geschlüpft, in Sachsen Professor Kurt Biedenkopf. Zwei Polit-Rentner aus dem Westen verschafften der gequälten Ostseele wenigstens ein bisschen neues Selbstbewusstsein.

Vor allem aber dringen aufgeladene Ressentiments in das Vakuum ein, das der sozialistische Staat zurückgelassen hat. Ein seltsames, aber hochexplosives Gebräu aus sentimentaler Rückbesinnung auf die DDR, Ablehnung des Westens, Ausländerfeindlichkeit, Sehnsucht nach Gemeinschaft, Harmonie, Heimat und anderen positiven Werten macht sich breit. Seit längerer Zeit schon gehen immer wieder Meldungen über ausländerfeindliche Gewalttaten in Brandenburg und Mecklenburg-Vorpommern durch die Presse. Es beginnt bei Pöbeleien, Bedrohungen, Handgreiflichkeiten und endet mit schweren Misshandlungen und pogromartigen Hetzjagden. Viele Menschen bewegt die Frage ist diese Atmosphäre eine Erbschaft der DDR oder ein gesamtdeutsches Phänomen. Der Hannoveraner Kriminologe Pfeifer hat mit seiner These, am Rechtsradikalismus in den neuen Bundesländern sei die vielgerühmte Kinderkrippe der DDR schuld, Aufsehen erregt. Insbesondere seien die Kleinen zu früh aufs Töpfchen gesetzt worden – und natürlich immer gemeinschaftlich. Diese Art von Kollektivgeist setze sich nun fort in den gewalttätigen Jugendbanden. Diese Theorie hat in der ehemaligen DDR einen Sturm der Entrüstung ausgelöst. Trotzdem scheint sicher zu sein, dass Übergriffe gegen Ausländer, insbesondere gegen jene, die auch noch so aussehen, einer gewissen Akzeptanz bei einem Teil der Normalbürger sicher sein können. Das gesellschaft-

liche Umfeld macht die Gewalttaten erst möglich. Die
Merkwürdigkeit in den genannten Bundesländern besteht
darin, dass der Ausländeranteil minimal ist. Er liegt bei einem bis zwei Prozent – ist also im Vergleich zu westdeutschen Großstädten kaum der Rede wert. Das beliebte
Denkmuster, die Ausländer nehmen den Deutschen die Arbeit weg, könnte hier eigentlich keinen Nährboden haben.
Trotzdem ist die Brutalität bestimmter Jugendgruppen er-
schreckend. Offenbar gibt es eine tiefe Frustration gegenüber der Gesellschaft, massive soziale Bedrohungsängste
und Deklassierungsgefühle. Dies hat zum einen mit dem autoritären Charakter der DDR-Gesellschaft zu tun. Vor allem aber mit dem Sturz dieser Autoritäten im Herbst 1989.
Der Staat und seine Symbole, der Sozialismus mit seinem
ständig proklamierten ethischen Anspruch, die „bewaffneten Organe" mit ihrer hohen Wertschätzung in einer stark
militarisierten Gesellschaft – all dies verschwand über
Nacht. Die Ikonen der Macht wurden abgehängt, Offiziere
zogen ihre Uniformen aus, hochangesehene Funktionäre
wurden öffentlichen Schmähungen ausgesetzt – selbst jene,
die wirtschaftlich auf die Füße fielen, werden dieses Gefühl
unverdienter Demütigung nie vergessen. Die biografi-
schen Brüche waren hart und sie betrafen sehr viele Menschen. Nach diesem Werteverlust war es für Eltern wie für
Lehrer oft schwer, noch Autorität auszuüben. Was sollte
man einem Lehrer der Staatsbürgerkunde noch glauben,
der im Schuljahr 1990/91 genau das Gegenteil der Parolen
aus dem Schuljahr 1989/90 lehrte. Die Kinder der Gedemü-
tigten ziehen heute mit Glatze, Bomberjacke und schwarzen
Schnürstiefel los, um „Ausländer zu klatschen". Hinzu
kommt die Arbeitslosigkeit von bis zu fünfzig Prozent, das
Gefühl von Chancenlosigkeit und sozialem Abstieg. Das
Bedürfnis, jemanden zu finden, der noch niedriger steht, ihm
seine Verachtung zu zeigen, ihn zu treten und zu misshan-
deln, ist offenbar sehr groß.

Der Osten als Seismograph der Vertrauenskrise der Demokratie

Es ist in den letzten Jahren ein beliebtes Denkmuster geworden, Freiheit und Gerechtigkeit gegeneinander aufzuwiegen. Die Meinungsforscher erfragen bei den Deutschen in Ost und West Präferenzen zwischen diesen beiden Werten. In einer Umfrage des Allensbacher Instituts für Demoskopie wird jedes Jahr gefragt: „Was ist letztes Endes wohl wichtiger, Freiheit oder möglichst große Gleichheit?" Im Jahr 1989 gaben 63 Prozent der Westdeutschen und immerhin 46 Prozent der Ostdeutschen der Freiheit den Vorzug. Nur 22 Prozent der Westdeutschen schätzten die Gleichheit höher, aber deutliche 43 Prozent der Ostdeutschen. Unentschieden waren im Westen 15 und im Osten 11 Prozent. Diese Schere geht seitdem deutlich und stetig auseinander. Offensichtlich waren es gerade die Erfahrungen nach der Wende, die den Ostdeutschen die Wichtigkeit sozialer Gerechtigkeit nahe brachten. Die Freiheit dagegen wurde schnell zur Selbstverständlichkeit. Es erfordert bereits heute ein beträchtliches Maß an Fantasie, bei der U-Bahnfahrt vom Alexanderplatz nach Kreuzberg sich an die Mauer zu erinnern und an die simple Tatsache, dass diese für die große Mehrheit der Ostberliner gänzlich unüberwindbar war. Die Reise nach Tunesien oder Zypern ist längst so selbstverständlich wie früher der Urlaub auf Usedom oder Rügen – genauer gesagt: sogar noch unproblematischer, denn Ostseeplätze waren wenigsten in den für alle Bezirke einheitlichen Sommerferien schwer zu ergattern.

Bitter sind dagegen die Erfahrungen von sozialer Ungleichheit, Existenzangst, Arbeitslosigkeit und Deklassierung. Gerade die Arbeitslosigkeit ist für viele Menschen im Osten noch schwerer zu ertragen als im Westen. Die Arbeit war nach marxistischer Ansicht der eigentliche Motor der geschichtlichen Entwicklung. Die kleine Schrift von Friedrich

Engels „Die Rolle der Arbeit bei der Menschwerdung des Affen" wurde gern zitiert und oft so verstanden, dass die Faulpelze in der Urhorde Affen geblieben sind und sich die fleißigen Affen zu Menschen entwickelt haben. Ständig und überall wurde das Heldentum der Arbeit gepredigt. In Bronze gegossene oder in Stein gehauene Arbeitergestalten zierten und zieren die Plätze der DDR-Städte. Die Fotos der besten Arbeiter wurde öffentlich ausgehängt, zum 1. Mai und dem Tag der Republik gab es Prämien, Orden und rote Nelken. Die manuelle Tätigkeit hatte geradezu eine Aura von Heiligkeit – hier verbanden sich das protestantische Arbeitsethos mit der kommunistischen Hochschätzung der Gemeinschaft. Nichts wurde höher geschätzt als die Verbindung von Kollektivität und Handarbeit. Kritische Studenten oder Intellektuelle wurden zur „Bewährung in die Produktion geschickt", damit sie am Busen der Arbeiterklasse ihren „Klassenstandpunkt" auffrischen konnten.

Fast alles war schwierig im Sozialismus, fast alles schwer zu bekommen, jedenfalls war nichts selbstverständlich und es gab faktisch kein Produkt und keine Dienstleistung, die es immer und überall gab. Die Verhältnisse schufen eine Art Tauschgesellschaft, in der nicht nur Geld wichtig war, sondern vor allem Beziehungen, Freundschaften, Verwandte, Freunde und Kollegen.

Natürlich schuf sich die Gesellschaft auch ein Wertesystem, das weitab von dem offiziell proklamierten lag und dennoch vom Sozialismus geprägt war. Die Familie, der Freundeskreis, die Kollegen hatten auch eine Schutzfunktion gegenüber der Allmacht des Staates, der Partei und der Ideologie. Im öffentlichen Raum misstraute man einander, hielt sich zurück wenn es um Politik ging, zeigte keine übermäßige Aktivität. Im privaten Kreis dagegen wähnte man sich unter sich, vertraute einander, half sich gelegentlich. Viele der in der Retrospektive als typisch sozialistisch empfundenen Verhaltensweisen haben sich als Abwehrreaktion, also *gegen* den sozialistischen Staat herausgebildet. Der Kumpel, der Arbeitskollege – wie man in der DDR sagte –, die Verwandtschaft waren ein Stück praktischer Überlebensstrategie ebenso wie ein politischer Schutzraum. Man machte gemeinsam Witze über den Sozialismus und beklaute gemeinsam den Staat. Es war da ein bisschen Ganovenehre dabei, eine Art Unterschichtenbewusstsein, und viel falsche und echte Kumpelei.

Deswegen wurde der neue Staat mit seinen strengen Rechtsnormen, den formalisierten Leistungsprinzipien, der ausufernden Bürokratie als kalt, gesichtslos und anonym empfunden. Am Arbeitsplatz zog Konkurrenz statt Kumpelei ein. Plötzlich gab es große Unterschiede zwischen Chef und Untergebenen. Die politische Freiheit kam daher mit einer großen Untertänigkeit am Arbeitsplatz. Mit der rechtlichen Gleichheit zogen soziale Rangunterschiede und Hierarchien ein. Die alte Gleichmacherei des Ostens hatte nichts mit dem politischen System zu tun. Da gab es durchaus beträchtliche Unterschiede zwischen den „Bonzen", wie man sagte, und den einfachen Leuten. Es hatte mit den Unvollkommenheiten des Systems zu tun. In der Warteschlange vor dem Bretterladen, dem Schild in der Kneipe „Sie werden durch die Bedienung platziert" oder dem aufgeblasenen KfZ-Mechaniker waren bis auf einige sehr hochgestellte Funktionäre oder Westgeldbesitzer alle Menschen gleich.

Dieses Gefühl der Gleichheit ging verloren. Es wird oft gegen die Freiheit oder die anderen Werte der Demokratie aufgewogen. Dabei ist doch das Auseinanderfallen der beiden Wertesysteme der eigentliche Inhalt der tiefen Orientierungskrise der Demokratie. Diese Krise ist kein Ostprodukt, sondern hier nur deutlicher sichtbar.

In Frankreich steht an den Justizpalästen und Verwaltungsgebäuden oft der schöne Dreiklang: *Liberté, Egalité, Fraternité.*

Da die osteuropäische und ostdeutsche Revolution von 1989 durch viele Interpreten als weltgeschichtlicher Nachvollzug der Französischen Revolution beschrieben wird, ist es angemessen, die Resultate von 1989 an den Ansprüchen von 1789 zu messen. Die *Liberté*, als politische Freiheit verstanden, wird kaum in Frage gestellt, die *Egalité* im rein juristischen Sinne als Gleichheit vor dem Gesetz ebensowenig – doch viele Menschen in Ost- wie in Westdeutschland fragen besorgt nach der *Fraternité*, die ihnen immer mehr ein Opfer von Effizienzdenken und Gewinnmaximierung zu werden scheint. Der fremde Blick aus der Perspektive der DDR-Erfahrungen kann, dort wo er nicht durch Nostalgie verschleiert ist, durchaus aufschlussreich und produktiv sein.

Literaturhinweise

Wolfgang Engler: Die Ostdeutschen. Kunde von einem verlorenen Land, Berlin 1999.
Stefan Sommer: Lexikon des DDR-Alltags, Berlin 1999.
Stefan Wolle: Die heile Welt der Diktatur. Herrschaft und Alltag in der DDR 1971– 1989, Berlin 1998.

PETER SKYBA

Sozialpolitik als Herrschaftssicherung

Entscheidungsprozesse und Folgen in der DDR der siebziger Jahre

Janusgesichtige Sozialpolitik

Wie nur wenige Politikbereiche prägte die Sozialpolitik der SED-Diktatur den Alltag der Menschen. Zumindest in der späten DDR strebte das Regime im Austausch von gebotener Fürsorge gegen erwarteten Gehorsam[1] die Rundumversorgung an; sie reichte von der Wiege – der staatlichen Kinderkrippe, die den Müttern die Berufstätigkeit ermöglichen sollte –, über den Betrieb mit seinen Funktionen als zentrale Versorgungsinstitution und als sozialer Raum bis zur Bahre. Die Garantie einer billigen Wohnung und des Arbeitsplatzes rechnete sich das Parteiregime ebenso als besondere Leistungen an wie die hochsubventionierten, also niedrigen Preise bei Konsumgütern des Grundbedarfs.

Wenngleich in unterschiedlicher Intensität und Schwerpunktsetzung hat die SED-Diktatur stets aktive Sozialpolitik betrieben. Der Bogen spannt sich vom Umbau der Sozialversicherung zu einer Einheitsversicherung[2] nach Kriegsende über die stärkere Berücksichtigung der Konsumbedürfnisse der Bevöl-

---

[1] Vgl. Hans Günter Hockerts: Soziale Errungenschaften? Zum sozialpolitischen Legitimitätsanspruch der zweiten deutschen Diktatur, in: Von der Arbeiterbewegung zum modernen Sozialstaat. Festschrift für Gerhard A. Ritter zum 65. Geburtstag, hrsg. von Jürgen Kocka, Hans-Jürgen Puhle und Klaus Tenfelde, München 1994, S. 790–804, hier S. 798.

[2] Vgl. Dierk Hoffmann: Sozialpolitische Neuordnung in der SBZ/DDR. Der Umbau der Sozialversicherung 1945–1956, München 1996.

kerung nach dem 17. Juni 1953 und die zunächst konzeptionelle
Aufwertung der Sozialpolitik ab Mitte der sechziger Jahre bis
zum kreditfinanzierten Konsumsozialismus ab 1971.[3]

Die hier betrachteten siebziger Jahre begannen mit einer
Modifikation der Wirtschaftpolitik und der Gesellschaftsinterpretation der SED. Parallel zum Sturz Walter Ulbrichts leitete sein Nachfolger Erich Honecker 1970/71 den Abbruch
der forcierten ökonomischen Modernisierungsstrategie der
späten sechziger Jahre ein, deren optimistisches Ziel es gewesen war, zunächst in ausgewählten Branchen den technologischen Weltstand – das hieß Weststandard – zu übertrumpfen.
In einem längeren Prozeß sollte dann in der Wirtschaft die
Überlegenheit des Sozialismus über den Kapitalismus demonstriert werden; sinnfälligen Ausdruck hatte diese offensive Strategie in der auf den bundesdeutschen Systemkon-
kurrenten gemünzten Parole „überholen ohne einzuholen"
gefunden. Nach der offiziellen Interpretation galt Sozialismus als zeitlich langdauernde eigenständige Gesellschaftsfor-
mation, die zunächst systematisch ausgebaut werden musste.
Die schnelle Steigerung des Wohlstands der Bevölkerung

---

[3] Vgl. zum Überblick Manfred G. Schmidt: Grundzüge der Sozialpolitik in
der DDR, in: Die Endzeit der DDR-Wirtschaft – Analysen zur Wirt-
schafts-, Sozial- und Umweltpolitik. Hrsg. von Eberhard Kuhrt in Verbindung mit Hannsjörg F. Buck und Gunter Holzweißig im Auftrag des Bundesministeriums des Innern, Opladen 1999, S. 273–319; Hans Günter Hockerts (Hrsg.): Drei Wege deutscher Sozialstaatlichkeit. NS-Diktatur,
Bundesrepublik und DDR im Vergleich, München 1998; ders.: Grundlini-
en und soziale Folgen der Sozialpolitik in der DDR, in: Sozialgeschichte
der DDR. Hrsg. von Hartmut Kaelble, Jürgen Kocka und Helmut Zwahr,
Stuttgart 1994, S. 519–544; Johannes Frerich/Martin Frey: Handbuch der
Geschichte der Sozialpolitik in Deutschland. Band 2: Sozialpolitik in der
Deutschen Demokratischen Republik, München 1993; Gunnar Winkler
(Hrsg.): Geschichte der Sozialpolitik der DDR 1945–1985, Berlin (Ost)
1989.
Dieser Beitrag folgt dem zeitgenössischen Begriff der DDR von Sozialpolitik, die darunter ein weites Spektrum faßte, das von der Sicherung gegen
die klassischen Risiken bis zur Einkommenspolitik, Konsumgüterversorgung und Preispolitik reichte. Vgl. Schmidt, Grundzüge, S. 274 f.

mittels Sozial- und Konsumpolitik war konzeptuell und zeitlich der erfolgreichen Modernisierung der Wirtschaft nachgeordnet worden.[4] Wenngleich Sozialpolitik bereits ab Mitte der sechziger Jahre eine – vor allem propagandistische – Aufwertung erfahren hatte und gegen Ende des Jahrzehnts einige wenige Leistungen in eher bescheidenem Rahmen verbessert worden waren, so wurde ihre Rolle doch vor allem in der Unterstützung und der Kompensation der Folgen der forcierten Modernisierung gesehen; die ausgereichten Leistungen blieben aber trotz erkannten Handlungsbedarfs eher bescheiden.

Die vor allem von Honecker durchgesetzte und im Juni 1971 vom VIII. SED-Parteitag offiziell verkündete Politik folgte anderen Prämissen. Die ökonomische Modernisierungsstrategie wurde abgebrochen, und mit dem Versuch, Westdeutschland wirtschaftlich zu überflügeln, implizit zugleich das Ziel des Sieges des Sozialismus über den Kapitalismus aufgegeben. Nach neuer Sichtweise befand sich die DDR nun im Stadium der „entwickelten sozialistischen Gesellschaft", einer Formation, in der zwar noch nicht die volle Ausprägung des Sozialismus erreicht war, in der sich aber bereits allmählich Elemente des Kommunismus ausprägen würden. Das utopische Ziel des Aufbaus der kommunistischen Gesellschaft wurde quasi säkularisiert und in einen erwartbaren Zeithorizont gestellt. Hervorstechendes Kennzeichen der gesellschaftlichen Entwicklung und zugleich politische Gestaltungsaufgabe sollte die Minimierung gesellschaftlicher Differenzierungen sein. Gleichzeitig wurde das schnelle Wachstum „des materiellen und kulturellen Lebensniveaus des Volkes" zur „Hauptaufgabe" erklärt. Darin lediglich das Ziel einer

---

[4] Vgl. André Steiner: Die DDR-Wirtschaftsreform der sechziger Jahre. Konflikt zwischen Effizienz- und Machtkalkül, Berlin 1999. Dazu und zum folgenden auch Christoph Boyer/Peter Skyba: Sozialpolitik als Konzept politischer Stabilisierung. Die Entstehung der „Einheit von Wirtschafts- und Sozialpolitik" in der DDR 1971–1976, in: Deutschland Archiv 32 (1999), S. 577–590.

stärkeren Berücksichtigung der Konsumwünsche der Bevölkerung zu sehen, hieße die Tragweite dieser Modifikation zu
unterschätzen. Denn im Kontext der Gesellschaftsinterpretation verlagerte das Regime den Zielhorizont und seine Legi-
timitätsansprüche zunehmend auf die Steigerung des Wohlstands. Erst in dieser Perspektive gewinnt die vielzitierte Äußerung Honeckers ihre Bedeutung als Kernstück des politischen Konzepts der SED: Ziel sei es, „alles zu tun für das
Wohl des Menschen, für das Glück des Volkes, für die Interessen der Arbeiterklasse und aller Werktätigen. Das ist der
Sinn des Sozialismus".[5] Der Konsumsozialismus blieb – trotz
mannigfaltiger Defizite in der Praxis – bis 1989 auch in der
Perzeption ihres Spitzenpersonals unter der 1976 im Partei-
programm verankerten Fusionsformel „Einheit von Wirt-
schafts- und Sozialpolitik"[6] zentral für das Selbstverständnis
der SED-Diktatur. Noch in der Agonie des Regimes im Mai
1989 verwarf Honeckers Kronprinz, Egon Krenz, das der
akuten Wirtschaftskrise geschuldete Ansinnen, den Lebensstandard der Bevölkerung zu senken, mit den Worten: „Die
Einheit von Wirtschafts- und Sozialpolitik [...] muss fortgeführt werden, denn sie ist ja der Sozialismus in der DDR."[7]

---

[5] Protokoll der Verhandlungen des VIII. Parteitags der Sozialistischen Einheitspartei Deutschlands, 15. bis 19. Juni 1971 in der Werner-Seelenbinder-
Halle zu Berlin, Bd. I, Berlin (Ost) 1971, S. 34.

[6] Programm der Sozialistischen Einheitspartei Deutschlands, in: Protokoll
der Verhandlungen des IX. Parteitages der Sozialistischen Einheitspartei
Deutschlands. Im Palast der Republik in Berlin, 18. bis 22. Mai 1976, Band
II, Berlin (Ost)1976, S. 209–266, bes. S. 221.

[7] Heinz Klopfer (Staatssekretär in der Staatlichen Plankommission): Persönliche Notizen über die Beratung beim Generalsekretär des ZK der
SED und Vorsitzenden des Staatsrates der DDR, Erich Honecker, betreff
Entwurf des Volkswirtschaftsplanes und des Staatshaushaltsplanes 1990,
Berlin 16.5.1989 (BArch Berlin, DE 1, VA 56317). Zit. nach Hans-Hermann Hertle: Die Diskussion der ökonomischen Krisen in der Führungsspitze der SED, in: Theo Pirker/M. Rainer Lepsius/Rainer Weinert/Hans-
Hermann Hertle: Der Plan als Befehl und Fiktion. Wirtschaftsführung in
der DDR, Opladen 1995, S. 309–345, hier S. 344.

Die siebziger Jahre lassen sich in der Geschichte der DDR quasi als „Sattelzeit" verorten. Dies gilt insbesondere für die sozialpolitische Entwicklung. Ein enormer Regelungsschub bis zur Mitte des Jahrzehnts mündete in kürzester Zeit in den reformabstinenten Versuch, den erreichten Standard in einem erheblich verdüsterten wirtschaftlichen Umfeld wenigstens zu halten. Im wachsenden Widerspruch zur propagandistischen Bekräftigung des 1971 eingeschlagenen Kurses geriet die DDR bereits Ende der siebziger Jahre in eine Phase politischer und institutioneller Erstarrung, in der die Unfähigkeit zu dringend notwendigen Reformen bereits deutlich auf die Agonie der letzten Jahre der DDR hinwies. Nahezu bruchlos schlug auch die gerade sozial- und konsumpolitisch erkaufte Steigerung von Massenloyalität um in eine durch zurückgehende Zuwachsraten und sektoral und zeitweise sinkende Versorgungsleistungen ausgelöste und sich schnell verbreitende Kritik an den materiellen Lebensverhältnissen, die sich systemspezifisch und systeminduziert direkt oder indirekt als Kritik am SED-Regime manifestierte. Ungeachtet manch pazifizierender Wirkungen, zeigten die Koppelung der Legitimitätsbehauptungen der SED-Herrschaft an den Konsumsozialismus und der Versuch, Massenloyalität durch die konkrete und stete Verbesserung der materiellen Lebensverhältnisse herzustellen, ihr Janusgesicht: Die primär unter dem Aspekt der Herrschaftssicherung und -stabilisierung konzipierte Sozial- und Konsumpolitik – so die hier vertretene zentrale These – trug wesentlich zur Destabilisierung der SED-Diktatur bei, als die DDR wirtschaftlich an die Grenzen ihrer Leistungsfähigkeit gekommen war, sie deutlich überschritten hatte und die geweckten Erwartungen nicht mehr bedient werden konnten.

Im Zentrum dieses Beitrags stehen die sozialpolitischen Entscheidungsprozesse der siebziger Jahre. Sie werden vor allem mit Blick auf das Spannungsverhältnis von herrschaftsstabilisierender Intention und den begrenzten ökonomischen Verteilungsspielräumen untersucht. Die vier hier exemplarisch vorgestellten „Knotenpunkte" der Sozialpolitik illustrieren zugleich, wie schnell die DDR im Lauf der siebziger Jahre in eine geradezu dramatische Wirtschaftkrise geriet. Ebenso auf wissenschaftliches Neuland, das aber methodisch erheblich schwieriger zu erschließen ist, begibt sich der letzte Abschnitt, in dem danach gefragt wird, welche Wirkungen Sozial- und Konsumpolitik auf die Loyalität „der" Bevölkerung hatte und zu welchen Friktionen sie innerhalb des Herrschaftsapparates führte.

Weichenstellung im Machtwechsel

Der Wandel in der Wirtschafts-, Konsum- und Sozialpolitik wurde Anfang 1971 mit einem Coup Erich Honeckers eingeleitet. Noch in der Phase des Machtkampfs in der Parteispitze zwischen Ulbricht und Honecker um den Chefsessel der SED setzte er unter Umgehung nahezu der gesamten Parteiführung und vor allem aller für Wirtschafts- und Sozialfragen zuständigen Funktionäre einen Politbürobeschluß durch, mit dem der „Volkswohlstand", die Verbesserung der materiellen Lebensverhältnisse der Bevölkerung, an die Spitze der ökonomischen Agenda gesetzt wurde.[8] In der SED-Führung hatte bis dahin zwar weitgehend Konsens darüber bestanden, dass der Wirtschaftskurs der letzten Jahre revidiert werden müsse – unter anderem weil er zu einer steigenden Auslands-

---

[8] Vgl. Arbeitsprotokoll der PB (Politbüro)-Sitzung vom 16.2.1971; SAPMO-BArch (Stiftung Archiv der Parteien und Massenorganisationen der DDR im Bundesarchiv), DY 30, J IV 2/2A/1499. Sofern die zitierten Archivalien paginiert sind, ist die Blattzählung mit Ausnahme der seriellen Protokolle des Politbüros und des Sekretariats des ZK, die teilweise erst nach der Benutzung durch den Autor foliiert wurden, angegeben. Vgl. zum folgenden auch Peter Skyba: Die Sozialpolitik der Ära Honecker aus institutionentheoretischer Perspektive, in: Christoph Boyer/Peter Skyba (Hrsg.): Repression und Wohlstandsversprechen. Zur Stabilisierung von Parteiherrschaft in der DDR und der ČSSR, Dresden 1999, S. 49–62.

verschuldung der DDR geführt hatte, weil die horrenden Investitionen in echte oder vermeintliche Zukunftsbranchen nicht den erhofften Ertrag gebracht hatten und weil er die Konsumbedürfnisse der Bevölkerung vernachlässigt hatte[9] –, über die Konturen der künftigen Wirtschaftspolitik wurde aber kaum gesprochen. Hier bestanden durchaus unterschiedliche, aber nicht diskutierte Auffassungen und Erwartungen. Mit diesem Politbürobeschluß war nun eine für alle SED-Funktionäre verbindliche Grundsatzentscheidung gefällt, die im Nachhinein von Honecker vor allem mit der Notwendigkeit politischer Stabilisierung des SED-Regimes begründet wurde – schließlich könne man „nie gegen die Arbeiter regieren".[10] Im Juni 1971 wurde der Kurswechsel vom VIII. SED-Parteitag festgeschrieben: „Die Hauptaufgabe des Fünfjahrplans besteht in der weiteren Erhöhung des materiellen und kulturellen Lebensniveaus des Volkes auf der Grundlage eines hohen Entwicklungstempos der sozialistischen Produktion, der Erhöhung der Effektivität, des wissenschaftlich-technischen Fortschritts und des Wachstums der Arbeitsproduktivität."[11] Im Unterschied zur Propaganda, die den Eindruck eines ausgefeilten wirtschafts- und sozialpolitischen Konzepts zu vermitteln versuchte, stand hinter der „Hauptaufgabe" alles andere als ein konturiertes Policy-Programm. In sehr allgemeiner Form nannte vor allem Honecker in den Beratungen auf Spitzenebene wiederholt den optimis-

---

9 Vgl. Monika Kaiser: Machtwechsel von Ulbricht zu Honecker. Funktionsmechanismen der SED-Diktatur in Konfliktsituationen 1962 bis 1972, Berlin 1997, S. 370–423; Steiner, Wirtschaftsreform, S. 503–550.

10 Klopfer: Persönliche Niederschrift über die Beratung im Politbüro am 23. 3. 1971 vom 24. 3. 1971; BArch Berlin, DE 1, VA 56131, Bl. 32–44, hier Bl. 39.

11 Direktive des VIII. Parteitags der Sozialistischen Einheitspartei Deutschlands zum Fünfjahrplan für die Entwicklung der Volkswirtschaft der DDR 1971 bis 1975. In: Protokoll der Verhandlungen des VIII. Parteitags der Sozialistischen Einheitspartei Deutschlands, 15. bis 19. Juni 1971 in der Werner-Seelenbinder-Halle zu Berlin, Bd. II, Berlin(Ost) 1971, S. 316–415, hier S. 322.

tischen Kerngedanken, den er mit diesem Kurs verknüpfte:
Eine rasche und stetige Steigerung des Wohlstands der Bevölkerung und vor allem der Arbeiterklasse – die nach den
ideologisierten Kategorien etwa 75 Prozent der Bevölkerung
ausmachte – werde im Gegenzug eine bewußtseinsinduzierte
Zunahme der Arbeitsproduktivität auslösen und das dadurch
angeregte Wirtschaftswachstum weitere Wohlstandsmehrung
ermöglichen.[12] Umfang und Schwerpunkte des Wirtschafts-
kurses waren damit aber keineswegs festgelegt. Im Gegenteil. Die internen Diskussionen auf Führungsebene blieben
1971 eher vage und ließen Spielraum für unterschiedliche In-
terpretationen; dies umso mehr, als gerade Honecker immer
wieder betonte, der konsumorientierte Kurs gelte für einen
Zeitraum von etwa vier Jahren und die Leistungsfähigkeit
der Wirtschaft setze die Grenzen für sozial- und konsumpoli-
tische Wohltaten. Ein großer Teil der SED-Führung und gerade die Wirtschaftsfunktionäre konnten sich also scheinbar
berechtigte Hoffnungen auf eine Wirtschaftspolitik „mit Au-
genmaß" machen, die die in den sechziger Jahren aufgelaufe-
nen Defizite sukzessive beseitigen und dabei sozial- und konsumpolitisch den Lebensstandard breiter Bevölkerungskrei-
se in ökonomisch vertretbarer Weise anheben würde. Zwar
fielen in der Phase des Machtwechsels einige ad hoc-Ent-
scheidungen zur Minderung akuter Problemlagen, etwa bei
den Mindestrenten und -löhnen sowie folgenreiche Beschlüsse zur (bald importgestützten) Konsumgüterversorgung und
zur Preisstabilität, die langfristig die Produktsubventionen
geradezu explodieren ließen, diese trugen aber nicht zur konzeptionellen Konturierung der künftigen Sozial- und Konsumpolitik bei. Die unbestimmte Formulierung der „Hauptaufgabe" und fehlende programmatische Präzisierungen

---

[12] Vgl. beispielsweise Klopfer: Persönliche Niederschrift über die Beratung
im Politbüro am 23. 3. 1971 vom 24. 3. 1971; BArch Berlin, DE 1, VA
56131, Bl. 32–44, bes. Bl. 37f. Vgl. auch Steiner: Wirtschaftsreform, S. 543.

machten ihre Umsetzung ab 1972 vielmehr zum Gegenstand von ständigen Aushandlungsprozessen innerhalb der SED-Spitze und zwischen dieser und den Apparaten.

Sozialpolitik auf dem Weg zum Kommunismus: Das Maßnahmepaket des Jahres 1972

Während auf dem VIII. Parteitag und in seinem Umfeld der Begriff „Sozialpolitik" nur sehr zurückhaltend Verwendung fand, wurden die wirtschaftspolitischen Beschlüsse des Kongresses retrospektiv aufgewertet zum „sozialpolitischen Programm des VIII. Parteitags". In der Außendarstellung vermittelte die SED so den Eindruck, ihre Sozialpolitik folge einem ausgearbeiteten Konzept. Die Analyse der internen Entscheidungsprozesse zeigt allerdings, dass das Gegenteil der Fall war. Weder gab die SED-Führung exaktere Leitlinien vor, noch setzten auf der Ebene der Apparate Meinungsbildungsprozesse ein, die zu einer konzeptionellen Konturierung des Politikfeldes führten. Der Zuschnitt der Sozialpolitik war vielmehr das Ergebnis konflikthafter Entscheidungsprozesse auf Spitzenebene.

Die mit Sozialpolitik befassten Funktionäre der SED, des FDGB und des Staatsapparats registrierten ab Anfang 1971 schnell den neuen politischen Rückenwind für ihren Arbeitsbereich und benannten die Defizite auf dem Gebiet der Arbeits- und Lebensbedingungen weit deutlicher als in den Jahren zuvor. Ohne Koordination entstanden in verschiedenen Institutionen (FDGB, Staatliches Amt für Arbeit und Löhne beim Ministerrat, Finanzministerium, Staatliche Plankommission (SPK), Amt für Preise und den ZK-Abteilungen für Planung und Finanzen sowie für Gewerkschaften und Sozialpolitik) einzelne Vorschläge, die noch stark den Konzepten der vergangenen Jahre verhaftet blieben: Die Überlegungen kreisten im wesentlichen um die betriebliche Sozialpolitik, um die Verbesserung der Arbeitsbedingungen und die Steigerung der Arbeitsproduktivität und griffen daneben knapp die zahlreichen Monita der Bevölkerung vor allem hinsichtlich der Wohnungsversorgung, der Kinderbetreuung und der Renten auf.[13] Diese weitgehend unzusammenhängend entwickelten Ideen wiesen noch in keiner Weise auf die Schwerpunkte und den Charakter der Sozialpolitik, wie sie später in die Praxis umgesetzt wurden. Eine relevante Steigerung der Frauenerwerbsquote zur Ausdehnung des Arbeitskräftepotenzials war etwa nach Meinung des Leiters der ZK-Abteilung Gewerkschaften und Sozialpolitik, Fritz Brock, illusionär.[14]

Erst nachdem das Politbüro Anfang Januar 1972 die Vorlage von Entwürfen über Rentenerhöhungen, über die künftige Regelung der Wohnungsmieten und über andere „soziale Probleme" verlangte,[15] wurden die bis dahin entstandenen verschiedenen Papiere zu einem sozialpolitischen Maßnahmekatalog kompiliert.[16] Das Paket nutzte einerseits den erweiterten sozialpolitischen Gestaltungsspielraum, atmete andererseits in vielem aber noch den ökonomistischen Geist der sechziger Jahre und lehnte sich in einzelnen Bereichen erkennbar an Vorschläge an, die bis 1970 in Arbeitsgruppen und Expertenzirkeln ausgearbeitet worden waren. Augenfäl-

---

[13] Vgl. Volkskammer, Ausschuß für Arbeit und Sozialpolitik: Überlegungen des Volkskammerausschusses für Arbeit und Sozialpolitik zu einigen sozialpolitischen Anliegen bei der Vorbereitung der Direktiven und Richtlinien für den Fünfjahrplan 1971–75 vom 12.4.1971; BArch Berlin, DA 1/7221. Sowie ZK-Abteilung Gewerkschaften und Sozialpolitik: Anmerkungen zum Abschnitt IX ("Zur Entwicklung der materiellen und kulturellen Lebensbedingungen der Bevölkerung") vom 15.4.1971; SAPMO-BArch, DY 30, IV A2/6.11/2, Bl. 1–8.

[14] Vgl. Stenographisches Protokoll der Sitzung des Ausschusses für Arbeit und Sozialpolitik der Volkskammer der DDR am 1.7.1971 in Berlin; BArch Berlin, DA 1/7223.

[15] Vgl. Arbeitsprotokoll der PB-Sitzung vom 11.1.1972; SAPMO-BArch, DY 30, J IV 2/2A/1569.

[16] Vgl. Arbeitsprotokoll der PB-Sitzung vom 18.1.1972; SAPMO-BArch, DY 30, J IV 2/2A/1571 und 1572. Zum folgenden vgl. ebenda.

ligstes Kennzeichen war der Versuch, die neuen Leistungen vergleichsweise differenziert zuzuschneiden und gezielt auszureichen. Sie betrafen untere anderem Rentenerhöhungen, Miet- und Wohnungsfragen sowie Maßnahmen zur Förderung berufstätiger Frauen und die Besteuerung von Familien und geringer Verdienenden. Es ist entscheidend, dass dieses Paket trotz Differenzen in Detailfragen die Zustimmung aller daran beteiligter Gremien und Organisationen fand, darunter des FDGB, der einschlägigen ZK-Abteilungen – das hieß in der Praxis des für Wirtschaft zuständigen ZK-Sekretärs Günter Mittag – und der SPK, die nicht nur für die Planung der materiellen Seite des Lebensstandards, sondern auch für die Kompatibilität der vorgesehenen Maßnahmen mit den Plänen und für ihre Finanzierung zuständig war. Man kann den Katalog mit Fug und Recht als einen zwischen SED-Apparat, Gewerkschaft und Staatsorganen abgestimmten Kompromiß über den Charakter und die Schwerpunkte künftiger Sozialpolitik in der DDR bezeichnen.

Die von Ministerpräsident Willi Stoph ins Politbüro eingebrachte Vorlage fand allerdings nicht die Zustimmung der Parteispitze. Sie setzte vielmehr eine Arbeitsgruppe unter Leitung des 1. Stellvertretenden Ministerpräsidenten, Horst Sindermann, mit dem Auftrag ein, die sozialpolitischen Maßnahmen „entsprechend den im Politbüro gemachten Vorschlägen" auszuarbeiten,[17] und gab ihr dafür einen unmissverständlichen Auftrag: die Mittel seien so zu verteilen, „dass der größte politische Effekt erreicht wird".[18] Ein vergleichender Blick auf die ins Politbüro eingebrachten sozialpolitischen Vorschläge und auf die schließlich nach einer weiteren

---

[17] Vgl. Arbeitsprotokoll der PB-Sitzung vom 18.1.1972; SAPMO-BArch, DY 30, J IV 2/2A/1571.

[18] Information zum Ergebnis der Beratung beim 1. Stellv. des Vorsitzenden des Ministerrates, Genossen Sindermann, über die Ausarbeitung sozialpolitischer Maßnahmen vom 25.2.1972, ohne Verfasser (Udo-Dieter Wange); BArch Berlin, DE 1, VA 56129, Bl. 188–191, hier Bl. 188.

Begutachtung im Politbüro beschlossenen Maßnahmen[19] offenbart, dass damit eine Richtungsentscheidung gegen die
Position der beteiligten Apparate und zahlreicher Spitzenfunktionäre getroffen war, die das Profil der DDR-Sozialpolitik bis 1989 wesentlich prägte und die in ihren Auswirkungen kaum zu überschätzen ist. Hier ist nicht der Platz, um die
einzelnen beschlossenen neuen Leistungen – unter anderem
eine deutliche Erhöhung der Mindestrenten und der Gebur-
tenbeihilfen sowie die Einführung von Ehestandsdarlehen –
vorzustellen. Vielmehr geht es um die 1972 unter dem Aspekt
der Loyalitätssteigerung durchgesetzten Grundzüge der Sozialpolitik: ihre tendenzielle Abkoppelung von den Kosten
und ihre kaum auf einzelne Bevölkerungsgruppen oder soziale Problemlagen zugeschnittene Ausschüttung nach dem
Gießkannenprinzip, wie sie sich paradigmatisch in den 1972
festgesetzten und später zu einem Signum der in der DDR
gebotenen „sozialen Sicherheit" aufgestiegenen Einheitsmie-
ten spiegelt. Aus vielen Varianten hatte sich auf Appara-
teebene ursprünglich der Vorschlag herauskristallisiert, die
1966 eingeführten Differenzierungen zwischen niedrigeren
Alt- und höheren Neubaumieten nicht vollständig zu beseitigen, sondern das angestrebte Ziel, Neubauwohnungen vorrangig Arbeiterfamilien und Familien mit mehreren Kinder
zugänglich zu machen, durch staatliche Mietzuschüsse zu erreichen. Dieser Mietzuschuß – eine Art von Wohngeld – sollte gestaffelt nach Familieneinkommen und Kinderzahl gewährt werden, so dass die Miete inklusive Heizungkosten
zwischen sieben und maximal zehn Prozent des Bruttoein-
kommens betragen sollte. Mit der vorgeschlagenen Auszah-

---

[19] Gemeinsamer Beschluß des Zentralkomitees der SED, des Bundesvorstandes des FDGB und des Ministerrates der DDR über sozialpolitische
Maßnahmen in Durchführung der auf dem VIII. Parteitag beschlossenen
Hauptaufgabe des Fünfjahrplans vom 28.4.1972, in: Dokumente der Sozialistischen Einheitspartei Deutschlands. Beschlüsse und Erklärungen
des Zentralkomitees sowie seines Politbüros und seines Sekretariats,
Bd. XIV, Berlin (Ost) 1977, S. 81–91.

lung der Zuschüsse über die Betriebe sollte nur der anvisierte Personenkreis der Werktätigen der volkseigenen Wirtschaft von der Regelung profitieren. Ausgeschlossen blieben Familien ohne Kinder oder mit hohem Einkommen, Beschäftigte in halbstaatlichen und privaten Betrieben und in den Produktionsgenossenschaften des Handwerks, private Unternehmer und Handwerker sowie Freischaffende. Honecker hatte dagegen bereits Anfang 1971 verlangt, „die Ideologie der kostendeckenden Miete" zu „beseitigen", weil sie seiner Meinung nach die Arbeiter besonders beim Zugang zu den begehrten Neubauwohnungen benachteilige;[20] tatsächlich war der hohe Anteil von Angestellten und der Intelligenz an den Bewohnern von Neubauvierteln wohl eher ein Ergebnis der Wohnungsvergabepraxis. 1972 drängte Honecker vor allem darauf, keine Differenzierung der Mieten für Arbeiter in Alt- und Neubauwohnungen zuzulassen. In der Perspektive tauchte nun sogar die sozialutopische Vorstellung auf, „dass bereits im Sozialismus das Wohnen kostenlos wird".[21] Das Ergebnis der Suche nach einer neuen Mietenformel war die bekannte „Einheitsmiete" von 0,80 bis 0,90 Mark je Quadratmeter in den Bezirken der DDR und 1,00 bis 1,25 Mark in Ost-Berlin, bei einer faktisch wirkungslosen Obergrenze des Brutto-Familieneinkommens von 2.000 Mark.[22] Die Folgen sind bekannt: Zwar war das Wohnen praktisch für die gesamte Bevölkerung unabhängig vom Individual- oder Familien-

---

[20] Klopfer: Persönliche Niederschrift über die Beratung im Politbüro am 23. 3. 1971 vom 24. 3. 1971; BArch Berlin, DE 1, VA 56131, Bl. 32–44, hier Bl. 41.

[21] Erich Wappler (Leiter der ZK-Abteilung Planung und Finanzen) und Fritz Brock an Günter Mittag vom 2.2.1972 mit Vorschlägen auf sozialpolitischem Gebiet; SAPMO-BArch, DY 30, vorläufig 11658.

[22] Vgl. Protokoll der PB-Sitzung vom 14.3.1972; SAPMO-BArch, DY 30, J IV 2/2/1383, Bl. 4 und Bl. 9–37. Sowie Gemeinsamer Beschluss des Zentralkomitees der SED, des Bundesvorstandes des FDGB und des Ministerrates der DDR über sozialpolitische Maßnahmen in Durchführung der auf dem VIII. Parteitag beschlossenen Hauptaufgabe des Fünfjahrplans vom 28.4.1972, in: Dokumente der Sozialistischen Einheitspartei Deutschlands. Beschlüse und Erklärungen des Zentralkomitees sowie seines Politbüros und seines Sekretariats, Bd. XIV, Berlin (Ost) 1977, S. 81–91, hier S. 90 f.

einkommen extrem günstig, der niedrige Mietzins begünstigte aber die Fehlbelegung von Wohnraum, und er führte vor allem zu einer rasant wachsenden Subventionslast für den Staatshaushalt.

Das Sozialpaket des Jahres 1972 ließ mit seinen verschiedenen Leistungen auf diese Weise die ursprünglich kalkulierten Kosten explodieren. Waren in den Planungen des Jahres 1971, der Direktive für den Fünfjahrplan, für den Zeitraum 1972 bis 1975 noch etwa 1,4 Milliarden Mark für einkommenserhöhende Maßnahmen durch Renten- und Lohnsteigerungen sowie verbesserte soziale Leistungen vorgesehen, so schätzte die SPK den einkommenssteigernden Effekt der schließlich beschlossenen neuen Leistungen auf deutlich über 5 Milliarden Mark.[23]

Über diesen Kurs gab es in der SED-Spitze keineswegs Konsens. Als treibende Kraft läßt sich eindeutig Erich Honecker identifizieren; sein persönlicher Einfluss auf die Sozial- und Konsumpolitik, der auch bei den späteren einschlägigen Entscheidungsprozessen immer wieder hervortrat, ist kaum zu überschätzen.[24] Man wird diese prägende Rolle nicht umstandslos den individuellen Vorstellungen des SED-Chefs zuschreiben können, vielmehr war die dominierende Stellung des jeweiligen Parteivorsitzenden ein Charakteristikum der politischen Strukturen und der Machtverteilung innerhalb der SED. Allerdings paarten sich bei den sozialpolitischen Entscheidungsprozessen die herausgehobene Position mit ei-

---

[23] Vgl. SPK, Stellvertreter des Vorsitzenden für Lebensstandard und gesellschaftliche Konsumtion: Argumentationsmaterial für Gen. Schürer zu Vorschlägen zum Sozialprogramm in Durchführung der Beschlüsse des VIII. Parteitags vom 6.3.1972; BArch Berlin, DE 1, VA 56129, Bl. 137–145.

[24] Vgl. stellvertretend: Finanzministerium, Staatssekretär Kaminsky: Niederschrift über die erste Beratung der vom Politbüro beauftragten Arbeitsgruppe zur Ausarbeitung sozial-politischer Maßnahmen vom 25.1.1972; SAPMO-BArch, DY 34, 8966.

nem ausgeprägten persönlichen Engagement und dezidierten Vorstellungen, die von einer eigentümlichen Ambivalenz geprägt waren. [25] Einerseits verweisen Honeckers Äußerungen auf ein wohlfahrtsstaatliches Leitbild, in dem die Grundbedürfnisse Arbeit, Wohnen und Ernährung aller nicht nur gesichert, sondern – wenn schon nicht zum Nulltarif, dann doch für den einzelnen extrem günstig – gestillt werden. Diese Interpretation sozialer Gleichheit stand in einem Spannungsverhältnis zum Ideal von Arbeiterklasse und vom Arbeiter, das seine Wurzeln in der kommunistischen Arbeiterbewegung des ersten Drittels des 20. Jahrhunderts hatte und das seinen Ausdruck im Versuch fand, die Arbeiter sozialpolitisch zu privilegieren. Daneben hatte Honecker – gleichermaßen persönlichen Erfahrungen und Vorstellungen wie seiner Rolle als SED-Chef geschuldet – weit mehr als die anderen Spitzenfunktionäre von Staat und Partei den möglichen Zugewinn an Massenloyalität und Stabilität für die Parteidiktatur im Auge, der mit sozialpolitischen Maßnahmen zu erzielen war. Mit seiner aus der Spitzenfunktion abgeleiteten Autorität prägte Honecker in wechselnden Koalitionen mit anderen Politbüromitgliedern – in Einzelfällen auch gegen die gesamte Parteispitze – die DDR-Sozialpolitik, zu deren Signatur die Abkoppelung von der Leistungsfähigkeit der Wirtschaft und der mit der Hoffnung auf Loyalitätsgewinn verbundene populistische Zuschnitt wurden. Ökonomisch begründete Einwände der Wirtschaftselite ließ der Parteichef dabei nicht gelten.

Im Gegensatz zu einer verbreiteten Ansicht entstand der Zielkonflikt zwischen systemstabilisierender Verteilung mittels Sozial- und Konsumpolitik und der ökonomischen Leistungsfähigkeit der DDR nicht erst als Folge von – gemessen

---

[25] Vgl. M. Rainer Lepsius: Handlungsräume und Rationalitätskriterien der Wirtschaftsfunktionäre in der Ära Honecker, in: Pirker u.a.: Plan, S. 347–362, bes. 348 f.

an der ostdeutschen Wirtschaftskraft – überdimensionierten sozialen Leistungen. Vielmehr wurde dieser Konflikt innerhalb der Führungsapparate von SED und Staat bereits in der Konzeptionsphase des Sozialpakets des Jahres 1972 virulent. Zeitgleich mit dessen Entstehung arbeitete die SPK daran, die globalen Vorgaben und Kennziffern der Direktive für den Fünfjahrplan in Jahresscheiben herunterzurechnen, um eine Basis für die Planung insgesamt und nicht zuletzt für die Erstellung der Jahrespläne zu gewinnen. Die vom Politbüro verlangte Dimension des Sozialpakets hielt die Planungsbehörde wegen des damit verbundenen enormen Zuwachses an Kaufkraft ökonomisch nicht für tragbar. Zwar war die Vokabel „Kaufkraftüberhang" ab 1971 politisch verpönt, das dahinter stehende Phänomen blieb aber eines der zentralen Probleme der SPK bis zum Ende der DDR. Aus ihrer Sicht begrenzte die mögliche Ausweitung des Warenangebots stets nicht nur das Volumen für Lohnerhöhungen, sondern auch für soziale Leistungen, die zur Erhöhung der Geldeinnahmen führten. Da eine Ausweitung kreditfinanzierter Konsumgüterimporte wegen der ohnehin angespannten Zahlungsbilanz mit dem Westen nicht möglich schien, würde eine weitere Steigerung des Warenangebots eine noch stärkere Schrumpfung der Investitionsquote nach sich ziehen sowie das Verhältnis von Import und Export zuungunsten der DDR weiter verschieben und damit die längerfristige Leistungsfähigkeit der Wirtschaft schmälern. Die Investitionsquote sollte nach den Plänen der SPK ohnehin von 23,9 Prozent im Jahr 1970 auf 19,7 Prozent 1972 sinken, für 1975 waren schließlich 20,6 Prozent vorgesehen.[26] Konsumtion versus Investition lautete – auf den einfachsten Nenner gebracht – der Kern des Konflikts, den SPK-Chef Gerhard Schürer mit der Parteispitze riskierte und in dem er zeitweise von der ZK-Abteilung Pla-

---

[26] Vgl. SPK, Bereich Volkswirtschaftliche Gesamtrechnung und Plankoordinierung: Zur Einordnung des Sozialprogramms 1971–1975, o.D. (ca. 3.3.1972); BArch Berlin, DE 1, VA 56129, Bl. 114–124, bes. Bl. 114 f.

nung und Finanzen unterstützt wurde. Diese war mit Blick auf die Westverschuldung der Auffassung, die DDR bewege sich bereits „hart an der Grenze einer ökonomischen Störanfälligkeit und daraus entstehender politischer Konsequenzen in Bezug auf die kapitalistischen Länder".[27] Die Parteiführung hatte allerdings ein grundsätzlich anderes Verständnis davon, inwieweit die Produktionskapazitäten der DDR und die Auslandsverschuldung der Ausweitung der Konsumtion Grenzen setzten. Das Ziel der SPK, die Negativsalden gegenüber dem Westen abzubauen, qualifizierte Honecker als gegen die Beschlüsse des VIII. Parteitags gerichtete „Torpedierung der Hauptaufgabe".[28] Die Spitzenfunktionäre, die 1970 die Auslandsverschuldung der DDR noch als eines der gravierendsten ökonomischen Probleme bewertet hatten, waren sich nun mit Honecker einig, dass nicht die Zahlungsbilanz der DDR, sondern das Ziel der kurzfristigen Wohlstandssteigerung Prämisse der Wirtschaftspolitik zu sein habe.

Als die SPK im März 1972 dennoch ihre Auffassung bekräftigte, das verlangte Einkommens- und Konsumniveau überfordere die binnen- wie außenwirtschaftliche Potenz der DDR, hielt die Parteiführung das vorgelegte Szenario einer wachsenden Auslandsverschuldung zwar für so brisant, dass sie die Vernichtung der Unterlagen anordnete,[29] zu Konsequenzen mochte sie sich jedoch nicht entschließen. Da war es nur folge-

---

[27] ZK-Abteilung Planung und Finanzen: Stellungnahme zum Material der Staatlichen Plankommission – Zu den „Vorschlägen zur Untergliederung des Fünfjahrplans nach Jahren" vom 11.2.1972; SAPMO-BArch, DY 30, vorläufig 11645.

[28] Vgl. Klopfer: Persönliche Notizen über die Beratung der Jahresaufteilung 1971–1975 im Politbüro am 18.1.1972; BArch Berlin, DE 1, VA 56129, Bl. 13–26, hier. Bl. 26. Vgl. auch Jeffrey Kopstein: The Politics of Economic Decline in East Germany, 1945–1989, Chapel Hill, London 1997, S. 81 f., und aus Perspektive des SPK-Vorsitzenden Gerhard Schürer: Gewagt und verloren. Eine deutsche Biographie, Frankfurt (Oder) 1996, S. 95f.

[29] Vgl. Arbeitsprotokoll der PB-Sitzung vom 14.3.1972; SAPMO-BArch, DY 30, J IV 2/2A/1582.

richtig, wenn von der Führung der SPK fast drohend verlangt wurde, endlich den „Primat der Politik vor der Ökonomie" anzuerkennen.[30] Gerade die Wirtschaftsfunktionäre, denen die Beteuerungen in der Phase des Machtwechsels, künftig gehe es – nach dem Planungsfiktionalismus der späten sechziger Jahre – um eine realistische Wirtschaftsplanung, Hoffnungen gemacht hatte, sahen sich nun mit der nachdrücklichen Forderung eines neuen, auf die Mobilisierung des subjektiven Faktors bauenden Planungsfiktionalismus konfrontiert. Denn immer wieder wurde der zweite Teil der Hauptaufgabe – die Wechselwirkung von sozialen Leistungen und Produktivitätswachstum – beschworen und als ungedeckter Wechsel auf die künftige Entwicklung in die Pläne eingerechnet.

Populistische Sozialpolitik: Das Maßnahmepaket von 1976

Schon ab der zweiten Jahreshälfte 1974 ließ sich kaum noch darüber hinwegsehen, wie die materiellen Verteilungsspielräume zunehmend schneller schrumpften. In diesem Zusammenhang muss der Verweis auf die Phänomene genügen:[31] Der Effekt der Rationalisierungsinvestitionen blieb weit hinter den Kalkulationen zurück und die extensiv ausgeweitete Produktion konnte mit der durch die raschen Einkommenszuwächse davoneilenden Kaufkraft nicht Schritt halten. In den wachsenden Sparguthaben spiegelte sich eine zurückge-

---

[30] SED-Kreisleitung in der SPK: Was ist in Auswertung der Rede des Genossen Erich Honecker in Leipzig und der Beratung des Politbüros am 14.3.1972 von der Kreisleitung der Staatlichen Plankommission unternommen worden und was wurde erreicht? vom 10.4.1972; BArch Berlin, DE 1, VA 56286, Bl. 176–185, hier Bl. 182.

[31] Vgl. zum Überblick André Steiner: Zwischen Konsumversprechen und Innovationszwang. Zum wirtschaftlichen Niedergang der DDR, in: Konrad H. Jarausch/Martin Sabrow (Hrsg.): Weg in den Untergang. Der innere Zerfall der DDR, Göttingen 1999, S. 152–192; Armin Volze: Zur Devisenverschuldung der DDR – Entstehung, Bewältigung und Folgen, in: Die Endzeit der DDR-Wirtschaft, Bd. 4, S. 151–183, bes. S. 152–159.

staute Inflation. Der zweite Aspekt der „Hauptaufgabe" – die Steigerung der Arbeitsproduktivität – kam bei weitem nicht zur erwarteten Entfaltung. Da die Industrie nicht genügend Produkte zur Verfügung stellen konnte, die auf den westlichen Märkten konkurrenzfähig und zu den erwarteten Preisen absetzbar waren, stiegen Importüberschuß und Handelsbilanzdefizit. Schon Mitte der siebziger Jahre bereitete es Schwierigkeiten, die Zahlungsbilanz der DDR über internationale Finanzkredite und Devisenzuschüsse des Staates aus Sondereinnahmen wie den Häftlingsfreikäufen und den getarnten Geschäften des Schalck-Imperiums „Kommerzielle Koordinierung" auszugleichen. Hinzu kam die Explosion der Preise auf den Rohstoffmärkten. Wegen der Preisbildungsmechanismen innerhalb des RGW schlugen diese zwar zeitverzögert auf die DDR durch, die Sowjetunion hatte aber frühzeitig erkennen lassen, dass sie in der zweiten Hälfte der siebziger Jahre erheblich höhere Preise für Rohstoffe verlangen werde.[32] Für die rohstoffarme DDR bedeutete die deutliche Verschlechterung der terms of trade eine binnenwirtschaftliche Herausforderung ersten Ranges.

In der Führungsetage der SED tauchte 1975 zum ersten Mal das Gespenst der drohenden Zahlungsunfähigkeit auf, das dort von nun an bis 1989 ständiger Gast war. Mit Blick auf die Außenwirtschaft der DDR meinte der sonst eher zu optimistischer Betrachtungsweise neigende SED-Chef: „So ein Problem hat noch nie vor der DDR gestanden. An sich müßten wir Pleite anmelden."[33] Nicht erst Anfang der achtziger Jahre, wie oftmals angenommen, sondern bereits Mitte der siebziger Jahre war der ökonomische Handlungsspielraum weitgehend ausgereizt. Der Kaufkraftüberhang erforderte ei-

---

[32] Vgl. Ralf Ahrens: Gegenseitige Wirtschaftshilfe. Die DDR im RGW. Strukturen und handelspolitische Strategien 1963–1976, Köln 2000, S. 302–311.

[33] Handschriftliche Notizen über eine Beratung zum Fünfjahrplan 1976–1980, ohne Verfasser (Gerhard Schürer), o.D. (ca. 5.5.1975); BArch Berlin, DE 1, VA 56166.

ne größere Konsumgüterproduktion und höhere Investitionen, gleichermaßen verlangte die Herstellung konkurrenz-
fähiger Produkte für den Export mehr Investitionsmittel.
Schuldentilgung und Zinszahlungen machten den Export aller absetzbaren Güter – zunehmend unabhängig von der
Rentabilität – notwendig. Zudem ließen das Veralten der Industrieausrüstungen und die Vernachlässigung der Infrastruktur erkennen, dass für die Modernisierung erheblich
mehr Mittel bereitgestellt werden mussten, wenn die ostdeutsche Ökonomie ihre Zukunftsfähigkeit nicht völlig einbüßen
sollte. Die Veränderung des einen Parameters konnte nur
noch zu Lasten des anderen vorgenommen werden. Entgegen einer auch heute noch populäreren Sichtweise sollte diese Krisenlage jedoch nicht allein auf die wirtschaftspolitischen Weichenstellungen der siebziger Jahre zurückgeführt
werden. Vielmehr führten strukturelle Innovationsschwä-
che,[34] systembedingt niedrige Arbeitsproduktivität,[35] die Ver-
schlechterungen der Außenwirtschaftsbedingungen und die
konsumorientierte Wirtschaftspolitik in die Krise.

Unter Experten der Sozialpolitik bestand praktisch Konsens
über die Notwendigkeit, sozialpolitische Maßnahmen künftig
stärker im Hinblick auf die Stimulierung von Leistung und
die Förderung des Wirtschaftswachstums zu konzipieren; sie
warnten davor, die Chancen einer dauerhaften Unterstützung der Produktivitätsentwicklung zugunsten kurzfristiger
und populärer Maßnahmen zu verringern.[36]

---

[34] Vgl. Gernot Gutmann: In der Wirtschaftsordnung der DDR angelegte
   Blockaden und Effizienzhindernisse für die Prozesse der Modernisierung,
   des Strukturwandels und des Wirtschaftswachstums, in: Die Endzeit der
   DDR-Wirtschaft, Bd. 4, S. 1–57.
[35] Vgl. Albrecht Ritschl: Aufstieg und Niedergang der Wirtschaft der DDR.
   Ein Zahlenbild 1945–1989, in: Jahrbuch für Wirtschaftsgeschichte 1995/2,
   S. 11–46, bes. S. 23–27.
[36] Vgl. Wissenschaftlicher Rat für Sozialpolitik und Demographie, AG Lebensniveau: Protokoll der Beratung der Arbeitsgruppe „Lebensniveau"
   am 25.2.1976 vom 22.3.1976; SAPMO-BArch, DY 34, 10768.

Unter dem Druck der wirtschaftlichen Situation war Erich Honecker scheinbar bereit, Abstriche bei künftigen sozialpolitischen Leistungen zu machen; vorsichtig verschob er die Schwerpunkte von Wirtschafts- und Sozialpolitik: „Die Hauptaufgabe ist in der Richtung weiterzuführen, dass [...] hohe Leistungen auf dem Wege der Intensivierung erreicht werden und die soziale Sicherheit in den Mittelpunkt der Entwicklung der Arbeits- und Lebensbedingungen gestellt werden. Soziale Sicherheit bedeutet vor allem, Stabilität der Preise [...], Durchführung des Wohnungsbauprogramms, Erhaltung und Erweiterung der Kapazitäten im Gesundheitswesen und Sicherung des Schulprogramms."[37] Die in der Propaganda seitdem in den Vordergrund gestellte „soziale Sicherheit" stand so für eine intern nicht unumstrittene Reduktion des 1971 eingeschlagenen umfassende Wohlstandskurses. Wie die Genese des Sozialpakets des Jahres 1976 zeigt, war Honecker jedoch nicht bereit, praktische Konsequenzen aus seinen eigenen konzeptionellen Überlegungen zu ziehen.

Nach Auffassung der SPK tendierten die Verteilungsspielräume „für Lohnmaßnahmen oder andere soziale Maßnahmen" schon Anfang 1975 eigentlich gegen Null.[38] Sie hielt es allenfalls noch für möglich, bis 1980 neue sozialpolitische Leistungen auszureichen, deren Volumen acht bis zehn Prozent der im Zeitraum 1971 bis 1975 beschlossenen Regelungen ausmachte.[39] Mit den beschränkten Mitteln sollten differenziert kinderreiche Familien gefördert sowie verschiedene Regelungen, die zu Härtefällen geführt hatten, modifiziert werden;

---

[37] Gerhard Schürer: Vermerk über ein Gespräch mit Honecker vom 31.1.1975; BArch Berlin, DE 1, VA 56256, Bl. 486–494, hier Bl. 486.

[38] Ebenda, Bl. 491.

[39] Vgl. Stellvertretender Vorsitzender der SPK für Lebensstandard und gesellschaftliche Konsumtion, Leihkauf, an Schürer vom 23.10.1975 mit Entwurf einer Konzeption zur weiteren Verwirklichung einkommenserhöhender Maßnahmen im Fünfjahrplanzeitraum 1976–1980 vom 17.10.1975; BArch Berlin, DE 1, VA 52713.

zusätzlich wurden Überlegungen zu einer Erweiterung der
Freiwilligen Zusatzrentenversicherung angestellt. In ein unter Federführung des Leiters der Hauptabteilung Gesellschaftliche Konsumption und Lebensstandard der SPK,
Leihkauf, als Entscheidungsgrundlage für ein geplantes sozi-
alpolitisches Maßnahmebündel zum IX. SED-Parteitag erar-
beitetes Papier floß der Vorschlag ein, die Mindestrente um
einheitlich 20 Mark zu erhöhen. Angeregt wurden darüber
hinaus Arbeitszeitverkürzungen und Prämienerhöhungen,
die unter anderem die Schichtarbeit attraktiver machen und
Verbesserungen für berufstätige Mütter bringen sollten, sowie die stärkere Förderung leistungsbezogener Lohnfor-
men.[40] Gemessen am Mitteleinsatz, machten die zur Leis-
tungsstimulierung gedachten Elemente dieser Vorschlagsliste
etwa die Hälfte des Pakets aus.

Honecker kam es dagegen weniger auf eine differenzierte
Beseitigung erkannter Problemlagen und die Finanzierbar-
keit des Sozialpakets an als vielmehr auf den Zugewinn an
Massenloyalität, der sich damit gerade im Zusammenhang
mit dem SED-Parteitag erzielen ließ. Unter dieser Prämisse
versuchte er in geradezu populistischer Weise, die Maßnahmen an den aktuellen Wünschen der Bevölkerung auszurichten. Nach seiner Auffassung hatten die territorialen Glie-
derungen der SED ihr Ohr weit näher an der „Stimme des
Volkes" als die Sozial- und Wirtschaftsfunktionäre in der
Berliner Zentrale. Um Anregungen gebeten,[41] machten sie
zahlreiche Vorschläge, welche Leistungsausweitungen am
dringlichsten verlangt wurden. In nicht immer gleicher Reihenfolge wurden vor allem die Problemfelder Mindestren-

---

[40] Vgl. Vorschläge für gesondert zu beschließende Maßnahmen zur Verbes-
      serung der Arbeits- und Lebensbedingungen im Zeitraum 1976–1980 vom
      25.3.1976, ohne Verfasser (vermutlich Arbeitsgruppe Leihkauf); BArch
      Berlin, DE 1, VA 56148.
[41] Vgl. 1. Sekretär der SED-Bezirksleitung Cottbus, Werner Walde, an Hon-
      ecker vom 25.3.1976; BArch Berlin, DE 1, VA 56148.

ten, Urlaubsverlängerungen, Arbeitszeit und Einführung der 40-Stunden-Woche sowie verschiedene Lohnfragen benannt.[42] Der 1. SED-Sekretär des Bezirks Schwerin formulierte dabei etwa die spätere Erhöhung der Mindestrenten fast exakt vor.[43] Ungewohnte Aufmerksamkeit fand auch das Institut für Meinungsforschung, das in Umfragen eine Dringlichkeitsliste sozialpolitischer Maßnahmen eruiert hatte: zügige Fortsetzung des Wohnungsbaus, Erhöhung der Renten, Weiterentwicklung des Gesundheitswesens, Erhöhung niedriger Einkommen, Verbesserung der Versorgung mit Konsumgütern, Stützung stabiler Preise, Verbesserung der Dienstleistungen, Bildungswesen.[44]

In für politische Meinungsbildungs- und Entscheidungsprozesse der DDR geradezu einzigartiger Weise prägten diese Informationen über die Wünsche der Bevölkerung an das Parteiregime, die alle über Honeckers Schreibtisch gingen, das Profil des am 11. Mai 1976 vom Politbüro bestätigten[45] und nach dem IX. SED-Parteitag veröffentlichten Katalogs.[46]

---

[42] Vgl. ebenda und Anlage zur Monatsinformation März 1976 der SED-Bezirksleitung Potsdam: Vorschläge für sozialpolitische Maßnahmen bis 1980, o.D. (ca. 7.4.1976), und Betr. Probleme der Parteitagsdiskussion zur weiteren Gestaltung des sozialpolitischen Programms von Partei und Regierung, ohne Verfasser (SED-Bezirksleitung Dresden), o.D. (ca. 6.4.1976); ebenda.

[43] Vgl. 1. Sekretär der SED-Bezirksleitung Schwerin, Ziegner, an Honecker, vom 2.4.1976; BArch Berlin, DE 1, VA 56148.

[44] Vgl. Werner Lamberz an Honecker vom 14.4.1976 mit Information über eine Umfrage des Instituts für Meinungsforschung beim Zentralkomitee der SED zu ausgewählten politischen Fragen (I. Quartal 1976); SAPMO-BArch, DY 30, IV 2/2.033/29, Bl. 43–49, bes. Bl. 45 f.

[45] Vgl. Arbeitsprotokoll der PB-Sitzung vom 11.5.1976; SAPMO-BArch, DY 30, J IV 2/2A/1980.

[46] Gemeinsamer Beschluß des Zentralkomitees der SED, des Bundesvorstandes des FDGB und des Ministerrates der DDR über die weitere planmäßige Verbesserung der Arbeits- und Lebensbedingungen der Werktätigen im Zeitraum 1976–1980 vom 27.5.1976, in: Dokumente der Sozialistischen Einheitspartei Deutschlands. Beschlüsse und Erklärungen des Zentralkomitees sowie seines Politbüros und seines Sekretariats, Bd. XVI, Berlin (Ost) 1980, S. 257–263, bes. S. 257.

Er enthielt zwar die Mehrzahl der unter Federführung der SPK ausgearbeiteten Vorschläge, war aber um zahlreiche Leistungen gerade im konsumtiven Sektor erweitert worden, die den Erwartungen der Bevölkerung entgegenkommen sollten.

Insgesamt wurde der Beschluß den Ankündigungen, die Verbesserung der Lebensbedingungen künftig stärker mit dem Leistungsprinzip zu koppeln, kaum gerecht; die Kosten von Einkommenssteigerungen und Arbeitszeitverlusten dagegen überstiegen erneut die ursprüngliche Kalkulationsgrundlage um ein Vielfaches. Hier hatte der Wunsch nach populären Maßnahmen über die andernorts propagandistisch verkündete Sparsamkeit gesiegt. Wie Gerhard Schürer gegenüber der Parteispitze deutlich machte, beruhte die Verbuchung der Kosten in den Plänen auf einer Reihe optimistischer Annahmen über die künftige Entwicklung.[47] Da sich die Wirtschaft der DDR aber weit ungünstiger entwickelte als erhofft und weil sich die internationalen ökonomischen Rahmenbedingung weiter verschlechterten, blieb das Sozialpaket bis 1989 der letzte große Regelungsschub auf diesem Politikfeld; später beschlossene Leistungsausweitungen blieben in ihrer Dimension ungleich geringer und kamen nur noch einzelnen Bevölkerungsgruppen zugute.

Rückbau in der Sozialpolitik? Das Krisenjahr 1979

Bereits am Ende der siebziger Jahre hatte sich die Wirtschaftskrise so weit verschärft, dass an eine relevante Ausweitung sozialpolitischer Leistungen nicht mehr zu denken war. 1979 schließlich war für die gesamte Wirtschaftselite der ökonomische Handlungsspielraum der DDR ausgereizt. Zusätzlich zu den eigenen Problemen, Zinszahlung und Kredittilgung auch nur kurzfristig zu gewährleisten, kamen aus der Sowjetunion – zunächst noch von niedrigerer Ebene – immer

---

[47] Vgl. Schürer: Rededisposition. Begründung zum Entwurf des Gemeinsamen Beschlusses vom 11.5.1976; BArch Berlin, DE 1, VA 56148.

deutlichere Signale, die West-Verschuldung nicht weiter wachsen zu lassen und dafür „auch Konsumeinschränkungen in Kauf nehmen, um sich nicht zu sehr vom NSW abhängig zu machen".[48] Im Juli 1979 schließlich warnte KPdSU-Chef Leonid Breshnew selbst Honecker vor einer zu engen Kooperation mit dem Westen und vor den Gefahren der Devisenverschuldung.[49]

Zugleich hatte die jahrelange Umverteilung vom produktiven zum konsumtiven Sektor eine solche Größenordnung erreicht, dass nach Auffassung vieler Funktionäre die Reproduktionsfähigkeit der Wirtschaft akut gefährdet war. Nach den vorgelegten Berechnungen hatten Umfang und Nutzen der Investitionen ein kritisches Maß unterschritten. Der Anteil der im produzierenden Bereich eingesetzten Investitionen am Nationaleinkommen war von elf Prozent im Zeitraum 1966 bis 1970 auf 9,6 Prozent im Jahr 1978 gesunken. Ausdruck des stark extensiven und wenig intensiven Wirtschaftswachstums und besonders problematisch war, dass beispielsweise im Jahr 1977 nahezu die Hälfte dieser Investitionen in den Neubau und die Erweiterung von Kapazitäten geflossen waren, während für Rationalisierungsmaßnahmen nur ein Viertel aufgewendet wurde. Nach 1975 ging die Effektivität der eingesetzten Investitionen stark zurück, gleichzeitig wuchs der Umfang der überalterten und abgeschriebenen Industrieausrüstungen weiter. Der Anteil der im nichtproduzierenden Bereich eingesetzten Investitionen am Nationaleinkommen stieg

---

[48] Ministerium der Finanzen, Leiter der Hauptabteilung I, Oberst Bieber: Information an Genossen Minister Böhm vom 24.6.1977; SAPMO-BArch, DY 30, vorläufig 17681.

[49] Niederschrift über das Treffen zwischen dem Generalsekretär des ZK der SED und Vorsitzenden des Staatsrates der DDR, Genossen Erich Honecker, und dem Generalsekretär des ZK der KPdSU und Vorsitzenden des Präsidiums des Obersten Sowjets der UdSSR, Genossen Leonid Iljitsch Breschnew, am 27. Juli 1979 auf der Krim vom 28.7.1979, in: Arbeitsprotokoll der PB-Sitzung vom 14.8.1979; SAPMO-BArch, DY 30, J IV 2/2A/2253.

dagegen von 7,7 Prozent in den Jahren 1966 bis 1970 auf 9,4 Prozent im Fünfjahrplanzeitraum 1976 bis 1980. Ein wachsender Teil dieser Mittel floß dabei in die Bereiche Wohnungsbau, Bildung sowie soziale und kulturelle Betreuung, während Wissenschaft und Forschung (die als nichtproduzierender Bereich galten), Verwaltung, Infrastruktur und Verteidigung zusammengenommen relativ weniger Mittel erhielten.[50] Die ökonomischen Probleme spitzten sich im Sommer 1979 bei der Ausarbeitung des Volkswirtschaftsplans für 1980 zu.

Um „die Stabilität der ökonomischen Entwicklung weiterhin zu gewährleisten, die Zahlungsfähigkeit ständig zu sichern und ernsthafte Schäden für die Volkswirtschaft abzuwenden", schlug die SPK unter anderem vor: „Konzentration der weiteren Durchführung des Programms der Vollbeschäftigung, des Volkswohlstandes und der Stabilität auf die Durchführung des Kernstücks des sozialpolitischen Programms, den Wohnungsbau, auf der Grundlage der beschlossenen Normative; die Verwirklichung der festgelegten Ziele und materiellen Bedingungen für die Bildung, Erziehung und Betreuung der Kinder."[51] Das Finanzministerium betonte gleichzeitig, dass die künftige Finanzierung der bereits gesetzlich festgelegten Sozialpolitik unter den gegebenen Bedingungen eine außerordentlich große Leistung darstelle.[52] Trotz aller sozialpolitischen Bescheidenheit gelang es der SPK aber nicht, einen Planentwurf zu erstellen, der auch unter Einrechnung der üblichen optimistischen Annahmen die wesentlichen Kennziffern zur Deckung brachte; unter anderem war abzusehen, dass 1980 ein Bargelddefizit in Höhe von etwa 1,8 Milliarden Valutamark auflaufen würde, für das keine Lösung in Sicht war – der Kreditrahmen im Westen schien erschöpft.

---

[50] Vgl. Arbeitsprotokoll der PB-Sitzung vom 30. 10.1979; SAPMO-BArch, DY 30, J IV 2/2A/2269, 2270 und 2271.

[51] Arbeitsprotokoll der PB-Sitzung vom 21.8.1979; SAPMO-BArch, DY 30, J IV 2/2A/2254.

[52] Ebenda.

In dieser Phase, in der sich die Krise der Binnen- und Außenwirtschaft dramatisch zuspitzte, drängten Apparate und Spitzenfunktionäre von SED und Staat, auch einige der heiligen
Kühe des Konsumsozialismus zu opfern. Im Auftrag von Günter Mittag erarbeitete etwa die ZK-Abteilung Planung und Finanzen Vorschläge, mit denen die Lücken des Plans 1980, insbesondere bei der Zahlungsbilanz, geschlossen werden sollten.
Gedacht war an Preiserhöhungen bei höherwertigen Konsumgütern, vor allem von Importprodukten, von Waren des Exqui-
sithandels, aber auch der hochsubventionierten Einheitspreise
in Gaststätten. Gerade nach den Erfahrungen in der „Kaffee-
krise" – die Einschränkung des Angebots hatte ab 1976 für be-
trächtlichen Unmut in der Bevölkerung gesorgt – barg der Vorschlag, Möglichkeiten zur Anhebung der „Verbraucherpreise
bei Kraftstoffen, Röstkaffee und anderen Genussmitteln" zu
prüfen, erheblichen politischen Sprengstoff.[53] Eine vom Staatssekretär im Bauministerium, Karl Schmiechen, geleitete Arbeitsgruppe kam in eigenständiger Erweiterung ihres Auftrags,
die „sozialpolitische Wirksamkeit" bei der Wohnraumvertei-
lung zu steigern, zu Vorschlägen, die mit den 1972 eingeführten
Prinzipien brachen und unterer anderem auf die Erhöhung von
Mieten und Mietnebenkosten hinausliefen.[54]

Selbst Erich Honecker schreckte vor dem brisanten Thema
Preiserhöhungen nicht mehr zurück und erteilte im Juli 1979

---

[53] ZK-Abteilung Planung und Finanzen an Günter Mittag vom 4.10.1979 mit
Anlage: Aufträge für weitere Maßnahmen zur volkswirtschaftlichen Bi-
lanzierung des Planes 1980, insbesondere zur Beseitigung des Bargeldde-
fizits; SAPMO-BArch, DY 30, vorläufig 22154/2.

[54] Vgl. ZK-Abteilung Planung und Finanzen/ZK-Abteilung Bauwesen: Information über die Untersuchung zum Entstehen eines Vorschlages zur
Überprüfung der geltenden Bestimmungen für die Festsetzung von Mieten in Abhängigkeit von der Einhaltung neu zu erarbeitender Wohnraum-
belegungsnormen vom 19.10.1979; SAPMO-BArch, DY 30, vorläufig
22170, und ZK-Abteilung Bauwesen an Günter Mittag vom 25.10.1979
mit Aktenvermerk über die mit Schmiechen und den Mitgliedern der Arbeitsgruppe geführte „parteimäßige Auseinandersetzung"; ebenda.

über Ministerpräsident Willi Stoph an den Leiter des Amts
für Preise, Walter Halbritter, den Auftrag, eine Politbürovor-
lage mit Vorschlägen für Preiserhöhungen unter anderem bei
Spirituosen, Benzin, Diesel, Heizöl und ausgewählten Sortimenten der Kinderbekleidung zu erarbeiten.[55] Unter Federführung von Finanzminister Siegfried Böhm, Gerhard Schürer und Werner Halbritter entstanden daraufhin mehrere
Entwürfe, die weit mehr Produkte erfassten und Erhöhungen
der Verbraucherpreise im Volumen zwischen 7,2 und 22 Milliarden Mark vorsahen. Auf Weisung Mittags wurden die ge-
mäßigteren Ansätze verworfen und im August Honecker eine Variante vorgelegt, die Preiserhöhungen von insgesamt 21
Milliarden Mark vorsah. Ausgenommen von radikalen Preissteigerungen sollten nicht einmal Grundnahrungsmittel bleiben, deren Preisstabilität sich die DDR bis dahin stets
gerühmt hatte; einige dieser Produkte sollten nach dem Konzept künftig in Mark der DDR zu einem höheren Preis verkauft werden, als die entsprechenden Waren in DM in der
Bundesrepublik zu haben waren. Lediglich etwa ein Drittel
des vorgeschlagenen Preissteigerungsvolumens sollte über
Ausgleichszahlungen an besonders betroffene, einkommens-
schwache Gruppen kompensiert werden. Um die Dimension
dieser Preiserhöhungen einordnen zu können, lohnt ein Blick
in das Statistische Jahrbuch; dort wurde der gesamte Einzel-
handelsumsatz des Jahres 1978 mit 92,490 Milliarden Mark
ausgewiesen.[56] Die SPK rechnete als Folge der vorgeschlagenen Preissteigerungen mit der Möglichkeit, das materielle
Volumen des Warenangebots verglichen mit dem Planvorga-
ben für 1979 auf 92 Prozent herunterfahren zu können, während es durch die Preiserhöhungen wertmäßig auf 115 bis 117

---

[55] Vgl. MfS-Hauptabteilung XVIII: Information über die Ausarbeitung von
   Vorschlägen zur Herstellung einer besseren Übereinstimmung der Entwicklung der Kaufkraft und des Warenfonds 1980 sowie zur Sicherung
   normaler Touristenabkäufe durch Verbraucherpreiserhöhungen vom
   7.8.1979; BStU, ZA, HA XVIII, 1248, Bl. 1–6.
[56] Statistisches Jahrbuch der DDR, Berlin (Ost) 1985, S. 234.

Prozent wachsen sollte. Insgesamt war damit nach den Kalkulationen der Planer ein Rückgang des Realeinkommens pro Kopf der Bevölkerung um zehn Prozent verbunden.[57]

Zwar tasteten diese Vorschläge nicht den 1979 erreichten Kernbestand der Sozialpolitik im engeren Sinn an, dennoch war das Konzept nicht nur ein Frontalangriff auf den 1971 eingeschlagenen konsumsozialistischen Kurs, sondern erinnert gleichermaßen an die im Zuge des „Aufbaus der Grundlagen des Sozialismus" im Vorfeld des 17. Juni 1953 verfügten Preissteigerungen und den nach der Entmachtung Honeckers im November 1989 dem Politbüro vorgelegten Katalog, der als Notbremsung auf der Fahrt in den Staatsbankrott gedacht war.[58] Der Brisanz waren sich fast alle Beteiligten bewußt; nach Erkenntnissen des MfS waren mit Ausnahme von Mittag, Schürer und Böhm, die wohl im Konflikt um politische oder ökonomische Stabilisierung letzterer den Vorrang gaben, alle in die Ausarbeitung einbezogenen nachgeordneten Funktionäre des Amts für Preise und der SPK der Auffassung, dass die „vorgeschlagenen Verbraucherpreiserhöhungen politisch nicht zu vertreten sind und konterrevolutionäre Ausschreitungen herbeiführen können".[59] Wenigstens mit einer „Schockwirkung" und mit „negativen Auswirkungen auf die politische Moral und den Leistungswillen breiter Schich-

---

[57] Vgl. ZK-Abteilung Planung und Finanzen: Übersicht über die Vorschläge der Staatlichen Plankommission zu Kennziffern des Volkswirtschaftsplanes 1980 vom 30.7.1979; SAPMO-BArch, DY 30, vorläufig 22153/1.

[58] Vgl. zu 1989 Gernot Schneider: Lebensstandard und Versorgungslage, in: Die Endzeit der DDR-Wirtschaft – Analysen zur Wirtschafts-, Sozial- und Umweltpolitik. Hrsg. von Eberhard Kuhrt in Verbindung mit Hannsjörg F. Buck und Gunter Holzweißig im Auftrag des Bundesministeriums des Innern, Opladen 1996, S. 111–130, hier S. 228 f.

[59] Vgl. MfS-Hauptabteilung XVIII: Information über die Ausarbeitung von Vorschlägen zur Herstellung einer besseren Übereinstimmung der Entwicklung der Kaufkraft und des Warenfonds 1980 sowie zur Sicherung normaler Touristenabkäufe durch Verbraucherpreiserhöhungen, 7.8.1979; BStU, ZA, HA XVIII, 1248, Bl. 1–6, hier Bl. 6.

ten der Werktätigen" rechnete auch das Mielke-Ministerium.[60]

Glaubt man dem Zeugnis Honeckers, so sprachen sich bei einer ersten Diskussion des Materials auf Spitzenebene – vermutlich im August 1979 – alle führenden Funktionäre für diese drastischen Maßnahmen aus, ohne die es unmöglich sei, einen auch nur halbwegs realistischen Volkswirtschaftsplan für 1980 zu konzipieren. Honecker selbst machte wohl aus taktischen Gründen zunächst nur gegenüber Mittag und Stoph, im November 1979 aber auch im Politbüro unmißverständlich klar, was er von dem Plan hielt: „Wenn man das macht, dann kann gleich das Politbüro zurücktreten und die Regierung auch."[61] Mit teilweise ins Groteske gehenden Argumenten versuchte Honecker, einen Zusammenhang von Überschuldung der DDR und Sozial- und Konsumpolitik abzustreiten und damit nicht zuletzt von seiner Verantwortung für die Wirtschaftspolitik der vorangegangenen Jahre abzulenken. Vehement wandte sich der Generalsekretär gegen jede Einschränkung einmal beschlossener Leistungen; sie seien „sozialer Besitzstand". Es zeigte sich hier also erneut eine Konstellation, in der sich nicht Verbände wie der FDGB im Rahmen ihrer beschränkten Möglichkeiten für die materiellen Belange der „Werktätigen" oder der Bevölkerung einsetzten, sondern der Staats- und Parteichef ungeachtet der wirtschaftlichen Zwangslage diese Interessen praktisch gegen den gesamten Kreis der Spitzenfunktionäre vertrat, dabei aber primär von der Furcht vor Destabilisierung und Machtverlust getrieben war. Darüber hinaus nahm Honecker die Diskussion zum Anlass, mit der Autorität des Parteichefs

---

[60] Ebenda.
[61] Notizen zur Beratung des Politbüros des Zentralkomitees der SED zum Planentwurf 1980 am 27. November 1979 vom 27.11.1979, ohne Verfasser (vermutlich Heinz Klopfer); BArch Berlin, DE 1, VA 56296, Bl. 434–456, hier Bl. 436. Vgl. auch Hertle, Diskussion, S. 318

die sozialpolitische Grundlinie bis zur Mitte der achtziger Jahre festzuklopfen:

„Renten sind ein sozialer Besitzstand. Das muss man als festen Posten einsetzen. [...] Und dann sage ich, was muss fortgeführt werden, besonders auch für den Plan 1981–1985:

1. Das Wohnungsbauprogramm einschließlich Baureparaturen. [...]
2. Die Bezahlung nach Leistung. Wir haben die Grundlöhne eingeführt. Das sind aber Effektivlöhne.
3. Die Mieten müssen bleiben wie sie sind. Im sozialen Wohnungsbau der BRD kostet 1 m^2 10–12 Mark, bei uns 0,80 Mark bis 1,20 Mark.
4. Die Vergünstigungen für Mutter und Kind bleiben. Das ist sozialer Besitzstand.
5. Die Vergünstigungen für kinderreiche Familien bleiben.
6. Der Urlaub bleibt.
7. Die 5-Tage-Woche bleibt.

Zu den Preisen. Bei Grundnahrungsmitteln, wo hat sich da etwas verändert seit Jahren? Es bleibt alles beim alten. Das gilt auch für die Dienstleistungen. Die Straßenbahn kostet nach wie vor 20 Pfennige. Kosten für Wäschereileistungen, Reinigung bleiben. Es gibt keinen Anstieg auf diesem Gebiet.“[62]

Ungeachtet anderer Überzeugung, meldete aus dem Kreis des Politbüros niemand Widerspruch an. Zumindest für absehbare Zeit war damit die Möglichkeit einer Reform zu Lasten der Bevölkerung auf diesen Gebieten verbaut. Eine Teillösung im magischen Dreieck von Westverschuldung, Investi-

---

[62] Notizen zur Beratung des Politbüros des Zentralkomitees der SED zum Planentwurf 1980 am 27. November 1979 vom 27.11.1979, ohne Verfasser (vermutlich Heinz Klopfer) BArch Berlin, DE 1, VA 56296, Bl. 434–456, Bl. 446f.

tionen und Kaufkraftüberhang/Warenbereitstellung wurde
stattdessen auf einem Weg gesucht, der stillschweigend bereits seit 1973 beschritten worden war: deutliche Preissteigerungen bei neuen, bei importierten oder importabhängigen
Konsumgütern, bei aufwendigeren Produkten und bei Waren, die häufigeren Sortimentswechseln unterlagen. Auch
hier war es Honecker, der in der eben erwähnten Politbüro-
sitzung die Tür zur massiven Kaufkraftabschöpfung und Ein-
nahmesteigerung des Staatshaushalts weit aufstieß: „Das
Leistungsprinzip darf man im Sozialismus in jedem Fall nicht
zuschütten lassen. Wenn wir das Leistungsprinzip bejahen,
dann muss man vertreten, dass für neue Erzeugnisse entsprechende Preise festgelegt werden müssen. [...] Wenn wir den
Kern der Sozialpolitik erhalten wollen, müssen wir auf der
anderen Seite die Bereitschaft dafür schaffen; auch durch bestimmte Waren, für die die entsprechenden Preise bezahlt
werden müssen. [...] Es gibt [...] Menschen, die verfügen über
800 Mark monatlich und welche über 20 000 Mark. Man muss
für alle etwas haben."[63] Lediglich Kurt Hager wies in diesem
Zusammenhang vorsichtig auf die Brisanz von Preiserhöhungen hin, denn es habe sich allgemein die Vorstellung verbreitet, „dass wir in allem stabile Preise haben".[64] Daher müssten
höhere Preise für „Güter mit höherem Gebrauchswert" der
Bevölkerung erklärt werden. Ausgenommen von den Preissteigerungen sollte künftig allein der Grundbedarf und damit
ein definitionsbedürftiger Teil des Warenangebots sein; kon-
sequenterweise war die SPK bestrebt, diesen Grundbedarf
möglichst eng auszulegen.[65]

---

[63] Ebenda, Bl. 437 f.
[64] Ebenda, Bl. 451.
[65] Vgl. Schürer: Vorschläge für Erzeugnisse, die der Nomenklatur des
Grundbedarfs, ausgehend vom zentralen Versorgungsplan, zugeordnet
werden sollen, o.D. (Januar oder Februar 1980); BArch Berlin, DE 1, VA
56768. Vgl. auch Helmut Weiß: Verbraucherpreise in der DDR. Wie stabil
waren sie? Schkeuditz 1998, S. 38–73.

Welche Blüten diese Preispolitik, die weit über eine Anpassung an gestiegene Kosten oder verändertes Verbraucherverhalten hinausging, im einzelnen trieb, zeigte sich beispielsweise bei der Unterhaltungselektronik. Eine Stereokompaktanlage aus DDR-Produktion, deren Einzelkomponenten für 4.670 Mark zu erstehen waren, kostete beispielsweise – sofern sie im Handel auftauchte – 7.200 Mark.[66] Insbesondere bei Waren wie Textilien mit häufigen Sortimentswechseln wurde exzessiv an der Preisschraube gedreht. So stiegen etwa die Durchschnittspreise, das heißt die Verbraucherpreise aller drei Preisgruppen der jeweiligen Sortimente, im ersten Halbjahr 1981 im Vergleich zum Vorjahreszeitraum bei Schuhen zwischen 110 und 113 Prozent und bei Herrenanzügen um 117 Prozent; dieser Vielzahl von Sortimenten standen nur wenige gegenüber, bei denen der Durchschnittspreis niedriger lag.[67]

Um gegenüber der Bevölkerung dennoch ein weitgehend ungebrochenes Wachstum des Konsumgüterangebots vortäuschen zu können, wurde der intendierte Preisauftrieb zunehmend zur Grundlage der Plankonzeptionen. Nach einer internen Kalkulation vom April 1981 sollte sich etwa das öffentlich bekanntzugebende jährliche Steigerungsvolumen des Warenfonds von 3,6 Prozent aus einem Mengenwachstum zwischen 1,3 und 1,6 Prozent und einem „Wertzuwachs" von zwei Prozent zusammensetzen.[68] Aber selbst mit diesen Maßnahmen der Kaufkraftabschöpfung glichen die Bemühungen, das Warenangebot mit der Kaufkraft in Einklang zu

---

[66] Vgl. Amt für Preise: Information über die Kosten und den Verbrauchspreis für die Stereokompaktanlage Hi-Fi-Turm SC 1700 vom 16.7.1980; SAPMO-BArch, DY 30, vorläufig 26549.

[67] Vgl. Werner Halbritter: Information über die Ergebnisse der zentralen Kaufhandlungen Herbst 1980 vom 31.10.1980; SAPMO-BArch, DY 30, vorläufig 26549.

[68] Vgl. SPK: Plansatz für den Fünfjahrplan zur Entwicklung der Volkswirtschaft der DDR im Zeitraum 1981–1985 vom 18.4.1980; BArch Berlin, DE 1, VA 56200.

bringen, zunehmend einem Rennen zwischen Hase und Igel, denn bereits 1980 wurde nahezu der gesamte Zuwachs des Warenfonds allein durch den Einkommenszuwachs durch die auf die – weiter steigenden – Spareinlagen der Bevölkerung von knapp 100 Milliarden Mark[69] gezahlten Zinsen von drei-einviertel Prozent aufgezehrt.

Angesichts dieses gezielt gesteigerten Preisniveaus, das keineswegs nur wirklich hochwertige Produkte betraf, hatte die im September 1979 verkündete Anhebung der Mindestrenten um 40 Mark und die Anhebung der Leistungen der Sozialfürsorge stark kompensatorische Aspekte, diente sie doch eher der Verhinderung einer absehbaren Verschlechterung der Lebenslage vieler Rentner als deren deutlicher Verbesserung.[70]

Stabilisierung und Destabilisierung

Wenngleich stabilisierende oder auch destabilisierende Effekte der Sozialpolitik, verstanden als veränderte Zustimmung oder gar Loyalität zum Parteiregime, nur schwer messbar sind, so gibt es doch eine Reihe von Indikatoren, die darauf hindeuten, dass die Zufriedenheit großer Teile der Bevölkerung mit der materiellen Lebenslage und auch die Akzeptanz des SED-Staates gerade in der ersten Hälfte der siebziger Jahre deutlich zunahm.[71] Die Mischung aus Aufbruchsstimmung nach dem Machtwechsel, spürbaren Verbesserungen von Einkommen und Konsumchancen sowie die Ankündigung weiterer Verbesserungen verdrängte die heftige Kritik aus der Be-

[69] Vgl. SPK, Abteilung Lebensstandard: Analyse der Entwicklung der Geldeinnahmen und Geldausgaben der Bevölkerung in den Bezirken der DDR im Zeitraum 1976–1980 vom 28.1.1982; BArch Berlin, DE 1, VA 54695.

[70] Arbeitsprotokoll der PB-Sitzung vom 25.9.1979; SAPMO-BArch, DY 30, J IV 2/2A/2264.

[71] Vgl. Thomas Gensicke: Mentalitätswandel und Revolution. Wie sich die DDR-Bürger von ihrem System abwandten, in: Deutschland Archiv 25 (1992), S. 1266–1283.

völkerung an der Versorgungslage und auch an der Parteidiktatur, die nach den Berichten des Ministeriums für Staatssicherheit Ende 1970 etwa in drohenden Vergleichen mit der
Lage vor dem 17. Juni 1953 gegipfelt hatte.[72]

Nach einer der letzten Untersuchungen des 1976 aufgelösten
Instituts für Meinungsforschung unter DDR-Bürgern war die
Sozialpolitik das Feld, auf dem die Ostdeutschen der DDR
sogar am häufigsten Überlegenheit über die Bundesrepublik
attestierten. Und auch bei den Antworten auf die Frage, was
Besucher aus Westdeutschland und Westberlin nach Einschätzung ihrer Gastgeber in der DDR am meisten beein-
druckt habe, rangierten die Sicherheit des Arbeitsplatzes,
niedrige Mieten und die gesundheitliche Betreuung mit weitem Abstand am oberen Ende der Skala.[73] Im Unterschied zu
anderen Politikbereichen bestand mit der DDR-spezifischen
Variante von sozialer Sicherheit immerhin die Chance, in der
deutsch-deutschen Systemkonkurrenz und im Vergleich mit
dem Lebensstandard der Referenzgesellschaft bei den eigenen Bürgern Punkte zu machen.

Wie sich aber spätestens in der zweiten Hälfte der siebziger
Jahre herausstellte, blieb die loyalitätsstiftende Wirkung des
Konsumsozialismus begrenzt. Denn ungeachtet der weiteren
Wertschätzung der gebotenen Sozialstandards und ihrer zu
unterstellenden pazifizierenden Effekte machte sich schon
bald Unmut über die materielle Lebenslage und insbesondere die Versorgung breit. Es läßt sich daher eher von einem

---

[72] MfS, Zentrale Auswertung- und Informationsgruppe: Information über einige Probleme der Versorgung der Bevölkerung (Stand 1.12.1970); BStU,
ZA, ZAIG 1871, Bl. 1–18, bes. Bl. 1 und 5. Vgl. auch Zentrale Auswertung-
und Informationsgruppe: Information über einige Probleme der Versorgung der Bevölkerung vom 3.9.1970; BStU, ZA, ZAIG 4991.

[73] Vgl. Lamberz an Honecker vom 14.4.1976 mit Information über eine Umfrage des Instituts für Meinungsforschung beim Zentralkomitee der SED
zu ausgewählten politischen Fragen (I. Quartal 1976); SAPMO-BArch,
DY 30, IV 2/2.033/29, Bl. 43–49, bes. Bl. 47–49.

fragilen und kündbaren Arrangement sprechen, bei dem große Teile der Bevölkerung auf Kritik verzichteten und die
SED-Herrschaft hinnahmen, solange die vom Parteiregime
geweckten Erwartungen auf rasche Wohlstandsmehrung
nicht enttäuscht wurden. In zugespitzter Diktion: Unterstützung erfuhr nicht das SED-Regime, sondern – ablesbar an
zahlreichen Stimmungserkundungen von Partei und MfS –
das Projekt Sozialismus als Verheißung greifbarer Steigerung
von Einkommen, preiswerter Grundversorgung und Besitz
von lang entbehrten hochwertigen Konsumgütern.

Bereits 1977 registrierte das MfS zwar weiterhin eine positive
Aufnahme der sozialpolitischen Maßnahmen in der Bevölkerung, zugleich aber die fatale Wirkung sinkender
Zuwachsraten im Konsum, sich häufender Versorgungsengpässe, Einschränkungen im Angebot bei importabhängigen
Konsumgütern und schleichender Preissteigerungen. Geradezu alarmiert meldete das Mielke-Ministerium „eine Ten-
denz zunehmender Unzufriedenheit [...] teilweise skeptische,
pessimistische und negative Meinungen bis hin zu aggressi-
ven Argumenten".[74] Die Hoffnung auf kontinuierlich wachsenden Wohlstand aus der ersten Hälfte der siebziger Jahre
war binnen kurzem einer Perspektive dauernder Mangelwirtschaft mit drohenden materiellen Notlagen gewichen, die
vielen Bürgern noch aus den fünfziger und sechziger Jahren
vertraut war. In der Perzeption gerade der stets zur Herr-
schaftslegitimation der SED benutzten Arbeiter zeichnete
sich das Bild einer neuen Klassengesellschaft ab, die den Ver-
heißungen der offiziellen Gesellschaftsinterpretation einer
sich auf dem Weg zum Kommunismus zunehmend anglei-
chenden Gesellschaft Hohn sprach. In unmissverständlichen
Worten transportierte die Stasi die Meinung des „kleinen

---

[74] Hinweise auf Tendenzen der Unzufriedenheit in der Reaktion der Bevölkerung der DDR vom 12.9.1977, ohne Verfasser (Zentrale Auswertungs-
und Informationsgruppe des MfS); BStU, ZA, ZAIG 4119, Bl. 2–8, hier
Bl. 2.

Mannes": „Für den Arbeiter in der DDR ginge der Wohlstand ‚langsam aber sicher zu Ende'." Ja, die „DDR sei inzwischen wieder soweit, dass Arbeiter und Rentner Bettelbriefe
in die BRD schicken müßten, um zu Kaffee oder anderen
auserlesenen Produkten zu gelangen."[75] Nach den MfS-In-
formationen wurden die unterschiedlichen Konsumchancen
– politisch besonders brisant – in der Bevölkerung als gesellschaftliche Differenzierung wahrgenommen:

„1. Arbeiter, Rentner und andere Bürger mit niedrigem Ein-
    kommen ohne Westwährung, die sich weiterhin einschrän-
    ken müssen, weil sie von den Sparmaßnahmen betroffen
    werden [...];
2. solche Bürger, die durch ein höheres Einkommen in Ex-
   quisit-Geschäften kaufen können;
3. Personen, die in den Besitz von DM gelangen und ihre
   Bedürfnisse in ‚Intershop-Läden' befriedigen;
4. privilegierte Personen und hohe Funktionäre, die in ‚besonderen Läden' kaufen würden, teuer Westwagen fahren
   und in keinerlei Hinsicht von irgendwelchen Sparmaß-
   nahmen betroffen seien".[76]

An die Stelle der parteioffiziellen Verheißung des sozialistischen „Wohlstands für alle" trat in der Wahrnehmung zunehmend das Bild einer auch materiell privilegierten Herr-
schaftskaste, die einen dem einfachen Arbeiter unerreich-
baren Luxus genieße. In der sich schnell verschärfenden
Wirtschaftskrise mit einer immer offenkundigeren und über-
scharf wahrgenommen Diskrepanz zwischen wachsenden
Einkommen und zeitlich und sektoral differenziert, langsam
steigenden, stagnierenden oder sinkendem Konsumgüter-

---

[75] Ebenda, Bl. 5 und Bl. 6.
[76] Ebenda, Bl. 6. Zu den Intershops und ihrer ambivalenten Wirkung vgl.
  auch Jonathan R. Zatlin: Consuming Ideology. Socialist Consumerism and
  the Intershops 1970–1989, in: Peter Hübner/Klaus Tenfelde (Hrsg.): Arbeiter in der SBZ-DDR, Essen 1999, S. 555–572.

angebot gewann das Unvermögen, die Zustimmung der Bevölkerung zum Konsumkurs in dauerhafte und belastbare
Loyalität zum SED-Regime umzumünzen, besondere Brisanz. Geradezu frustriert musste das MfS immer wieder feststellen, „dass erreichte Verbesserungen [...] als selbstverständlich hingenommen würden, noch bestehende Missstände jedoch besonders hervorgehoben oder zum Anlass genommen werden, die sozialistische Entwicklung in der DDR
zu negieren".[77]

Die Frage nach stabilisierenden oder destabilisierenden Wirkungen des konsumsozialistischen Kurses und seiner Defizite
darf aber nicht auf das Verhältnis der Bevölkerung zum Regime verengt werden. Es ist nicht unbedingt notwendig, Max
Weber zu bemühen, um die Akzeptanz der Legitimitätsan-
sprüche der obersten politischen Führung – des Politbüros
und vor allem Honeckers – in den Herrschaftsapparaten als
erstrangige Bedingung der Stabilität kommunistischer Diktaturen hervorzuheben.[78] Gerade in den Wirtschaftsapparaten
führte das starre Festhalten an dem 1971 eingeschlagenen
Pfad zu einer stetigen Erosion des Legitimitätsglaubens, ein
Prozeß, der in den Berichten des Ministeriums für Staatssicherheit seinen Niederschlag fand. Die Staatssicherheit bezog mit dem Anwachsen der ökonomischen Probleme die
Wirtschaft und ihr Leitungspersonal immer stärker in ihre
Überwachungstätigkeit ein; einige Wirtschaftsfunktionäre
der zentralen Ebene unterhielten darüber hinaus beste Be-
ziehungen zum Mielke-Ministerium und lieferten bereitwillig
Informationen aus den engsten Führungszirkeln, die gegen
Ende der siebziger Jahre bei der Stasi zunehmend Besorgnis

---

[77] MfS, Zentrale Auswertungs- und Informationsgruppe: Hinweise über aktuelle Reaktionen der Bevölkerung der DDR zu Versorgungsfragen vom
21.12.1978; BStU, ZA, ZAIG 4132, Bl. 12–15, hier Bl. 5.
[78] Vgl. Winfried Thaa: Die Wiedergeburt des Politischen. Zivilgesellschaft
und Legitimationskonflikt in den Revolutionen von 1989, Opladen 1996,
S. 68 f.

auslösten: „In wachsendem Maße werden an das MfS problemorientierte Informationen herangetragen, denen zufolge sich bei verantwortlichen Partei- und Staatsfunktionären Erscheinungen einer pessimistischen Grundhaltung zeigen und sich teilweise Resignation ausbreitet."[79] Gemeint waren hier nicht etwa randständige Kader, sondern höchste Wirtschaftsfunktionäre unterhalb des engeren Führungszirkels um Honecker, beispielsweise SPK-Chef Gerhard Schürer oder der Leiter der ZK-Abteilung Planung und Finanzen Günter Ehrensperger. Es sei praktisch Konsens, „dass die volkswirtschaftliche Situation noch niemals so ausweglos erschienen ist, wie in der gegenwärtigen Periode".[80] Die Wirtschaftsführung sähe sich „außerstande", Lösungen für die Probleme zu finden, so dass sich die resignativen Haltungen bis hinunter zum betrieblichen Leitungspersonal ausbreiteten. In vertraulichen und persönlichen Gesprächen kämen immer wieder „Vorbehalte, Besorgnis und Unsicherheit" zum Ausdruck.[81] Resignation der Wirtschaftsfunktionäre in einer für ausweglos gehaltenen wirtschaftlichen Lage – so lassen sich die Erkenntnisse des MfS zusammenfassen. Diese Art der Kapitulation war die frustrierte Reaktion auf die jahrelange Erfahrung, dass alle Versuche, die Ausgaben für Konsum und Soziales der Leistungsfähigkeit der ostdeutschen Ökonomie anzupassen und den Wirtschaftskurs auf die drastisch verschlechterten Rahmenbedingungen einzustellen, von der politischen Spitze abgeblockt wurden. Jede substanzielle Modifikation des 1971 eingeschlagenen Weges schien zum Scheitern verurteilt. Es waren das Beharren der Spitze auf der Politik des Konsumsozialismus und die scheinbare Unmöglichkeit der Wirtschaftsverantwortlichen, einen für unabding-

---

[79] Vgl. MfS-Hauptabteilung XVIII: Information zu zunehmend dem MfS bekanntwerdenden Problemen über die Lage bei der Leitung, Planung und Bewältigung bedeutender Aufgaben in der Volkswirtschaft der DDR vom 22.6.1979; BstU, ZA, HA XVIII, 12477, Bl. 1–22, hier Bl. 1.

[80] Ebenda, Bl. 2.

[81] Ebenda, Bl. 1.

bar gehaltenen Wandel in der Wirtschaftspolitik voranzutrei-
ben, die bei der Wirtschaftsführung und den Funktionseliten
massive Zweifel an der Zukunftsfähigkeit des Projekts Sozialismus auslösten und so die institutionellen Geltungsgrundla-
gen an einer für die Stabilität der SED-Herrschaft entscheidenden Stelle sukzessive und systematisch aushöhlten.

Dazu gesellten sich zunehmende verdeckte Friktionen zwischen der engeren politischen Führung einerseits und den Wirt-
schaftskadern und -apparaten andererseits. Auch hier
erlauben besonders die Berichte des MfS einen vergleichsweise
ungeschönten Blick auf das Verhältnis von Apparaten zur Ho-
necker-Führung: „Verantwortliche Funktionäre der Staatlichen Plankommission und der Fachabteilungen des ZK [d.h. alle für die Wirtschaftsplanung relevanten Apparate] vertreten
einhellig die Auffassung, dass sich Genosse E. Honecker in einem für die Volkswirtschaft der DDR schwerwiegenden Irrtum
befindet."[82] Das Bemerkenswerte ist hier nicht so sehr, dass
einzelne Funktionäre Zweifel an der Richtigkeit der Führungs-
entscheidungen hegten – dies dürfte in gewissen Umfang nicht
selten der Fall gewesen sein –, sondern dass offenbar mehr oder
weniger alle Wirtschaftsverantwortlichen gleichermaßen der
Überzeugung waren, die DDR befände sich unter Honecker
auf einem verhängnisvollen Pfad. Dies mündete in eine zumindest implizite Infragestellung der Führungskompetenz des
SED-Generalsekretärs, der diesen Kurs wie kein anderer verkörperte; wenn auch nur im informellen Gespräch wurde damit
eines der tragenden Fundamente innerparteilicher Herrschaft
– das Tabu der Kritik an Entscheidungen der jeweils übergeordneten Ebene – in wachsendem Ausmaß untergraben. Allerdings verblieb es beim Murren und bei Unmutsäußerungen im
kleinen Kreis, eine Ausweitung der Diskussionen über die

---

[82] Vgl. MfS-Hauptabteilung XVIII: Ergänzende Information zur Information
Nr. 177/77 vom 15.11.1977 zur Ausarbeitung des Volkswirtschaftsplanes
1978 vom 18.11.1977; BStU, ZA, HA XVIII, 12478, Bl. 1–5, hier Bl. 3.

Wirtschaftsprobleme und über Lösungsansätze, die zu steigendem Reformdruck aus den Apparaten heraus hätten führen können, ist nicht zu konstatieren. Kennzeichnend war vielmehr eine Umsetzung der geforderten Linie durch das Personal, ungeachtet eigener, widersprechender Meinungen. Die Staatssicherheit registrierte den Trend, dass „Staatsfunktionäre Aufträge ausführen, ohne von deren Richtigkeit und Wahrhaftigkeit überzeugt zu sein, lediglich aus Gründen der Parteidisziplin, Unterordnung unter drakonische Festlegungen der Spitze bzw. Angst vor harter Kritik oder Ablösung aus der Funktion".[83]

Schon am Ende der siebziger Jahre wurde der Sozialismus so in einem seiner Kernbereiche auch auf der zentralen Ebene zu einer Inszenierung, an der ein großer Teil der Wirtschaftsverantwortlichen und der Apparatefunktionäre mitwirkte, obwohl sie den Glauben an seine Zukunft verloren hatten. Während nach außen die Fassade von Stabilität erfolgreich aufrechterhalten wurde, war damit eine der Säulen der SED-Herrschaft unterminiert. Dieser innere Erosionsprozeß angesichts der offenkundigen Reformunwilligkeit und Reformunfähigkeit der SED-Spitze dürfte – mehr noch als der Missmut der Bevölkerung über die materiellen Lebensbedingungen – eine der entscheidenden Bedingungen für den Zusammenbruch der Parteidiktatur gewesen sein, als im Herbst 1989 Massendemonstrationen und Massenflucht die Stabilitätsfiktion wegwischten.

Literaturhinweise

Christoph Boyer/Peter Skyba (Hrsg.): Repression und Wohlstandsversprechen. Zur Stabilisierung von Parteiherrschaft in der DDR und der CSSR, Dresden 1999.

---

[83] Vgl. MfS-Hauptabteilung XVIII: Information zu zunehmend dem MfS bekanntwerdenden Problemen über die Lage bei der Leitung, Planung und Bewältigung bedeutender Aufgaben in der Volkswirtschaft der DDR vom 22. 6. 1979; BStU, ZA, HA XVIII, 12477, Bl. 1–22, hier Bl. 1.

Bundesministerium für Arbeit und Sozialordnung/Bundesarchiv Koblenz (Hrsg.): Geschichte der Sozialpolitik in Deutschland seit 1945, Band 1: Grundlagen der Sozialpolitik, Baden-Baden 2001.

Hans Günter Hockerts (Hrsg.): Drei Wege deutscher Sozialstaatlichkeit. NS-Diktatur, Bundesrepublik und DDR im Vergleich, München 1998.

Ders.: Soziale Errungenschaften? Zum sozialpolitischen Legitimitätsanspruch der zweiten deutschen Diktatur, in: Von der Arbeiterbewegung zum modernen Sozialstaat. Festschrift für Gerhard A. Ritter zum 65. Geburtstag. Hrsg. von Jürgen Kocka, Hans-Jürgen Puhle und Klaus Tenfelde, München 1994, S. 790–804.

Peter Skyba: Konsumsozialismus als Dogma. Statische Stabilisierungsstrategie und innere Erosion der SED-Diktatur in den siebziger Jahren, in: Dauer durch Wandel. Hrsg. von Stephan Müller, Gary Schaal, Claudia Tiersch, Köln 2001.

ANNETTE KAMINSKY

Konsumpolitik in der Mangelwirtschaft

In den vergangenen Jahren ist durch zahlreiche Studien herausgearbeitet worden, dass den ungelösten Versorgungsproblemen und unbefriedigten Konsumwünschen eine „systemsprengende Kraft" innewohnt, wenn sie sich mit einer grundlegenden Unzufriedenheit mit den politischen Verhältnissen paart.[1] Auch in der DDR galten die ungelösten Probleme in der Versorgung als Politikum ersten Ranges, dem die SED-Führung große Aufmerksamkeit beimaß. Als „Konsumpolitik" fasse ich in diesem Beitrag, alle durch die Staats- und Parteiführung in der DDR in die Wege geleiteten Maßnahmen und Programme, um die Versorgung zu sichern und Versorgungsprobleme zu lösen. Mangelwirtschaft ist inzwischen der gängige Begriff, um die Wirtschafts- und Versorgungssituation in der DDR zu beschreiben. Ohne auf den Begriff oder Konzepte zur „Konsumpolitik" und seiner Relevanz für das Gesellschafts- und Wirtschaftssystem der DDR näher einzugehen, möchte ich anhand von einigen Beispielen die von der SED verfolgte Politik zur Versorgung der Bevölkerung und ihre Folgen darstellen.

Die Politik der Versorgungsutopien

Seit 1947 beschwor die SED-Führung immer wieder die bessere gesellschaftliche Zukunft, der die Bevölkerung entgegen-

---

[1] Stephan Merl: Staat und Konsum in der Zentralverwaltungswirtschaft. Rußland und die ostmitteleuropäischen Länder, in: Europäische Konsumgeschichte. Zur Gesellschafts- und Kulturgeschichte des Konsums (18. bis 20. Jahrhundert). Hrsg. von Hannes Siegrist, Hartmut Kaelble, Jürgen Kocka, Frankfurt am Main 1997, S. 235.

ginge.[2] Dabei wurde der Blick auch auf den künftig zu errei-
chenden Lebensstandard und Wohlstand gelenkt. 1959 erschien in der DDR ein Buch mit dem verheißungsvollen Titel
„Unsere Welt von morgen", das den Höhe- und zugleich
Schlusspunkt unter die sozialistischen Alltags- und Versorgungsutopien setzte.[3] In diesem Buch beschworen die Autoren die nahe kommunistische Zukunft, die die DDR bis zum
Jahre 1990 erreichen sollte. Das Buch beginnt mit dem Ausflug eines USA-Bürgers im Jahre 2000 in „eine konsequent
durchkonstruierte kommunistische Welt", in der „eine unvorstellbare Fülle von Waren und Dienstleistungen zum allgemeinen Nutzen zur Verfügung stand und in der alle Fragen
vollkommen und vernünftig geregelt waren". Und was wird
dort angeboten? „Großartige Warenhäuser; Musik nach Wahl
aus der Wand; ein untadeliges Gesundheitswesen; wunderba-
re Möglichkeiten für Sport, Erholung, Bildung, unbürokrati-
sche Verwaltungseinrichtungen, eine Justiz, die bereits zur
psychotherapeutischen Behandlung von Ausgefallenheiten
übergegangen ist; eine die Welt umspannende sozialistische
Brüderlichkeit."[4] Der Standard sollten Großkaufhäuser sein,
„in denen Muster aller verfügbaren Konsumartikel zur Ansicht bereitliegen, werden Zentralen der Versorgung sein, die
keinen Wunsch offen lassen. Man wählt, fachkundig beraten,
in aller Ruhe aus – und findet, zu Hause angekommen, die ge-
normt verpackten Waren bereits vor."[5] Beschworen wurde
die „Warenfülle von morgen", die als „eine Fülle von land-
wirtschaftlichen und industriellen Produkten aller Art, von
der Ente bis zur Hühnerbrust in Aspik, von Ananas in Dosen
bis zum Futterreis, vom Jutesack bis zum Seidenhemd, vom
Fahrrad ‚mit allen Schikanen' bis zum ‚Traumwagen' (der
groß oder klein sein kann, aber immer ausgezeichnet passen
muss!), vom Sportflugzeug bis zum Stratokreuzer, vom Kin-

---

[2] Vgl. Verlautbarungen des II. Parteitags der SED 1947.
[3] Karl Böhm/ Rolf Dörge: Unsere Welt von morgen, Berlin(Ost)[4]1961.
[4] Ebenda.
[5] Ebenda., innere Klappseite.

derfilm bis zum wissenschaftlichen Buch schon in wenigen Jahren auf uns als Verbraucher und Benutzer zugewatschelt, gerollt, gefahren und -geflogen kommt"[6], gepriesen wird.

Im Jahr 1990, in dem diese Vorstellungen Wirklichkeit geworden sein sollten, gab es die DDR nicht mehr. Vielmehr offenbarte sich bei den Demonstrationen des Herbstes 1989 eine unglaubliche Frustration über die Versorgungslage und die von der SED seit Jahren betriebene Konsumpolitik. Neben den Forderungen nach freien Wahlen und politischen Veränderungen prangerten zahlreiche Plakate die Ungerechtigkeiten bei der Verteilung von Konsumgütern an. Diese richteten sich zum einen gegen die „Bonzen" und ihre Privilegien. So hieß es beispielsweise in Leipzig am 6. November 1989: „Es ist so mancher Funktionär uns allen viel zu reich, das Volk setzt nun den Hobel und hobelt alle gleich."[7] In die selbe Richtung wies die Forderung, aus Wandlitz ein FDGB-Dorf zu machen. Zum anderen forderten die Demonstranten „Für harte Arbeit hartes Geld" und drohten: „Kommt die D-Mark bleiben wir, kommt sie nicht, gehen wir zu ihr."[8]

Dabei hatten die programmatischen Verlautbarungen der Staats- und Parteiführung die Bevölkerung seit 1947 immer wieder darauf orientiert, Mängel in der Versorgung und im täglichen Leben als vorübergehende Erscheinungen der Aufbauphase zu akzeptieren und optimistisch in die gut versorgte „Welt von morgen" zu blicken. An ihrem Lebensstandard sollten die Bürger täglich erleben, dass sie im besseren Teil Deutschlands lebten. Aus ihren Alltagserfahrungen – so hoffte die SED-Führung – würde die Bevölkerung ihr Vertrauen in die Richtigkeit der Politik von Partei und Regierung ziehen. Die „systemeigenen" sozialistischen Vorzüge sollten

---

[6] Ebenda., S. 368.
[7] Bernd Lindner: Die demokratische Revolution in der DDR 1989/90, Bonn 1998, S. 87.
[8] Bernd Lindner: Die demokratische Revolution, S. 100.

auch durch spürbare Verbesserungen in der Versorgung täglich erlebt werden. Keine Ware des täglichen Bedarfs war zu nichtig, um nicht zum Thema auf den Sitzungen von Zentralkomitee und Politbüro zu werden. In den vom Politbüro regelmäßig beschlossenen „Maßnahmen zur Verbesserung der Versorgung" sah die Parteiführung eine gute Gelegenheit, um der Bevölkerung zu zeigen, wie ernst sie Fragen des Konsums und der Versorgung nahm.[9] Die zu Parteitagen oder Wahlen herausgegebenen Losungen spiegeln diesen Aspekt der politischen Inanspruchnahme von Fragen des Lebensstandards und der Versorgung sinnfällig wider.

Obwohl die SED-Führung spätestens seit der von der Sowjetunion im Frühjahr 1953 verordneten „Konsumwende" und den Ereignissen des 17. Juni 1953 der Konsumentwicklung in der DDR große innenpolitische Bedeutung und hohes Konfliktpotenzial zuerkannte, erschienen Fragen der Konsumpolitik, von Handel und Versorgung in der öffentlichen Darstellung außerordentlich widersprüchlich. Grundlegende Überlegungen zur Konsumpolitik der SED wurden seit den gescheiterten utopischen Vorstellungen der fünfziger Jahre kaum mehr öffentlich angestellt. Konsumpolitik und -alltag spiegelten sich entweder in ausufernden Produktionsberichten, die über die „Plansollüberfüllung" etwa bei Damenoberbekleidung „informierten", oder aber in kritischen oder satirischen Berichten über lediglich als bedauerliche und ärgerliche Einzelfälle dargestellte Versorgungsengpässe, die zumeist einzelnen Verantwortlichen auf lokaler Ebene angelas-

---

[9] Walter Ulbricht: Die Entwicklung des deutschen volksdemokratischen Staates 1945–1958, Berlin 1961; Sitzungen des Politbüros Nr. 11 vom 16.4.1963 (BArch-SAPMO, J IV 2/2–875), Nr. 16 vom 12.6.1963 (J IV 2/2–882), vom 26.6.1963 (J IV 2/2–884), 16.12.1963 (J IV 2/2–914), Nr. 26 vom 28.7.1964 (J IV 2/2–941). Siehe auch Protokoll der Sitzung des Zentralkomitees der SED vom 9.11.1960 sowie das 11. Plenum des ZK der SED „Zu Fragen des Handels, der Versorgung und der Produktion der tausend kleinen Dinge"; Neues Deutschland vom 21.12.1960.

tet wurden. Die Versorgungsmisere als grundsätzliches Problem der DDR-Wirtschaft und Gesellschaft, die die DDR seit ihrer Existenz begleitete und sich wie ein roter Faden durch die Geschichte der DDR zog, fand jedoch weder in der Tagespresse noch in allgemein zugänglicher Literatur Beachtung. Während die SED-Führung diesen Problemen intern eine hohe Priorität zuerkannte – ablesbar an den zahllosen Sitzungen des Politbüros, auf denen die „1000 kleinen und zehn großen Fragen der Versorgung" auf der Tagesordnung standen –, sorgte sie andererseits mit einer rigorosen Maulkorbpolitik – als Beispiele sei hier auf die Publikationsverbote in der Satirezeitschrift „Eulenspiegel" und in den Mitteilungen des Instituts für Marktforschung verwiesen – für eine Tabuisierung dieses Themas.[10]

Dabei war die SED-Führung durch von ihr veranlasste Untersuchungen über die Stimmung in der Bevölkerung und deren Konsumerwartungen informiert. Diese Erwartungen hatte sie zum Teil mit ihren Ein- und Überholplänen selbst genährt. Seit dem offenen Ausbruch des Volkszorns am 17. Juni 1953 beobachtete die SED ängstlich alle Anzeichen von Konsumfrust und Versorgungsärger in der Bevölkerung. So hatte die SED-Führung beispielsweise im Vorfeld des VII. Parteitags 1966 untersuchen lassen, wie zufrieden die Werktätigen in der DDR mit ihren Lebensverhältnissen waren und wie die Bevölkerung – und hier vor allem die Arbeiter – ihren Lebensstandard einschätzte.[11] Die Untersuchung brachte zwiespältige Ergebnisse hervor. Einerseits waren zahlreiche Men-

---

[10] Vgl. Sylvia Klötzer: Über den Umgang mit heißen Eisen. Eulenspiegeleien, in: Simone Barck, Dagmar Langmann, Siegfried Lokatis: Zwischen „Mosaik" und „Einheit" Zeitschriften in der DDR, Berlin 1999, S. 105–115.

[11] Bericht über die Ergebnisse der Untersuchung des Fragenkomplexes „Wie beurteilen die Arbeiter die Entwicklung ihres Lebensstandards, die Entwicklung der Arbeits- und Lebensbedingungen im Betrieb und worin sehen sie schwerpunktmäßig zu lösende Probleme"; SAPMO-BArch, DY 30/3337, Bl. 224.

schen optimistisch eingestellt und werteten den erreichten
Standard als positiv. Der Bericht kam jedoch nicht umhin
festzustellen: „Wir haben aber auch Resignation, Enttäu-
schungen, Misstrauen und Illusionen angetroffen."[12] Vielfach
äußerte sich dies in Bemerkungen wie: „Es hat ja keinen
Zweck, etwas zu sagen. Die machen ja doch, was sie wollen.
[…] Im Allgemeinen werden die sich verbessernde Versorgung, bedarfsgerechtere Versorgung, Qualitätsverbesserun-
gen gesehen und anerkannt. Aber meistens wird das verbunden mit Kritiken, dass das alles zu langsam ginge und immer
wieder Versorgungslücken eintreten."[13]

Für die Funktionäre besonders wichtig war, welche konkreten Erwartungen die befragten Bürger an den Parteitag hatten: Sie erhofften sich, dass der Mindesturlaub von 12 auf 15
oder sogar 18 Tage erhöht, die Gehälter verbessert, die Preise
gesenkt, das Kindergeld aufgestockt und Renten herauf- sowie das Rentenalter herabgesetzt würden. Insbesondere der
Mindesturlaub von nur 12 Tagen hatte die Gemüter erhitzt:
„Was haben 12 Tage Urlaub mit Sozialismus gemein? Die Arbeiter müssen schuften und kriegen 12 Tage Urlaub, aber für
die, die in den Büros sitzen, ist gesorgt", empörten sich die
Bürger.[14]

Um ihren Erwartungen Nachdruck zu verleihen, verwiesen
die Bürger die ausgeschickten Funktionäre auf Westdeutschland und erklärten, „dass der Kapitalismus besser sei als der
Sozialismus. Sie verwandten häufig das Argument: ,Arbeiten
müssen wir und die drüben, geschenkt wird keinem was, aber
die können sich für ihr Geld mehr leisten'."[15] Der Bericht
konstatierte auf vielen Gebieten eine kritische Stimmung un-

---

[12] Ebenda, Bl. 212.
[13] Ebenda, Bl. 222.
[14] Ebenda, Bl. 215.
[15] Ebenda, Bl. 213.

ter der Bevölkerung. Selbst die Sozialleistungen, auf die die
DDR-Führung so stolz sein wollte, wurden nicht recht gewür-
digt: Fehlende Sozialräume, mangelnder Service, unzumutba-
re öffentliche Verkehrsleistungen wurden beklagt. Die
Wohnverhältnisse wurden als unzureichend kritisiert und
das, was sich die DDR als „humane Behandlung von Miet-
schuldnern" zu Gute hielt, denen eben nicht wie in Westdeutschland das Obdachlosenlos drohen sollte, mit Unverständnis bedacht.[16]

Statt die formulierte Kritik zur Grundlage für eine neue Konsumpolitik zu nehmen, griff die SED-Führung zu einem anderen Mittel. Sie tabuisierte Probleme des Lebensstandards
und der Versorgung in noch stärkerem Maße als ohnehin
schon. So rügte der Minister für Handel und Versorgung 1969
die „liberalen Beiträge" des Instituts für Marktforschung, die
dem „Klassengegner in der BRD" wichtige und sensible Informationen über die Versorgung in der DDR in die Hände
spielen würden. Selbstkontrolle und die Einführung einer
„Zensur" durch das Ministerium für Handel und Versorgung
waren die Folgen.[17] Aber nicht nur die Fachpresse geriet in
die Kritik. Selbst die Satirezeitschrift „Eulenspiegel", die sich
immer wieder grotesker Fallbeispiele aus dem sozialistischen
Alltag annahm, musste sich wegen ihrer kritischen Berichte
zur Versorgungslage rügen lassen.[18]

In den Anfangsjahren warb die SED mit dem Versprechen einer besseren Zukunft und stellte der Bevölkerung 1947 in
Aussicht: „Mehr produzieren, gerecht verteilen, besser le-

---

[16] Ebenda, Bl. 220.
[17] Vgl. SAPMO BArch-Berlin, DL 102/22.
[18] Vgl. Sylvia Klötzer: Über den Umgang mit heißen Eisen. Eulenspiegelei-
en, in: Simone Barck, Dagmar Langmann, Siegfried Lokatis: Zwischen
„Mosaik" und „Einheit" Zeitschriften in der DDR, Berlin 1999,
S. 105–115.

ben."[19]. Bereits wenige Jahre später nahm man die Erwartungen zurück und teilte der zehn Jahre nach Kriegsende noch immer mit Rationierungen lebenden Bevölkerung mit: „So wie wir *heute* arbeiten, werden wir *morgen* leben."[20] Nach der Aufhebung der letzten Rationierungen 1958 wurde der Bevölkerung dann das westdeutsche Lebensniveau in Aussicht gestellt. Dreißig Jahre später zogen Vertröstungen auf bessere Zeiten nicht mehr. Die offiziellen Losungen trugen dem Rechnung, so lautete die Parole zum X. Parteitag der SED 1981: „Ich leiste was, ich leiste *mir* was."

Unter der Bevölkerung riefen jedoch schon lange nicht mehr nur die fehlenden Waren oder die immer wieder nicht erfüllten Konsumversprechen Unmut hervor. Für Ärger sorgten vor allem die offensichtlichen Ungerechtigkeiten bei der Verteilung der Produkte.

Konsumpolitik und soziale Ungleichheit

Die SED-Führung war mit dem Anspruch angetreten, eine gerechte soziale Ordnung schaffen zu wollen, die als gesellschaftliche Alternative für ganz Deutschland wirken sollte. Dabei beinhaltete die Selbstdefinition der DDR als „Leistungsgesellschaft" von vornherein Ungleichheiten und Ungerechtigkeiten. Jeder sollte seinen Fähigkeiten und Leistungen entsprechend bezahlt werden und leben. Erst im Kommunismus sollten diese Unterschiede aufgehoben sein. Dann sollte jeder Bürger unabhängig von Fähigkeiten und Leistungen nach seinen Bedürfnissen leben können. Der Slogan von der vorgeblichen sozialen Gleichheit der Bürger bezog sich jedoch vor allem auf die „werktätigen Klassen und Schichten", also Arbeiter und Bauern, wohingegen die „Besitzenden" im

---

[19] II. Parteitag der SED 1947.
[20] Losung der Aktivistin Frida Hockauf 1955.

Interesse einer allgemeinen „Gleichheit" benachteiligt sein konnten und vielfältige Benachteiligungen zu ertragen hatten.

Über diese Unterteilung hinaus existierten im Bereich des Konsums jedoch weitere kleine und große Unterschiede beim Zugang zu Konsumgütern, Dienstleistungen und Versorgungssystemen. Hierzu zählten insbesondere:

1. Unterschiedlich gut versorgte Gebiete in Stadt und Land mit unterschiedlichen Infrastrukturen[21]. Zu dieser historisch gewachsenen Versorgungsstruktur kam in der DDR zusätzlich die

2. politisch motivierte Bevorzugung Berlins gegenüber allen anderen Gebieten der DDR hinzu. Nicht erst 1989 fragten die Bürger auf ihren Plakaten: „Sind wir Nicht-Berliner Menschen zweiter oder dritter Klasse?" Dieses Motiv zog sich bereits seit Jahren durch eine Vielzahl von Eingaben der Bevölkerung an die Arbeiter- und Bauern-Inspektion (ABI) und das Ministerium für Handel und Versorgung.

3. Darüber hinaus erfuhren ausgewählte Gruppen wie eben Arbeiter in Schwerpunktindustriezentren, junge Eheleute, Funktionäre etc. Vorteile beim Zugang zu Waren, Gütern und Dienstleistungen, während sogenannte „unproduktive Gruppen" – wie Rentner – vielfältige Benachteiligungen zu ertragen hatten. Gerade die Menschen, denen die SED-Führung immer wieder für ihre Aufbauleistungen in der Nachkriegszeit verbal dankte, sahen sich von den sozialen Errungenschaften ausgeschlossen: „Der Sozialismus ist gut, solange wir arbeiten können. […] Wenn man Rentner wird, kommt der große Bergrutsch. Wir müssen rechtzeitig

---

[21] Siehe hierzu die Bemühungen der Konsumgenossenschaften ein dichtes Versorgungs- und Verkaufsstellennetz auf dem Lande zu schaffen, das in den fünfziger Jahren unter dem propagandistischen Slogan „Die Stadt hilft dem Land" initiiert wurde.

sparen, um einen Notgroschen für das Alter zu haben", beschwerten sich zahlreiche Bürger.[22]

4. Des Weiteren gab es staatlich initiierte Sonderversorgungssysteme für Funktionäre von Partei und Regierung. Als Beispiel hierfür seien die Sondergeschäfte für Funktionäre oder das Sonderversorgungsgebiet Wandlitz erwähnt.

5. Darüber hinaus existierte eine durch die Handelspolitik der SED-Führung und die „Politik der zweiten Währung" forcierte Bevorzugung jener Bürger, die Intershop und Genex nutzen konnten. Wem der Zugang zu Westwaren und Westgeld mangels entsprechender Kontakte verwehrt war, war benachteiligt.

6. Neben den quasi durch die staatliche Verteilungspolitik bedingten Ungerechtigkeiten in der Versorgung entwickelte sich ein grauer Markt und vielfältige Tauschbeziehungen, die wiederum weitere Ungerechtigkeiten in der Versorgung nach sich zogen. Sogenannte „Bückware" und „blaue Fliesen" entzogen dem offiziellen Angebot zahllose Waren, linderten aber auch so manchen Engpass und schürten zusätzlich Wut und Ärger über die ungerechte Verteilung der Waren und die Versorgungsmisere.

Handelsbündnis zwischen Stadt und Land

Wie konnte es vor dem Hintergrund des einstmals postulierten Anspruchs, eine „gerechte soziale" Ordnung mit hohem Versorgungsniveau zu schaffen, zu der 1989 offenbarten Frustration kommen?

Die wirtschaftlichen Möglichkeiten der DDR reichten von Beginn an nicht für eine gleichmäßige Entwicklung aller

---

[22] Bericht über die Ergebnisse der Untersuchung des Fragenkomplexes „Wie beurteilen die Arbeiter die Entwicklung ihres Lebensstandards, die Entwicklung der Arbeits- und Lebensbedingungen im Betrieb und worin sehen sie schwerpunktmäßig zu lösende Probleme"; SAPMO-BArch, DY 30/3337, Bl. 220.

Wirtschaftsbereiche aus. Der Aufbau der schwerindustriellen Basis und einer eigenen Armee zu Beginn der fünfziger Jahre erfolgte zu Lasten der Konsumgüterproduktion. Zusätzlich erschwerten fehlende Rohstoffe, Halbfertigprodukte und Materialien, die zu Produktionsstillständen führten, die Fertigung von Konsumgütern und verschlechterten die Versorgungslage. Die Bemühungen, die Versorgung und Lebenslage einerseits zu verbessern, wurden andererseits durch wirtschaftspolitische Entscheidungen behindert oder gar zunichte gemacht. Erinnert sei an die weitgehende Vernichtung des Mittelstandes, den Aufbau industrieller Großprojekte oder solche Kampagnen wie die „Wurst am Stengel" oder die „Rinderoffenställe", die zusätzlich Ressourcen sinnlos verschlangen. Hier wurden Entscheidungen getroffen, deren Auswirkungen auf die Versorgungslage vorherzusehen waren und ein bezeichnendes Licht auf den Stellenwert konsumpolitischer Fragen werfen. Während die SED einerseits die Bevölkerung mit Konsum- und Versorgungsutopien vertröstete, war die von ihr verfolgte Wirtschaftpolitik – ob beabsichtigt und vorhersehbar oder nicht – keinesfalls dazu angetan, diesen utopischen Vorhaben auch nur die geringste Chance einer Realisierung zu geben.

Neben den wirtschaftlichen Grenzen wies jedoch auch das Handels- und Verkaufsstellensystem grundlegende Mängel auf. Die Zahl der bestehenden Verkaufsstellen in Stadt und Land reichte beispielsweise für eine flächendeckende Versorgung der Bevölkerung nicht aus. Hier tat eine ohne größere Investitionen auskommende Lösung not, mit der die Verteilung der Waren kurzfristig reguliert werden konnte.

Die Berichte über gleichzeitig auftretende Überproduktionen und Engpässe zahlreicher Waren unterstützten die Fehleinschätzung, dass im Prinzip ausreichend Waren vorhanden seien, man diese nur punktgenau verteilen müsse, um überall eine gleichbleibende Versorgung zu gewährleisten. Das war

der Ansatzpunkt, von dem aus die Ökonomen eine Lösung
versuchten. Um die schlimmsten Versorgungsprobleme kurzfristig zu lösen und einen gerechteren Zugang zu Waren und
Dienstleistungen – vor allem für die Landbevölkerung und
Arbeiter in Ballungszentren – zu schaffen, beschloss der Ministerrat 1954, den Versandhandel einzuführen.[23] Er sollte
zum Sinnbild für das politische Bündnis aller Werktätigen
werden und das „Handelsbündnis zwischen Stadt und Land"
belegen. Über den Versandhandel sollte die „richtige Len-
kung des Warenstroms" ermöglicht sowie für künftige Planungen der tatsächliche Bedarf der Bevölkerung an Waren
für das tägliche Leben und langlebigen Konsumgütern ermittelt werden. Er war als Übergangslösung gedacht, bis überall
auf dem Land mittels moderner Versorgungseinrichtungen
den Landbewohnern das selbe Angebot wie in den Städten
unterbreitet werden konnte. Der Versandhandel sollte die
bestehenden Landverkaufsstellen und den ambulanten Kon-
sumlandhandel mit dort nicht vertretenen Sortimenten ergänzen.[24] Laut Ankündigung im Gesetzblatt Nr. 72 des Jahres
1954, in dem der entsprechende Beschluss des Ministerrats
veröffentlicht wurde, sollten die Konsumgenossenschaften,
die mit ihren Konsum-Verkaufsstellen in vielen ländlichen
und kleinen Orten präsent waren, den Versandhandel auf-
bauen. Kurze Zeit später änderten die Verantwortlichen ihre
Meinung: Nun sollte die staatliche Handelsorganisation
(HO), die eigentlich für die Versorgung der Städte zuständig
war, den Versandhandel betreiben. Die Erklärung für diesen
plötzlichen Sinneswandel dürfte wohl darin liegen, dass die
SED seit 1953 dem Konsumsektor aus Legitimationsgründen
eine verstärkte Bedeutung zumaß. Die staatlichen Läden
wurden seit ihrer Gründung bevorzugt mit Waren versorgt,

---

[23] Vgl. zum Versandhandel in der DDR Annette Kaminsky: Kaufrausch. Die
Geschichte der ostdeutschen Versandhäuser, Berlin 1998.
[24] Probleme des Handels auf dem Land bis zum Jahre 1970 vom 20.11.1962;
SAPMO-BArch, J IV 2 610–135, S. 1–2.

um der Bevölkerung im täglichen Leben sichtbar das Bemühen der SED um das Wohl des Volkes vor Augen zu führen.
Diese Botschaft sollte nun auch der staatliche Versandhandel
vermitteln.

Die Versandhändler setzten bei der Popularisierung der neu-
en Handelseinrichtung auch auf die bisherigen Einkaufser-
fahrungen ihrer Kunden, die wenig Anlass zur Zufriedenheit
boten. Das Versandhaus stellte die hohe Bequemlichkeit
beim Einkauf per Katalog in den Vordergrund. Slogans wie
„Im behaglichen Heim ohne Risiko einkaufen" oder „Keine
Zeit verlaufen – beim Versandhaus kaufen" priesen die Vorzüge des Bestellkaufs. „Mag's auch draußen stürmen und
schneien – Ihr Einkauf ist bei jedem Wetter gesichert" warb
das Versandhaus im Katalog vom Herbst/Winter 1957/58 und
spielte damit auf die meist langen und oft auch vergeblichen
Einkaufswege der Landbevölkerung an. „Einkaufen leicht
gemacht" wurde zum bestimmenden Motto für den Versand
und suggerierte, dass die bestellten Waren über den Versandhandel tatsächlich erhältlich sein würden. Denn die Wirt-
schaftsplaner in der DDR waren – bestärkt durch Berichte
über das gleichzeitige Auftreten von Engpässen sowie Über-
angeboten an den selben Waren in bestimmten Regionen der
DDR – davon ausgegangen, dass im Prinzip ausreichend Waren zur Verfügung stünden und man sie nur punktgenau verteilen müsse, um die Versorgungsprobleme in den Griff zu
bekommen.

Der Versandhandel trug allerdings – bevor er sich um die
Versorgung verdient machen konnte – erst einmal zur Verschlechterung derselben bei. Da die Waren nicht für die ausreichende Belieferung von stationärem Handel und Versandhandel ausreichten, mussten zahllose – oftmals private – Geschäfte geschlossen werden, um die vormals dorthin geliefer-
ten Waren dem Versandgeschäft zur Verfügung stellen zu
können.

„Mit einem schnellen Ausverkauf ist zu rechnen"

Die Werbung zeitigte schnell zählbare Erfolge. Anfang August 1956 hatte das Versandhaus Leipzig, das zum 1. Mai 1956 offiziell seine Tätigkeit aufnahm, in seiner Kartei bereits 10 000 registrierte Kunden, die vor allem in den Bezirken Rostock, Schwerin, Neubrandenburg und Cottbus lebten.[25] Bis 1959 konnte das Versandhaus sogar 1,5 Millionen Bestellungen verzeichnen und stolz auf 800 000 Stammkunden, darunter immer mehr „Städter", blicken. Täglich versuchten 1300 neue Kunden ihre Bestellungen beim Versandhaus loszuwerden. Wegen der schnell erreichten Kapazitätsgrenze wurde 1961 ein zweites Versandhaus bei den Konsumgenossenschaften eingerichtet.

Da die beiden Versandhäuser den realen Bedingungen des DDR-Handelssystem unterlagen, konnten sie von Beginn an die Wünsche ihrer Kunden nicht vollständig erfüllen. Trotz der zugesicherten politischen Priorität kämpfte der Versandhandel ebenso mit den Tücken der Planwirtschaft und Mangelversorgung wie andere Handelsunternehmen auch. So konnten die Versandhändler nicht entsprechend ihrer Nachfragen und Absatzerfahrungen einkaufen, sondern durften nur innerhalb des vom Ministerium für Handel und Versorgung zugewiesenen Kontingents Waren ordern. Dabei war seit längerem bekannt, dass die „Struktur der Nachfrage nicht mehr mit der Struktur des Warenangebots übereinstimmte"[26]. Um wenigstens die besonders zu versorgenden Gruppen zu beliefern, erfolgte die Auslieferung der Kataloge gestaffelt: „Warum bekommen wir auf Rügen die Kataloge erst zwei Monate später als andere Dörfer? Die besten Artikel sind dann immer schon vergriffen" beschwerte sich bei-

---

[25] Leipziger Volkszeitung vom 12.8.1956.
[26] Programm zur Entwicklung des sozialistischen Versandhandels, 1964; StA Leipzig, Centrum Versand 94, S. 4, 10.

spielsweise eine Verkaufsstellenleiterin auf der Insel Rügen, bei der die Kataloge zur allgemeinen Einsichtnahme ausgelegt waren und die die verärgerten Reaktionen ihrer Kunden abfangen musste.

Der bis Ende Januar 1958 gültige Katalog der Herbst/Winter-Saison 1957 des Centrum-Versandhauses erreichte die in der letzten Auslieferungsrunde belieferten Kunden erst Anfang Januar und enthielt entsprechend verschiedene Informationszettel, die über die Nichtlieferbarkeit der Waren informierten: „Werter Versandhauskunde! Dieser Katalog wird in der Zeit vom August bis Dezember 1957 an unsere Kunden zum Versand gebracht. Er ist bis Ende Januar 1958 gültig. Bestellungen für das Weihnachtsfest müssen bis spätestens 12. Dezember bei uns vorliegen, um sie noch rechtzeitig ausführen zu können. Einige Artikel wurden infolge der überaus großen Nachfrage bereits verkauft bzw. sind vorübergehend vergriffen, so daß nicht in allen Fällen eine volle Belieferung gewährleistet werden kann." Von den 1957 angebotenen 696 Artikeln waren bereits nach der ersten Katalogauslieferung 118 Artikel nicht mehr lieferbar.

Aber nicht nur bei der Katalogauslieferung waren ausgewählte Gruppen und Gebiete benachteiligt. Mangelwaren wurden etwa als „Sonderangebote" nur den Arbeitern in vorher bestimmten „Schwerpunktversorgungseinrichtungen" überhaupt angeboten. Beipackzettel wiesen darauf hin, beim Bestellen keine Zeit zu versäumen, weil die lieferbaren Mengen gering und in jedem Fall unzureichend waren. Um wenigstens Einrichtungen wie die Wismut, Buna und Leuna vorrangig versorgen zu können und etwaigen Unmut der Arbeiterschaft zu dämpfen, wurden verschiedenfarbige Bestellzettel eingeführt, die den hier Beschäftigten zusätzlich bestimmte Mangelwaren sichern sollten: „Wir sind Ihnen dankbar, wenn Sie die Angebote im Betrieb gleich aushängen, weil wir annehmen können, dass verschiedene Kollegen darauf warten, und weil erfahrungsgemäß mit einem schnellen Ausverkauf solcher Spitzengeräte zu rechnen ist."[27] Die gleich zu Beginn bei einigen Artikeln aufgetretenen Lieferschwierigkeiten konnten die Versandhändler ihren Kunden per Katalog bzw. Zeitungsannoncen mit normalen Startschwierigkeiten erklären und sie auf Nachlieferungen vertrösten. Spezielle Begleitbriefe an die „Schwerpunktversorgungseinrichtungen" machten jedoch deutlich, dass es sich um ein generelles Problem handelte. Hildegard F. aus Putgarden erklärte beispielsweise in einer Rundfunksendung, dass es doch gar keinen Sinn habe, Bestellungen aufzugeben, wenn man von elf bestellten Artikeln lediglich fünf erhalte und dazu den lakonischen Stempelaufdruck „zur Zeit nicht lieferbar". Man wisse ja gar nicht, woran man sei: Heiße das, die Artikel würden nachgeliefert oder könne man davon ausgehen, dass eine Lieferung nicht mehr erfolge? Resigniert musste das Politbüro 1960 in Bezug auf die allgemeine Versorgungslage feststellen: „Viele bzw. die meisten Verkäufe kommen nur dadurch zustande, weil die Kundschaft resigniert; sie kauft, weil sie nicht daran glaubt, doch zu der Ware zu kommen, die sie tatsächlich haben möchte."[28]

Ein Problem, das die Versandhäuser unter den planwirtschaftlichen Bedingungen in der DDR nie in den Griff bekamen, waren die sich ständig verlängernden Lieferzeiten und die unberechenbaren Liefersicherheiten: „Es ist immer noch Tatsache, dass zeitweise etwa bis zu 15 Prozent der Nachfrage nicht befriedigt werden können. Abgesehen von Angebotsschwankungen im stationären Handelsnetz, die im Versandhandel immer sehr konzentriert ihren Niederschlag finden und die trotz größter Anstrengungen nicht oder nur teilweise abgefangen werden können, gibt es noch andere Ursachen,

---

[27] Begleitbrief vom 10.6.1958 für das Radio „onyx" und das Kassettengerät „Smaragd"; StA Leipzig, Centrum Versand Leipzig 50, o. S.
[28] Bericht zur Versorgungslage vom 16.5.1960; SAPMO-BArch, J IV 2 610–134, S. 7.

die den Ausdruck für eine noch ungenügende Handelstätig-
keit darstellen", hieß es in einer internen Einschätzung
1967.[29] Genau dieses Problem konnten die Versandhändler
jedoch nicht eigenständig lösen. Sie unterlagen den ihnen per
Plan zugewiesenen Warenkontingenten. Auf deren Höhe und
Zusammensetzung hatten sie wenig Einfluss. Denn um die
Zuteilung der Waren mussten sie mit der staatlichen Handelsorganisation HO und den verstaatlichten bzw. in Kommission befindlichen Einzelhandelsunternehmen konkurrie-
ren.

Dabei versuchten die Versandhändler ihrer Warenbereitstel-
lung auf fast subversive Weise nachzuhelfen. Im Katalog 1969
warben die Versandhändler: „Damit sich aber die Bewohner
in den Städten mit unserem Angebot vertraut machen können, liegt in den Kundendienstabteilungen der Centrum-Wa-
renhäuser der Katalog des Centrum-Versandhauses aus, so
dass jeder, der noch keinen Katalog in seinem Besitz hat, seine Bestellungen abgeben kann." Angesichts der immer weiter auseinanderklaffenden Schere zwischen Bestellungen
und erfolgreichen Lieferungen mutet dieses Verhalten irra-
tional an. Aus Sicht der Versandhändler machte es durchaus
Sinn. Es war bekannt, dass die SED-Führung und das Ministerium für Handel und Versorgung an einer Senkung der Beschwerden interessiert waren. Bekannt war auch, dass es stille Reserven gab, die auf Ministerweisung an versorgungspoli-
tische Brennpunkte verteilt werden konnten. Das Kalkül
ging nun dahin, durch eine steigende Anzahl von nichtbelie-
ferten Bestellungen den Druck auf die Herren über die Verteilung der Waren zu erhöhen und so in den Besitz größerer
Warenkontingente zu kommen. Diese Hoffnung ging nicht
auf, denn es gab immer weniger zu verteilen, sodass die Versandhändler schließlich resignierten und sich mit den Waren-
kürzungen abfanden. Zusätzlich fingen sie sich für ihr Ange-

---

[29] Archiv VdK 1967, 002043, S. 9.

bot harsche Kritiken ein: „In der Vergangenheit waren noch
Artikel im Katalogangebot enthalten, die bei den Kunden ein
Bedürfnis wecken, das in einem solchen Maße einfach noch
nicht befriedigt werden kann", wurden sie gerügt und aufgefordert, für Mangelwaren keine Werbung mehr zu betreiben.[30] Um ihre Warenreserve und die Liefersicherheit zu
erhöhen, schlugen die Versandhäuser vor, die im Katalog angebotenen Artikel fortan nicht mehr in die Läden der Orte zu
liefern, in denen eine Bestellung per Katalog möglich sei.
Diesem Vorschlag wurde nicht gefolgt. Vielmehr wurden die
Versandhäuser angewiesen, besonders rare und oft bestellte
Artikel aus dem Angebot herauszunehmen.

7500 Anfragen und Beschwerden gingen täglich bei den Versandhäusern ein. Diese richteten sich nicht nur gegen ausge-
bliebene Lieferungen. Vor allem beklagten die Beschwerde-
führer, dass ihnen keine eigenen Kataloge zugeschickt worden waren. Die den Versandhäusern zugestandene Druckka-
pazität und das Papierkontingent reichten nicht aus, um die
nötige Auflage an Katalogen drucken zu lassen. Diese waren
inzwischen selbst zu Gegenständen mit Tauschwert geworden. Denn wenn die bestellten Waren auch nicht immer geliefert wurden, so eigneten sich die Abbildungen vorzüglich, um
nach ihren Vorlagen modische Bekleidung selbst anzuferti-
gen.

„Ein ernster Faktor sinkender Glaubwürdigkeit"

Bereits 1962/63 stagnierte der Warenumsatz in der DDR zum
ersten Mal seit 1946, weil die produzierten Waren in den Augen vieler Kunden nicht die Gnade fanden, gekauft zu werden, und was die Kunden kaufen wollten, nicht ausreichend
produziert wurde. Diese Situation verschärfte sich weiter und
verschonte auch den vormals zum Prestigeobjekt des DDR-

---

[30] Archiv VdK, 002043, S. 9.

Handels erkorenem Versandhandel nicht. Liefersicherheit und Warendeckung nahmen immer mehr ab. 1968 stellte das Konsument-Versandhaus in einer ökonomischen Analyse fest, dass das „ständige Anwachsen der totalen Lieferabsagen (nicht nur absolut, sondern auch relativ zum Bestelleingang) zeigt, daß dieser Entwicklung nicht in der notwendigen Weise entgegengewirkt wurde. [...] Die von Jahr zu Jahr ständig steigenden Lieferabsagen sind ein ernster Faktor der sinkenden Glaubwürdigkeit bei den Versandhauskunden."[31] Um die eigenen Bilanzen zu schönen, reduzierte das Konsument-Versandhaus beispielsweise seine Bestellpositionen und die Anzahl der ausgelieferten Kataloge, um mit einem verringerten Angebot auch die Anzahl der Totalabsagen und damit die Beschwerden zu reduzieren. Dabei half das in den sechziger Jahren eingeführte Verfahren, statistisch nur die Anzahl der Totalabsagen zu zählen und Teillieferungen als realisierte Bestellungen zu registrieren. Auf diese Weise konnte der Versandhandel 1974 erstmals wieder eine Liefersicherheit von 81,1 Prozent an das Ministerium melden.[32]

Bis 1972 veränderte sich die Anzahl der beim Centrum-Versandhaus erledigten Bestellungen mit 1,3 Millionen auf Grund der erreichten Kapazitätsgrenze nur unwesentlich. Der Bestellwert erhöhte sich zwar auf 856 Millionen Mark, davon konnten aber nur 469 Millionen Mark, also gerade einmal die Hälfte (51 Prozent), tatsächlich als Umsatz realisiert werden. Für die restlichen Bestellungen fehlten die Waren. Das Versandhaus Leipzig konnte 1973 nur 56 Prozent und das Konsument-Versandhaus 44 Prozent der Bestellungen beliefern. Dennoch wurde der Plan mit 107,5 Prozent übererfüllt.

---

[31] Ökonomische Analyse des Generaldirektors des Verbandes der Konsumgenossenschaften von 1968; Archiv VdK, 003191, S. 11.
[32] Ergebnisse der Katalogperiode Frühjahr/Sommer 1974. Bericht vom 7.11.1974 an das Ministerium für Handel und Versorgung; Archiv VdK, 002084/17.

Zu Beginn der siebziger Jahre fassten das Zentralkomitee der SED und der Ministerrat der DDR nach verschiedenen Analysen der Versandhandelstätigkeit erneut Beschlüsse, die zu einer Neuorganisation der Versandhäuser führten.[33] Das Konsument-Versandhaus sollte als einziges Versandhaus seinen Betrieb fortsetzen und sogar ausbauen, der Centrum-Versand Leipzig dagegen bis 1974 seine Tätigkeit einstellen. Während sich die Versandhändler in Karl-Marx-Stadt den Kopf über neue Konzepte zerbrachen und für die erneute Überprüfung der Rentabilität des Versandhandels durch den Vorsitzenden des Ministerrats der DDR und das Ministerium für Handel und Versorgung am 31. März 1975 eine Konzeption erarbeiteten, war ihr Schicksal längst besiegelt. Bereits am 13. Februar 1975 hatte das Präsidium des Ministerrats auf einer Beratung beim Präsidium des Ministerrats der DDR den Beschluss gefasst, den Versandhandel zum 13. August 1976 endgültig einzustellen.[34] In der offiziellen Pressemeldung hieß es, der Versandhandel habe seine Aufgabe erfüllt und zur Verbesserung der Versorgung auf dem Land beigetragen. Inzwischen sei es aber gelungen, sowohl in der Stadt als auch auf dem Land die Einkaufsmöglichkeiten auszubauen, ein dichtes Netz von Verkaufsstellen zu schaffen und somit die Versorgung der Bevölkerung zu stabilisieren. Auf der Belegschaftsversammlung des Konsument-Versandhauses hingegen wurde als Hauptgrund für die Schließung die ungenügende Rentabilität genannt.

Die Erziehung des Verbrauchers

Die von der SED verfolgte Konsumpolitik richtete sich jedoch nicht nur auf Wirtschaft und Handel, sondern nahm als wichtiges Element auch den Konsumenten in den Blick. Die

---

[33] Am 13.6.1974 fasste der Ministerrat einen Beschluss zur weiteren Entwicklung des Versandhandels in der DDR; Beschluss des ZK der SED vom 9.5.1973 über den Versandhandel, veröffentlicht im Gesetzblatt der DDR.
[34] Archiv VdK, 643/8.

Versorgungsprobleme sollten nicht nur in Wirtschaft und Handel gelöst werden. Angesichts der angespannten wirtschaftlichen Lage sollten die Konsumenten ihr Kaufverhalten und ihre Kaufwünsche den eingeschränkten wirtschaftlichen Möglichkeiten anpassen. Über ein plan- und berechenbares Kaufverhalten erhofften sich die Ökonomen, volkswirtschaftliche Möglichkeiten, Bevölkerungsbedarf und die Bedürfnisse des Einzelnen in Übereinstimmung zu bringen.[35] Werbung sollte nicht mehr die Lust am Kaufen fördern, sondern „volkswirtschaftlich verantwortlich" die Käufer auf die Produkte orientieren, von denen man zu viel produziert und zu wenig verkauft hatte, weil sie den Kaufwünschen der Käufer nicht entsprachen. Bei den Waren hingegen, die landläufig als „Mangelwaren" firmierten, sollte auf kaufanreizende Werbung verzichtet werden, um die Nachfrage nicht weiter zu steigern. Sprach man dem sozialistischen Käufer einerseits Rechte zu – „Unsere Werktätigen sind anspruchsvolle Käufer, und sie haben ein Recht, anspruchsvoll zu sein. Sie sind die Herren der Betriebe – sie sind die Schöpfer unseres ständig wachsenden Reichtums [...] sie erwarten auch beim Einkauf beste Qualität."[36] –, wurde er andererseits zum zu erziehenden Staatsbürger, bei dem „bürgerliche Konsumtionsgewohnheiten" bekämpft werden mussten. Dazu zählten spontane Käufe, die zu geringe Ausnutzung der physischen Lebensdauer von Waren oder der als unvertretbar hoch eingeschätzte „moralische Verschleiß", wie man ihn in der Bundesrepublik erblickte.

Die Erziehungsversuche betrafen vor allem Frauen, denen die oben beschriebenen Verhaltensweisen nachgesagt wurden. Ihnen sollte ein neuer Modeltyp: die vollschlanke Frau – der Typ Arbeiterin und Bäuerin, die kräftig in der Wirtschaft

---

[35] Dein Beruf – dein Leben. Handel I, Heft 4, Berlin (Ost) 1965.
[36] „Verkaufskultur", in: Unser Rundfunk, Nr. 43/1953.

anpacken kann und ihren Mann steht – nahegebracht werden. Zudem hatten Studien der Marktforscher ergeben, dass kräftige Frauen modischen Neuheiten nicht so aufgeschlossen gegenüberstanden wie schlanke Frauen – auf diese Weise hoffte man, den Abkauf an Bekleidung eindämmen zu können.

Aber geworben wurde nicht nur auf diesem Gebiet. Die Frauen sollten über das Angebot an Berufsbekleidung beispielsweise auch für eine Berufstätigkeit gewonnen werden, die ein buntes und fröhliches Arbeitsleben verhieß. Diesem Ziel war auch die Präsentation von Haushaltsgeräten zugeordnet. Dass viele der angebotenen Artikel bis Ende der sechziger Jahre noch nicht elektrisch betrieben werden konnten, sondern mit einer Kurbel zu bedienen waren, störte dabei wenig. Zumindest gingen diese Apparate als „Maschinen" in die Statistik ein und besserten die Haushaltsausstattung zumindest statistisch auf.

Da sich trotz der in der Werbung verkündeten großen Zeitersparnis in der Hausarbeit bald herausstellte, dass die Erleichterungen für Frauen sich in Grenzen hielten, mussten auch die Männer einbezogen werden. Um die Doppelbelastung für berufstätige Mütter abzubauen, wurden zu Beginn der siebziger Jahre auch Männer in die Werbung für Haushaltgeräte einbezogen und verkündeten an der Waschmaschine stehend: „Von jetzt an wasche ich die große Wäsche, denn meine Frau hat das gleiche Recht auf Bildung und Freizeit wie ich".

Aber damit war der Erziehungsauftrag noch nicht erschöpft. Werbung sollte für den sozialistischen Aufbau, die DDR, die Armee, die Kollektivierung der Landwirtschaft, den Bitterfelder Weg und vieles mehr betrieben werden.

Eine delikate Versorgungsstrategie

Diesen Erziehungsversuchen konnten sich jene Bürger, die über Westkontakte und damit über Westwaren und -geld verfügten, weitgehend entziehen. Sie konnten sich von den Versorgungsproblemen abkoppeln. Denn für Westgeld und im Tausch für entsprechende Waren war in der DDR alles zu haben. Diese Erfahrung konnte so mancher Bürger bei seinen vergeblichen Streifzügen durch die Geschäfte der Republik machen – und stellte in den siebziger und achtziger Jahren immer häufiger fest, dass Mangelwaren „Made in GDR" für Devisen im Intershop oder über Genex durchaus zu haben waren: „Ich frage schon einige Monate in Geschäften, sogar in verschiedenen Städten der DDR, nach einer Nähmaschine. Immer bekomme ich die Antwort ‚nein'. Aus Verzweiflung frug ich im Intershop am Saalebahnhof Gera und da bekomme ich als Antwort ‚ja'. Meine erste Nähmaschine kaufte ich mir vor 20 Jahren im Kaufhaus in Kahla. In einer Viertelstunde war das Geschäft erledigt und heute bekomme ich nichts, oder es gibt nur die Antwort nein. Ob ich jetzt eine positive Antwort bekomme, weiß ich nicht. Sonst muss ich eben bei meinem Bruder in Hamburg betteln, dass er mir eine kauft."[37]

Bereits 1963 hatte die SED-Führung „Sondergeschäfte" wie Intershop und Exquisit eingerichtet, um den unterschiedlichen finanziellen Möglichkeiten der Bürger und den Wünschen nach sogenannten Luxusgütern Rechnung zu tragen. Denn auch die geschlossenen Grenzen hatten nicht verhindern können, dass sich die Bevölkerung ihre Wege suchte, um weiter an jene Waren zu kommen, die einen hohen moralischen und materiellen Wert hatten und zumeist aus dem Wes-

---

[37] Ministerium für Handel und Versorgung (MHV); Bericht über die Schwerpunkte und die Arbeit mit den im II. Quartal 1987 an das MHV gerichteten Eingaben vom 20. Juli 1987 weitergeleitet an Werner Jarowinsky, Anlage 2: Auszüge aus Bürgereingaben, die dem MHV im II. Quartal 1987 zugingen; SAPMO-BArch, DY 30/37988.

ten kamen. Bereits in den frühen fünfziger Jahren hatte sich
allen propagandistischen Gegenbemühungen der SED zum
Trotz unter der Bevölkerung die Gewissheit verbreitet, dass
Waren aus dem Westen Deutschlands höher zu bewerten waren als vergleichbare Produkte aus DDR-Produktion. Konnten sich zumindest Berliner bis 1961 noch über die durchlässi-
gen Sektorengrenzen mit diesen Waren versorgen, mussten
nach dem Bau der Mauer andere Wege gefunden werden:
„Westdeutsche Bürger und Ausländer tätigen Einkäufe im
Intershop und verkaufen in Gaststätten und bei sonstigen
Gelegenheiten die gekauften Waren zu Schwarzhandelsprei-
sen an Bürger der Hauptstadt. Des weiteren werden von Aus-
ländern ganze Warenlager mit Nylonmänteln, West-Zigaret-
ten usw. bei Bürgern der Hauptstadt errichtet und damit
Schwarzhandelsgeschäfte getätigt,“ meldete der Generalstaatsanwalt der DDR 1963 sichtlich empört dem Politbüro.[38]
Man mühte sich zwar, die Bürger von ihrer Sucht nach Westwaren abzubringen, aber dies zeigte kaum Erfolge. Im Gegenteil: Je mehr die SED-Führung gegen diese Waren hetzte,
umso mehr wünschte sich die Bevölkerung, sie zu besitzen.

Ende der siebziger Jahre kapitulierte die SED-Führung vor
der eigenen Unfähigkeit, die Konsumbedürfnisse zu befriedigen, und der drohenden Zahlungsunfähigkeit und fasste fol-
genschwere Beschlüsse: Intershop und Genex wurden erweitert und zu Verkaufsstellen für Mangelwaren, in denen für
Westgeld all jene Güter zu haben waren, nach denen die Bürger ansonsten oft monate- oder jahrelang vergeblich durch
die Geschäfte streiften. Wolf Biermann wandelte den Slogan
aus der Aufbauzeit der DDR „Jeder nach seinen Fähigkeiten,
jedem nach seinen Leistungen“ ab und brachte den Unmut
vieler Menschen auf den Punkt: „Jedem nach dem Wohnsitz
seiner Tante.“

---

[38] Vermerk des Generalstaatsanwalts der DDR über die Kriminalitätsentwick-
lung in der DDR für Gen. Sorgenicht, Abt. Staats- und Rechtsfragen beim
ZK der SED, vom 25.10.1963; SAPMO-BArch DY 30/IV A 2/13 154, S. 2.

Dabei konnte sich die statistische Bilanz durchaus sehen lassen: Die Bevölkerung in der DDR konnte auf den höchsten Lebensstandard im gesamten Ostblock verweisen. In über 90 Prozent der Haushalte waren Fernseher, Waschmaschinen und Kühlschränke zur selbstverständlichen Grundausstattung geworden. Dennoch war die Bevölkerung nicht zufrieden. Sie strebte nach technisch hochwertigen und modernen Geräten wie Farbfernsehern, Waschvollautomaten und Tiefkühltruhen. Aber genau diese Bedürfnisse konnten nicht ausreichend befriedigt werden.

Erich Honecker äußerte sich 1977 noch optimistisch, dass die Sondergeschäfte, die die DDR-Bürger zunehmend in zwei Gruppen spalteten, nicht von langer Dauer sein würden: „Gestattet mir ein offenes Wort zu den Intershop-Läden. Diese Läden sind selbstverständlich kein ständiger Begleiter des Sozialismus. Natürlich übersehen wir nicht, dass Bürger der DDR, die keine Devisen besitzen, in gewissem Sinne im Nachteil gegenüber denen sind, die über solche Währung verfügen."[39]

Den Bürgern, denen das nötige Westgeld fehlte, um im Intershop oder bei Genex einkaufen zu können, und deren Unzufriedenheit gedämpft werden musste, wurden vergleichbare Angebote in den Delikat-Läden unterbreitet. Diese Läden sollten den Bedarf der – devisenlosen – Bevölkerung an hochwertigen Nahrungsmitteln befriedigen und über die dort erzielten höheren Preise zum Abbau der ständig wachsenden Spareinlagen beitragen. 60 Prozent der Waren sollten hochwertige Waren aus einheimischer Produktion sein, die in Verpackung und Art westlichen Produkten entsprachen. 40 Prozent der Waren sollten aus Importen, vor allem aus der Bundesrepublik, stammen. Das Angebot im „Delikat" entsprach

---

[39] Klassenspaltung im Alltagsleben der DDR, in: Neue Zürcher Zeitung vom 7.2.1988.

anfangs auch den Erwartungen der Verbraucher. Denn Mängel im Angebot konnten mit der Anlaufphase begründet werden.[40] Bereits 1981 war jedoch eine „generelle Angebotsver-
schlechterung" eingetreten. Es gelang nicht, einen festen
Käuferkreis mit seiner Kaufkraft zu binden. Die angebotenen Artikel aus DDR-Produktion wurden nicht als Alternative zu den zunehmend weniger im Angebot befindlichen Importen akzeptiert. Sie galten als „nachgemacht" und entsprachen nicht den Erwartungen an ein westliches Erscheinungsbild der Waren. Auch litt die Akzeptanz des Delikathandels
als sinnvolle Ergänzung zum sonstigen Warenangebot, da
mehr und mehr Waren aus dem normalen Warensortiment
nun in den Delikat-Läden auftauchten. Die Bürger fühlten
sich betrogen und unterstellten, dass Mangelwaren aus dem
normalen Sortiment zu höheren Preisen im „Delikat" verkauft wurden.

Ende der achtziger Jahre leitete ein von der SED in Auftrag
gegebener „Sonderauftrag zur gegenwärtigen Versorgungssituation"[41] seine verheerenden Feststellungen mit der Bemerkung ein, dass nur das verbraucht werden könne, was vorher
produziert worden sei. Der Bericht verwies darauf, dass die
seit Ende der siebziger Jahre unter dem Eindruck der polnischen Entwicklung verfolgte Einkommenspolitik zu einem
schnelleren Wachstum der Einkommen als der Produktion
geführt habe. Hinzu komme, dass das produzierte Angebot
seit langem nicht mehr den Kaufwünschen der Bevölkerung
entspreche, deren frei verfügbares Einkommen weder über
die hochpreisigen Waren in Delikat- und Exquisit-Läden
noch über andere Konsumgüter gebunden werden könnten.
Auch beruhten die seit 1975 erzielten Umsatzsteigerungen
im Handel nicht auf einem erhöhten Abkauf durch die Be-

---

[40] Die Versorgung mit hochwertigen Nahrungs- und Genussmitteln von
1981; BArch – Berlin Lichterfelde, DL 102/1491, S. 6.
[41] BArch – Berlin Lichterfelde, DL 102/2074.

völkerung, sondern auf Preiserhöhungen. Auch die Inter-
shop-Politik der Regierung fördere dieses Verhalten. Die in
den Intershop-Läden angebotenen Waren westlicher Produktion hätten selbst bei einem unrealistisch hohen Um-
tauschwert zwischen DM- und DDR-Mark von 1 : 8 bzw.
1 : 10 immer noch denselben Preis wie die im DDR-Handel
angebotenen (zumeist als minderwertig empfundenen)
DDR-Waren. Hinzu komme, dass die Bevölkerung sich
sowieso auf Waren aus dem Nichtsozialistischen Währungs-
gebiet (NSW) orientiert habe und diesen einen größeren moralischen und materiellen Wert als entsprechenden DDR-
Produkten beimesse. Eine im Februar 1989 fertiggestellte
Studie über den Paket- und Postverkehr mit der Bundesrepublik ergab, dass die DDR-Wirtschaft und der Handel auf
die private Einfuhr von Konsumgütern und Nahrungsmitteln
regelrecht angewiesen waren. Teilweise überstieg die private
Einfuhr von Kaffee, Kakau, Oberbekleidung und Schuhen
die Menge der in der DDR produzierten Waren.[42] Der Bericht verwies auf die Bedeutung dieser Einfuhrmengen für
die Wirtschaft der DDR, da sie die Eigenproduktion ent-
lasteten. Es sei ein „Trugschluss" den Stellenwert der Ge-
nussmittel in den Paketen geringzuschätzen, da ein Teil der
angespannten Versorgungslage auf dem DDR-Markt darüber ausgeglichen werde. Hierbei handele es sich „in jedem
Einzelfall um versorgungspolitisch relevante Mengen, die
maßgeblich das Versorgungsniveau bei diesen Sortimenten
prägen. Stets muss mit Nachdruck darauf verwiesen werden,
dass Textilwaren in dieser Größenordnung seit Jahrzehnten
über den Postpaket- und Päckchenverkehr in die DDR gelangen und in den Garderobefonds unserer Bevölkerung eingehen. Diese Einfuhrmengen an Textilwaren bieten den
Empfängern die Möglichkeit, qualitative und strukturelle

---

[42] Analyse des Postpaket- und -päckchenverkehrs für das IV. Quartal 1988
und Einschätzung der Jahresgrößen für 1988; BArch – Berlin Lichterfelde,
DL 102 VA 248.

Mängel im Warenangebot auch über längere Zeiträume zu überdecken". Problematisch sei lediglich, dass über die Einfuhr von hochmodischer Kleidung die Kleidungsansprüche in die Höhe geschraubt würden, ohne dass der Handel in der DDR dem etwas Entsprechendes entgegenzusetzen habe. Die Studie wies auch auf das hohe Frustrationspotenzial bei jenen Bevölkerungskreisen hin, „die nicht über derartige Kontakte verfügen. Hier wird eine permanente Unzufriedenheit genährt, die durch den Augenschein im Straßenbild oder an der Arbeitsstelle ständig neu geschürt wird. Dieser politische Aspekt, der schon in der Schule beginnt, darf in seiner Bedeutung nicht unterschätzt werden."[43]

„Die Diktatur der Kellner und Verkäuferinnen"

Täglich mit den Versorgungslücken konfrontiert, hatten die Menschen ihr Einkaufsverhalten dem unbefriedigenden Angebot angepasst. Mit seismographischer Genauigkeit registrierten sie jede auch noch so geringe Unregelmäßigkeit im Angebot. Gerüchte über bevorstehende Preiserhöhungen und neue Engpässe kursierten und verstärkten die Vorratskäufe. Tauschgeschäfte und ein „grauer Markt", auf dem für D-Mark alles zu haben war, verschärften die ohnehin angespannte Lage weiter, denn die hier angebotenen Produkte waren dem offiziellen Angebot entzogen worden. Aber auch jene, die nicht über Westkontakte und Devisen verfügen konnten, mussten deshalb nicht zwangsläufig vom Zugang zu begehrten Waren ausgeschlossen bleiben. Neben den offiziellen Sondergeschäften hatte sich inzwischen längst ein inoffizielles System für die Verteilung von Mangelwaren etabliert. Hier ging es um persönliche Beziehungen, die weidlich genutzt wurden. Der „graue Markt" wuchs und gedieh. Monika Maron prägte den Begriff von der „Diktatur der Kellner und Verkäuferinnen". Was die SED-Führung in ihrer Handelspo-

---

[43] Ebenda.

litik mit der Einführung zahlreicher „Sonderversorgungssysteme" für billig hielt, gestand sie jedoch den einzelnen VerkäuferInnen und KellnerInnen noch lange nicht zu. Sie monierte, dass durch „sogenannte Sonderbestellungen und großzügig gehandhabten Personalverkauf"[44] Waren nicht in den offiziellen Verkauf gelangten und so das Angebot weiter verschlechtert werde.

Die beschriebenen Verhältnisse waren angesichts der desolaten Versorgungslage kein Einzelfall, sondern die Regel. Immer mehr Artikel wurden zu sogenannter „Bückware" – weil die Verkäuferinnen sich unter den Ladentisch bücken mussten, um sie hervorzuholen.

Dabei standen viele Verkäuferinnen vor allem in kleineren Orten unter Kontrolle und Beobachtung ihrer Kunden. Diese argwöhnten, dass die Verkäuferinnen sich ihrerseits an der Ware bereicherten oder sie für ihre Freunde und Bekannten oder gar für Bestechungsgelder zurückhielten. In manchen Verkaufsstellen legten die Verkäuferinnen Listen an, um ihrerseits für ein wenig Gerechtigkeit bei der Verteilung der Waren zu sorgen, sich dem auf ihnen lastenden Druck zu entziehen und gleichzeitig den inneren Frieden in den Orten aufrechtzuerhalten: Sie ließen im Rotationsprinzip alle ihre Kunden an den raren Mangelwaren teilhaben.

Da sich die Chancen im offiziellen Handel an die gewünschten Waren zu kommen, nicht verbessern wollten, boten sich nunmehr direkte Beziehungen zum Produzenten an, um auf diesem Wege vielleicht doch noch zu der Ware kommen zu können, die man wollte: „Wegen eines beabsichtigten Kaufes eines Waschvollautomaten zu 2750,– Mark (EVP) suchten

---

44 Zentrale Konferenz am 12.1.1982 in Halle zur Arbeiterkontrolle – ABI Referat gehalten auf der Zentralen Konferenz der Arbeiterkontrolle, ohne Absender über die Arbeiterkontrolle in den Städten Allstedt, Roßla und Sangerhausen; SAPMO-BArch, DY 34/14283, unpag.

meine und Frau und ich die einschlägigen Verkaufseinrich-
tungen der HO und des Konsums unter Verwendung von
zwei Urlaubstagen vergeblich auf. Die in den Verkaufsein-
richtungen ausgestellten Geräte stellen nur Beratungsmuster
dar. Wie uns von den mit dem Verkauf beauftragten Mitarbeitern übereinstimmend mitgeteilt wurde, werden zu unbe-
stimmbaren Zeiträumen lediglich 4–5 Maschinen angeliefert,
die natürlich sofort verkauft sind. Alle Menschen, die tagsüber ehrlich ihrer Arbeit nachgehen, haben so ständig das
Nachsehen", beschwerte sich 1987 per Eingabe ein Bürger
beim Ministerium für Handel und Versorgung.[45] Dies betraf
aber nicht nur technische Großgeräte, auch bei Lebensmit-
teln sah es ähnlich aus: Im Namen von zwölf weiteren Bürgern aus Bad Bibra beschwerte sich 1987 beispielsweise Frau
Elke K. über die Wurstversorgung, die „schon seit langem ka-
tastrophal [ist]. Es ist nicht möglich, den Bedarf an Schnitzel,
Kotelett, Rostbrätel, Bratenfleisch u. a. zu decken. Die Wurstversorgung ist sehr einseitig und entspricht in keiner Weise
der gewünschten Qualität. Nach Aufbewahrung der Wurst im
Kühlschrank ist diese schon am nächsten Tag nicht mehr zu
genießen. Es kommt auch oft vor, dass um 15.00 Uhr nur 5
Kotelett im Angebot sind und nach 16.00 Uhr Arbeitsschluss
die Werktätigen gar nichts mehr kaufen können. Vom Ver-
kaufspersonal bekommt man schon den Hinweis, Beziehungen zur Fleischerei aufzunehmen."[46]

---

[45] Bericht über die Schwerpunkte und die Arbeit mit den im II. Quartal 1987
an das MHV gerichteten Eingaben vom 20. Juli 987 an Werner Jarowinsky.
Anlage 2: Stimmungen und Meinungen der Bürger aus Eingaben an das
MHV im Monat Mai 1987; SAPMO-BArch, DY 30/37988, unpag.

[46] Ministerium für Handel und Versorgung (MHV); Bericht über die
Schwerpunkte und die Arbeit mit den im II. Quartal 1987 an das MHV gerichteten Eingaben vom 20. Juli 1987 weitergeleitet an Werner Jarowinsky,
Anlage 2: Auszüge aus Bürgereingaben, die dem MHV im II. Quartal 1987
zugingen; SAPMO-BArch, DY 30/37988.

Während man die Missstände Mitte der sechziger Jahre noch mit zahlreichen Aufbauprojekten in Stadt und Land hatte begründen können, gab es zwanzig Jahre später kaum noch überzeugende Erklärungen für die überall offen zu Tage tretenden Engpässe. So nimmt es nicht wunder, dass zum Ende der DDR für viele Bürger das Fazit stand: „Noch nie bereitete der Einkauf so viel Verdruß und Mühe wie in jüngster Zeit. [...] Als eine von vielen werktätigen Frauen wende ich mich heute mit der Bitte an Sie, mit allen Mitteln zu veranlassen, das ‚Ärgernis' Einkauf zur Freude werden zu lassen, denn das hebt dann auch wieder die Freude an der Arbeit."[47] Das Ärgernis Einkauf und die Freude an der Arbeit stellten sich jedenfalls zu DDR-Zeiten nicht mehr ein.

Anlässlich des 40. Jahrestags der DDR am 7. Oktober 1989, als die „Abstimmung mit den Füßen" bereits ihr Urteil über die DDR verkündet hatte und die SED-Führung noch immer in starrer Verleugnung der Realitäten zubrachte, zog der „Eulenspiegel" bitter Bilanz: „ Einer unserer ersten Schritte: Menschsein rückte in die Mitte. Mancher Mensch, das war kein Wunder, wurde in der Mitte runder. Mahnung zur Gesundheit tönt. Daran sind wir längst gewöhnt. Das kommt, dran ist nicht zu tippen, auch vom Kurs der Billig-Schrippen, die zu holen länger dauert, aber nicht weil Mangel lauert, nein: wenn die Verkaufskraft klönt. Daran sind wir schon gewöhnt. Und auch wohnungsmäßig bieten wir uns ganz stabile Mieten, denn im Sozialismus wohnen soll sich ja für alle lohnen. Und wer nach dem Klempner stöhnt, daran sind wir schon gewöhnt. Absolut in Kellertiefe: Wasser-, Gas- und Stromtarife. Mancher Zeitgenosse hat selbst im Keller 1000 Watt (wo die KWV noch löhnt). Daran sind wir schon gewöhnt. Auch verkehren ist hier billig, dennoch zahlt nicht jeder willig, sei's in Bahnen, sei's im Busse, täglich seine Obolusse [...] Gute sowie schlechte Tage schaffen keine Doktor-

---

[47] Ebenda.

Frage, sollte mal an dir was rosten, er berechnet keine Kosten. Mit der Wartezeit versöhnt: daran sind wir schon gewöhnt."[48]

Literaturhinweise

Christian Härtel/ Petra Kabus (Hrsg.): Das Westpaket, Berlin 2000.
Ina Merkel: „Wir sind doch nicht die Meckerecke der Nation". Briefe an das
    Fernsehen der DDR, Köln 1999.
Ina Merkel: Utopie und Bedürfnis, Köln 2000.
Neue Gesellschaft für bildende Kunst (Hrsg.): Wunderwirtschaft. DDR-
    Konsumkultur in den 60er Jahren, Köln 1996.

---

[48] Ernst Röhl: „49er Nachlese", in: Eulenspiegel, Nr. 40/1989, S. 3.

CLEMENS VOLLNHALS

Denunziation und Strafverfolgung im Auftrag der „Partei". Das Ministerium für Staatssicherheit

„Uns kommt es darauf an, jeden Pulsschlag, jede Regung und Bewegung, die nicht zur Stärkung und Festigung unserer sozialistischen DDR beiträgt, unter Kontrolle zu halten."[1] Mit dieser einprägsamen Formulierung umschrieb Erich Mielke im Mai 1968 auf einer zentralen Dienstkonferenz des Ministeriums für Staatssicherheit (MfS) eine Vision totalitärer Überwachung, die weit über die Bespitzelung und Verfolgung des politischen Gegners hinausging. Die Staatssicherheit sollte, so die Forderung Mielkes, die gesamte Gesellschaft im Sinne vorbeugender Prävention fest im Griff haben. Sie sollte gewissermaßen als Frühwarnsystem fungieren und mit rechtzeitiger Information zur manipulativen Sozialsteuerung beitragen. Auch wenn diese Vision unerfüllte Utopie blieb, da sie sich in der Realität nur begrenzt umsetzen ließ, so erreichte der Überwachungs- und Repressionsapparat doch eine völlig neuartige Dimension. Mit zuletzt rund 91 000 hauptamtlichen Mitarbeitern und einem Heer von knapp 174 000 verdeckten

---

[1] Referat Mielkes zur Dienstbesprechung mit verantwortlichen Leitern und Parteifunktionären der Hauptabteilungen/Abteilungen und Bezirksverwaltungen des MfS am 24.5.1968, S. 139; BStU, ZA, DSt 102130.
Der Beitrag wurde zuerst veröffentlicht in: Frisco Ross/Achim Landwehr (Hrsg.): Denunziation und Justiz. Historische Dimensionen eines sozialen Phänomens, Tübingen 2000.

Zuträgern übertraf die Schattenarmee Mielkes die Nationale
Volksarmee bei weitem.[2]

Wie jede Geheimpolizei war auch das Ministerium für Staatssicherheit auf die Zuarbeit von verdeckt operierenden Informanten angewiesen, die im Volksmund seit jeher Spitzel genannt werden. Im MfS hießen sie „Inoffizielle Mitarbeiter"
(IM), ein Begriff, der erst nach 1989 in den öffentlichen
Sprachschatz einging. Des Weiteren fungierte das MfS als offizielles Untersuchungsorgan bei Straftaten. Als Ermittlungs-
behörde war die Staatssicherheit vor allem für das weitgefä-
cherte politische Strafrecht der DDR zuständig, es konnte jedoch auch jedes Ermittlungsverfahren aus dem Bereich der
allgemeinen Kriminalität an sich ziehen.[3] Die Ausforschung
wie die strafrechtliche Verfolgung des politischen Gegners
waren somit innerhalb eines zentralen Apparates konzentriert, dessen Tätigkeit weder parlamentarischer noch richter-
licher Kontrolle unterlag. Die Denunziation eines IM konnte
jederzeit zur Einleitung eines strafrechtlichen Ermittlungsverfahrens führen, wenn dies im Interesse der Staatssicherheit lag. Andernfalls wurden die belastenden Berichte in den
Akten gesammelt und zur späteren Verwendung aufgehoben.
Beide Aspekte: die staatlich organisierte Denunziation und
die Strafverfolgung sollen im folgenden näher betrachtet
werden.

---

[2] Vgl. als Überblicksdarstellung David Gill/Ulrich Schröter: Das Ministerium für Staatssicherheit. Anatomie des Mielke-Imperiums, Berlin 1991;
Karl Wilhelm Fricke: MfS intern. Macht, Strukturen, Auflösung der DDR-
Staatssicherheit. Analyse und Dokumentation, Köln 1991. Zum aktuellen
Forschungsstand vgl. Siegfried Suckut/Walter Süß (Hrsg.): Staatspartei
und Staatssicherheit. Zum Verhältnis von SED und MfS, Berlin 1997; Roger Engelmann: Forschungen zum Staatssicherheitsdienst der DDR – Tendenzen und Ergebnisse, in: Wolfgang Krieger/Jürgen Weber (Hrsg.): Spionage für den Frieden? Nachrichtendienste in Deutschland während des
Kalten Krieges, München 1997, S. 181–212.

[3] Vgl. Clemens Vollnhals: Der Schein der Normalität. Staatssicherheit und
Justiz in der Ära Honecker, in: Suckut/Süß: Staatspartei, S. 213–248.

Institutionalisierte Denunziation

Die Feststellung einer Spitzeltätigkeit für das MfS lässt sich anhand der überlieferten Akten – insgesamt sind es 178 laufende Kilometer[4] – in den allermeisten Fällen klar und eindeutig treffen. Die IM waren Bürger, die sich schriftlich oder mündlich zur konspirativen Zusammenarbeit mit der Staatssicherheit verpflichtet hatten, sich mit dem Führungsoffizier mehr oder weniger regelmäßig trafen und zumeist unter einem selbstgewählten Decknamen Bericht erstatteten. Von den Treffen fertigte der Führungsoffizier eine Aktennotiz an, den sogenannten Treffbericht, der dann zusammen mit den schriftlichen Berichten des IM in der Berichtsakte (Teil II) abgelegt wurde. Daneben führte das MfS grundsätzlich eine Personalakte (Teil I), in der die Anwerbung des IM, Beurteilungen seiner Tätigkeit und Leistung, Quittungen für erhaltene Geldzahlungen und Geschenke, Auszeichnungen und dergleichen mehr dokumentiert wurden. Die Berichterstattung und Aktenführung war in hohem Maße bürokratisch normiert und unterlag einer strengen internen Kontrolle, wobei Verstöße und Manipulationen strikt geahndet wurden.[5]

Da das MfS für seine eigene Tätigkeit auf möglichst zuverlässige Daten angewiesen war, bedurfte es quellenkritischer Standards. So heißt es in den einschlägigen Lehrschriften der MfS-Hochschule, jede eingehende Information müsse nach den Merkmalen „Aktualität und Neuigkeitswert", „Wahrheit", „Vollständigkeit" und „Überprüfbarkeit" bewertet

---

[4] Zum Archivbestand und seiner Erschließung vgl. Vierter Tätigkeitsbericht des Bundesbeauftragten für die Unterlagen des Staatssicherheitsdienstes der ehemaligen DDR (BStU), Berlin 1999.

[5] Vgl. Helmut Müller-Enbergs (Hrsg.): Inoffizielle Mitarbeiter des Ministeriums für Staatssicherheit. Richtlinien und Durchführungsbestimmungen, Berlin 1996.

werden.[6] In diesem Sinne gehörte es zu den Pflichten der
Führungsoffiziere, die „Ehrlichkeit und Zuverlässigkeit" der
inoffiziellen Mitarbeiter laufend zu überprüfen; ein probates
Mittel stellte der Einsatz weiterer IM zur gegenseitigen Kontrolle dar. Auch war man sich des Problems nachträglich ge-
fertigter Treffberichte durchaus bewusst. So erklärte Mielke
beispielsweise auf einer Dienstkonferenz im Oktober 1988:
„Untersuchungen haben bestätigt, dass die Berichterstattung der IM während der Treffs überwiegend in mündlicher
Form erfolgt. Dadurch und durch die Tatsache, dass die
IM-führenden Mitarbeiter diese Informationen häufig erst
zu einem späteren Zeitpunkt schriftlich aufarbeiten und damit gewissermaßen Gedächtnisprotokolle anfertigen, verstärkt sich die Gefahr, dass die Informationen der IM nicht
mehr objektiv wiedergegeben werden und subjektiv gefärb-
te Wertungen entstehen. Der schriftlichen Berichterstattung
durch die IM ist also wieder die erforderliche Bedeutung
beizumessen."[7] Selbstverständlich müssen deshalb die Akten der Staatssicherheit nicht minder quellenkritisch gelesen
und interpretiert werden, zumal ihre analytische Aussagekraft häufig ideologisch deformiert ist. So finden sich in den
Akten viele Bürgerrechtler als „Staatsfeinde", als Sprachrohr der vom Westen gelenkten „politisch-ideologischen Diversion" wieder, obwohl sie selbst für einen verbesserten Sozialismus eintraten und keinesfalls der Wiedereinführung
des Kapitalismus oder gar der Wiedervereinigung das Wort
redeten.

---

[6] Studienmaterial der JHS: Die Auswertungs- und Informationstätigkeit
    (VVS JHS o0001–139/83), S. 22. Vgl. auch Lehrmaterial der JHS: Operativ
    bedeutsame Informationen und die politisch-operative Einschätzung von
    Informationen (VVS JHS o0001–80/85); Lehrmaterial der JHS: Die leiter-
    gerechte Aufbereitung operativ bedeutsamer Informationen (VVS JHS
    o0001–79/85).
[7] Zit. nach Roger Engelmann: Zu Struktur, Charakter und Bedeutung der
    Unterlagen des Ministeriums für Staatssicherheit (BF informiert, 3/1994),
    Berlin, BStU 1994, S. 27, Anm. 68.

Die IM waren Personen, die in einem festen Verhältnis zur
Staatssicherheit standen, auch wenn die Beziehung, was die
Berichtspflicht und Auftragserteilung anbelangt, im Einzelfall eher lose sein konnte. Jedenfalls handelte es nicht um
Bürger, die nur aufgrund eines einmaligen, ihnen vielleicht
nicht einmal bewussten Kontakts als IM registriert worden
wären. Solche Behauptungen können in das Reich der interessierten Legendenbildung verwiesen werden.[8] Schwieriger
als die definitorische Abgrenzung, die sich aus der IM-Re-
gistrierung und der Aktenführung bei der Staatssicherheit
ergibt, ist die inhaltliche Abgrenzung zwischen Spitzelberichten und der denunziatorischen Anzeige eines Bürgers.
Denn vielfach berichten die IM nur etwas, was in ähnlicher
Form auch in einer Anzeige bei der Volkspolizei hätte stehen
können:

„In 1160 Berlin-Oberschönweide, Firlstr. gegenüber der
Hausnummer 34, stehen seit Monaten zwei PKW auf dem
Fußgängerweg geparkt: 1. PKW Lada-Kombi, defekt, Aufschrift: Bauakademie der DDR; 2. PKW Moskwitsch IX
7941. Beide PKW fallen durch ihre äußere Verschmutzung
und darauf befindliche Schmierereien wie ‚Wasche mich
mal!' ‚Warum?' auf. Beide PKW haben die Farbe hellgrün.
Der PKW IX 7941 wird aber offensichtlich noch benutzt.
Im Vorbeigehen – die verwahrlosten Fahrzeuge fordern geradezu zum genaueren Hinsehen auf! – stellte ich auf dem Ar-
maturenbrett des IX 7941 das Symbol ‚Schwerter zu Pflugscharen' fest."

---

[8] Bis März 1996 sind der Behörde des Bundesbeauftragten im Zuge von
zwei Millionen Überprüfungsverfahren insgesamt rund 20 Fälle bekannt
geworden, in denen MfS-Offiziere entgegen allen dienstlichen Vorschrif-
ten völlig unbeteiligte Personen als fiktive IM geführt haben. (Ein solcher
Verstoß wurde bei MfS-internen Kontrollen spätestens bei der Übergabe
des angeblichen IM an einen anderen Führungsoffizier aufgedeckt). Bezogen auf rund hunderttausend Belastungsfälle, in denen der BStU Auskünfte erteilt hat, sind dies 0,02 Prozent.

Liest man allein diese handschriftlich zu Papier gebrachte
und mit Holger Koch namentlich unterschriebene „Information", so haben wir es zunächst mit einem ganz alltäglichen
Vorgang zu tun, wie er in jeder Großstadt als Ärgernis an-
zutreffen ist: Zwei ältere, reichlich ungepflegte Fahrzeuge
versperren den Fußgängerweg. Die Mitteilung könnte von einem Polizisten oder einem anderen staatlichen Ordnungshü-
ter stammen, ebenso gut könnte es sich um die Anzeige eines
ordnungsliebenden Nachbarn handeln, der seit längerem Anstoß an dem Schandfleck nahm und den Bürgersteig wieder
ungestört nutzen wollte. Lediglich der letzte Satz, der scheinbar verschämt vorgebrachte Hinweis auf das Symbol
„Schwerter zu Pflugscharen", verweist auf einen spezifischen
politischen Kontext, der über das eingangs geschilderte Ärgernis hinausreicht.

In dem vorliegenden Fall handelt es sich jedoch nicht um die
Anzeige eines aufgebrachten Bürgers oder eines getreuen
SED-Mitglieds bei der Volkspolizei, vielmehr leitet das Zitat
den Bericht eines Spitzels ein, der sofort nach der Entdeckung des anstößigen Symbols an seinem Wohnort weitere
Erkundigungen über den Halter des PKW einzog. Hierbei
half auch die Ehefrau mit, die Arbeitskollegen und Nachbarn
aushorchte.[9] Die gesammelten Informationen, vom Freundeskreis bis zur Stammkneipe, gab der Führungsoffizier des
IM „Holger Koch" dann einen Tag später an die Abteilung
XX der MfS-Bezirksverwaltung Berlin weiter. Dort war, was
der so eifrige Zuträger, von Beruf Richter am Obersten Gericht der DDR, allerdings nicht wissen konnte, der jugendliche Sympathisant der unabhängigen Friedensbewegung bereits „erfasst". Mit anderen Worten: Es existierte bereits eine
Akte, in der alle eingehenden Informationen zusammenflos-
sen. Was den Bericht unseres Stasi-Spitzels von der normalen

---

[9] Information des IM „Holger Koch" vom 20.6.1982; BStU, ZA, AIM
14757/82, Teil II, Bd. 1, Bl. 58–60 (MfS-Zählung).

Anzeige eines Bürgers unterscheidet, ist in diesem Fall also weniger der konkrete Sachverhalt als vielmehr die spezifische Motivation des Denunzianten und der Adressat seiner Mitteilung.

Die Akten der Staatssicherheit quellen geradezu über von der Schilderung trivialer Ereignisse und personenbezogener Einschätzungen, wie man sie in anderen Berichtszügen der SED-Diktatur nicht minder finden kann. Auch die Beurteilung der politischen Zuverlässigkeit und des familiären Umfelds war keine Besonderheit, sondern zählte zum Alltag der staatlichen Kaderabteilungen und der Parteisekretäre der SED-Grundorganisationen, die in jeder Verwaltung, in jedem Betrieb und in jeder Schule existierten. Bereits beim Übertritt zur Erweiterten Oberschule wurde das politisch-gesellschaftliche Engagement des Schülers und seiner Familie einer Bewertung unterzogen. Die Prüfung der Gesinnungstreue setzte sich bei der Zulassung zum Studium fort und begleitete den beruflichen Aufstieg. Auch in den Blockparteien fertigten die Kreisvorstände in regelmäßigen Abständen politische Beurteilungen der Mitglieder an.

Insofern stellen die MfS-Akten nur einen Ausschnitt aus einem viel umfassenderen Überwachungssystem dar. Wenn sich das öffentliche Interesse heute so stark auf das hinterlassene Aktengebirge des Ministeriums für Staatssicherheit konzentriert, so ist dies vor allem dem zigtausendfachen Vertrauensbruch geschuldet. Denn die IM erschlichen sich das Vertrauen ihrer Mitbürger und begingen Verrat. Zumeist handelte es sich um Beobachtungen, die die IM aus ihrem beruflichen oder privaten Umfeld weitergaben. So heißt es beispielsweise in einem Bericht des IM „Holger Koch": Die Familie K. sei „ständig im Besitz von Westgeld, welches sie im Intershop umsetzen. Ihre politische Haltung zur DDR ist im Freizeitbereich durch negative Diskussionen geprägt. Bei Spenden im Rahmen der Volkssolidarität u. a. betätigen sie

sich nur mit äußerst geringen Beträgen oder gar nicht."[10]
Auch wenn uns vieles als übereifriger Tratsch und Klatsch an-
mutet, so war es doch nicht harmlos. Denn in der Diktatur
vermag auch die Summe scheinbar belangloser Informationen dem ins Visier des Repressionsapparates geratenen Bürger zum Verhängnis werden; jedenfalls hatte der Informant
keinen Einfluss auf ihre weitere Verwendung. Vieles von
dem, was „Holger Koch" so nebenbei über Nachbarn und Arbeitskollegen berichtete, hätte die Staatssicherheit wohl auch
auf anderem Wege in Erfahrung bringen können. Eine Spit-
zenquelle stellte er allerdings als enger Mitarbeiter des Präsidenten des Obersten Gerichts dar, so dass das MfS bestens
über anstehende Personal- und Sachentscheidungen oder
Konflikte in der Leitungsspitze des Obersten Gerichts der
DDR unterrichtet war.

Der Apparat: Aufgaben und Struktur

Das Ministerium für Staatssicherheit vereinte innerhalb eines nach militärischen Grundsätzen geführten Apparates
unterschiedliche Funktionen: Es fungierte zugleich als geheimer Nachrichtendienst, als politische Geheimpolizei und als
Untersuchungsorgan bei Straftaten.[11] Als offizielle Geburts-
urkunde kann das „Gesetz über die Bildung des Ministeriums für Staatssicherheit" vom 8. Februar 1950 gelten, dessen
lapidarer Text lediglich die Gründung dieses Ministeriums
anzeigte, aber keinerlei Regelungen über Aufgaben, Struktur und Befugnisse enthielt. Formal war die Stellung des MfS
im SED-Staat zuletzt durch ein 1969 vom Nationalen Ver-
teidigungsrat erlassenes geheimes Statut definiert. Es bestimmte das Ministerium als „ein Organ des Ministerrates",

---

[10] Information des IM „Holger Koch" vom 12.6.1979; BStU, ZA, AIM
     14757/82, Teil II, Bd. 1, Bl. 9.
[11] Die folgenden Ausführungen stützen sich teilweise auf meine frühere Ver-
     öffentlichung: Das Ministerium für Staatssicherheit. Ein Instrument tota-
     litärer Herrschaftsausübung, Berlin, BStU 1995.

das als „Sicherheits- und Rechtspflegeorgan die staatliche
Sicherheit und den Schutz der Deutschen Demokratischen
Republik" zu gewährleisten habe. Als verbindliche Grund-
lage für das Wirken nannte das Statut an erster Stelle das
Programm der SED und sodann die Beschlüsse des Zentralkomitees und des Politbüros. Erst danach folgte die Berufung auf die Verfassung, die Gesetze und andere staatliche
Normen der DDR.[12] Tatsächlich war die Staatssicherheit
jedoch allein Parteiinstanzen rechenschaftspflichtig: dem
Generalsekretär des ZK und dem Politbüro sowie der ZK-
Abteilung für Sicherheitsfragen. Selbst die Kontrolle über
die ordnungsgemäße Verwendung der Haushaltsmittel war
dem Staatsapparat entzogen. Der Etat betrug zuletzt 3,6 Milliarden Mark bzw. 1,3 Prozent des gesamten Staatshaus-
haltes.[13]

Die Durchsetzung der Parteilinie sicherte die enge Verzah-
nung von MfS und SED. Der Minister und seine Stellvertreter waren stets Mitglieder des Zentralkomitees der SED; ab
1971 gehörte Mielke auch dem Politbüro, dem eigentlichen
Machtzentrum des SED-Staates, an. Ebenso waren die Leiter der MfS-Bezirksverwaltungen und der Kreisdienststellen
Mitglieder der jeweiligen Bezirks- bzw. Kreisleitungen der
SED. Durch diese Personalunion waren die entscheidenden Führungskader des MfS in die politische Willensbildung
und Entscheidungsfindung der SED auf allen Ebenen eingebunden. Die obere Leitungsebene des MfS unterlag der
Nomenklaturordnung des ZK, sodass ihre Besetzung entsprechender Zustimmung bedurfte. Die Bestätigung der

---

[12] Statut des Ministeriums für Staatssicherheit der DDR. Beschluß des Nationalen Verteidigungsrates Nr. 5/69 vom 30.7.1969. Druck: Karl Wilhelm
Fricke: Zur Geschichte der DDR-Staatssicherheit, in: Die Ohnmacht der
Allmächtigen. Geheimdienste und politische Polizei in der modernen Gesellschaft. Hrsg. von Bernd Florath, Armin Mitter und Stefan Wolle, Berlin
1992, S. 138–145.
[13] Gill/Schröter: Ministerium, S. 91.

MfS-Kader im Generalsrang erfolgte durch das Politbüro.[14]
Des Weiteren verfügte die SED im MfS über eine eigene
Parteiorganisation, die direkt dem Zentralkomitee unterstellt war.[15] Insofern sollte man besser von einem Parteior-
gan mit speziellem Auftrag sprechen. Denn das oberste Ziel
der „Staatssicherheit" war nicht die Sicherheit des Staates
als Institution, sondern der Machterhalt des SED-Regimes.
Dies kam auch in dem vielzitierten „tschekistischen" Selbstverständnis vom „Schild und Schwert der Partei" zum Ausdruck.

Das Statut von 1969 bestätigte auch den Einsatz der inoffiziellen Mitarbeiter und erhob die institutionalisierte Denunziation zur staatsbürgerlichen Tugend: „Das MfS führt
den Kampf gegen die Feinde in enger Zusammenarbeit mit
den Werktätigen und mit Unterstützung aufrechter Patrioten. Auf der Grundlage des Vertrauens und der bewussten
Verantwortung der Bürger ist die revolutionäre Massen-
wachsamkeit in der Deutschen Demokratischen Republik
weiter zu erhöhen. Das MfS stützt sich dabei auf eine breite
gesellschaftliche Basis, um die Sicherheit der Staats- und
Gesellschaftsordnung in noch größerem Umfang zu gewährleisten und zu einer weitgehenden Reduzierung und
Ausschließung störender und hemmender Faktoren der
Entwicklung in allen gesellschaftlichen Bereichen beizutragen."[16]

Zu den konkreten Aufgaben des Staatssicherheitsdienstes
zählten, schematisch vereinfacht dargestellt, zunächst einmal
die „klassischen" Geheimdienstaufgaben: So die Auslands-

---

[14] Vgl. Walter Süß: Das Verhältnis von SED und Staatssicherheit. Eine Skizze seiner Entwicklung (BF informiert, 17/1997), Berlin, BStU 1997.
[15] Vgl. Silke Schumann: Parteierziehung in der Geheimpolizei. Zur Rolle
der SED im MfS der fünfziger Jahre, Berlin 1997.
[16] Zit. nach Fricke: Geschichte, S. 141.

spionage (HV A)[17] und die Funkaufklärung (HA III), die Spionageabwehr feindlicher Dienste im Militärbereich (HA I), die allgemeine Spionageabwehr (HA II)[18] sowie die Terrorabwehr (HA XXII)[19]. Weiterhin war das MfS für die „Sicherung" der Staatsgrenze zuständig: Seine Mitarbeiter nahmen die Pass- und Zollkontrolle vor, leiteten die Grenztruppen an und überwachten sie. Der Kontrolle des Reiseverkehrs entsprach im Innern die Überwachung der Interhotels und anderer Touristenobjekte (HA VI). Ein drittes Aufgabenfeld umreißt der „Bereich Kommerzielle Koordinierung" (BKK), der das von Schalck-Golodkowski, einem MfS-Offizier im besonderen Einsatz (OibE), geführte, formell dem Außenhandelsministerium der DDR zugeordnete Firmenimperium zu unterstützen hatte. Am illegalen Waren- und Hochtechnologietransfer sowie der verdeckten Devisenbeschaffung wirkten auch die HV A sowie andere MfS-Abteilungen mit.

Im Mittelpunkt der Tätigkeit stand jedoch die Überwachung der eigenen Bevölkerung. „Wer ist wer?" – diese „tschekistische Grundfrage" galt es millionenfach und unter Aufbietung aller Mittel zu klären. Konkret bedeutete dies nicht nur die umfassende Überwachung des Post- und Telefonverkehrs (Abt. M und Abt. 26), sondern auch die Überprüfung aller Leitungskader in staatlichen Institutionen, im Wirtschafts- und Kulturbereich. Zuständig für das Ministerium des Innern und seiner nachgeordneten Bereiche, insbesondere der Deutschen Volkspolizei, war die HA VII. Zu den personalstärksten

---

[17] Vgl. Peter Siebenmorgen: Staatssicherheitsdienst der DDR. Der Westen im Fadenkreuz der Stasi, Bonn 1993; Helmut Müller-Enbergs (Hrsg.): Inoffizielle Mitarbeiter des Ministeriums für Staatssicherheit. Teil 2: Anleitungen für Agenten, Kundschafter und Spione im „Operationsgebiet" West, Berlin 1998.

[18] Vgl. Hanna Labrenz-Weiß: Die Hauptabteilung II: Spionageabwehr (MfS-Handbuch, Teil III/7), Berlin, BStU 1998.

[19] Vgl. Tobias Wunschik: Hauptabteilung XXII: Terrorabwehr (MfS-Handbuch, Teil III/16), Berlin, BStU 1995.

Diensteinheiten zählte die HA XVIII.[20] Sie „sicherte", wie es im MfS-Deutsch hieß, den gesamten Bereich der sozialistischen Volkswirtschaft, einschließlich der naturwissenschaftlichen Forschung. Zugleich fungierte die HA XVIII als eine Art Rechnungshof, der u. a. Planmanipulationen, Schlamperei und mangelnde Effizienz aufdecken sollte. Die Überwachung aller Einrichtungen, die mit Verkehr, Post und Nachrichtenwesen zu tun hatten, oblag der HA XIX.

Im Mittelpunkt des öffentlichen Interesses steht derzeit die Hauptabteilung XX[21]: Staatsapparat, Kirche, Kunst, Kultur, „politischer Untergrund". Diese zuletzt von Generalleutnant Paul Kienberg geleitete Diensteinheit stellte zweifellos das Kernstück des nach innen gerichteten Repressionsapparates dar. Darüber darf jedoch die Tätigkeit und Zuarbeit anderer Abteilungen nicht vergessen werden. Zu nennen sind insbesondere die für Beobachtung und Ermittlung zuständige HA VIII, das Untersuchungsorgan des MfS für strafrechtliche Ermittlungsverfahren (HA IX) sowie die HA XIV, die in jedem der 15 Verwaltungsbezirke eigene Untersuchungshafteinrichtungen unterhielt. Zu den Organen der Volkspolizei bestanden naturgemäß enge Verbindungen, speziell zum Arbeitsgebiet I der Kriminalpolizei. Die Leiter dieses Arbeitsgebietes waren grundsätzlich MfS-Offiziere im besonderen Einsatz.[22] Als eine Besonderheit realsozialistischer Geheimdienste kann schließlich die Verfügungsgewalt über militärische Einheiten mit mittelschwerer Bewaffnung gelten. Eine solche Truppe besaß das MfS in seinem 11 000

---

20 Vgl. Maria Haendcke-Hoppe-Arndt: Die Hauptabteilung XVIII: Volkswirtschaft (MfS-Handbuch, Teil III/10), Berlin, BStU 1997.

21 Die entsprechende Teillieferung des MfS-Handbuches (Teil III/12) erscheint 2002.

22 Vgl. Der Beitrag des Arbeitgebietes I der DDR-Kriminalpolizei zur politischen Überwachung und Repression. Hrsg. von den Landesbeauftragten für die Unterlagen des Staatssicherheitsdienstes der ehemaligen DDR Berlin und Sachsen, Berlin 1996.

Mann starken Wachregiment Berlin „Feliks E. Dzierzynski". Die Benennung nach dem Gründer der sowjetischen Tscheka verweist auf das sowjetische Vorbild, das die Matrix für Organisation und Arbeitsweise des gesamten Apparates lieferte, dessen operative Diensteinheiten in den fünfziger Jahren unmittelbar von den sowjetischen „Genossen" angeleitet wurden.[23]

Die Berliner Zentrale, das eigentliche Ministerium, gliederte sich in fünf Geschäftsbereiche, die von Mielke und seinen vier Stellvertretern geleitet wurden. Jedem Geschäftsbereich war eine unterschiedliche Zahl von Hauptabteilungen, selbstständigen Abteilungen, zentralen Arbeitsgruppen, Stäben und Verwaltungen zugeordnet, insgesamt waren es über 40.[24] Die zweite Ebene bildeten die seit der Verwaltungsreform 1952 bestehenden 15 Bezirksverwaltungen des MfS, die ihrerseits im Wesentlichen dem Gliederungsschema der Zentrale entsprachen. Bis 1982 existierte ferner die Verwaltung Wismut, die den Bezirksverwaltungen gleichgestellt war. Die dritte Ebene schließlich stellten die 211 Kreisdienststellen des MfS dar. Hinzu kamen sieben Objektdienststellen, so für das Atomkraftwerk Greifswald im Bezirk Rostock oder für die chemischen Kombinate im Bezirk Halle.

---

[23] Vgl. Roger Engelmann: Diener zweier Herren. Das Verhältnis der Staatssicherheit zur SED und den sowjetischen Beratern 1950–1959, in: Suckut/ Süß: Staatspartei, S. 51–72. Zur Tätigkeit der sowjetischen Sicherheitsdienste in der SBZ vgl. Jan Foitzik: Organisationseinheiten und Kompetenzstruktur des Sicherheitsapparates der Sowjetischen Militäradministration in Deutschland (SMAD), in: Sowjetische Speziallager in Deutschland 1945 bis 1950. Hrsg. von Sergej Mironenko, Lutz Niethammer und Alexander Plato in Verbindung mit Volkhard Knigge und Günter Morsch, Bd. 1, Berlin 1998, S. 117–131, sowie Nikita Petrov: Die Apparate des NKVD/ MVD und des MGB in Deutschland 1945–1953. Eine historische Skizze, ebenda, S. 143–157.

[24] Vgl. Roland Wiedmann (Bearb.): Die Organisationsstruktur des Ministeriums für Staatssicherheit 1989 (MfS-Handbuch, Teil V/1), Berlin, BStU 1995.

Das Ministerium für Staatssicherheit fungierte, wie ein Blick auf die Organisationsstruktur unterstreicht, gewissermaßen als Generalunternehmer, der im Auftrag der „Partei" in allen Bereichen von Staat und Gesellschaft für die „Sicherheit" zu sorgen hatte. Das MfS wirkte neben und außerhalb der bereits vorhandenen Doppelstruktur von Partei- und Staatsinstanzen und fungierte als ein weiterer, jedoch konspirativ wirkender Kontrollzug für die SED-Führung. Neben dem vertikalen Informationsfluss an die Leitungsspitze existierte auch eine horizontale Vernetzung. So hatte der Leiter einer Kreisdienststelle regelmäßig, zumindest wöchentlich, dem 1. Sekretär der SED-Kreisleitung „unter Wahrung der Konspiration" über die Lage in seinem Verantwortungsbereich zu berichten. Ebenso wurde der 1. Sekretär der SED-Bezirksleitung vom Leiter der jeweiligen MfS-Bezirksverwaltung über die Stimmungslage oder besondere Vorkommnisse unterrichtet. Fester Grundsatz war dabei, dass die Informationen „keine Rückschlüsse auf inoffizielle Mitarbeiter, konspirative Mittel und Methoden des MfS, die operative Bearbeitung/Kontrolle von Personen, laufende operative Aktionen und andere Interna des MfS zulassen" durften.[25] Auf oberster Ebene liefen die Berichte von der Zentralen Auswertungs- und Informationsgruppe (ZAIG), die unmittelbar Mielke unterstand, direkt an den Generalsekretär der SED sowie an ausgewählte Mitglieder des Politbüros.

Als „ausführendes Organ der Diktatur des Proletariats", wie sich das MfS in einer offiziösen Selbstdarstellung nennt,[26] zählte das Ministerium 1953 rund 10700 hauptamtliche Mit-

---

25 Vgl. Süß: Verhältnis, S. 33. Eine Auswahl von ZAIG-Informationen enthält die von Armin Mitter und Stefan Wolle herausgegebene Dokumentation: Ich liebe euch doch alle! Befehle und Lageberichte des MfS. Januar – November 1989, Berlin 1990.
26 Studienmaterial zur Geschichte des Ministeriums für Staatssicherheit. Hrsg. von der Juristischen Hochschule (des MfS) Potsdam 1980, Teil III, S. 19; BStU, ZA, SA 553/III.

arbeiter. Nach dem Versagen der Sicherheitsorgane während des Volksaufstandes am 17. Juni erfolgte eine Neustrukturierung des gesamtes Apparates, der bis 1961 auf 19 100 Mitarbeiter anstieg. Die stete Sorge der SED-Führung um den Erhalt ihrer Herrschaft führte nach dem Mauerbau zu einer maßlosen Aufblähung des Staatssicherheitsdienstes, dessen Aufgaben, Kompetenzen und Sonderbefugnisse ständig anwuchsen. Das Ende des Kalten Krieges führte deshalb auch zu keinem Abbau des Repressionsapparates. Ganz im Gegenteil! Als Honecker 1971 Ulbricht als Generalsekretär der SED ablöste, zählte das MfS knapp 45 600 hauptamtlich Beschäftigte. 1980 waren es 75 100, 1989 schließlich rund 91 000 Mitarbeiter.[27]

Mit dem enormen Personalausbau der Staatssicherheit in den siebziger und achtziger Jahren sollten vor allem die innenpolitisch befürchteten Folgen der Entspannungspolitik auf verdecktem Wege kompensiert werden. Die Aufweichung verhärteter Feindbilder aus dem Kalten Krieg, der freiere Informationsfluss und vor allem die Möglichkeit zu millionenfachen Westkontakten konterkarierten die angestrebte Abgrenzungspolitik. Zur Abwehr der „politisch-ideologischen Diversion des Gegners" musste die Überwachung und Kontrolle aller Gesellschaftsbereiche erhöht werden, da jegliches abweichende Verhalten als potentielle Bedrohung der inneren Stabilität angesehen wurde. Im Mittelpunkt der alltäglichen Praxis stand längst nicht mehr die Enttarnung feindlicher Agenten oder die Bekämpfung kleiner, gesellschaftlich marginalisierter Oppositionsgruppen, die anders als etwa in Polen keine systemgefährdende Massenbewegung darstellten. Vielmehr ging es um die umfassende Informationsgewin-

---

[27] Angaben nach Jens Gieseke: Die hauptamtlichen Mitarbeiter des Ministeriums für Staatssicherheit (MfS-Handbuch, Teil IV/1), Berlin, BStU 1995, S. 98 ff. In der jüngsten Veröffentlichung wird der Personalbestand für das Jahr 1961 auf rund 23 500 Mitarbeitern beziffert. Vgl. Jens Gieseke: Die hauptamtlichen Mitarbeiter der Staatssicherheit. Personalstruktur und Lebenswelt 1950–1989/90, Berlin 2000, S. 553.

nung über die innere Lage sowie die präventive Gesinnungs-
kontrolle und Sozialsteuerung. Der hypertrophe Ausbau der
Staatssicherheit resultierte teils aus dem Trauma des 17. Juni
1953, da sich die SED-Führung ihrer Herrschaft nie sicher
war. Er war aber auch das Resultat des kommunistischen
Herrschaftsanspruchs, der auf die unmittelbare Planung,
Steuerung und Kontrolle aller Gesellschaftsbereiche abzielte
und den Subsystemen keine eigenständige Autonomie einzu-
räumen vermochte.[28] Insofern mussten im bürokratischen
Staatssozialismus auch die staatlichen, parteieigenen und geheimpolizeilichen Kontrollapparate eine ganz andere Dimension annehmen.

Das konspirative Netz: die inoffiziellen Mitarbeiter

Entsprechend nahm auch die Zahl der eingesetzten Spitzel zu:
von rund 30 000 IM Mitte der fünfziger Jahre auf zuletzt knapp
174 000.[29] Die Anwerbung, Registrierung und Führung der IM
war in einer Vielzahl innerdienstlicher Bestimmungen penibel
geregelt. Ihre Aufgaben beschrieb die Richtlinie 1/79, die bis
zuletzt gültig war, im hölzernen Duktus der Bürokratie:
„Die IM sind vor allem einzusetzen zum
– Einleiten und Realisieren vorbeugender, schadensverhü-
  tender Maßnahmen wie zum rechtzeitigen Erkennen und
  Beseitigen bzw. Unterbinden von Missständen, Schlamperei, Unordnung, Planmanipulationen, Fehlinformationen,
  Gefahren, personellen Unsicherheitsfaktoren, sich anbah-
  nenden, feindlich-negativen Handlungen u. a.,
– Verhindern von öffentlichkeitswirksamen Aktionen feindlich-negativer Kräfte wie rowdyhaftem Verhalten, deka-
  dentem Auftreten u. a.,

---

[28] Vgl. Sigrid Meuschel: Überlegungen zu einer Herrschafts- und Gesell-
schaftsgeschichte der DDR, in: Geschichte und Gesellschaft 19 (1993),
S. 5–14.
[29] Einschließlich IMK und GMS. Vgl. Müller-Enbergs: Inoffizielle Mitarbeiter, S. 59.

– unmittelbaren Verhindern und zur Abwehr feindlich-negativer Handlungen, vor allem solcher mit hoher Gesellschaftsgefährlichkeit,
– Einschränken des Einflusses feindlich-negativer Personen und Personenkreise, Zersetzen feindlich-negativer Gruppen und Gruppierungen im Innern der DDR, Einschränken des Wirksamwerdens feindlicher personeller Stützpunkte,
– Desinformieren, Desorganisieren, Lähmen und Zerschlagen feindlicher Stellen sowie zur
– direkten und indirekten Einflussnahme auf Personen im Operationsgebiet[30], die maßgebliche Funktionen innenhaben oder an wichtigen Stellen bedeutsame Entscheidungen vorbereiten bzw. treffen."[31]

Da die IM ganz unterschiedliche Aufgaben zu erfüllen hatten, teilte das MfS den IM-Bestand in verschiedene Kategorien ein: Für die flächendeckende Überwachung kamen vor allem „IM zur politisch-operativen Durchdringung und Sicherung des Verantwortungsbereiches" (IMS) zum Einsatz; sie stellten zuletzt 85 Prozent des gesamten Bestandes. Daneben gab es „IM für einen besonderen Einsatz" (IME), „IM zur Führung anderer IM" (FIM) sowie „IM zur Sicherung der Konspiration und des Verbindungswesens" (IMK), die zumeist ihre Wohnung für konspirative Treffen zur Verfügung stellten. Zur Elite im abgestuften Spitzelsystem zählten die „IM der Abwehr mit Feindverbindung bzw. zur unmittelbaren Bearbeitung im Verdacht der Feindtätigkeit stehender Personen" (IMB). Dieser Kreis besonders sorgfältig ausgewählter Mitarbeiter umfasste 1988 lediglich 3894 Personen (3,6%). Eine Besonderheit stellten die „Hauptamtlichen In-

---

30 Als Operationsgebiet wurde das nichtsozialistische Ausland (NSA), speziell die Bundesrepublik, bezeichnet.
31 Richtlinie Nr. 1/79 für die Arbeit mit Inoffiziellen Mitarbeitern (IM) und Gesellschaftlichen Mitarbeitern für Sicherheit (GMS) vom 8.12.1979. Druck: Müller-Enbergs: Inoffizielle Mitarbeiter, S. 305–373, hier 311 f.

offiziellen Mitarbeiter" (HIM) dar, die eine reguläre Besol-
dung erhielten und als eine Spezialkategorie dem hauptamtlichen Apparat zuzurechnen sind. Weiterhin sind die „Gesellschaftlichen Mitarbeiter für Sicherheit" (GMS) zu nennen,
die zumeist im Staatsapparat wichtige Positionen innehatten
und ebenfalls konspirativ mit dem MfS zusammenarbeiten.

Das konspirative Netz war dicht gewoben und durchdrang
die gesamte Gesellschaft. Im statistischen Mittel kam 1986
ein IM (einschließlich IMK und GMS) auf 120 Einwohner,
bezogen auf die erwachsene Bevölkerung betrug das Verhältnis 1 : 84. Schlüsselt man die Zahlen nach den Bezirksverwaltungen des MfS auf, die identisch mit den Bezirken der DDR
sind, so lassen sich erhebliche regionale Unterschiede feststellen.

Einwohner pro IM (einschließlich IMK und GMS) im Jahr 1986[32]

BV Cottbus	80	BV Gera	125
BV Schwerin	94	BV Dresden	128
BV Frankfurt/O.	95	BV Karl-Marx-Stadt	134
BV Magdeburg	95	BV Leipzig	141
BV Suhl	99	BV Berlin	148
BV Rostock	100	BV Erfurt	149
BV Neubrandenburg	109	BV Halle	159
BV Potsdam	117		120

In sicherheitsrelevanten Einrichtungen lag der Anteil wesentlich höher: So ergab die Überprüfung der aus der NVA
übernommenen Soldaten eine Belastungsquote von 20 Prozent[33], von den höheren Offizieren der Volkspolizei arbeite-

---

[32] Statistik der ZAIG vom 12.2.1987: Übersicht über wesentliche Erkenntnisse aus der Analyse der Entwicklung operativer Grundprozesse aus
dem Jahr 1986 (im Vergleich zu 1985); BStU, ZA, ZAIG 13910. Vgl. auch
Helmut Müller-Enbergs: IM-Statistik 1985–1989 (BF informiert 3/1993),
Berlin, BStU 1993.

[33] Zweiter Tätigkeitsbericht des Bundesbeauftragten für die Unterlagen des
Staatssicherheitsdienstes der ehemaligen DDR, Berlin 1995, S. 22.

ten in Ostberlin 23 Prozent mit der Staatssicherheit zusammen[34], während es bei den Lehrern „nur" 4,5 Prozent[35] waren. Die IM waren meist männlich und zwischen 25 und 40 Jahre alt. Der Anteil der Frauen und der Jugendlichen (bis 25 Jahre) lag bei zehn, der der Minderjährigen bei etwa einem Prozent. Etwa ein Drittel der IM war Mitglied der SED.[36] Eingehende Untersuchungen zum Sozialprofil gibt es bislang kaum, jedoch liegen erste solide Ergebnisse zur Durchdringung bestimmter Bereiche vor: so für die Kirchen[37], die Schriftsteller[38], die Psychiatrie[39] oder einzelne Betriebe aus der Hochtechnologie[40].

Die Studien belegen, dass die IM in aller Regel freiwillig für die Staatssicherheit tätig waren, sei es aus politischer Überzeugung, aus Lust am konspirativen Abenteuer oder aus schlichtem Opportunismus. Jedenfalls spielten, anders als in den fünfziger Jahren, Erpressung oder Werbung unter Druck kaum mehr eine Rolle. Vielversprechender für eine langfristige Zusammenarbeit war die psychologisch geschickte Ausnutzung von privaten Interessen, unbefriedigtem Geltungs-

---

[34] Berliner Morgenpost vom 22.4.1995.

[35] Berliner Morgenpost vom 3.4.1994. Von den belasteten Lehrern wurden im Land Berlin 21 Prozent entlassen, die übrigen durften im Staatsdienst verbleiben.

[36] Müller-Enbergs: Inoffizielle Mitarbeiter, S. 13. Vgl. auch Thomas Auerbach: Desinteresse, Disziplinlosigkeit, Dekonspiration. Die Probleme des MfS mit jugendlichen IM, in: Deutschland Archiv 29 (1996), S. 418–422; Angelika Schmole: Frauen und MfS, ebenda, S. 512–525.

[37] Clemens Vollnhals (Hrsg.): Die Kirchenpolitik von SED und Staatssicherheit. Eine Zwischenbilanz, Berlin 1996.

[38] Joachim Walther: Sicherungsbereich Literatur. Schriftsteller und Staatssicherheit in der Deutschen Demokratischen Republik, Berlin 1996.

[39] Sonja Süß: Politisch missbraucht? Psychiatrie und Staatssicherheit in der DDR, Berlin 1998.

[40] Reinhard Buthmann: Kadersicherung im VEB Carl Zeiss Jena. Die Staatssicherheit und das Scheitern des Mikroelektronikprogramms, Berlin 1997; Gerhard Barkleit/Annette Dunsch: Anfällige Aufsteiger. Inoffizielle Mitarbeiter des MfS in Betrieben der Hochtechnologie, Dresden 1998 (mit zahlreichen Tabellen).

bedürfnis, naiver Vertrauensseligkeit und dem Wunsch nach Anerkennung. Gute Führungsoffiziere, die alle an der MfS-Hochschule Kurse in „operativer Psychologie" absolviert hatten, bauten ein persönliches Vertrauensverhältnis auf und betreuten ihre Spitzenquellen in allen Lebenslagen.

Die meisten IM erhielten für ihre Spitzeldienste keine Bezahlung, sondern nur gelegentlich kleine Präsente zum Geburtstag oder anderen feierlichen Anlässen. Für manche jedoch war es ein lohnendes Geschäft. So erhielten beispielsweise von den 223 IM, die 1988 für die Hauptabteilung XX/4 arbeiteten, 24 über 2000 Mark an Zuwendungen, darunter befanden sich 14 „Spitzenverdiener" mit über 5000 Mark. Allerdings galt die „Kirchenlinie" als ein besonders teueres Pflaster. Denn sie verbrauchte mit insgesamt 164 000 Mark rund ein Drittel aller Mittel, die der gesamten Hauptabteilung für direkte Zuwendungen an IM zur Verfügung standen. Die abgerechneten Beträge reichten von 4,70 Mark für IM „Wolke" bis zu 9735 Mark für IM „Max".[41] Andere Abteilungen mit einem erheblich größeren IM-Netz wie beispielsweise die HA XX/1 (Staatsapparat), die HA XX/3 (Sport) und die HA XX/7 (Kultur/Medien) mussten mit einem wesentlich geringeren Etat auskommen. Auch wenn die meisten IM für ihre Dienste kaum mehr als 100 Mark im Jahr erhielten, so gab es doch neben der politischen Überzeugung auch andere Anreize: die Förderung der beruflichen Karriere, der Studienplatz für die Kinder, die Genehmigung einer Westreise, die bevorzugte Zuteilung eines Trabi oder auch nur eines Ferienplatzes an der Ostsee. Die Palette der gelegentlichen Vergünstigungen, mit denen sich der Alltag etwas angenehmer gestalten ließ, war breit und vielfältig.

---

[41] Clemens Vollnhals: Die kirchenpolitische Abteilung des Ministeriums für Staatssicherheit, in: Ders.: Kirchenpolitik, S. 103 f.

Nur wenige IM traten so fordernd auf, wie der IM „Lorac",
der für die Bezirksverwaltung Leipzig die evangelische Kirche ausspionierte:
„Einerseits äußerte er sich", wie der Führungsoffizier in einem
Treffbericht 1977 indigniert festhielt, „lobend darüber, dass
ihm entsprechende Unterstützung durch das MfS bezüglich der
– Vermittlung einer Arbeitsstelle für seine künftige Schwie-
  gertochter in Leipzig,
– Inanspruchnahme einer Kur,
– Ermöglichung des EOS-Besuches seines Sohnes gegeben
  wurde, worüber er sich auch sehr gefreut habe. Andererer-
  seits sei aber sein Hauptproblem (Erhalt der Professur) immer noch nicht gelöst. [...] Der IM ließ durchblicken, dass,
  wenn sich an seinem bezüglichen Status nicht ändert, er die
  Zusammenarbeit auf ein Minimum einschränken wird."[42]

„Lorac", der seit Anfang der sechziger Jahre für das MfS arbeitete, zählte zum Typus des skrupellosen Denunzianten.
Die IM-Akte des späteren Professors für Ökumenik wurde
erst nach der Auflösung des Staatssicherheitsdienstes archiviert und umfasst elf Bände.

Nicht wenige IM arbeiteten während ihres gesamten Berufs-
lebens für die Staatssicherheit; bei anderen brach das MfS von
sich aus nach einigen Jahren den Kontakt ab. Auch die Auf-
kündigung der Zusammenarbeit durch den IM, was seltener
vorkam, blieb fast immer folgenlos. Das einfachste Mittel war
die Dekonspiration am Arbeitsplatz oder im Bekanntenkreis.
Die Fluktuationsquote im IM-Bestand (ohne IMK/GMS) betrug jährlich rund zehn Prozent. Für die Jahre 1985 bis 1988
verzeichnet die Statistik insgesamt 42 739 Zugänge, während
gleichzeitig 44 316 Personen aus der jeweiligen IM-Kategorie
ausschieden. Fast jeder dritte IM wurde also in eine andere

---

[42] Treffbericht mit IM „Lorac" vom 3.1.1977; BStU, ASt Leipzig, AIM 2/92,
Teil II, Bd. 4, Bl. 111.

Kategorie umregistriert oder – und dies dürften die meisten gewesen sein – vom MfS nicht mehr „operativ" genutzt. Im Bezirk Rostock warb das MfS 1989 beispielsweise 619 IM, gleichzeitig wurden 636 IM „abgeschrieben". Die Gründe waren vielfältig: 310 Nichteignung/ohne Interesse, 163 operative Gründe, 91 Ablehnung/Desinteresse, 38 Unehrlichkeit/Unzuverlässigkeit, 14 Dekonspiration, 16 Verbleiben in der Bundesrepublik; vier IM entwickelten sich „feindlich-negativ" und wurden entsprechend „bearbeitet".[43] Diese Statistik zeigt, dass das MfS die Zuverlässigkeit und Arbeitsergebnisse der IM laufend kontrollierte und sich gegebenenfalls auch wieder von ihnen trennte.

Die IM-Berichte lassen sich grob in Sach-, Stimmungs-, Personen- und Reiseberichte einteilen, wobei die Grenzen durchaus fließend sind. Sie informierten über betriebliche Probleme und Engpässe, meldeten die Stimmungslage zu politischen Tagesereignissen, lieferten ausführliche Einschätzungen von Nachbarn, Arbeitskollegen und Vorgesetzten oder berichteten über Dienstreisen und das Verhalten von Mitreisenden oder Geschäftspartnern. Darüber hinaus empfingen die IM von ihren Führungsoffizieren häufig auch gezielte Aufträge zur aktiven Beeinflussung ihres beruflichen oder gesellschaftlichen Umfeldes. Sie waren somit sowohl ein Instrument präventiver, „schadensvorbeugender" Sozialsteuerung als auch gezielter Repressionsmaßnahmen.

Die meisten IM nutzte das MfS primär zur Informationsbeschaffung, wobei auch scheinbar harmlose Auskünfte in einem anderen Zusammenhang von Bedeutung sein konnten. Dies galt beispielsweise für Informationen über familiäre Westkontakte, die bei der Sicherheitsüberprüfung von staatlichen Kadern und Beschäftigten in „sicherheitsrelevanten"

---

[43] Helmut Müller-Enbergs: Der „Inoffizielle Mitarbeiter". Anatomie eines Spitzels, in: Damals 25 (1993), S. 22.

Positionen eine wichtige Rolle spielten und für die Betroffenen gravierende berufliche Auswirkungen zur Folge haben konnten.[44] Die vorbeugende Kadersicherung und die Kontrolle der völlig überzogenen Geheimschutzbestimmungen bildeten den Hauptanteil der geheimpolizeilichen Routinearbeit. „Unter den Bedingungen harter Klassenauseinandersetzungen mit dem Imperialismus" müsse, wie Mielke 1982 in einer Richtlinie ausführte, dafür gesorgt werden, „dass nur zuverlässige Personen in sicherheitspolitisch bedeutsamen Positionen der DDR im In- und Ausland eingesetzt werden bzw. sicherheitspolitisch bedeutsame Erlaubnisse und Genehmigungen insbesondere für Reisen nach nichtsozialistischen Staaten und Westberlin nur an solche Personen erteilt werden, die diese nicht mißbrauchen und dem Gegner keine Ansatzpunkte für subversive Aktivitäten bieten".[45] Die verschärfte Sicherheitsüberprüfung betraf Hunderttausende und bedingte eine noch stärkere Abschottung und Geheimniskrämerei, was sich in der technologischen Forschungs- und Entwicklung besonders nachteilig auswirkte.

„Operative Bearbeitung" und „Zersetzung"

Der unmittelbare Einsatz am „Feind", die gezielte operative „Bearbeitung feindlich-negativer Personen" blieb einem kleineren Kreis besonders sorgfältig ausgesuchter IM vorbehalten. 1988 führte das MfS 19 169 Operative Personenkontrollen (OPK) durch. Sie dienten der Erarbeitung eines strafrechtlichen Anfangsverdachts und waren nach den einschlägigen Bestimmungen einzuleiten, „wenn operativ bedeutsame Anhaltspunkte vorliegen, die eine gezielte Kontrolle von Personen begründen bzw. erfordern".[46] Davon wa-

---

[44] Vgl. Buthmann: Kadersicherung.
[45] Richtlinie Nr. 1/82 zur Durchführung von Sicherheitsüberprüfungen vom 17.11.1982. Druck: Gill/Schröter: Ministerium, S. 295–321, hier 297.
[46] Richtlinie Nr. 1/81 über die Operative Personenkontrolle (OPK) vom 25.2.1981. Druck: Gill/Schröter: Ministerium, S. 322–345.

ren 7097 Vorgänge neu eingeleitet worden (1987: 6490). Zum
Abschluss gelangten im Jahr 1988 7908 Operative Personen-
kontrollen (1987: 7538); davon wurden 87,5 Prozent wegen
Nichtbestätigung des Verdachts eingestellt, 4 Prozent als IM-
Vorlauf (geplante Werbung) und 8,5 Prozent als „Operativer
Vorgang" fortgeführt. Die Bearbeitung des harten Kerns in
„Operativen Vorgängen" (OV) erfolgte ebenfalls nach Maßga-
be festgelegter Richtlinien und detaillierter Maßnahmepläne.[47]
1988 zählte die Statistik insgesamt 4543 laufende Operative
Vorgänge, wobei ein OV auch mehrere Personen umfassen
konnte. Dies entsprach nahezu dem Stand des Vorjahres (4526
OV) und bedeutete, dass je nach Arbeitsebene jeder zweite bis
dritte IM-führende Mitarbeiter einen OV bearbeitete. Im Jahre 1988 wurden 1660 OV neu angelegt, davon war knapp über
ein Fünftel mit dem dehnbaren Verdacht der Begehung von
„Staatsverbrechen" begründet. Zum Abschluss gelangten 1750
Operative Vorgänge, wobei 28 Prozent mit der Einleitung eines strafrechtlichen Ermittlungsverfahrens endeten.[48]

Gemessen an der Routine der Sicherheitsüberprüfungen und
anderer Abfragen der Datenspeicher stellten die Operativen
Personenkontrollen und Operativen Vorgänge für die
Diensteinheiten des MfS nur einen Bruchteil der gesamten
Arbeitsbelastung dar. Der OV bildete die höchste Bearbei-
tungsstufe und stellte nichts anderes als ein konspirativ
durchgeführtes Ermittlungsverfahren dar, das jedoch außerhalb der Regelungen der Strafprozessordnung zur Durchführung kam: „Operative Vorgänge sind anzulegen, wenn der
Verdacht der Begehung von Verbrechen gemäß erstem oder
zweiten Kapitel des StGB – Besonderer Teil – oder einer

---

[47] Richtlinie Nr. 1/76 zur Entwicklung und Bearbeitung Operativer Vorgänge vom Januar 1976. Druck: Gill/Schröter: Ministerium, S. 346–402.
[48] Zahlenangaben nach Statistik der ZAIG. Bereich 2 vom 24.2.1989: Übersicht über Entwicklungstendenzen bei EV, IM, OV und OPK im Jahre
1988 und damit verbundene politisch-operative Probleme; BStU, ZA,
ZAIG 13910, Bl. 90–106.

Straftat der allgemeinen Kriminalität, die einen hohen Grad an Gesellschaftsgefährlichkeit hat und in enger Beziehung zu den Staatsverbrechen steht [...], durch eine oder mehrere bekannte oder unbekannte Personen vorliegt."[49] Von der heimlichen Kontrolle des Post- und Telefonverkehrs, der Abfrage aller staatlichen Datenspeicher, der Einsicht in Kaderakten, Bankunterlagen und ärztliche Dossiers bis zum Einbau von Wanzen und Überwachungskameras: alles war möglich, wenn es nur Erfolg versprach. Das wichtigste Instrument war freilich der systematische Einsatz von IM, die das Vertrauen des bespitzelten Bürgers besaßen, bzw. die Neuanwerbung entsprechender Personen. Den besten Einblick in Vorgehen und Arbeitsweise der Staatssicherheit gibt die exemplarische Studie von Joachim Walther[50]; daneben liegt eine größere Anzahl von Auszügen aus Operativen Vorgängen vor, die prominente Opfer nach Einsicht in ihre Akten publiziert haben.[51]

Besonders perfide war der Einsatz sorgfältig geplanter „Zersetzungsmaßnahmen". Als „bewährte" Methoden nennt die OV-Richtlinie Nr. 1/76 u. a.: die „systematische Diskreditierung des öffentlichen Rufs", die „systematische Organisierung beruflicher und gesellschaftlicher Mißerfolge", das „Erzeugen von Mißtrauen und gegenseitigen Verdächtigungen innerhalb von Gruppen".[52] All diese Aktionen wurden in umfangreichen Maßnahmeplänen entwickelt, mit konkreter Aufgabenstellung und Terminsetzung einzelnen Mitarbeitern

---

[49] OV-Richtlinie 1/76 zit. nach Gill/Schröter: Ministerium, S. 370.

[50] Sicherungsbereich Literatur. Schriftsteller und Staatssicherheit in der Deutschen Demokratischen Republik, Berlin 1996.

[51] Vgl. u. a. Stefan Heym: Der Winter unseres Mißvergnügens. Aus den Aufzeichnungen des OV Diversant, München 1996; Reiner Kunze: Deckname „Lyrik". Eine Dokumentation, Frankfurt a. M. 1990; Erich Loest: Die Stasi war mein Eckermann oder: Mein Leben mit der Wanze, Göttingen 1991; Stasi-Akte „Verräter". Bürgerrechtler Templin: Dokumente einer Verfolgung. Spiegel-Spezial 1/1993; Vera Wollenberger: Virus der Heuchler. Innenansichten aus Stasi-Akten, Berlin 1992; Hermann Vinke (Hrsg.): Akteneinsicht Christa Wolf. Zerspiegel und Dialog. Eine Dokumentation, Hamburg 1993.

[52] Zit. nach Gill/Schröter: Ministerium, S. 390 f.

zugeordnet und in ihrer Wirksamkeit laufend überprüft und aktualisiert. Was „Zersetzung" konkret bedeutete, vermag der folgende Passus aus einem insgesamt 20 Seiten umfassenden Maßnahmeplan zu illustrieren:

„5. Die ärztliche Entscheidung zum Entzug der Fahrerlaubnis kann zielgerichtet gegenüber H. durch einen Arzt-IM, der Kontakt zu ihm unterhält, gestützt werden.

Darüber hinaus können in Anlehnung an die vorherige Maßnahme gezielt innerhalb und außerhalb der DDR glaubhafte Gerüchte über seinen weiter verschlechterten Gesundheitszustand verbreitet werden. Deshalb sei er zu keiner wissenschaftlichen Arbeit mehr fähig, verfalle in eine laufende Wiederholung alter, unaktueller Thesen usw.

6. Durch den Einsatz vorhandener oder die Schaffung und Heranführung neuer IM an die Ehefrau des H. sind Voraussetzungen zu schaffen, um

– sie von H. durch außereheliche Beziehungen systematisch zu trennen und

– ihn damit psychologisch weiter zu belasten und von feindlichen Aktivitäten abzuhalten.

Dabei sind solche Umstände wie die übersteigerte Eifersucht von H., sein fortwährendes Misstrauen seiner Ehefrau gegenüber, zeitweilige Ehestreitigkeiten, das Bedürfnis der Frau von H. nach Bekanntschaften mit anderen Personen usw. bewusst auszunutzen."[53]

Die tschekistische Phantasie kannte keine Grenzen. Erlaubt waren auch die schmutzigsten Praktiken, wenn sie nur zur intellektuellen Diskreditierung und sozialen Isolierung eines Regimekritikers beitrugen. Auch wenn sich manches in der Praxis nicht umsetzen ließ oder nicht zum gewünschten Erfolg

---

[53] HA XX: Plan zur weiteren Einschränkung und Verhinderung feindlicher Aktivitäten von H. durch Maßnahmen der Zersetzung, Verunsicherung und Isolierung vom 31.1.1978; BStU, ZA, AU 145/90, Bd. 5, Bl. 238–258.

führte, so dokumentieren die überlieferten Akten doch eine menschenverachtende Gesinnung sondergleichen. Es war ein subtiler Terror, der häufig tiefer in die soziale Existenz und den Zusammenhalt ganzer Familien eingriff, als dies eine Gefängnisstrafe vermocht hätte. Die Zersetzungsmaßnahmen erforderten seitens der Staatssicherheit einen wesentlich größeren Arbeitsaufwand, besaßen aber gegenüber der strafrechtlichen Repression den Vorzug, dass sie lautlos wirkten und die internationale Reputation nicht beschädigten. Ein MfS-Oberstleutnant fasste das geheimpolizeiliche Kalkül so zusammen: „Die Anwendung operativer Zersetzungsmaßnahmen bei der Bekämpfung von politischen Untergrundaktivitäten durch feindlich-negative Personenzusammenschlüsse ist aufgrund veränderter Lagebedingungen zu einem politischen Erfordernis geworden. Das MfS leistet durch diese ‚lautlose' Form der Bekämpfung von feindlich-negativen Aktivitäten im Sinne politischer Untergrundtätigkeit einen wichtigen Beitrag zur Unterstützung der Dialogpolitik unserer Partei sowie zur Stärkung des internationalen Ansehens der DDR."[54] In anderen Fällen bediente sich das MfS auch beider Methoden. „Maßnahmen der Zersetzung" konnten die strafrechtliche Verfolgung ersetzen oder auch strafverschärfend ergänzen.

Ermittlungsverfahren und Strafverfolgung

Die Entscheidung, mit welchen Mitteln der Gegner zu bekämpfen sei, traf allein die Staatssicherheit. Stellte das MfS im Zuge seiner konspirativen Ermittlungen einen Gesetzesverstoß oder hinreichend begründete Verdachtsmomente fest, so musste dies nicht automatisch zur Einleitung eines

---

[54] Günter Stark, Leiter der Abteilung XX der BV Erfurt: Die Anwendung von Maßnahmen der Zersetzung im Rahmen der operativen Bearbeitung feindlich-negativer Personenzusammenschlüsse, 18.1.1989; BStU, ASt Erfurt. Vgl. auch Hubertus Knabe: „Weiche" Formen der Verfolgung in der DDR. Zum Wandel repressiver Strategien in der Ära Honecker, in: Deutschland Archiv 30 (1997), S. 709–719.

strafrechtlichen Ermittlungsverfahrens führen. Vielmehr bestimmte die OV-Richtlinie: „Der Abschluß Operativer Vorgänge hat stets den politischen Interessen der DDR zu dienen." Festzulegen sei jeweils jene Abschlussart, die den
„größten sicherheitspolitischen Nutzen" erbringe.[55] Da jede
Entscheidung nach politischen Gesichtspunkten zu erfolgen
hatte – eben „der Beachtung der konkreten Klassenkampfsi-
tuation bzw. der politisch-operativen Lage" –, war die Anwendung des Strafrechts per se willkürlich: Ein bespitzelter
Bürger wurde strafrechtlich verfolgt, ein anderer unter
Druck („Wiedergutmachung") als IM angeworben, ein dritter mit subtilen Zersetzungsmaßnahmen „bearbeitet", bei einem vierten gar nichts unternommen.

Auch „Staatsverbrechen" (1. und 2. Kapitel StGB) mussten
nicht zwangsläufig verfolgt werden. So konstatierte das MfS
beispielsweise im März 1975, dass sich Gerulf Pannach, der
Sänger der legendären Renft-Combo, mit seinen Liedern
„strafbarer Handlungen gemäß § 106 StGB (staatsfeindliche
Hetze)" schuldig gemacht habe. Jedoch hielt man seine Verhaftung für taktisch unklug und warnte vor einer Kettenreaktion:
„Die Hauptabteilung IX macht darauf aufmerksam, dass bei
Einleitung strafrechtlicher Maßnahmen gegen Pannach die politisch-ideologische Beeinflussung durch Biermann berücksich-
tigt werden muss und dieser bei einer Beweisführung gegen
Pannach aus dem Verfahren nicht herausgelöst werden
kann."[56] Dies wollte man jedoch 1975 vor dem Hintergrund der
laufenden KSZE-Verhandlungen auf jeden Fall vermeiden und
griff deshalb zur Methode der schleichenden „Zersetzung".
Erst im November 1976 beschloss das Politbüro der SED in einer grandiosen Fehleinschätzung der Situation die spektakulä-
re Ausweisung Wolf Biermanns. Gleichzeitig wurde der mit ihm

---

[55] Zit. nach Gill/Schröter: Ministerium, S. 394 f.
[56] Zit. nach Michael Rauhut: Blues in Rot. Der Fall Gerulf Pannach und das
Verbot der Klaus Renft Combo, in: Deutschland Archiv 31 (1998),
S. 773–782, hier 776.

befreundete Regimekritiker Robert Havemann in einem gerichtlichen Schnellverfahren zu der berüchtigten Aufenthaltsbeschränkung auf sein Wochenendgrundstück in Grünheide verurteilt, wobei im Hintergrund ebenfalls das MfS die Fäden zog.[57] In diesem Kontext erfolgte jetzt auch die Verhaftung Pannachs und anderer, die später in den Westen abgeschoben wurden. Zu einer Anklage wegen staatsfeindlicher Hetze kam es jedoch in keinem Fall, obwohl die Staatssicherheit in allen drei Operativen Vorgängen genau diesen Straftatbestand immer wieder festgestellt hatte. Auch die Staatsanwaltschaft leitete von sich aus keine Ermittlungen ein, obwohl die politisch anstößigen Texte und Interviews teilweise seit Jahren öffentlich bekannt waren. Gegen andere Bürger, die nicht so prominent waren, ging die Staatsmacht hingegen mit der ganzen Härte des politischen Strafrechts vor. So verurteilte etwa das Bezirksgericht Karl-Marx-Stadt 1978 einen Bürger „wegen vollendeter und versuchter staatsfeindlicher Hetze" zu einer Freiheitsstrafe von zwei Jahren und vier Monaten, weil er George Orwells Schrift „1984" im Freundeskreis verliehen hatte.[58]

Es galt nicht das Legalitätsprinzip, sondern das Prinzip der politischen Opportunität. So führte Mielke noch 1984 auf einer zentralen Dienstkonferenz vor leitenden MfS-Kadern aus: Die Entscheidung über „die Einleitung oder Abstandnahme von strafrechtlichen Maßnahmen" sei „immer eine zutiefst politische Entscheidung, die jeweils in Abhängigkeit von der politischen Gesamtlage bzw. den gesamtstaatlichen Interessen" zu erfolgen habe.[59] Als „Schild und Schwert der

---

[57] Vgl. Clemens Vollnhals: Der Fall Havemann. Ein Lehrstück politischer Justiz, Berlin 1998, S. 42–61.

[58] Vgl. Hans-Jürgen Grasemann: „Wenn die Partei Weisung gibt, folgen die Richter". Die politische Strafjustiz als Instrument von SED und Staatssicherheit, in: Jürgen Weber (Hrsg.): Der SED-Staat: Neues über eine vergangene Diktatur, München 1994, S. 23–50, hier 41 f.

[59] Referat Mielkes auf der zentralen Dienstkonferenz am 12.9.1984, S. 179; BStU, ZA, DSt 103089.

Partei" besaß die Staatssicherheit einen weiten Handlungsspielraum, den sie ohne Unterrichtung der Justizorgane nach
eigenem Ermessen auslegte. In politisch brisanten Fällen traf
Mielke die Entscheidung jedoch erst nach Rücksprache mit
dem Generalsekretär der SED.

Sollte aus dem Operativen Vorgang ein strafrechtliches Ermittlungsverfahren werden, so ging innerhalb des MfS die
Zuständigkeit von den operativen Diensteinheiten auf die
sogenannte Linie IX über, die als offizielles Untersuchungsorgan fungierte. Sie eröffnete dann das förmliche Ermittlungsverfahren, das in aller Regel mit der Inhaftierung des
Beschuldigten einherging, und zeigte dies auch dem Staatsanwalt an. Nach Abschluss der Ermittlungen, auf die der Staatsanwalt de facto keinen Einfluss hatte, wurden ihm die Akten
samt Schlussbericht zur Anklageerhebung übergeben. (Alle
Dokumente, die Aufschluss über die konspirativen Arbeits-
methoden des MfS geben konnten, blieben jedoch in einer
gesonderten Handakte beim Untersuchungsführer.) Die gerichtliche Verurteilung erfolgte in MfS-Verfahren zumeist in
einer Verhandlung unter Ausschluss der Öffentlichkeit, wobei Anklage- und Urteilsschrift dem Betroffenen grundsätzlich nur zur Kenntnis gegeben, aber nicht ausgehändigt wurden.[60] Politische Delikte wurden generell vor gesonderten
Strafkammern, den sogenannten IA-Senaten, verhandelt, deren personelle Besetzung der ausdrücklichen Zustimmung
des MfS bedurfte! Dasselbe galt seit den frühen fünfziger
Jahren für die Staatsanwälte der politischen Abteilungen und
die Haftrichter, die in MfS-Verfahren tätig waren.[61] Eine unabhängige Justiz konnte es schon allein aus diesem Grund
nicht geben.

---

[60] Zum Verfahren vgl. Vollnhals: Schein der Normalität.
[61] Vgl. Clemens Vollnhals: Nomenklatur und Kadersicherung. Staatssicherheit und die „Sicherung" der DDR-Justiz, in: Deutschland Archiv 38
(1998), S. 221–238.

Einen ersten Aufriss über den Umfang der Repression mittels des weitgefächerten politischen Strafrechts[62] geben überlieferte MfS-Statistiken. Danach bearbeitete die Staatssicherheit in ihrer Eigenschaft als offizielles Untersuchungsorgan von 1952 bis 1988 insgesamt rund 89 000 strafrechtliche Ermittlungsverfahren, die in aller Regel mit einer gerichtlichen Verurteilung, dem berüchtigten „Urteil nach Antrag", endeten. In den fünfziger Jahren verzeichnet die Statistik pro Jahr durchschnittlich 3229 Verfahren, davon ein Drittel wegen angeblicher Spionage. In diesen Jahren härtester Repression gehörten willkürliche Verhaftungen wie die Erpressung von Geständnissen in den Untersuchungshaftanstalten des MfS zum Alltag. Auch die Inszenierung von öffentlichen Schauprozessen war ein Mittel der Politik, weshalb das Regiebuch samt Urteil zuvor vom Politbüro der SED beschlossen werden musste.[63] Doch auch in späteren Jahrzehnten, in der Ära Honecker, wurde die Justiz in wichtigen Verfahren unter Einschaltung des Generalsekretärs der SED politisch „angeleitet", stimmte sich die Staatssi-

---

[62] Zur Entwicklung des politischen Strafrechts vgl. Karl Wilhelm Fricke: Politik und Justiz in der DDR, Köln 1979; Wolfgang Schuller: Geschichte und Struktur des politischen Strafrechts der DDR bis 1968, Ebelsbach a. M. 1980; Friedrich-Christian Schroeder: Das Strafrecht des realen Sozialismus. Eine Einführung am Beispiel der DDR, Opladen 1983; Herwig Roggemann: Das Recht als Instrument im Kampf um die Machterhaltung – die letzten Jahre der DDR, in: Materialien der Enquete-Kommission „Aufarbeitung von Geschichte und Folgen der SED-Diktatur in Deutschland". Hrsg. vom Deutschen Bundestag, Frankfurt a. M. 1995, Bd. IV: Recht, Justiz und Polizei im SED-Staat, S. 761–848; Johannes Raschka: Justizpolitik im SED-Staat. Anpassung und Wandel des Strafrechts während der Amtszeit Honeckers, Köln 2000.

[63] Zahlreiche Beispiele bei Rudi Beckert: Die erste und letzte Instanz. Schau- und Geheimprozesse vor dem Obersten Gericht der DDR, Goldbach 1995; Falco Werkentin: Politische Strafjustiz in der Ära Ulbricht, Berlin 1995; Karl Wilhelm Fricke/Roger Engelmann: „Konzentrierte Schläge". Staatssicherheitsaktionen und politische Prozesse in der DDR 1953–1956, Berlin 1998; Roger Engelmann/Clemens Vollnhals (Hrsg.): Justiz im Dienste der Parteiherrschaft. Rechtspraxis und Staatssicherheit in der DDR, Berlin 1999.

cherheit mit den zentralen Justizorgane (Generalstaatsanwaltschaft, Oberstes Gericht, Justizministerium) im voraus
ab und legte alle Schritte bis zur Verwerfung der Berufung
detailliert fest.[64]

In den siebziger Jahren bearbeitete das MfS im statistischen
Mittel nur mehr 1700 Verfahren jährlich, während in den
Achtzigern wieder ein deutlicher Anstieg auf durchschnittlich 2500 Verfahren zu konstatieren ist. 1988 waren es gar
3688.[65] Hierzu trug vor allem der drastische Anstieg von Ermittlungsverfahren wegen „ungesetzlichem Grenzübertritt"
(§ 213 StGB) und die Abstrafung ausreisewilliger Bürger
nach den §§ 214 (Beeinträchtigung staatlicher oder gesellschaftlicher Tätigkeit), 219 (ungesetzliche Verbindungsaufnahme) und 220 (öffentliche Herabwürdigung) bei. Im selben
Jahr wurden von den Gerichten in MfS-Verfahren 2572 Personen verurteilt, davon allein 2168 wegen einer angeblichen
Straftat nach den genannten Paragraphen. Unter der Rubrik
„Spionage im Auftrag imperialistischer Geheimdienste" sind
hingegen nur sechs Verurteilungen registriert.[66] Auch blieb
entgegen dem äußeren Anschein die Zahl der politischen
Häftlinge seit Mitte der siebziger Jahre mit jährlich 3100 bis
3300 bis zum Ende der SED-Diktatur nahezu konstant.[67] Die
Gesamtzahl der aus politischen Gründen verurteilten Personen wird auf 200 000 geschätzt.

---

[64] Vgl. als exemplarische Fallschilderung Vollnhals: Fall Havemann.

[65] Angaben nach Vollnhals: Schein der Normalität, S. 218 f.

[66] HA IX/AKG: Einschätzung der Wirksamkeit der Untersuchungsarbeit
und Leitungstätigkeit im Jahre 1988 von Januar 1989; BStU, ZA, HA IX-
540, Bl. 20 f.

[67] Vgl. Johannes Raschka: „Für kleine Delikte ist kein Platz in der Krimi-
nalitätsstatistik". Zur Zahl der politischen Häftlinge während der Amtszeit
Honeckers, Dresden 1997, S. 33.

Einen aufschlussreichen Einblick geben die jährlichen Analysen der Hauptabteilung IX, die auch die statistischen Angaben für die Bezirksverwaltungen enthalten. So ergingen 1978, um ein Stichjahr mit relativ niedrigen Werten herauszugreifen, aufgrund von MfS-Verfahren gegen 1766 Personen Entscheidungen durch Staatsanwaltschaft und Gerichte. In 107 Fällen wurde das Strafverfahren aus unterschiedlichen Gründen eingestellt sowie eine Person an die polnischen Sicherheitsorgane überstellt. Die Gerichte verurteilten 1653 Personen, in drei Fällen erfolgte eine sonstige gerichtliche Entscheidung und nur zweimal ein Freispruch.[68] Unter ihnen befanden sich unter anderem 22 angebliche Spione, weitere 20 Personen wurden wegen Militärstraftaten, 25 wegen Waffen- und Sprengstoffdelikte, weitere 50 wegen sonstiger krimineller Straftaten verurteilt. Fast drei Viertel aller MfS-Verfahren entfielen jedoch auf folgende Delikte: „Ungesetzlicher Grenzübertritt" (627), „Straftaten gegen die staatliche und öffentliche Ordnung" (221), Unterhalt „staatsfeindlicher Verbindungen" (206), gefolgt von „Hetze" (151) und „staatsfeindlichem Menschenhandel" (103). Da hartnäckige „Antragsteller auf ständige Übersiedelung" häufig nach den §§ 214, 219 und 220 StGB verurteilt wurden, dürfte sich somit weit über die Hälfte aller MfS-Verfahren gegen Personen gerichtet haben, die auf die eine oder andere Weise die DDR verlassen wollten.

---

68 Angaben nach Vollnhals: Schein der Normalität, S. 219 f.

Verurteilte Personen in MfS-Verfahren 1978 (nach Statistik der HA IX)[69]

Straftaten gemäß Kapitel 1 und 2 StGB, davon	(663)
Verbrechen gegen die Menschlichkeit	4
Spionage im Auftrag imperialistischer Geheimdienste	22
Spionage durch Auslieferung von Informationen nach be-absichtigtem oder erfolgtem illegalen Verlassen der DDR	44
Nachrichtensammlung	79
Landesverräterischer Treubruch	3
Staatsfeindliche Verbindungen	206
Terror – Staatsgrenze	38
Terror – sonstiger	1
Diversion	4
Sabotage	8
Staatsfeindlicher Menschenhandel	103
Hetze – mündlich	27
Hetze – schriftlich	82
Hetze – unter Benutzung von Publikationsorganen/Einrichtungen	42
Andere Straftaten, davon	(993)
Straftaten gemäß § 213 (Republikflucht)	627
Sonstige Straftaten gegen die staatliche und öffentliche Ordnung	221
Vorsätzliche Tötung	1
Straftaten gegen das sozialistische Eigentum	14
Straftaten gegen die Volkswirtschaft	3
Zoll- und Währungsdelikte	6
Vorsätzliche Brandstiftung	8
Waffen- und Sprengstoffdelikte	25
Unterlassung der Anzeige	18
Sonstige kriminelle Straftaten	50
Fahnenflucht	7
Sonstige Militärstraftaten	13
Insgesamt	1656

Lediglich in 7,6 Prozent der 1978 zur Anklage kommenden MfS-Verfahren verhängten die Gerichte Strafen ohne Freiheitsentzug (126 Personen). 11 Prozent der Verurteilen er-

---

[69] HA IX: Analyse über die Entwicklung und Wirksamkeit der politisch-operativen Arbeit der Linie IX im Jahre 1978 von Januar 1979; BStU, ZA, HA IX-2804, Bl. 18 f.

hielten eine Haftstrafe bis zu einem Jahr (182), ein Drittel zwischen einem und zwei Jahren (552), ein gutes weiteres Drittel bis zu fünf Jahren (615), nochmals weitere 10 Prozent bis zu 15 Jahren (176). Fünf Personen wurden zu einer lebenslangen Freiheitsstrafe verurteilt.[70] Das Strafmaß ist angesichts der verhandelten Delikte in vielen Fällen als drakonisch zu bezeichnen. Auch die Todesstrafe wurde in den siebziger Jahren noch vollstreckt, zuletzt 1981 an dem MfS-Hauptmann Werner Teske.[71] Wohl als Resultat des KSZE-Prozesses lässt sich dann in den achtziger Jahren eine gewisse Zügelung konstatieren. So wurden 1986 in MfS-Verfahren „nurmehr" 17,4 Prozent aller Angeklagten zu einer Freiheitsstrafe über zwei Jahre verurteilt.

Betrachtet man die Entwicklung im historischen Längsschnitt der siebziger und achtziger Jahre, so lassen sich für die hauptsächlichen Deliktgruppen, die zur Einleitung eines MfS-Verfahrens führten, zwei klare Tendenzen konstatieren: Das dominierende Massendelikt war eindeutig der Straftatbestand des „ungesetzlichen Grenzübertritts" (§ 213), wobei es sich hierbei überwiegend um gescheiterte Fluchtversuche bzw. um die ebenfalls strafbare Vorbereitung handelte. Danach folgt mit deutlichem Abstand bis 1982 der Komplex der sogenannten Staatsverbrechen (1. und 2. Kapitel StGB), also das klassische geheimdienstliche und geheimpolizeiliche Ermittlungsfeld. Ab 1983 nehmen dann die Straftaten gegen die staatliche und öffentliche Ordnung (8. Kapitel StGB) dramatisch zu, die in den Jahren 1984/85 sogar an die erste Stelle rückten, während die „Staatsverbrechen" ihre frühere Bedeutung nahezu verlieren.

---

70 Ebenda, Bl. 17.
71 Vgl. Karl Wilhelm Fricke: „Jeden Verräter ereilt sein Schicksal". Die gnadenlose Verfolgung abtrünniger MfS-Mitarbeiter, in: Deutschland Archiv 27 (1994), S. 258–265.

Deliktgruppen der EV-Einleitung 1970–1988[72]

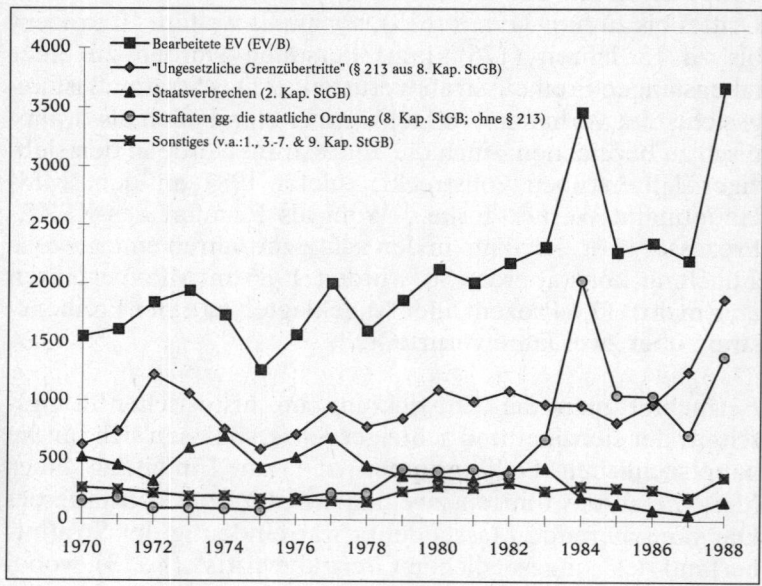

In den Trends der MfS-Statistik spiegelt sich zum einen der sprunghafte Anstieg der „Antragsteller" wider, die unter Berufung auf die KSZE-Schlussakte seit Anfang der achtziger Jahre zunehmend selbstbewusster auftraten und die Staatssicherheit vor eine völlig neue Situation stellten.[73] Gegen sie kamen vor allem die bereits genannten Paragraphen aus dem

---

[72] Angaben nach Frank Joestel: Verdächtigt und beschuldigt. Statistische Erhebungen zur MfS-Untersuchungstätigkeit 1971–1988, in: Engelmann/Vollnhals (Hrsg.): Justiz im Dienste der Parteiherrschaft, S. 303–327, hier 316.

[73] Vgl. Bernd Eisenfeld: Die Ausreisebewegung – eine Erscheinungsform widerständigen Verhaltens, in: Zwischen Selbstbehauptung und Anpassung. Formen des Widerstandes und der Opposition in der DDR. Hrsg. von Ulrike Poppe, Rainer Eckert und Ilko-Sascha Kowalczuk, Berlin 1995, S. 192–223.

8. Kapitel des DDR-Strafgesetzbuches zum Einsatz, das 1979 mit dem Erlass des 3. Strafrechtsänderungsgesetzes nochmals verschärft worden war. Der massive Rückgang der Staatsverbrechen ist nicht als Ausdruck größerer Toleranz zu interpretieren, sondern resultierte primär aus einer geänderten Verfolgungspraxis, die nun stärker auf die Kriminalisierung politischer Opponenten abzielte. So wurde beispielsweise die Veröffentlichung kritischer Texte im Westen nicht mehr als politische Hetze, sondern als „ungesetzliche Verbindungsaufnahme" (§ 219) oder als Verstoß gegen das Devisengesetz geahndet. Gleichzeitig ging die Staatssicherheit gegen bekannte Regimekritiker, deren Verhaftung zuviel Aufsehen im Ausland erregt hätte, bevorzugt mit verdeckten Zersetzungsmaßnahmen vor. Insofern konnte durchaus der Eindruck einer scheinbaren Liberalisierung entstehen. Angesichts des vielfältigen Instrumentariums, das der Staatssicherheit zur Verfügung stand, blieb für den einzelnen Bürger das Risiko, das er mit seinem politischen Engagement einging, jedoch schwer kalkulierbar.

Am deutlichsten wird dies an den Notstandsplanungen des MfS. Gegen Ende der DDR waren fast 86 000 Bürger im sogenannten Vorbeugekomplex namentlich erfasst, dessen Planung auf eine Direktive Mielkes aus dem Jahre 1967 zurückgeht. Davon sollten nach dem Planungsstand von Dezember 1988 am Tag X über 13 000 Personen sofort verhaftet und in ein sogenannten Isolierungslager verbracht, die übrigen verstärkt überwacht werden. Zuletzt lautete die Generalklausel für den Kennzifferkomplex 4.1.3: Zur Isolierung vorzusehen seien „Personen, von denen aufgrund ihrer verfestigten feindlich-negativen Grundhaltung gegenüber der sozialistischen Staats- und Gesellschaftsordnung und unter Berücksichtigung ihres bisherigen Auftretens, ihrer offiziell und inoffiziell bekannt gewordenen Äußerungen, ihrer Kontakte und Verbindungen sowie bestimmter Lebens- und Verhaltensweisen mit Wahrscheinlichkeit im Verteidigungszustand eine akute Gefährdung der staatlichen Sicherheit und Ordnung ausgehen kann oder die solche Handlungen dulden und unterstützen".[74]

Da für die Einweisung in die Isolierungslager keine richterliche Anordnung vorgesehen war, haben wir es mit nichts anderem als dem Instrument der staatspolizeilichen Schutzhaft zu tun. Im Sommer und Herbst 1989 wurden die Erfassungen in den Personenkarteien des MfS laufend aktualisiert, um für die innenpolitische Auseinandersetzung am Tag X gerüstet zu sein. Das „Schild und Schwert der Partei" stand bereit; es hätte nur eines Befehls der politischen Führungsspitze bedurft.

Denunziation und Eigenermittlung

Welchen Anteil besaß nun die Denunziation an der strafrechtlichen Verfolgung, soweit sie in die Kompetenz der Staatssicherheit fiel? Auch hierzu lassen sich in den überlieferten Akten einige Daten finden, die zumindest eine erste Annäherung erlauben.

So lag der bereits ausführlich zitierten MfS-Statistik aus dem Jahre 1978 in 31,2 Prozent der Fälle als Ausgangspunkt des Ermittlungsverfahrens „registriertes operatives Material" zugrunde, das von anderen MfS-Diensteinheiten im Zuge von Operativen Vorgängen, Operativen Personenkontrollen und anderen registrierten Vorgängen wie Sicherheitsüberprüfungen bereits inoffiziell erarbeitet worden war. Das heißt: Bei einem knappen Drittel aller Verfahren hatte das MfS mit Hilfe seines IM-Netzes bereits konspirative Ermittlungen durchgeführt und Beweismittel gesammelt. Zum Schutz der eingesetzten IM musste das inoffiziell erarbeitete Belastungsmaterial anschließend „offizialisiert" werden.

---

[74] Zit. nach Thomas Auerbach: Vorbereitung auf den Tag X. Die geplanten Isolierungslager des MfS, Berlin, BStU 1995, S. 20.

Ein Beispiel für die Vorgehensweise gibt der Fall eines Lehrers aus dem Kreis Bischofswerda, der einem Bekannten, der als IM für die Staatssicherheit arbeitete, Solschenizyns „Archipel Gulag" geliehen hatte. Der IM erhielt den Auftrag, den Lehrer zu einer feuchtfröhlichen Geburtsfeier einzuladen und mit ihm kräftig anzustoßen. Auf dem Rückweg von dieser Feier wurde der Lehrer dann bei einer von der Staatssicherheit veranlassten Verkehrskontrolle einem Blutalkoholtest unterzogen. Gleichzeitig durchsuchte die Volkspolizei den Wagen und fand „zufällig" das verbotene Werk, das der IM an diesem Tag zurückgegeben hatte. Die Volkspolizei konnte nun offiziell die zuständige Untersuchungsabteilung der Staatssicherheit verständigen, die den Lehrer wegen des Verdachts der „staatsfeindlichen Hetze gegen befreundete Staaten" (§ 108 StGB) verhaftete.[75] Mit der Einleitung des strafrechtlichen Ermittlungsverfahrens, das den konspirativen Hintergrund nicht mehr erkennen ließ, war die „operative Kombination" zur Offizialisierung des Beweismittels erfolgreich abgeschlossen.

Das wichtigste Mittel zur Schaffung gerichtsverwertbarer Beweise blieb jedoch das Geständnis des Beschuldigten, weshalb die ersten Vernehmungen in den U-Haftanstalten des MfS sorgfältig geplant und mit besonderer Härte durchgeführt wurden. Dabei war den Untersuchungsführern jedes Mittel recht, um den Beschuldigten mit psychischem Druck einzuschüchtern und in langen Verhören „weich zu kochen". Im MfS-Jargon nannte man dies den „ersten Angriff", der zumeist zum Erfolg führte. So legten etwa 1982 85 Prozent der Beschuldigten in den Erstvernehmungen ein Geständnis ab, bei weiteren 9 Prozent erzielten die Untersuchungsführer zumindest ein Teilgeständnis. Lediglich in sechs Prozent aller

---

[75] Vgl. Johannes Raschka: Einschüchterung, Ausgrenzung, Verfolgung. Zur politischen Repression in der Amtszeit Honeckers, Dresden 1998, S. 36 f. Dort auch weitere Beispiele.

Fälle schwiegen die Beschuldigten, was die beste Verteidigungsstrategie darstellte, da bei den Erstvernehmungen grundsätzlich kein Anwalt zugegen war. Allerdings gelang es den MfS-Untersuchungsführern im weiteren Verlauf der U-Haft auch in solchen Fällen häufig, wie in der Jahresanalyse der Hauptabteilung IX zu lesen ist, „den weiterhin festgestellten Erscheinungen der unzureichenden Aussagebereitschaft, insbesondere bei Beschuldigten mit Hafterfahrungen und solchen, die wegen Straftaten gemäß §§ 105 [staatsfeindlicher Menschenhandel] und 213 [Republikflucht] StGB bzw. in Verbindung mit rechtswidrigen Übersiedlungsersuchen bearbeitet wurden, durch kluges vernehmungstaktisches Vorgehen erfolgreich zu begegnen".[76]

Auf sonstigen, nicht weiter spezifizierten Ermittlungen des MfS (5,2%), eigenen Fahndungs- und Untersuchungsergebnissen der Linie IX (6,4%) und Festnahmen auf frischer Tat (9,45%) beruhten weitere 21 Prozent der eingeleiteten Verfahren. Knapp über die Hälfte der Ausgangsmaterialen wurde 1978 vom MfS beigebracht. Einen hohen Anteil stellten mit 29 Prozent ferner die Übernahme von anderen sozialistischen Sicherheitsorganen. Hierbei handelt es sich vor allem um Personen, die über das sozialistische Ausland flüchten wollten und dort festgenommen worden waren. Der Rest verteilt sich auf Übernahmen von der Deutschen Volkspolizei (10%) und anderen Organen.[77]

Unter der Rubrik „Hinweise aus der Bevölkerung" sind drei Prozent der Ermittlungsverfahren abgebucht. Das Problemfeld der spontanen Anzeigen aus der Bevölkerung lässt sich mit den MfS-Statistiken allerdings kaum fassen, da die meisten dieser „Hinweise" wohl eher bei den Dienststellen der

---

[76] HA IX/AKG: Einschätzung zur Wirksamkeit der Untersuchungsarbeit im Jahre 1982, o. D.; BStU, ZA, HA IX-568, Bl. 204.
[77] Angaben nach Vollnhals: Schein der Normalität, S. 221 f.

Volkspolizei und den rund 7000 „Abschnittsbevollmächtigen" eingegangen sein dürften. Immerhin ist es bemerkenswert, dass Anzeigen auch direkt bei der Staatssicherheit abgegeben wurden. Das wichtigste Instrument blieb jedoch das flächendeckende Spitzelnetz, das vor allem bei längerfristigen Beobachtungen und Ermittlungen gezielt und mit Erfolg eingesetzt werden konnte. Schwieriger erwies sich hingegen die präventive Bekämpfung der „Republikflucht", da sich zu ihr häufig jüngere Personen entschlossen, die für sich zwar keine Zukunft mehr in der DDR sahen, sich aber äußerlich angepasst zeigten. In diesen Fällen scheiterte die Flucht zumeist nicht am Verrat durch IM, auch wenn dies selbst im engsten Familienkreis vorkam, sondern im Vorfeld der Grenzsicherungsanlagen. Die Unterwanderung von Fluchthelferorganisationen, im MfS-Jargon: kriminelle Menschenhändlerbanden, wiederum war ein typisches Aufgabengebiet für angeworbene oder eingeschleuste Spitzel. In den Untersuchungshaftanstalten des MfS schließlich gehörte der Einsatz von „Zelleninformatoren"[78] zur Bespitzelung des Angeschuldigten zur gängigen Praxis, auch konnten die Unterredungen mit dem Rechtsanwalt jederzeit abgehört werden.

Macht und Ohnmacht

Sicherlich entsprach die vorbeugende Präsenz der Staatssicherheit, die sich nicht zuletzt im Anteil der Eigenermittlungen niederschlug, noch nicht vollständig der Vision Mielkes, „jeden Pulsschlag, jede Regung und Bewegung [...] unter Kontrolle zu halten". Zumal gerade in den achtziger Jahren die Staatssicherheit häufig nur noch reaktiv tätig werden konnte und sie aus übergeordneten politischen Gesichtspunkten die kleine Szene der Friedens-, Umwelt- und

---

[78] Vgl. Richtlinie 2/81 zur Arbeit mit den Zelleninformatoren vom 16.2.1981; BStU, ZA, DSt Bündel-Dok. 003243.

Menschenrechtsgruppen nicht mit der ganzen Härte des Strafrechts zerschlagen durfte. Gemessen an solchen geheimpolizeilichen Allmachtsphantasien blieb die Wirklichkeit auch in diesem Fall hinter dem Plan zurück. Nicht jede Information konnte politisch genutzt, nicht jeder Opponent zum Verstummen gebracht werden. Andererseits war der gewaltige Repressionsapparat deswegen weder ineffizient noch ein harmloser „Gesprächspartner", wie enttarnte IM einem gerne einreden möchten: Er operierte nur in einem veränderten politischen Umfeld, das – anders als in den fünfziger Jahren – keine harte Repressionsstrategie mehr erlaubte.

Hierin liegt auch ein entscheidender Unterschied[79] zum nationalsozialistischen Terrorapparat, der mit einem wesentlich geringerem Umfang auskam. 1935 zählte die Gestapo reichsweit etwa 3800 Mitarbeiter. Am höchsten lag die Präsenz in der Hauptstadt Berlin, wo ein Gestapo-Mann auf 4000 Einwohner kam. Durchschnittlich hatte jedoch damals jeder Mitarbeiter rund 25 000 Einwohner, also eine ganze Kleinstadt, zu observieren. Selbst Anfang 1944 zählte die Gestapo, die auch die besetzten Gebieten zu kontrollieren hatte, erst 31300 Mann. Hinzu kamen im Reichssicherheitshauptamt knapp 6500 Mitarbeiter des Sicherheitsdienstes der SS. Die Anzahl der V-Leute wird für die Kriegsjahre auf 30 000 geschätzt.[80] Gemessen an diesen Zahlen war der Staatssicherheitsdienst der DDR bei einer Bevölkerung von nur knapp 17 Millionen tatsächlich allgegenwärtig, während es sich bei

---

[79] Vgl. auch Clemens Vollnhals: Geheimpolizei und politische Justiz im Nationalsozialismus und im SED-Staat, in: Klaus-Dietmar Henke (Hrsg.): Totalitarismus. Sechs Vorträge über Gehalt und Reichweite eines klassischen Konzepts in der Zeitgeschichtsforschung, Dresden 1999, S. 39–59.

[80] Angaben nach Elisabeth Kohlhaas: Die Mitarbeiter der regionalen Staatspolizeistellen. Quantitative und qualitative Befunde zur Personalausstattung der Gestapo, in: Gerhard Paul/Klaus-Michael Mallmann (Hrsg.): Die Gestapo – Mythos und Realität, Darmstadt 1995, S. 219–235.

der Gestapo mehr um einen Mythos denn um Realität handelte. Für die Repression mittels brutalem Terror genügte ein vergleichsweiser kleiner Apparat, der sich zudem auf die willige Denunziationsbereitschaft der Bevölkerung stützen konnte.[81]

Der bürokratische Staatssozialismus arbeitete nach dem Tod Stalins mit anderen Methoden. Entsprechend nahm auch in der DDR nach der unmittelbaren sowjetischen Besatzungszeit und der Auflösung der Speziallager der offene Terror ab, während gleichzeitig die Überwachungsintensität und Kontrolldichte ausgebaut wurde. Von daher wird auch der hypertrophe Ausbau der Staatssicherheit verständlich, deren Aufgaben sich keineswegs auf die Bekämpfung der politischen Opposition beschränkte. Das MfS agierte vielmehr in allen Bereichen von Staat und Gesellschaft als Generalunternehmer für Regimesicherheit, auch wenn dieser Anspruch letztlich die eigenen Möglichkeiten überforderte und an den strukturellen Defiziten des „real existierenden Sozialismus" scheitern musste.

Denn allein mit Repression und Ausgrenzung lässt sich Herrschaft nicht legitimieren. Vielmehr sind auch Diktaturen für ihre Funktionsfähigkeit auf ein gewisses Mindestmaß an ideologischem Konsens, loyaler Zustimmung und aktiver Partizipation angewiesen, weshalb den ökonomischen, sozialpolitischen und ideologischen Faktoren eine besondere Bedeutung für die innere Systemstabilität und den Erhalt der

---

[81] Vgl. z. B. die Regionalstudien von Robert Gellately: Die Gestapo und die deutsche Gesellschaft. Die Durchsetzung der Rassenpolitik 1933–1945, Paderborn 1993; Reinhard Mann: Protest und Kontrolle im Dritten Reich. Nationalsozialistische Herrschaft im Alltag einer rheinischen Großstadt; Frankfurt a. M. 1987; Klaus-Michael Mallmann/Gerd Paul: Herrschaft und Alltag. Ein Industrierevier im Dritten Reich, Bonn 1991; Gerhard Paul: Staatlicher Terror und gesellschaftliche Verrohung. Die Gestapo in Schleswig-Holstein, Hamburg 1996.

Massenloyalität zukommt. Die Staatssicherheit vermochte zwar, Kritik zu unterdrücken und Anpassung zu erzwingen, doch ließ sich damit auf Dauer das Defizit demokratischer Legitimation und des zunehmenden Verlusts wirtschaftlicher Leistungsfähigkeit nicht kompensieren. Den Lackmustest auf die innere Systemstabilität stellte im Spätsommer 1989 die Öffnung der ungarischen Westgrenze dar. Der Zerfall des sowjetischen Imperiums setzte ein allgemeines Aufbegehren in Gang, das allein mit geheimpolizeilichen Mitteln nicht mehr zu stoppen war.

Literaturhinweise

Jens Gieseke: Die hauptamtlichen Mitarbeiter der Staatssicherheit. Personalstruktur und Lebenswelt 1950–1989/90, Berlin 2000.

Jens Gieseke: Mielke-Konzern. Die Geschichte der Stasi 1945–1990, Stuttgart 2001.

Roger Engelmann/Clemens Vollnhals (Hrsg.): Justiz im Dienste der Parteiherrschaft. Rechtspraxis und Staatssicherheit in der DDR, Berlin 1999.

Helmut Müller-Enbergs (Hrsg.): Inoffizielle Mitarbeiter des Ministeriums für Staatssicherheit. Richtlinien und Durchführungsbestimmungen, Berlin 1996..

Siegfried Suckut/Walter Süß (Hrsg.): Staatspartei und Staatssicherheit. Zum Verhältnis von SED und MfS, Berlin 1997.

Achim Beyer

Die „Werdauer Oberschüler" –
Widerstand und Verfolgung von
Jugendlichen zu Beginn der fünfziger Jahre.
Ein Zeitzeugenbericht

Ich wurde 1932 in Dresden geboren und bin aufgewachsen in
Werdau/Sachsen. Mitte Mai 1951 wurde ich mitten im Abitur
verhaftet und in dem Prozess gegen die „Werdauer Oberschüler" nach Art. 6 der DDR-Verfassung von 1949 zu acht
Jahren Zuchthaus „und anschließenden acht Jahren Sühne-
maßnahmen gemäß Kontrollrats-Direktive Nr. 38" verurteilt.
Die Urteilsverkündung erfolgte am 4. Oktober 1951 – meinem 19. Geburtstag.
Dieser Prozess war einer der ersten großen politischen Prozesse gegen Jugendliche vor einem DDR-Gericht. In ihm wurden
von der 1. Großen Strafkammer des Landgerichts Zwickau 19
überwiegend Jugendliche zu insgesamt 130 Jahren Zuchthaus
verurteilt. Darunter waren 15 Schülerinnen und Schüler der
Alexander-von-Humboldt-Oberschule Werdau. Acht von ihnen kamen erst im Herbst 1956, nach fünfeinhalb Jahren Haft,
wieder frei. Mir und meinen Freunden wurde in der Anklageschrift vorgeworfen: „Boykotthetze gegen demokratische Einrichtungen und Organisationen betrieben […] im bewussten
und gewollten Zusammenwirken Anfang Oktober 1950 eine
Widerstandsgruppe in Werdau gegen die Deutsche Demokratische Republik gegründet, die Verbindung mit der Kampfgruppe gegen Unmenschlichkeit in Westberlin aufgenommen
und auf Weisung dieser die Herstellung und Verbreitung von
Hetzzetteln vorgenommen" zu haben.[1]

---

[1] Original im Privatarchiv Beyer.

Die Anklageschrift enthielt zugleich eine Vorverurteilung:
Die vor dem Gericht Stehenden hätten „klar zu erkennen gegeben, dass sie die Feinde des Friedenslagers der 800·Millio-
nen friedliebender Menschen sind. Sie haben sich selbst
durch ihre verbrecherischen Handlungen aus der Gemeinschaft der friedliebenden Menschheit ausgeschlossen. Wir
werden es nicht zulassen, dass die Erfolge im Kampf um die
Einheit Deutschlands und die Erhaltung des Friedens, sowie
des friedlichen Aufbaus, durch solche Elemente zunichte gemacht werden."[2]

Ich war fünfeinhalb Jahre inhaftiert, wurde als letzter der
Gruppe am 13. Oktober 1956 aus der Haft (zuletzt Cottbus)
entlassen und floh am 6. November 1956 nach Bayern. Die
nachstehenden Ausführungen beruhen nur zu einem geringen Teil auf persönlichen Erinnerungen, sondern vielmehr
auf der intensiven Auswertung von etwa 4000 Blatt Dokumente, die seit 1992 gefunden wurden.[3]

Politische Situation und Motive für den Widerstand

Ich gehöre zu der Altersgruppe, welche noch die braune Uniform des „Deutschen Jungvolk" getragen hatte und der nationalsozialistischen Propaganda ausgesetzt war. Mindestens

---

[2] Bemerkenswert: Die Formulierung lautete nicht „Angeklagte", wir wurden vielmehr als „Elemente" tituliert. Diese Diktion der SED-Justizfunktionäre entsprach der ihres Vorbildes Wyschinski, Chefankläger in den be-
rühmt-berüchtigten Stalinschen Schauprozessen der dreißiger Jahre.

[3] Zu DDR-Zeiten wurden Dokumente über politische Prozesse streng unter Verschluss gehalten. Die Verurteilten erhielten weder Anklageschrift
noch Urteil ausgehändigt. Die „Justiz-Akten" zu diesem Prozess schienen
nach entsprechenden DDR-Regeln spätestens nach 20 Jahren vernichtet
worden zu sein. Wegen der Brisanz unseres Falles hatte das MfS die Archivierung an sich gezogen. Deshalb wurden die Dokumente sukzessive in
MfS-Bunkern gefunden. Weitere Recherchen in verschiedenen Archiven
(Parteiarchive, Staatsarchive u. a.) erbrachten zusätzliche interessante
Funde.

zweimal wöchentlich wurden wir zu Schulungsnachmittagen, zum Marschieren, zu „Geländespielen" oder sonst einem „Führerdienst" verpflichtet, das heißt auf den „Kriegsdienst", genauer den „Heldentod" vorbereitet – gemäß jener unsäglichen Losung „Führer befiel, wir folgen Dir". Nur wenige Monate älter und ich wäre zum „Volkssturm" einberufen worden. Meine Heimatstadt Werdau blieb von unmittelbaren Kriegszerstörungen weitgehend verschont, aber die nächtlichen Bombenangriffe auf Leipzig, Chemnitz und Dresden jagten uns Schrecken ein. Die Todesanzeigen mit dem Eisernen Kreuz wurden immer zahlreicher und kleiner, weil der Platz in der Zeitung sonst nicht reichte. Bei Appellen in unserer kleinen Schule wurde mehrmals älterer Schulkameraden gedacht: „Gefallen für Führer, Volk und Vaterland" lautete die makabere Floskel.

Der Sommer 1945 war für uns – zu gläubigen und unkritischen Anhängern des Nationalsozialismus erzogen – zunächst ein Zusammenbruch (eine „unbesiegbare Idee" hatte ein totales, schmähliches Ende gefunden) voller Ungewissheiten (wie wird „der Feind", die Besatzungsmacht[4] mit uns umgehen?). Diese Zeit war zugleich ein befreiender Neuanfang (endlich Frieden!), verbunden mit Neugier (wie wird es weitergehen?), Ablehnung, Verweigerung, Ängsten und Aufbruchstimmung. In vielen Gesprächen mit Sozialdemokraten und Liberalen, mit Kommunisten und Bürgerlichen, welche die NS-Herrschaft in der inneren Emigration, im Widerstand oder gar einem der Nazi-Konzentrationslager überlebt hat-

---

[4] Werdau wurde Anfang Mai 1945 zunächst von amerikanischen Truppen besetzt, die entsprechend der Vereinbarungen der Alliierten Anfang Juli 1945 auch Sachsen und Thüringen der Roten Armee überließen. Das Eintreffen dieser Truppen ist Zeitzeugen noch heute als „Kulturschock" in Erinnerung; die Goebbels'sche antisowjetische Propaganda schien sich zu bewahrheiten und so wuchs die damit geschürte Angst.

ten, erfuhren wir von den Systemzusammenhängen der NS-
Diktatur und ihren schlimmen Verbrechen. Die Diskussionen
führten uns zu der Überzeugung: „Nie wieder Krieg", „Nie
wieder eine Uniform", vor allem aber „Nie wieder eine Diktatur".

Das Angebot zur Mitarbeit beim Neuaufbau wurde von uns
dankbar angenommen. Die Aufforderung zum Aktiv-Sein
wurde motivierend unterstützt: Im Gründungsaufruf der
KPD (der SBZ) vom 11. Juni 1945 hieß es, dass eine „parla-
mentarisch-demokratische Republik mit allen demokratischen Rechten und Freiheiten" aufgebaut werden sollte; an
anderer Stelle war von einer „antifaschistisch-demokrati-
schen Ordnung" die Rede. Den ersten „Nachhilfeunterricht
in Demokratie" erhielten wir von in der Weimarer Republik
politisch aktiven Erwachsenen. Der Gedanke der Demokratie begeisterte uns. Texte von FDJ-Liedern wie: „Das neue
Leben muss anders werden" oder „Kein Zwang und kein
Drill, der eigene Will' bestimme Dein Leben fortan" und
„Bau auf, bau auf, Freie Deutsche Jugend bau auf, für eine
bessere Zukunft bauen wir die Heimat auf" entsprachen
durchaus unserer Einstellung, Stimmung und Überzeugung.
Auch jene Zeile der Nationalhymne der DDR von 1949, wegen der sie seit 1972 nicht mehr offiziell gesungen werden
durfte, gehört dazu: „Laß uns Dir zum Guten dienen,
Deutschland einig Vaterland".

Mit der Wiederaufnahme des Schulbetriebes im Oktober
1945 wurde den Schülern erklärt, dass es nunmehr in der
Hauptsache darauf ankomme, uns zu „selbständig denkenden Menschen" zu erziehen. Als die neuen Machthaber
merkten, dass wir diese Parole sehr wörtlich nahmen, ließ
man sie schnell wieder fallen. Wir glaubten anfangs den
Versprechungen, dass in der SBZ eine demokratische Gesellschaft mit allen persönlichen Grundrechten etabliert
werde. Wir setzten uns für diese neue, „junge Demokra-

tie" ein, damit nie wieder eine Diktatur in unser Leben eingreifen kann. 1947 wurde ich FDJ-Mitglied aus Überzeugung.[5] Auch andere Freunde waren bereit, die „neue Gesellschaft" mit aufzubauen. Meine „Delegierung" auf eine FDJ-Bezirksjugendschule zu einem mehrwöchigen Lehrgang im Frühjahr 1950 erzeugte bei mir heftige „ideologische Bauchschmerzen".[6] Der Lehrgang öffnete mir die Augen nicht nur über die Diskrepanz zwischen Theorie und Praxis (weshalb viele meiner Freunde und auch ich anfangs meinten, die Praxis verbessern zu müssen, denn die Theorie schien uns überzeugend gut), sondern über Widersprüche in der marxistisch-leninistischen oder genauer der stalinistischen Gesellschaftstheorie.

Inzwischen war in der SBZ eine neue politische Situation entstanden. Schon bald wurden wieder Menschen aus politischen Gründen verfolgt, manche konnten noch in die Bundesrepublik flüchten. Andere wurden verhaftet, wie Gerhard Weck, Oberbürgermeister von Werdau[7], oder mein „väterlicher Freund" Otto Schmeller, ein „Zeuge Jeho-

---

[5] Damals war die FDJ (Freie Deutsche Jugend) noch überparteilich und nicht wie später „Kaderreserve der Partei", wie im Statut der SED und im Statut der FDJ formuliert. Gleichzeitig war die FDJ allerdings die einzig zugelassene Jugendorganisation in der SBZ/DDR.

[6] Eine plastische Formulierung von Wolfgang Leonhard in seinem Buch „Die Revolution entläßt ihre Kinder". Das Buch war für viele ehemals gläubige Kommunisten eine Offenbarung (so auch für Günter Schabowski, wenngleich viel zu spät!).

[7] Der Sozialdemokrat Gerhard Weck wurde von den Nationalsozialisten im KZ Buchenwald gefangengehalten. Von den Sowjets als Oberbürgermeister eingesetzt, wurde er 1948 wegen „Sozialdemokratismus" und Kontakten zu Kurt Schumacher verhaftet und in Bautzen inhaftiert; sein Schicksal wurde mehrfach dokumentiert. So stand er 1950 bei der Übergabe des Speziallagers Bautzen an die Deutsche Volkspolizei dem neuen Anstaltsleiter Erich Reschke (alter Kommunist) gegenüber, mit dem er im KZ Buchenwald in der gleichen Baracke inhaftiert war.

vas"[8]. Die FDJ wurde „eingekleidet", die so uniformierten Blauhemden bekamen feierlich Kleinkaliber-Gewehre überreicht, Lenins Lehre von den „gerechten und ungerechten Kriegen" wurde in den Unterricht eingeführt. Bereits kurz nach der Zwangsvereinigung von SPD und KPD zur SED im April 1946 und noch vor Gründung der DDR war jegliche politische Opposition weitgehend ausgeschaltet: liberale Kräfte aus CDU und LDP wurden ebenso wie ehemalige SPD-Mitglieder[9] von der politischen Willensbildung ausgeschlossen. Die SED mutierte 1948 zur stalinistischen „Partei neuen Typus". Diese Jahre wurden in der SBZ/DDR zur Hochblüte der Stalin-Ära mit all ihren Folgeerscheinungen. Es begann ein unerbittlicher „Kampf gegen den Sozialdemokratismus"; besonders in Werdau und Crimmitschau vermutete die SED „Hochburgen der Schumacher-Agenten". Die Berlin-Blockade 1948/49, die beiden Staatsgründungen 1949 und der Beginn des Koreakrieges im Juni 1950 mit der Gefahr des Übergreifens auf Europa gaben weiter Anlass zum politischen Nachdenken.

Einige der „Werdauer Oberschüler" wurden durch die „Junge Gemeinde" geprägt; dort wurde Toleranz vermittelt und das Wissen, dass es neben dem Marxismus-Leninismus-Stali-

---

[8] Otto Schmeller wurde im Februar 1951 verhaftet und vom Landgericht Zwickau in der selben personellen Zusammensetzung wie bei unserem Prozess zu zehn Jahren verurteilt, nur weil er die Ideen der „Zeugen Jehovas" im internen Kreis predigte und keinerlei Sabotageakte gegen die „neue Regierung" plante, geschweige denn durchführte. Er musste trotz schwerer Krankheit über sechs Jahre Haft verbüßen, obgleich der Anstaltsarzt (VP-Arzt) bereits 1954 Haftunfähigkeit bescheinigte. Otto Schmeller hat mir in Waldheim durch Zuruf bestimmter Bibel-Stellen immer wieder Hoffnung gegeben. Ich danke ihm dafür!

[9] Vgl. dazu die Beschlüsse des Parteivorstandes der SED zur Umwandlung der SED in eine „Partei neuen Typus", in: Thomas Friedrich/ Christa Hübner u. a. (Hrsg): „Entscheidungen der SED 1948". Aus den stenographischen Niederschriften der 10. bis 15. Tagung des Parteivorstandes der SED, Berlin 1995. Vgl. auch Protokoll der Ersten Parteikonferenz der Sozialistischen Einheitspartei Deutschlands, Berlin (Ost) 1949.

nismus noch andere „Weltanschauungen" gab und gibt.[10] In
der Schule wurde insbesondere vom Schulleiter und von der
Mehrheit des Lehrerkollegiums jegliche politisch „nicht lini-
entreue" Meinungsäußerung unterbunden – mit der Andro-
hung scharfer Schulstrafen (bis zur Relegierung). Gleichzeitig provozierte der Schulleiter unsere Opposition durch seine
ständigen Hinweise auf den kommunistischen Widerstand
während der Nazi-Zeit und dessen Verklärung.[11] Gespräche
mit Eltern, Pfarrern, liberalen Politikern, die Kenntnis von
Verhaftungen, das Hören von RIAS-Sendungen, die erlebte
überaus starke Indoktrination, der von uns beobachtete weitere „Aufbau des Sozialismus", die damit verbundene Entde-
mokratisierung, d. h. die „Stalinisierung", waren Themen der
Diskussionen im kleinen Kreis.

Bei der Lektüre der Flugblätter der Geschwister Scholl
(„Weiße Rose") aus dem Jahre 1943 wurde uns die Ähnlich-
keit – besser Analogie – zwischen dem NS-Regime und dem
Stalinismus von 1950 besonders bewusst: ein Austausch der
Begriffe NSDAP gegen SED, HJ gegen FDJ, Gestapo gegen
Stasi bot sich an und charakterisierte unsere damalige politische Situation. Wir lasen unter der Schulbank den Roman
„1984" von George Orwell (als Broschüre des Dietz-Verlages
mit dem Titel „1848" getarnt).[12] Er gab uns eine aktuelle Zu-
standsbeschreibung des Jahres 1950. Von zahllosen Wänden
blickte der „Große Bruder" in Gestalt Josef Stalins auf uns;

---

[10] Bei der Überprüfung von 153 Oberschulen in der Sowjetischen Besatzungszone im Frühjahr 1949 fiel die Aktivität der „Jungen Gemeinde" an
der Oberschule Werdau besonders auf. Ausführlich in: BArch, ZPA IV
2/905/77, Bl. 201 und 213.
[11] In einem vertraulichen Bericht der SED-Landesleitung Sachsen über den
Prozess und seine Auswirkungen heißt es: der Schulleiter Heß habe „so
berichtet, dass die Schüler daraus den Schluss ziehen konnten, dass eine
solche Arbeit auch heute noch eine mutige Tat ist". In: SHA, SED-Landesleitung Sachsen A/970.
[12] Ein vom MfS in Leipzig beschlagnahmtes Exemplar trägt die Signatur
BStU, ASt Leipzig, AP-3/58.

andere Begriffe aus dem Roman waren schnell und problem-
los übersetzt: das „Zwiedenken" hatten wir längst gelernt,
das Funktionärsdeutsch wurde uns als „Neusprache" oder
„Neusprech" beigebracht, als „Gedankenpolizei" waren die
PKK (Parteikontroll-Kommissionen auf verschiedenen Ebenen) ebenso wie die gerade gegründete Stasi aktiv.[13]

Aktionen der Gruppe

Wir sahen uns in unseren Erwartungen einer wirklichen Demokratie getäuscht und waren enttäuscht, aber keineswegs
mutlos. Wir waren nicht gewillt, diese politische Entwicklung
widerspruchslos hinzunehmen oder gar mitzuvollziehen, sondern bereit, etwas dagegen zu unternehmen. Dabei vermeng-
ten sich Idealismus, Widerspruchsgeist, politische demokratische Überzeugung mit Leichtsinn und Unerfahrenheit – bei
jedem von uns in einer anderen Mischung. In zahlreichen
vorsichtigen Gesprächen zwischen Freunden und Schulkameraden zeigte sich allmählich der gemeinsame Wille, eine
Widerstandsgruppe gegen das herrschende SED-Regime zu
bilden und Aktionen durchzuführen. Vorbild war der Widerstand gegen das NS-System. Auch an die Regeln der Konspiration einer solchen Tätigkeit dachten wir, leider wurden sie
später nicht mehr zureichend eingehalten; die Gruppe wuchs
zu schnell, manche Freunde waren nicht ausreichend auf die
gefährlichen Aktionen vorbereitet.

Aktueller Anlass für unser Aktiv-Werden war die sogenannte Volkskammerwahl 1950. Wir hatten erkannt, dass diese
„Wahl" eindeutig undemokratisch war: sie verstieß gegen die
Bestimmungen der DDR-Verfassung vom 7. Oktober 1949;
ihre Ausführung wird heute selbst von eingefleischten SED-

---

[13] Von Siegfried Mampel später als „Ideologiepolizei" bezeichnet. Vgl.
Ders.: Das Ministerium für Staatssicherheit der ehemaligen DDR als
Ideologiepolizei, Berlin 1996.

Vertretern scharf kritisiert.[14] Damals war eine Diskussion
darüber – ob in der Schule oder in der FDJ oder sonst in der
Öffentlichkeit – nicht möglich. Mit Hilfe eines Hand-Druck-
kastens stellten wir etwa 500 Flugblätter her mit folgendem
Text: „Wir alle sehnen uns nach Frieden, nach der Einheit
Deutschlands in Freiheit – Weg mit den Volksverrätern, wählt
mit NEIN."[15] Dieser Text gibt unsere Intention am deutlichsten wider: Einheit, Frieden, Freiheit! Alle unsere späteren
Aktionen waren auf dieses Ziel hin orientiert. Es gab in der
Folgezeit noch viele Flugblattaktionen, die Störung von politischen Veranstaltungen mittels Stinkbomben, die Beschädi-
gung von Bildern Stalins, Piecks und Grotewohls. Aber keine
dieser Aktionen hat unsere Nachricht so nachhaltig vermittelt wie die vor der „Wahl" 1950.

In jene Zeit fiel ein schlimmes, ein schreckliches Ereignis.
Hermann Josef Flade – damals Oberschüler in Olbern-
hau/Erzgebirge – hatte als Einzelgänger vor dieser sogenannten „Volkswahl" 1950 mit einem Handdruckkasten Flugblätter angefertigt. Beim Verteilen dieser Zettel wurde er von
einer Polizeistreife überrascht und gestellt. Er setzte sich mit

---

[14] Es war die erste Wahl zur Volkskammer der DDR am 15.10.1950, welche
entgegen den vorherigen Vereinbarungen zwischen den Parteien in der jungen DDR um ein Jahr verschoben wurde und obendrein erstmals – später
wurde dieses Verfahren beibehalten – mit einer Einheitsliste erfolgte.
Es gab im Vorfeld politische Kampagnen, möglichst zahlreich zur Wahl zu
gehen und mit „JA" zu stimmen. Die Benutzung der – häufig versteckten
und auch verstellten – Wahlkabine wurde registriert.
Zusätzlich wurde die Stimmabgabe mit einem politischen Bekenntnis verbunden, welches mit der Wahl weder formal noch inhaltlich zu tun hatte:
auf den Stimmzetteln wurde zusätzlich gestempelt „Für Einheit und gerechten Frieden". Wer gegen die Kandidaten auf der Einheitsliste stimmte,
konnte folglich als Gegner von Einheit und Frieden angesehen und unter
Druck gesetzt werden.
[15] Von diesem Flugblatt ist leider kein Original erhalten geblieben, auch die
„Justiz-Akten" enthalten keines davon. Der Text ist allerdings mehrfach
dokumentiert in Fundberichten der Volkspolizei, in mehreren Vernehmungsprotokollen des MfS, im Text des Urteils.

einem Taschenmesser zur Wehr, verletzte einen Polizisten und konnte zunächst entkommen. Aufgrund einer Personenbeschreibung wurde er wenige Tage später verhaftet. Flade wurde am 10. Januar 1951 vom Landgericht Dresden in einem öffentlichen Schauprozess nach Art. 6 der DDR-Verfassung von 1949 und Kontrollrats-Direktive 38 zum Tode verurteilt.[16] Dieses Urteil schockierte. Es gab vielfältige Proteste nicht nur in der SBZ/DDR, in der Bundesrepublik Deutschland, sondern weltweit. Die SED-Machthaber sahen sich gezwungen, am 29. Januar 1951 einen zweiten Prozess durchzuführen: es war ebenfalls ein öffentlicher Prozess mit der selben Besetzung von Justiz-Funktionären wie bei der ersten Hauptverhandlung. Das „neue" Urteil lautete: 15 Jahre Zuchthaus.[17]

Besonders das Todesurteil, aber auch die Zeitstrafe von 15 Jahren Zuchthaus sollten abschreckend wirken. Die SED-Führung und ihre willfährigen Juristen demonstrierten ihre Macht: Selbst für das Verteilen von letztlich harmlosen Flugblättern durch Einzelpersonen gab es drakonische Strafen; um wie viel schlimmer könnte es dann jenen ergehen, die sich in Gruppen zusammenschlossen, um gegen die SED-Herrschaft zu protestieren? Erstaunlich ist, dass der Widerstand vor allem Jugendlicher nicht abnahm, sondern gerade nach dem Todesurteil gegen Hermann Josef Flade anschwoll. Jeder, der danach gegen die „herrschende Staatsmacht" ein Flugblatt entwarf, herstellte und gar noch verteilte, hatte nunmehr die Folgen seines Tuns vor Augen: es kann ein – ein mich ganz persönlich betreffendes – Todesurteil sein! Weder Einzelkämpfer noch Gruppen zogen sich in dieser Situation verängstigt und verschreckt zurück. Sie solidarisierten sich vielmehr mit Flade und protestierten auf je eigene Weise gegen

---

[16] Hermann Flade: Deutsche gegen Deutsche, Freiburg 1963; Karl Wilhelm Fricke: Politik und Justiz in der DDR. Zur Geschichte der politischen Verfolgung 1945–1968. Bericht und Dokumentation, Köln 1979, S. 245 ff.

[17] Flade musste von dieser unmenschlichen Strafe fast 10 Jahre abbüßen, davon die meiste Zeit in Einzelhaft.

diese Terrorurteile. In einem von unserer Gruppe verfassten längeren Flugblatt zum Flade-Urteil heißt es u. a.: „Das nicht gewählte Pankow-Regime greift zu den grausamsten Maßnahmen, um alle freiheitlich und demokratisch denkenden Menschen in der Ostzone zum Schweigen zu bringen. Sie will durch ein abscheuliches Urteil die Menschen der Ostzone einschüchtern. [...] Deutsche, protestiert gegen diesen Urteilsspruch und fordert die Aufhebung dieses Schandurteils!"

Nach den Motiven seines Widerstandes gegen die SED-Herrschaft befragt, sagte Heinz Rasch, einer der verurteilten „Werdauer Oberschüler" gegenüber seinem Stasi-Vernehmer, der das etwas holprig protokollierte: „Da ich erkannt habe, dass in der DDR die Ausübung der demokratischen Grundrechte nicht möglich ist, ich denke dabei an keine freie Meinungsäußerung, keine freien demokratischen Wahlen. Missachtung der herkömmlichen Begriffe von persönlicher Freiheit. [...] Mit meinen ganzen Handlungen habe ich versucht die Volksmeinung zu beeinflussen, um auf Dinge hinzuweisen die man nicht zu sprechen wagt."[18] Der spätere Hauptangeklagte Gäbler äußerte während der Verhandlung am 3. Oktober 1951 sehr mutig: „Ich hatte den Vorsatz gehabt, am neuen Staat mitzuarbeiten. Wohin der Weg jedoch führte, das hat nichts mehr mit Demokratie zu tun. Man versucht Andersdenkende und Andersreligiöse auszuschalten. Er dauerte auch nicht lange, da erschienen die KZ's wieder. Frauen und Männer sperrte man ein. Es sind keine menschlichen Zustände, dass man Angehörige jahrelang auf einen Brief warten lässt. Ich beschloss, gegen die Justiz etwas zu unternehmen. [...] Ich habe hier Terror verspürt. Wir wurden in der Schule ja nur mit Politik belastet. Wer nicht in der FDJ ist, kommt nicht in die Oberschule."[19]

---

[18] BStU, ASt Chemnitz, AU 337/53, Ermittlungsverfahren.
[19] BStU, ASt Chemnitz, ASt 337/53, Gerichtsakte, Bd. 2.

Bereits nach der ersten Flugblattaktion beschloss Ende Oktober der engere Kreis unserer Gruppe, Kontakt nach Westberlin herzustellen. Wir suchten bei der KgU (Kampfgruppe gegen Unmenschlichkeit) Hilfe: Wir wollten geeignetes Material für unsere Aktionen erhalten, weil die Eigenherstellung technisch sehr schwierig war. Ein weiterer Grund war: Im Fall einer möglichen Verhaftung sollte die Öffentlichkeit davon erfahren, denn in aller Regel verschwiegen SED und MfS dies meist – so auch später in unserem Fall.

Bei der KgU wurden unsere „Kuriere" stets vor der Gefährlichkeit von Flugblatt-Aktionen gewarnt. Wir ließen uns jedoch nicht davon abbringen. Auf unser Drängen wurden uns dann Exemplare der „Tarantel"[20], fertige Flugblätter, Walzen zum Herstellen von Flugblättern und Stinkbomben ausgehändigt. In einer seit Januar 1951 immer wieder durch Presse und Rundfunk verbreiteten „Warnung der KgU an die Jugend der Sowjetzone vor Beteiligung an Widerstandsorganisationen" hieß es u. a.: „Bewahrt euch für den Zeitpunkt, an dem sich der Einsatz lohnen wird. Habt Vertrauen darin, dass andere und stärkere Kräfte am Werk sind, die euch und der ganzen unterdrückten Bevölkerung der Sowjetzone zu helfen gewillt sind."[21] Daraus wurde gegenüber der Werdauer Gruppe der Vorwurf konstruiert, sie hätte sich zur „Partisanentätigkeit" verpflichtet.

Unsere Aktionen waren weder kriminell, noch „faschistisch" oder gar terroristisch. Wir haben keine Sabotageakte verübt. Wir haben Flugblätter selbst entworfen, mit primitiven Mitteln hergestellt, verteilt (überwiegend nachts in Hausbriefkästen, auf Parkbänken usw.) und geklebt. Die Herstellung von jeweils 500 bis 1000 Flugblättern mittels Walzen war nicht einfach: woher in jenen Zeiten Papier und Druckerfar-

---

[20] Eine in West-Berlin hergestellte politisch-satirische Monatszeitschrift.
[21] Hefte der Kampfgruppe, Nr. 1 von November 1951, S. 12.

be nehmen, wo und wann unbeobachtet drucken? Wir waren findig genug, diese Probleme zu meistern. Über die Aktionen wurde in der Stadt heftig diskutiert. Es überwog die Zustimmung. Wir wurden beobachtet, es gab Verdächtigungen. Als wir bei einer unserer Aktionen im Dezember 1950 auch ein Stalinbild in der Oberschule beschädigten, wurden bei der polizeilichen Untersuchung allerdings Oberschüler als Täter ausgeschlossen,[22] ganz im Gegensatz zu einem ähnlichen Vorfall im Jahre 1947. Wir hatten uns durch äußerlich aktive Mitarbeit in der FDJ (teilweise als Funktionär) getarnt; einer der Gruppe war zu dieser Zeit sogar SED-Mitglied. Dieses „Zwiedenken" wurde uns während der Hauptverhandlung strafverschärfend vorgeworfen.

Verhaftung und Untersuchungshaft

In der Nacht vom 18. zum 19. Mai 1951 wurden während einer Flugblattaktion zwei unserer Freunde verhaftet. Am darauf folgenden Morgen gab es nur kurze Verständigungen über Fluchtwege und –zeiten, alles dilettantisch, da wenig oder nicht vorbereitet. Dazu kam, dass sich einige von uns mitten im Abitur befanden (die schriftliche Prüfung war bereits absolviert) und deshalb zögerten. Andere waren sich – wegen ihrer geringen Beteiligung an Aktionen – überhaupt nicht der Gefahr bewusst. Nur wenige Schüler konnten fliehen, meist waren dies Sympathisanten und/oder Mitwisser. Die Aktivisten wurden sämtlich verhaftet. Ich selbst hatte noch eine „Schonfrist", da ich mich in einer sehr abenteuerlichen Flucht bis nahe Sonneberg an der thüringisch-bayerischen Grenze der Verhaftung zunächst entziehen konnte (über diese Flucht wurde Ende 1951 im „Stern"[23] recht genau berichtet).

---

22 StA Chemnitz, SED-BPA KMSt IV/4/19/184.

23 „130 Jahre Zuchthaus für neunzehn Schüler aus Werdau in der Sowjetzone", in: Der Stern vom 2.12.1951. 1953 erzählte mir in einer Zelle im „Roten Ochsen" ein Student aus Halle nichtsahnend den Inhalt des von ihm gelesenen Stern-Artikels.

Die Verhöre beim MfS wurden keineswegs zimperlich geführt, häufig nachts (tagsüber Schlafverbot!). In Sonneberg wurde ich in einen total abgedunkelten Raum geführt, auf einen festgeschraubten Hocker gesetzt, von Scheinwerfern angestrahlt und einem Kreuzverhör unterzogen. Am folgenden Morgen setzte man für einige Zeit einen scharfen Schäferhund in meine Zelle! In Dresden wurde psychischer Druck ausgeübt: Auf einem großen Tisch waren verschiedene Peitschen unterschiedlicher Größe drapiert, die „man ja auch anwenden könne". Es wurde nicht einmal die Provokation zum Selbstmord gescheut: die Wände im Umkleideraum zum Duschen und Rasieren bei der Stasi in Dresden waren voller roter Flecke (Blut oder Farbe?); der Aufseher bemerkte beiläufig, es hätten hier „schon viele ihrem Leben ein Ende gemacht" und ich solle das besser nicht tun.[24] Besonders belastend war die totale Isolierung: Einzelhaft (nur bei wenigen durch Zusammenlegung mit „Aushorchern" unterbrochen), keine Nachricht von draußen, kein Brief an die Angehörigen, die sich um uns sorgten. Wir alle hatten unseren Eltern gegenüber die Widerstandsarbeit verheimlicht. Eingaben der Eltern, unseren Aufenthaltsort zu erfahren, wurden abschlägig beschieden wegen der „Sicherheit des Staates" oder auch mit der zynischen Bemerkung, die Behörde sei doch „kein Auskunftsbüro".[25]

Die Vernehmungsprotokolle beweisen, wie jeder von uns mehr oder weniger geschickt versuchte, zumindest beim ersten Verhör jede konkrete Aussage zu vermeiden. Dennoch dauerte es nur einige Tage, bis die Stasi-Vernehmer genug Material hatten, um einen ersten Zwischenbericht an den Staatssekretär des MfS, Erich Mielke, zu verfassen.[26] Nach Abschluss der Verhöre in Dresden ging es „auf Transport"

---

[24] An diese eindeutig als Psycho-Terror zu bezeichnende Behandlung erinnern sich auch andere inhaftierte Freunde.

[25] BStU, ASt Chemnitz, ASt 337/53, Staatsanwaltschaft, Handakte.

[26] BStU, ASt Chemnitz, ASt 337/53, Staatsanwaltschaft, Handakte.

nach Zwickau in die „gerichtliche Untersuchungshaft". Das Warten auf die Anklage, die Verhandlung und das Urteil schien endlos. Aber die totale Isolierung war gelockert; ich konnte in einer Einmannzelle mit zwei anderen Untersuchungshäftlingen (ebenfalls „politisch" angeklagt) Gespräche führen;[27] es gab erste Kontakte nach draußen: Briefe, Wäschewechsel, jedoch keine Besuche. In einem abgefangenen Kassiber ist festgehalten, wie schlecht das Essen war und wie wenig dazu![28]

Ende September 1951 wurden die Anklageschriften in die Zellen gereicht und durften dort gelesen werden.[29] Es gab keine Möglichkeit, sich auf die Verhandlung vorzubereiten: Papier und Bleistift wurden verweigert; die Bitte nach Gesetzbüchern wurde zynisch abgewiesen: „Da hätten Sie sich vorher informieren können, jetzt ist es ohnehin zu spät". Die Anklageschriften wurden kurz danach wieder eingesammelt. Ich habe mein Exemplar nicht zurückgegeben, sondern im Strohsack versteckt und erklärt, dass wir das „Papier zum Arsch-Abwischen" benötigt hätten. Eine (erstaunlich flüchtige) Durchsuchung blieb erfolglos. In Leipzig (einer Zwischenstation zwischen Verhandlung und Strafvollzug) konnte ich die Anklageschrift bei einem Besuch meiner Mutter herausschmuggeln; das Dokument wurde später per Kurier nach Westberlin befördert und verschiedenen öffentlichen, staatlichen und publizistischen Einrichtungen zugänglich gemacht.

---

[27] Allerdings waren die Mitglieder unserer Gruppe auf spezielle Anweisung streng voneinander getrennt; eine Verständigung z. B. über eine mögliche Verhandlungs-Strategie war unmöglich.

[28] Vgl. BStU, ASt Chemnitz, ASt 337/53, Staatsanwaltschaft, Handakte, Bl. 104–105.

[29] In späteren Jahren durften die Anklageschriften vom Untersuchungshäftling nur in einem bestimmten Raum unter Aufsicht gelesen werden. Ein Rechtsbeistand war nicht gestattet.

Die Verhandlung

Die Verhandlung begann am 3. Oktober 1951 um 10.00 Uhr im Landgericht Zwickau. Die Gesamtdauer der Hauptverhandlung betrug 14,5 Stunden für 19 Angeklagte, die Pausen eingeschlossen.[30] Die Urteile wurden am 4. Oktober 1951 gegen 0.30 Uhr verkündet. Die Strafen lagen zwischen zwei und 15 Jahren Zuchthaus. Unter den Verurteilten befanden sich sechs Jugendliche unter 18 Jahren und drei Mädchen. Folgende Urteile wurden gefällt:

Joachim Gäbler	17 Jahre alt,	15 Jahre Zuchthaus
Karl-Heinz Eckardt	16 Jahre alt,	14 Jahre Zuchthaus
Gerhard Schneider	19 Jahre alt,	13 Jahre Zuchthaus
Sigrid Roth	17 Jahre alt,	12 Jahre Zuchthaus
Theobald Körner	18 Jahre alt,	10 Jahre Zuchthaus
Heinz Rasch	18 Jahre alt,	10 Jahre Zuchthaus
Achim Beyer	19 Jahre alt,	8 Jahre Zuchthaus
Günter Fritzsche	17 Jahre alt,	7 Jahre Zuchthaus
Gerhard Büttner	16 Jahre alt,	6 Jahre Zuchthaus
Hermann Krauß	18 Jahre alt,	6 Jahre Zuchthaus
Gottfried Karg	19 Jahre alt,	5 Jahre Zuchthaus
Siegfried Müller	19 Jahre alt,	5 Jahre Zuchthaus
Walter Daßler	31 Jahre alt,	5 Jahre Zuchthaus
Manfred Stets	24 Jahre alt,	3 Jahre Zuchthaus
Günther Kahler	18 Jahre alt,	3 Jahre Zuchthaus
Gudrun Pleier	17 Jahre alt,	2 Jahre Zuchthaus
Edgar Göldner	17 Jahre alt,	2 Jahre Zuchthaus
Wolfram Schürer	18 Jahre alt,	2 Jahre Zuchthaus
Anneliese Stets	16 Jahre alt,	2 Jahre Zuchthaus

In den überlieferten „Prozessakten" ist das unsägliche Zusammenspiel, Zusammenwirken zwischen MfS, Generalstaatsanwaltschaft in Dresden, Staatsanwalt Piehl und Landrichter Hübsch in Zwickau, der SED-Kreisleitung von

---

[30] Die Dauer der Pausen wurde auch im amtlichen Prozess-Bericht nicht genau protokolliert, meist nur der Beginn oder aber das Ende.

Zwickau und anderen Instanzen bei der Vorbereitung des Prozesses dokumentiert: der Prozessablauf wurde festgelegt, die Strafhöhe vorgegeben, (DDR-)gesetzwidrig bestimmt, kein Jugendstrafrecht anzuwenden und weitere Details.

Für jeweils vier Angeklagte wurde ein „Pflichtverteidiger" bestellt.[31] Wenige Minuten (!) vor der Verhandlung stellte sich mir ein Herr als mein Verteidiger vor. Auf meine Frage nach seiner Strategie gab er zu verstehen, dass er noch keine Gelegenheit hatte, die Anklageschrift zu lesen. Doch was konnten (und wollten) Verteidiger in einem Prozess wie dem unsrigen überhaupt erreichen? Einer der Rechtsanwälte beantragte während der Verhandlung Einsichtnahme in die Beweisstücke. Daraufhin sprang einer der Zuhörer – wohl der SED-Kreissekretär Kurt Benda – auf und schrie ihn an: „Sie haben wohl die Absicht, heute nacht diese Flugblätter zu kleben, was?" Die Beweisstücke – darunter einige der von uns angefertigten und verteilten Flugblätter – befanden sich in einem von der Stasi versiegelten Umschlag mit der Aufschrift: „Darf nur vom Anklagevertreter während der Hauptverhandlung geöffnet werden."[32] Das bedeutet, dass weder die Richter, noch die Schöffen, noch die Verteidiger, noch die Angeklagten die Beweisstücke sehen durften.

Bemerkenswert ist auch, dass in der Anklageschrift an keiner Stelle der Text unserer Flugblätter dokumentiert ist. So wurde dem Gericht, der Verteidigung und auch den Zuhörern verschwiegen, dass wir für Frieden, Einheit Deutschlands und Freiheit eingetreten und keineswegs „Feinde des Friedenslagers der 800 Millionen Menschen" waren.[33] Die Anklage be-

---

[31] Nur wenige Eltern konnten aus finanziellen Gründen einen „Wahlverteidiger" verpflichten. Zudem agierten in unserer Verhandlung zwei Rechtsanwälte zugleich in beiden Funktionen.

[32] BStU, ASt Chemnitz, ASt 337/53, Staatsanwaltschaft, Handakte.

[33] So in der Anklageschrift. Im Urteilstext sind hingegen die Formulierungen unserer Flugblätter exakt enthalten!

ruhte allein auf den beim MfS erzwungenen „Geständnissen", eine vom sowjetischen Vorbild übernommene Methode der SED-Justizfunktionäre, die sich dabei an Andrej Wyschinski orientierten, dem Ankläger in den berüchtigten Stalinschen Schauprozessen in den dreißiger Jahren. Auch deshalb wurde ein Antrag auf Zeugenvernehmung abgelehnt. Während der Verhandlung wurde uns Papier und Bleistift verweigert, eine Verständigung mit den Rechtsanwälten brutal verhindert. Der auch später in weiteren politischen Prozessen wegen seines Auftretens berüchtigte Staatsanwalt Piehl erinnerte fatal an den NS-Juristen Freisler; in einem der Verhandlungsprotokolle ist dazu vermerkt: „Von seiten der Anklagevertretung wurde den Angeklagten für ihre Taten und für ihr Benehmen in der Hauptverhandlung eine harte Abfuhr erteilt."[34]

Aus den SED und MfS-Akten geht hervor, dass über die Art der Verhandlung, d. h. Öffentlichkeit bzw. Nichtöffentlichkeit, unterschiedliche Auffassungen bestanden und auch mehrfach Veränderungen beschlossen wurden (vom abschreckenden Schauprozess[35] bis zur geheimen Verhandlung „wegen Gefährdung der Sicherheit des Staates"[36]). „Es wurden dann auf Anordnung der Landesstaatsanwaltschaft für die Verhandlung Eintrittskarten ausgegeben und nur fortschrittliche Lehrer der Oberschule Werdau und einige politisch zuverlässige Genossen als Zuhörer zugelassen. [...] Den Eltern der Angeklagten wurde der Zutritt zum Verhandlungssaal verwehrt. Sie waren am Tage des Prozesses schon früh vor dem Gerichtsgebäude erschienen und auch bei der Urteilsverkündung um 0.30 noch dort."[37] In der Mittagspause geschah etwas, was keiner von uns je vergessen kann. In einem Vorraum wurden wir streng getrennt voneinander aufge-

---

[34] BStU, ASt Chemnitz, AU 337/53, Ermittlungsverfahren.
[35] BStU, ASt Chemnitz, ASt 337/53, Gerichtsakte, Beiakte.
[36] BStU, ASt Chemnitz, ASt 337/53, Staatsanwaltschaft, Handakte.
[37] SAPMO, ZPA IV 2/13/433.

stellt, als plötzlich hinter uns, hinter einer mit Ölfarbe ver-
schmierten Glaswand unsere Eltern, die wir monatelang
nicht sehen durften, unsere Namen riefen, sie mit den Finger-
nägeln die Farbe abkratzten, nur um uns wieder einmal sehen
zu können. Ich werde auch nicht vergessen, wie ein Polizei-
kommando mit Gummiknüppeln unsere Eltern aus dem Gerichtsgebäude trieb; wir hörten sie laut dagegen protestieren
und weinend unsere Namen rufen.

Während der Verhandlung durfte niemand mitschreiben,
auch nicht die Presse.[38] Dennoch wurde bekannt, was man
uns vorwarf und wie sich jeder von uns den Anschuldigungen
des Staatsanwaltes Piehl gegenüber verhielt. Über die Verhandlung, ihren Ablauf und ihr Ergebnis, d. h. die Strafhöhe
für jeden Angeklagten, war sehr schnell die Öffentlichkeit
(vor allem durch den westberliner Sender RIAS) informiert.
Aus den Reihen der Zuhörer oder wahrscheinlicher der Jus-
tizangestellten dürfte jemand Unterlagen „weitergeleitet"
haben.

Wie schon erwähnt, hatten wir keine Chancen, uns über unser Verhalten während des Prozesses zu verständigen. Dennoch waren alle Freunde tapfer, keiner weinerlich (auch keiner der ganz jungen) oder reumütig. Gerhard Schneider verweigerte während der gesamten Verhandlungszeit, Siegfried
Müller zeitweise die Aussage, weil unsere Angehörigen nicht
an der Verhandlung teilnehmen durften. Der Bericht des Sta-
si-Offiziers Weidauer vermerkt über die Verhandlung: „Besonders zu erwähnen ist, dass während der Vernehmung der
Angeklagten Gäbler, Roth, Fritzsche und Beyer, diese Angeklagten eine erneute offene Propaganda für ihre Taten her-
vorrufen wollten. Sie taten offen kund, einer gerechten Sache
gedient zu haben und ihre Meinung auch heute noch nicht
geändert zu haben. Der Angeklagte Gäbler brachte zum Aus-

---

[38] Die Akten belegen eine entsprechende Anweisung.

druck, dass er für eine ‚freie Demokratie' gekämpft habe und
jederzeit bereit wäre, dasselbe noch einmal zu tun. Alle Angeklagten legten während der Hauptverhandlung ein provo-
katorisches Benehmen an den Tag und zeigten in fast keinem
Punkt irgendwelche Anzeichen von Reue."[39]

Dass wir uns instinktiv richtig verhalten hatten, beweisen
heute die vorgefundenen Akten: Die Urteile waren vorher
festgelegt und wurden auch nicht abgewandelt (lediglich
Gerhard Schneider erhielt wegen seiner Aussageverweigerung die Untersuchungshaft nicht angerechnet). Während
der Verhandlung hatten mehrere Angeklagte versucht, die
Anklagepunkte wahrheitsgemäß zu korrigieren, was teilweise Entlastung, teilweise sogar Belastung bedeutete.[40] Aber
ein Vergleich der Texte von Anklageschrift und Urteil zeigt,
dass die Einlassungen der Angeklagten und der Verteidiger
einfach ignoriert wurden. Besonders schockiert waren der
Staatsanwalt, die Richter und anwesenden Funktionäre darüber, dass nach der Urteilsverkündung keiner von uns trotz
der brutalen Strafhöhe weinend zusammenbrach. Es geschah
vielmehr etwas von niemandem Vorhergesehenes: alle Freunde kamen auf mich zu und gratulierten mir zu meinem 19.
Geburtstag und Staatsanwalt Piehl musste irritiert zusehen.
Erst nach Öffnung der SED-Archive erfuhr ich: „In der
Nacht, also vom 3. zum 4.10., als das Urteil verkündet wurde,
sind in Werdau wieder Hetzzettel gegen die Deutsche Demokratische Republik an verschiedene Orte angeklebt worden."[41]

---

[39] BStU, ASt Chemnitz, AU 337/53, Ermittlungsverfahren. Der Verneh-
mungsoffizier wurde nach den „erfolgreichen" Vernehmungen gegen uns
befördert.
[40] Theobald Körner hatte das bereits vor der Verhandlung in einem Brief an
den Staatsanwalt unternommen; BStU, ASt Chemnitz, ASt 337/53, Staatsanwaltschaft, Handakte.
[41] SAPMO, ZPA IV 2/13/433.

Reaktionen der Öffentlichkeit nach dem Prozess

In der DDR wurde eine totale Informationssperre über den Prozess gegen die „Werdauer Oberschüler" und seine Umstände angeordnet. Es gab keinerlei Presseberichte,[42] geplante Informationsveranstaltungen in den Schulen fanden nicht statt. Die Folge waren vielfältige Diskussionen und Gerüchte in Werdau und anderwärts in der DDR. Einigermaßen konkrete Informationen wurden über den RIAS in Westberlin verbreitet, worauf die SED-Mächtigen bei angekündigten RIAS-Sendungen mit Stromabschaltungen in Werdau reagierten[43]; doch im Umland konnten die Sendungen gehört werden. Es wurde viel darüber gesprochen. Gegen diese Diskussionen war die Stasi machtlos; die Mitarbeiter der MfS-Dienststelle wandten sich verunsichert und hilfesuchend an ihre vorgesetzte Behörde.[44] Zahlreiche Protokolle von Sitzungen der SED-Kreisleitung, Schreiben der Justizorgane und andere Dokumente, wie der Bericht über einen „Justizausspracheabend am 1.9.1953" in Werdau[45], zeugen von Unsicherheiten und Hilflosigkeit, aber auch von Abscheu gegen die verhängten Urteile.

Im Westen gab es (verhaltene) Proteste bereits nach den Verhaftungen. In einer Akte des Untersuchungsausschusses Frei-

---

[42] Zusammen mit Freunden habe ich mehrere Recherchen in verschiedenen Archiven durchgeführt und feststellen müssen, dass die „Werdauer Oberschüler" nach Orwell'schem Muster aus der Geschichte „gestrichen" werden sollten. In einer internen Statistik des Landes Sachsen zu Strafprozessen und Verurteilungen von Jugendlichen im Jahr 1951 gibt es – völlig wahrheitswidrig – angeblich keine Verurteilungen nach Art. 6 der DDR-Verfassung. Die amtlichen Unterlagen über die Abitur-Prüfungen des Jahres 1951 sind im Sächsischen Hauptstaatsarchiv sämtlich ordnungsgemäß archiviert; in diesen Bänden fehlen die Unterlagen über die Alexander-von-Humboldt-Oberschule Werdau. Ein Hinweis auf die Entnahme und anderweitige Archivierung ist trotz intensiver Suche nicht gefunden worden.

[43] Z. B. bei der Sendung am 12.10.1951, 22.15 Uhr in der Reihe „Und heute".

[44] BStU, ASt Chemnitz, AU 337/53, Ermittlungsverfahren.

[45] BStU, ASt Chemnitz, ASt 337/53, Staatsanwaltschaft, Handakte.

heitlicher Juristen (Westberlin) sind zahlreiche Presseaus-
schnitte mit Berichten über den Prozess und den Protest dagegen gesammelt. Es fanden Protest-Veranstaltungen in Berlin (organisiert von der KgU gemeinsam mit dem „Bund der
Verfolgten des Naziregimes") und in Bamberg mit jeweils
über 1000 Teilnehmern statt. Es gab internationale Proteste,
darunter Schreiben an die DDR-Regierung, unterzeichnet
von Vertretern namhafter Organisationen. Die westdeutsche
Illustrierte „Stern"[46] berichtete im Dezember 1951 in einer
Mischung von Dichtung und Wahrheit über unsere Aktionen
und die weiteren Umstände. Auch in Werdau wurden damals
viele Exemplare davon nachts in Briefkästen verteilt.

Die Haltung der SED-Führung zum Prozess

Einer der besten Kenner der politischen Strafjustiz der Ul-
bricht-Ära, Falco Werkentin, verweist auf „besondere Be-
gleitumstände"[47] des Prozesses gegen die Werdauer Oberschüler. Der SED- und Staatsführung der DDR kam der Prozess aus politischen Gründen zu diesem Zeitpunkt (!) sehr
ungelegen, wie den SED-Protokollen aus dem Jahre 1951 zu
entnehmen ist. Demnach sei „die Durchführung dieses Prozesses bei unserer Regierung und beim Politbüro auf starken
Widerstand gestoßen." Die politische Führung in der damaligen DDR war von der Stasi nicht in Kenntnis gesetzt und völlig überrascht worden.

---

[46] Heft 48 vom 2.12.1951. Die Informanten und der Verfasser (mir inzwischen bekannt) konnten über verschiedene berichtete Details gar nicht
genau Bescheid wissen, weil sie nicht zur Gruppe und ihrem engeren
Kreis gehörten. Umso erstaunlicher ist es, wie wenig davon korrigiert werden muss.

[47] Falco Werkentin: Ein untypischer Fall: das Verfahren gegen die Werdauer
Oberschüler 1951, in: Hubert Rottleuthner (Hrsg.): Steuerung der Justiz in
der DDR. Einflußnahme der Politik auf Richter, Staatsanwälte und
Rechtsanwälte, Köln 1994, S. 104 ff. Vgl. auch Falco Werkentin: Politische
Strafjustiz in der Ära Ulbricht, Berlin 1995.

In den SED-Akten liest sich das so:[48] „Am 2.10.1951 erfuhr
Genosse Grotewohl[49] durch eine Notiz in einer Westberliner
Zeitung, dass am 3.10.1951 vor dem Landgericht Zwickau ein
politischer Strafprozeß[50] gegen 19 Oberschüler aus Werdau
angesetzt war. In der Notiz hieß es, dass mit hohen Zuchthausstrafen zu rechnen sei und dass nur Mitglieder der kommunistischen Organisationen als Zuhörer zugelassen würden. Genosse Grotewohl setzte sich sofort mit Genossen
Fechner[51] in Verbindung und bat ihn, die Durchführung des
Prozesses zu verhindern bzw. die Aussetzung des Urteils zu
veranlassen. Beim Justizministerium brachte man in Erfahrung, dass mit einer mehrtägigen Dauer des Prozesses zu
rechnen sei. Deshalb beauftragte Gen. Fechner den zuständigen Abteilungsleiter, Genossen Böhme, am 4.10.51 nach
Zwickau zu fahren, um die Verschiebung der Urteilsverkündung zu erreichen. Als Gen. Böhme am 4.10.51 vormittags in
Zwickau ankam, war der Prozeß schon zu Ende. Das Urteil
war in der Nacht vom 3. zum 4.10.51 verkündet worden."[52]

Diese augenscheinliche Panne hatte Folgen innerhalb des
Staats- und Parteiapparates, jedoch nicht für uns verurteilte
Schüler: Im ZK fand „mit Vertretern des Ministeriums für
Staatssicherheit eine eingehende Besprechung aus Anlass
dieses Prozesses" statt. Das Politbüro der SED befasste sich
zudem in zwei Sitzungen (16.10.1951 und 8.1.1952) mit dem

---

[48] SAPMO, ZPA IV 2/13/433.
[49] Damals Ministerpräsident der DDR.
[50] In der offiziellen Sprachregelung gab es weder politische Prozesse noch
politische Gefangene, sondern nur die Ahndung krimineller Verbrechen;
umso erstaunlicher diese Formulierung.
[51] Damals Justizminister der DDR.
[52] Ich verdanke dieses Dokument einer intensiven Recherche von Falco
Werkentin. Als ich es erstmalig und später wieder las, konnte ich die möglichen Konsequenzen kaum fassen: Wäre der Prozess tatsächlich verhindert worden, wären mir und meinen Freunden viele Jahre Zuchthaus er-
spart geblieben. Unvorstellbar! Die DDR/SED-Führung veranlasste jedoch keinerlei Korrektur an der Entscheidung des Landgerichts Zwickau!

Fall der „Werdauer Oberschüler", jedoch ohne Korrektur der
extrem hohen Strafen.

In den Dokumenten wird mehrfach auf eine „Anweisung des
Ministeriums für Staatssicherheit" hingewiesen, wonach „die
Landesstaatsanwaltschaft in allen Strafsachen, bei denen die
Voruntersuchung bei der Staatssicherheit liegt, weder eine
Stelle der Staatsverwaltung einschließlich der Hauptabteilung Justiz, noch einer Stelle der Partei einschließlich der
Landesleitung eine Mitteilung machen dürfe". Mithin unterlag die Landesstaatsanwaltschaft den Weisungen der Stasi
und das MfS übte *unmittelbaren* Einfluss auf die Justiz aus.
Auch in unserem Fall wurden die Stasi-Untersuchungsakten
direkt an die Landesstaatsanwaltschaft übergeben und von
dieser nach MfS-Regie umgesetzt: Eine Woche vor der Verhandlung kam „der Leiter der Abt. I bei der Landesstaatsanwaltschaft, Gen. Wolf, nach Zwickau und übergab dem
Vorsitzenden der Kammer, Gen. Hübsch, die Anklage. Man
besprach die rechtlichen Fragen der Anklage. [...] Man wurde sich einig, dass das Jugendstrafrecht auf die Angeklagten
keine Anwendung finden sollte. Auch die Strafhöhe wurde
besprochen. Die Landesstaatsanwaltschaft erklärte sich ausdrücklich damit einverstanden."

Die SED-Führung legte in Auswertung dieser Dokumente
fest: „Es soll künftig gegen Jugendliche keine solche Urteile
mehr geben, auch nicht in politischen Strafsachen.[53] [...] Um
in Zukunft derartigen politisch schädlichen Auswirkungen, die
die Durchführung solcher Prozesse in einem falschen Zeitpunkt mit sich bringt, entgegen zu wirken, hat das Sekretariat

---

[53] Die SED-Strafjustiz hielt sich jedoch keineswegs an diese Vorgabe. So
wurden beispielsweise im Prozess gegen den „Eisenberger Kreis" – hinsichtlich Motivation, Zusammensetzung und Aktionen mit der Werdauer
Gruppe vergleichbar – 1958 ebenfalls extrem hohe Zuchthausstrafen ausgesprochen. Vgl. Patrik von zur Mühlen: Der „Eisenberger Kreis". Jugendwiderstand und Verfolgung in der DDR 1953–1958, Bonn 1995.

des ZK beschlossen, dass alle Urteile, in denen mehr als 10 Jahre Freiheitsstrafe vorgesehen sind, einer Kommission zur Beschlußfassung vorzulegen sind. [...] Gen. Fechner gab folgende *vertrauliche mündliche Anweisung*: [...] Strafanträge über 10 Jahre Zuchthaus bedürfen künftig der Genehmigung der Generalstaatsanwaltschaft Berlin." Außerdem sei „die Aufhebung der Anweisung des Ministeriums für Staatssicherheit mit dem Meldeverbot an die Partei dringend notwendig".

Diese einmalig dokumentierten Tatsachen sind sicherlich historisch interessant, blieben jedoch für uns Verurteilte ohne jede positive Wirkung: Weder wurden die Haftstrafen reduziert und eine vorzeitige Entlassung möglich – immerhin blieben mit mir acht Verurteilte fünfeinhalb Jahre inhaftiert –, noch wurde Jugendhaft angeordnet, auch nicht für die unter 18–Jährigen.

Reaktionen in der Schule

Die Verhaftungen der Schüler und Schülerinnen und noch mehr ihre Verurteilung zu hohen Haftstrafen sorgten in der ganzen Stadt und im Umland, besonders aber in der Oberschule Werdau, für Aufregung und Erschrecken, für Sympathie und Unverständnis, für Solidarisierung und Ablehnung, für Anerkennung und Vorwurf – die Reaktionen waren unterschiedlich, je nach politischer Grundhaltung und persönlicher Beziehung zu den Betroffenen. Gespräche zwischen Schülern, die einander vertrauten, wurden auf dem Schulhof in einer „stillen Ecke" geführt oder meist außerhalb der Schule. Sie galten häufig der Sorge um die Inhaftierten und der Frage, wie man helfen könne. Die Folge der hektischen, autoritären Reaktionen der Schulleitung auf die „Vorgänge vom 19.5.1951"[54] war ein bis ins Extrem gesteigertes Miss-

---

[54] Mit dieser Formulierung wurden lange Zeit die Aktivitäten der Schüler, ihre Verhaftungen und die Verurteilung umschrieben.

trauen gegenüber den Lehrern, aber auch unter den Schülern selbst, eine allgemeine und zunehmende Unsicherheit, verbunden mit viel, sehr viel Angst, was wiederum zur „Vereinzelung" führte, zu der verständlichen Abwehrreaktion: nur nicht auffallen, sich keinem anderen anvertrauen. Dieses Trauma hielt viele Jahre an.

Sehr informativ und für die Denk- und Handlungsweise des damaligen Schulleiters Hans Heß aufschlussreich sind dessen persönliche Notizen in einer eigens angelegten „Schulakte", die von ihm angeordneten Maßnahmen sowie seine Berichte an die SED-Leitungen und die Schulbehörden. Die ersten Maßnahmen wurden in der Woche nach der Verhaftung getroffen. In der „Schulakte" finden sich u. a. zwei spezielle Anordnungen des Schulleiters und ein zusammenfassender Maßnahmekatalog. Daneben wurden täglich „Versäumnislisten" bzw. „Fehllisten" nach Schulklassen sortiert angefertigt. Die massive Aufforderung an die FDJ-Funktionäre der Oberschule, ihre Mitschüler politisch-ideologisch einzustufen, erinnert fatal an die Gesinnungsschnüffelei in der Sowjetunion der dreißiger Jahre, die auch in der SBZ/DDR in der Zeit des „Hochstalinismus" nicht nur als politisch notwendig angesehen wurde, sondern in verschiedenen Schriften oder bei FDJ-Lehrgängen als für einen „Kommunisten" – und auch für einen „angehenden" – als besonders tugendhaft vermittelt und verherrlicht wurde. Die FDJ-Funktionäre kamen vielleicht deshalb oder möglicherweise auch aus anderen Gründen[55] der Aufforderung zur politischen Zensierung nach. Eine Liste, jeweils geordnet nach den Klassen 9 bis 12, nennt eine recht große Zahl von Schülerinnen und Schüler als „reaktionäre", als „zuverlässige bzw. einigermassen positive Schüler" und vermerkt weiter: „Die übrigen Schüler sind nicht zu durchschauen."

---

[55] Bei solchen Aktionen sind persönliche Animositäten oder auch Sympathien nicht völlig auszuschließen.

Bemerkenswert ist die Verschwiegenheit mehrerer Schüler, die mitunter seit längerer Zeit von der Existenz der Gruppe wussten. Es gab außerdem sehr mutige Reaktionen: In einem „Bericht zu neuen Momenten im Zusammenhang mit den Vorfällen vom 19.5." notiert Heß einen bemerkenswerten Vorgang: „Der Vater der G. D. erklärte in einem Besuch beim Schulleiter, dass er stolz auf seine Tochter sei, die ihre Mitschüler nicht verraten habe (‚denunziert') und beschwerte sich dabei, dass der Schulleiter seine Tochter als Kriegsverbrecherin bezeichnet habe, da sie durch ihr Schweigen mitgeholfen habe, die Vorbereitung eines neuen Weltkrieges zu fördern." Völlig anders verhielt sich hingegen jener Anonymus, welcher einen Mitschüler denunzierte.

Am 24. Mai 1951 forderte der Schulleiter von jedem Lehrer sehr autoritär einen schriftlichen Bericht an, dessen Gliederung formularartig von ihm vorgegeben wurde. Die Lehrer standen bei der Abfassung der geforderten „ausführlichen" Berichte nicht nur unter Zeitdruck, sondern waren vor allem einer ungeheuren psychischen Belastung ausgesetzt: Jede politisch „falsche" Bemerkung konnte in dieser brisanten Situation auch beruflich nachteilig sein. Die Beantwortung der Fragen war zusätzlich ein pädagogisches und moralisches Problem: Es wurde gefordert, Konsequenzen vorzuschlagen; ohne ausreichende Informationen sollten Schüler be- und möglicherweise auch verurteilt werden; rechtfertigte das Verteilen von Flugblättern drastische Maßnahmen? Es war offensichtlich sogar an die Schließung und Auflösung der Oberschule Werdau gedacht. Die Stellungnahmen unterscheiden sich teilweise gravierend, vor allem was die politische Einschätzung und die Konsequenzen anbetraf. Das war auch Anlass für den Schulleiter – der selbst keinen Bericht verfasste, aber alle anderen mit unterschiedlichen Farbstiften bearbeitete –, an einigen Stellen mit Kommentaren wie „Kritik?", „Keine Selbstkritik!", „Inwiefern?", „nur objekti-

ve Schwierigkeiten", „keine Namen", „genauer definieren"
nicht zu sparen.

Am 13. Juni 1951 fand eine für mehrere Schüler mit weitrei-
chenden Folgen verbundene Konferenz des Lehrerkollegiums
der Oberschule Werdau statt, von der nur ein Beschlussproto-
koll vorhanden ist. Danach wurde „einstimmig" beschlossen,
die verhafteten und einige geflohene Schüler von der Schule
auszuschließen „mit der Maßgabe, auch keine andere Oberschule der DDR weiter besuchen zu dürfen". Auf diese „Maßgabe" beriefen sich die Behörden in Werdau auch nach der
Entlassung der zu hohen Strafen Verurteilten, womit zumindest für die ehemaligen Oberschüler jede Weiterbildung und
adäquate Berufsausbildung unmöglich gemacht wurde – ein
Grund für die Flucht in den Westen. In der Begründung für
den Schulausschluss wurde vorweggenommen, was die Große
Strafkammer des Zwickauer Landgerichts erst einige Monate
später festzustellen meinte. Das Werdauer Lehrerkollegium
wartete keineswegs den Strafprozess ab, sondern fällte eine
klare Vorverurteilung. Unsere Eltern erhielten per Einschrei-
ben einen Brief mit identischem Text – abgesehen von den
personenbezogenen Angaben (Namen, Wohnort).

Der Strafvollzug

Die meisten wissenschaftlichen Arbeiten über die politische
Strafjustiz der DDR enden mit dem Hinweis auf die vielfach
exorbitant hohen Zuchthausstrafen. Die eigentliche Leidens-
zeit – abgesehen von den Stasi-Verhören – begann jedoch
erst im „Strafvollzug". Über meine immerhin fünfeinhalbjäh-
rige Haftzeit können an dieser Stelle nur einige stichwortarti-
ge Andeutungen gemacht werden. Grundsätzlich ist zu beachten, dass sich die Haftbedingungen oftmals zur gleichen
Zeit von Anstalt zu Anstalt unterschieden – je nachdem welcher Anstaltsleiter welches „Regiment" führte – und sich im
Verlaufe der Jahre besserten. Die Haftbedingungen zu Be-

ginn der fünfziger Jahre waren – im Vergleich zu späteren
Zeiten – überaus hart, brutal, unmenschlich.[56]

Die erste „Strafvollzugsanstalt" für unsere Gruppe war
Waldheim. Später lernten viele von uns nahezu alle Zucht-
häuser der DDR von innen kennen; ich selbst war im Laufe
der fünfeinhalb Jahre in sieben verschiedenen „Vollzugsan-
stalten".[57] In Waldheim wurden wir vom Wachpersonal äußerst unfreundlich empfangen, denn wir galten als Schwerverbrecher, viel schlimmer als Mörder, denn wir hätten „die
ganze Menschheit ins Unglück stürzen" wollen. Der damalige Justizminister Fechner hatte verfügt: „Wer unsere antifa-
schistisch-demokratische Ordnung angreift, wer den Aufbau
unserer Friedenswirtschaft stört, begeht eine strafbare Handlung und wird seiner verbrecherischen Taten wegen bestraft.
Strafgefangene dieser Art sind deshalb auch keine ‚politischen' Gefangenen, sondern kriminelle Verbrecher. Die Bezeichnung dieser Strafgefangenen als politische Häftlinge
wird daher hiermit untersagt."[58]

Die Zivilkleidung und alle uns noch aus der Untersuchungshaft
verbliebenen privaten Gegenstände mussten abgegeben werden; wir wurden neu „eingekleidet": Jacke und Hose mit ein-
genähtem Streifen (diese „Uniform" musste nachts, vor-
schriftsmäßig zusammengelegt, aus der Zelle gegeben werden),

---

[56] Vgl. u. a. Gerhard Finn: Die politischen Häftlinge in der Sowjetzone
1945–1959, Köln 1989; Karl Wilhelm Fricke: Zur Menschen- und Grundrechtssituation politischer Gefangener in der DDR, Köln 1986; Karl Wilhelm Fricke: Politik und Justiz in der DDR. Zur Geschichte der politischen Verfolgung 1945–1968. Bericht und Dokumentation, Köln 1979.

[57] Auf meiner „Laufkarte" sind die verschiedenen Anstalten und die jeweilige Aufenthaltsdauer „amtlich" bescheinigt.

[58] Betr.: Gebrauch der Bezeichnung „Politische Häftlinge" – Bezug: Rund-
verfügung Nr. 125/51 der DDR, Ministerium für Justiz, Berlin, vom 5. September 1951 – 4300–II 1365/51 –. Zitiert bei Finn: Die politischen Häftlinge, S. 142; Max Fechner wurde selbst im Juli 1953 aus politischen Gründen
verhaftet und 1955 zu acht Jahren Zuchthaus nach Art. 6 der DDR-Verfassung verurteilt.

Holzschuhe und Fußlappen, eine (!) Garnitur Unterwäsche
(Wäschewechsel gab es nur alle paar Wochen), zwei dünne Decken, Blechnapf und Löffel (während meiner gesamten Haftzeit hatte ich nie Messer und Gabel). Uns wurde das Kopfhaar
radikal geschoren – eine schlimme, totale Entwürdigung; die
einheitliche Glatze wurde im Knast-Jargon „Bombe" genannt;
erst 1953 wurden zwei Zentimeter Stoppelhaar gestattet.

In einer Zelle mit etwa acht Quadratmeter Grundfläche (an
der Zellentür außen waren die Maße genau angegeben)
mussten meist vier, gelegentlich noch mehr Häftlinge miteinander auskommen, die vergitterten Fenster waren zusätzlich
mit einer Holzverkleidung verblendet, der Strohsack war nur
mit Häcksel gefüllt, es gab Ungeziefer. Als Toilette diente ein
Marmeladeneimer mit schlecht schließendem Holzdeckel,
der zweimal täglich geleert wurde;[59] etwa ein Liter Wasser
pro Person täglich musste ausreichen für Körperwäsche,
Zähneputzen, Ausspülen des Essgeschirrs. Es gab anfangs
keine Literatur, keine Zeitungen, keine funktionierende Heizung, nur unregelmäßig die „Freistunde", die ohnehin selten
länger als 20 Minuten dauerte. Uns Jugendliche plagte zudem
ein ständiger schrecklicher Hunger.

Die psychischen und gesundheitlichen Folgeschäden der
„Häftlinge der ersten Jahre" dürften weitaus größer sein als
bisher bekannt, wenngleich nicht direkt messbar und deshalb
auch überhaupt nicht anerkannt! Jeder von uns kann über jeweils eigene Erlebnisse und Lebenserfahrungen berichten:
über das Leben mit Kriminellen in einer Zelle (Sittlichkeits-
verbrecher und Mörder); über die Chance, nach monatelan-
ger totaler Isolierung endlich Arbeit zu bekommen, aber

---

[59] Als wir immer wieder baten, arbeiten zu dürfen – vor allem um etwas
mehr Verpflegung zu bekommen und aus der Enge der Zelle für einige
Stunden herauszukommen –, setzte man uns Schüler als „Kübler" ein,
d. h. wir „durften" täglich zweimal die Kübel leeren und im Großen Zel-
lenhaus das Linoleum auf den Gängen bohnern.

auch über die Schikanen in den Arbeitskommandos. Ich war u. a. eingesetzt zum Nähen von Tarnnetzen (in Torgau), im „Schrott-Kommando" (Torgau), wo wir unter unwürdigen und sehr gefährlichen Arbeitsbedingungen mit Hammer und Meißel Flugzeugschrott zerteilen und sortieren mussten, Unfälle ereigneten sich täglich; die meiste Zeit (in Halle, in Waldheim bei meinem zweiten Aufenthalt dort und in Luckau) war ich in der Schneiderei beschäftigt, wo wir für Volkseigene Betriebe Herrenhosen herstellten.

In Waldheim erhielt ich als Lohnbuchhalter in der Schneiderei rd. 250 Mark netto. Davon blieben als Eigenverbrauch (zum Einkauf bestimmter Lebensmittel, Zigaretten, Zeitung) 19,50 Mark (= 8%); auf ein Sperrkonto (wurde bei der Entlassung ausgezahlt, wovon auch die Fahrkarte zu kaufen war) kamen 8 Mark (= 3%); für Familienunterstützung (wurde nach Hause überwiesen) 25 Mark (= 10%); die Haftanstalt behielt mithin fast 200 Mark (= 79%) ein.[60]

Besonders bedrückend empfand ich es, jahrelang nur in den kleinen Zellen mit oftmals (primitiven) kriminellen Häftlingen leben zu müssen. So schrecklich die völlig überbelegten Säle in Bautzen auch waren,[61] dort war es möglich, sich unter den 200 bis 300 Häftlingen Gesprächspartner auszusuchen, von denen man lernen konnte, die mit fundierten und gehaltvollen Vorträgen vom Häftlingsalltag in eine andere Welt entführten. Ein Bautzen-Häftling, der zeitweise in eine Zelle verlegt worden war, meinte dazu: „Erst mal wieder Saalluft schnuppern. Ihr glaubt gar nicht, wie jämmerlich das Leben

---

[60] Diese von mir in einem Referat (schriftlich fixiert; nicht veröffentlicht) am 19.12.1957 vorgetragenen Daten korrespondieren mit davon unabhängigen Quellen. Vgl. Finn: Die politischen Häftlinge, S. 147 ff.

[61] Vgl. dazu die Schilderungen u. a. von Walter Kempowski: Im Block. Ein Haftbericht, München 1987 (wurde auch verfilmt), und Dieter Rieke: Geliebtes Leben. Erlebtes und Ertragenes zwischen den Mahlsteinen jüngster deutscher Geschichte, Berlin 1999.

in den Zellen ist. Ums Verrecken möchte ich da nicht mehr
hin!"[62]

Die monatlichen (zensierten) Briefe nach draußen – auf vor-
gedruckten Formularen nur wenige Zeilen – wurden ge-
danklich Wort für Wort wochenlang, mitunter in schlaflosen
Nächten formuliert. Die Antwortbriefe gaben Hoffnung, enthielten aber auch oft schlimme Nachrichten. Bei „guter Führung und Arbeitsleistung" durfte bis 1955 (danach wurde es
nur zu besonderen Anlässen wie Weihnachten gestattet, da es
den Gefangenen angeblich „so gut" ging, dass sie keiner Unterstützung bedürften) jeder Strafgefangene monatlich ein
Paket empfangen; Gewicht (3 kg) und Inhalt waren genau
vorgeschrieben. Die von meiner Mutter liebevoll eingepack-
ten Gaben wurden bei der „Kontrolle" meist zusammenge-
schüttet, regelrecht zerhackt (es könnte ja eine Eisensäge
eingeschmuggelt werden) und erst dann dem Häftling übergeben. Reine Schikane. Die vitamin- und fetthaltigen Nah-
rungsmittel waren für uns Jugendliche besonders wichtig,
konnten aber nach einer solchen „Behandlung" nicht lange
aufbewahrt werden.

Die unter bestimmten Auflagen gestatteten vierteljährlichen
Besuche von genau 30 Minuten fanden unter diskriminierenden Bedingungen statt. Für uns Inhaftierte waren sie Hoffnung
und Belastung zugleich: Wir durften unsere Angehörigen –
meist die Mütter, bei zwei meiner Mitschüler auch die jetzigen
Ehefrauen – nach langer Pause wiedersehen; wer danach in die
trostlose Zelle zurückkam, vermochte in der folgenden Nacht
kaum zu schlafen. Aber auch die Besucher waren meist schockiert: in den unfreundlichen Besucher-Räumen blickten sie in
unsere blassen, häufig auch traurigen Gesichter.

---

[62] Zitiert bei Joachim R. Stern: Und der Westen schweigt. Erlebnisse – Berichte – Dokumente über Mitteldeutschland. 1945–1975, Preußisch-
Oldendorf 1976, S. 241.

Die Akten weisen aus, dass ich 1955 eine Verwarnung bekam, weil ich angeblich „zum Fenster hinausgesehen" hätte.[63] Theo Körner bekam drei Tage Arrest, weil er einen „Bleistift" besaß – es handelte sich um eine Bleistiftmine von etwa einem Zentimeter –, mit der er „sich verschiedene Aufzeichnungen" machte.[64]

In Halle („Roter Ochse" hieß die Anstalt) gab es eine „Kulturgruppe", an der ich mitwirkte. Nach achtstündiger anstrengender Schichtarbeit in der Schneiderei – nach Normen und Leistungslohn, wovon uns bestenfalls 15 Mark für einen „freien Einkauf" verblieben – haben wir unter schwierigen Bedingungen geprobt: Es gab auch für die Kulturgruppe keinerlei Schreibgeräte, kaum Bücher etc.; aus dem Gedächtnis wurden „Drehbücher" zusammengestellt. Wir führten u. a. einen erzgebirgischen „Hutzn'ohmd" auf. Für diese fast zwei Stunden vergaßen die Zuhörer – unsere Mithäftlinge – ihre besonders in der Weihnachtszeit schwierige psychische Situation. Die dankbaren Blicke werde ich nie vergessen!

Gnadengesuche und Entlassung

Unsere Eltern, auch unterstützt durch einige Rechtsanwälte, reichten laufend Gnadengesuche und Revisionsanträge bei den Justizbehörden und bei der Präsidialkanzlei von Wilhelm Pieck ein. Der Vertreter der Präsidialkanzlei, Staatssekretär Opitz, hatte am 8. April 1952 in Zwickau den Eltern augenscheinlich voreilig die Überprüfung der Urteile und deren Minderung zugesagt.

Selbst das Kollegium der Staatsanwaltschaft Karl-Marx-Stadt plädierte seit 1953 alljährlich für eine Strafminderung – „Sämtliche Urteile, vor allem die über 6 Jahre, sind etwas über-

---

63 BStU, ASt Chemnitz, ASt 337/53, Gefangenenakte Beyer.
64 BStU, ASt Chemnitz, ASt 337/53, Gefangenenakte Körner.

spitzt" – und auf Strafherabsetzung.[65] In einem als „vertraulich
und eilt sehr!!" deklarierten Schreiben vom 8. Dezember 1955
an den Generalstaatsanwalt der DDR drängte die Leiterin der
Rechtsabteilung der Präsidialkanzlei auf ernsthafte Überprüfung der Gnadenakte, da inzwischen „das Prestige des Präsidenten berührt wird, insofern bekanntlich Aussprachen mit
den Eltern der Verurteilten (einmal in Zwickau und einmal in
Berlin) stattgefunden haben. Hierbei wurde zugesagt, dass die
Verurteilten nach erreichtem Erziehungserfolge entlassen
werden. Diese Zusicherung entsprach einer getroffenen Ver-
einbarung."[66] Bis Anfang 1956 wurden diese Eingaben durch
die Justizministerin Hilde Benjamin strikt abgelehnt.[67]

Erst nach dem XX. Parteitag der KPdSU 1956 und der „Ge-
heimrede" Chrustschows zu Stalins Verbrechen gab es bei
der SED-Führung Ansätze für einen möglichen Gnaden-
erlass und Mitte des Jahres eine generelle größere Ent-
lassungswelle. Seit Mitte September 1956 sind in den Akten
Verfügungen über eine bedingte Strafaussetzung der noch inhaftierten „Werdauer Oberschüler" nachweisbar. Sie wurden
mit unterschiedlichen Bewährungsfristen ausgesprochen.
Meine Entlassungsverfügung stammt vom 4. Oktober 1956
(wieder mein Geburtstag). Sie enthält die Bemerkung, dass
ich „inzwischen rund 4 1/2 Jahre verbüßt" hätte.[68] In Wirklichkeit war ich bereits ein Jahr mehr inhaftiert. Die Dokumente weisen aus, dass meine Entlassung bereits Mitte 1955
(!) möglich gewesen wäre. Ich war mithin ein Jahr länger in
Haft, als selbst die Gesetze der DDR vorgesehen hatten.

---

[65] BStU, ASt Chemnitz, ASt 337/53, Gerichtsakte, Beiakte. Dabei wurden
auch konkrete Vorschläge gemacht; meine Strafe sollte von acht auf fünf
Jahre herabgesetzt werden.
[66] BStU, ASt Chemnitz, ASt 337/53, Gerichtsakte, Beiakte.
[67] Am 27.1.1956 in einer Stellungnahme des Ministeriums der Justiz: „Der
Minister der Justiz hat für die Verurteilten Joachim Gäbler, Heinz Rasch
und Gerhard Schneider einen Gnadenerweis nicht befürwortet"; BStU,
ASt Chemnitz, ASt 337/53, Gerichtsakte, Beiakte.
[68] BStU, ASt Chemnitz, ASt 337/53, Staatsanwaltschaft, Handakte.

Entlassen wurde ich zudem als letzter aus unserer Gruppe, obwohl ich keineswegs die Höchststrafe bekommen hatte. Gründe dafür sind nirgends erkennbar. wie überhaupt die Entlassungen willkürlich erfolgten. Es gab vor allem für höhere Zuchthausstrafen keine festen, geschweige denn einklagbaren Regelungen für eine mögliche vorzeitige Entlassung. Manche Häftlinge mussten trotz guter Führung und Arbeitsleistung ihre Strafe voll oder nahezu vollständig „absitzen", andere kamen bei vergleichbaren Voraussetzungen viel früher frei; reine Willkür![69]

Wieder in Werdau

Ich wurde am 13. Oktober 1956 nach Werdau entlassen. Als ich das Gefängnistor der Strafvollzugsanstalt Cottbus verließ, hatte ich wieder den Anzug an, den ich bei meiner Verhaftung getragen hatte, einen Karton mit einigen privaten Gegenständen unter dem Arm, meine Rücklage in Höhe von 271,17 DDR-Mark erhalten, wovon ich mir die Fahrkarte nach Werdau kaufen musste. Man hatte mir den Weg zum Bahnhof gezeigt, aber es dauerte lange, bis ich es wagte, die Straße zu überqueren – trotz geringen Verkehrs eine verständliche Unsicherheit nach über fünf Jahren Haft. Auch sonst brauchte die Gewöhnung an das normale Leben einige Zeit: Ich konnte lange nicht in einem Federbett mit Matratze schlafen, ich musste den Umgang mit Messer und Gabel wieder erlernen, fünfeinhalb Jahre hatte ich keine Türklinke und keinen Schlüssel in der Hand gehabt, ich begegnete nach so vielen Jahren erstmals wieder Mädchen. Mir waren Freunde behilflich – ich bin ihnen noch heute dankbar dafür. Die Aufnahme nicht nur bei befreundeten Familien war im Herbst 1956 überaus herzlich. Es gab vielfältige

---

[69] Erwähnt werden muss an dieser Stelle, dass es erst ab 1963 den „Häftlingsfreikauf" durch die Bundesregierung gab. Vgl. dazu Ludwig A. Rehlinger: Freikauf. Die Geschäfte der DDR mit politisch Verfolgten 1963–1989, Frankfurt/Main 1993.

Solidaritätsbekundungen: Sachspenden von unbekannten
Gebern etc.

Völlig anders dagegen war die Verhaltensweise der Behörden in Werdau. Man gab mir zu verstehen, dass ich nach wie
vor als Schwerverbrecher galt – auch dies im Widerspruch zu
DDR-Recht. Nicht viel anders war es meinen vor mir entlassenen Freunden ergangen. So wurde dem bereits 1953 entlassenen Gottfried Karg der Besuch der Berufsschule – obliga-
torisch für jeden Lehrling – verweigert.[70] Der Besuch einer
Oberschule wurde mit Rückgriff auf die Entscheidung der
Schulleitung vom 13. Juni 1951 abgelehnt. Ähnlich erging es
Siegfried Müller.[71] Ihm wurde wahrheitswidrig erklärt, dass
diese Entscheidung Bestandteil des Urteils gewesen sei.
Noch gravierendere „Eingliederungsprobleme" gab es bei
Heinz Rasch 1956. Trotz vielfältiger Bemühungen hatte er
weder die Chance, eine Oberschule der DDR zu besuchen,
noch bekam er überhaupt eine Arbeitsstelle. In einem (in den
Akten dokumentierten, aber unbeantworteten) Brief schrieb
er an die DDR-Behörden: „Man hätte mir doch wenigstens
eine Arbeit als Hilfsarbeiter geben können. Niedriger ging es
doch nun wirklich nicht mehr."[72]

Flucht in den Westen

Von den insgesamt 19 Angeklagten und Inhaftierten wurden
acht erst im Herbst 1956, mithin nach fünfeinhalb Jahren
Haft entlassen. Nur vier der insgesamt 19 blieben in der
DDR; für alle anderen blieb aus politischen und beruflichen
Gründen als Alternative nur die Flucht in den Westen. Dabei
ahnten wir nicht einmal, in welcher Gefahr wir uns im Herbst
1956 befanden, bevor wir uns zur Flucht entschlossen. Wir

---

[70] BStU, ASt Chemnitz, ASt 337/53, Staatsanwaltschaft Zwickau.
[71] Privatarchiv Beyer.
[72] BStU, ASt Chemnitz, ASt 337/53, Staatsanwaltschaft, Handakte.

verfolgten am Radio die Ereignisse in Ungarn und diskutierten darüber. Vom Obersten Gericht der DDR wurde das Abhören von Nachrichten im westdeutschen Rundfunk über den Volksaufstand in Ungarn und dessen brutale Zerschlagung durch sowjetische Panzer sowie die Diskussion darüber als strafbare Handlung interpretiert[73] und mit mehrjährigen Zuchthausstrafen geahndet. Für uns – Strafaussetzung mit mehrjähriger Bewährungsfrist – hätte das schreckliche Folgen gehabt: nicht nur die Reststrafe hätte verbüßt werden müssen, es wäre auch eine erneute Zuchthausstrafe hinzu gekommen. Die Fluchtwege der meisten Freunde verliefen über Westberlin; meine Mutter hatte für mich (wohl mit Bestechung, vielleicht auch von Behördenangehörigen aus Solidarität oder Mitleid organisiert) einen Interzonenpass besorgt, der eine normale Zugfahrt über die Grenze gestattete.

Die Aufnahme im Westen war für uns alle zumeist wenig freundlich. Besonders schockierend war für mich, als ich meine Rehabilitierung einleitete, dass der Generalstaatsanwalt von Bamberg (zuständig für das einschlägige Verfahren) meine Einlassungen nicht nur anzweifelte,[74] sondern mir wörtlich sagte: „Hätten Sie sich anständig benommen, wären Sie nicht ins Zuchthaus gekommen!" – Das gerade acht Wochen nach meiner Entlassung! Anfang 1957 habe ich in sehr kurzer Zeit bei einem „Sonderreifelehrgang für Spätestheimkehrer" mein Abitur nachgeholt. Es war nicht einfach, da ich während meiner gesamten Haftzeit keine Lehrbücher oder andere Weiterbildungsmöglichkeiten erhalten hatte. Die finanzielle Unterstützung während meiner Ausbildung war minimal; das ausschließlich in den Semestermonaten gezahlte Stipendium, für das regelmäßig Leistungsnachweise verlangt wurden, war nur wenig höher als die Miete für meine Studentenbude. Die

---

[73] Das Dokument ist abgedruckt bei Fricke: Politik und Justiz, S. 406.
[74] In der Akte des UFJ (Untersuchungsausschuss Freiheitlicher Juristen, Westberlin) fand ich vor wenigen Jahren einen entsprechenden Briefwechsel.

Zahlungen wurden außerdem einige Semester vor Studien-
abschluss wegen Überschreitung der Mindest-Studienzeit
eingestellt; dass ich nach der langen Haft eine Anpassungs-
zeit an die völlig neuen Bedingungen im Westen brauchte, interessierte die Bürokraten nicht.

Von allen aktiven „Werdauer Oberschülern", ihren Mitwis-
sern und Sympathisanten haben sich lediglich zwei auch später aktiv mit der politischen Entwicklung in der DDR beschäftigt und wurden deshalb vom MfS nicht nur observiert,
sondern auch zur Fahndung ausgeschrieben.[75] Gegen Heinz
Rasch gab es Ende der sechziger Jahre Maßnahmepläne des
MfS, „Möglichkeiten festzustellen, den R. auf dem Gebiet der
DDR zu inhaftieren". Er war aber klug genug, in dieser Zeit
nicht in die DDR zu reisen.[76] Der zweite „politische Akti-
vist" bin ich selbst. Ich war in Erlangen Mitbegründer der
politischen Studentengruppe „Collegia Politica". Deren
deutschlandpolitische Aktivitäten veranlassten das MfS zur
Observierung und einer umfänglichen Expertise. Ich war Mitbegründer und über 30 Jahre Wissenschaftlicher Mitarbeiter
eines Forschungsinstituts an der Universität Erlangen-Nürn-
berg, welches die politische und wirtschaftliche Entwicklung
in der DDR analysierte. Unsere Aktivitäten und Arbeitsergebnisse erschienen dem MfS für so bedeutsam, dass sich dessen Chef Erich Mielke persönlich damit befasste.[77]

---

[75] Meine Fahndungsnummer 1973 war 117 513.
[76] Der Bruder von Heinz Rasch, der wie auch Angehörige anderer Verurteil-
ter völlig unschuldig in „Sippenhaft" genommen und bis zum Ende der
DDR ständig benachteiligt und sogar verfolgt wurde, hat mir einen Teil
der Akten, die Heinz Rasch betreffen, zugänglich gemacht.
[77] BStU, ZA, ZAIG Nr. 5784. Auf das Institut und auf mich waren mehrere
OibE und IM (auch Bundesbürger!) angesetzt; in meinem Privatarchiv
befinden sich mehrere tausend Blatt Kopien einschlägiger Dokumente
(Kerblochkarten, Spitzelberichte, Dissertationen der MfS-Hochschule
etc.).

Ein Epilog

Erst nach dem Auffinden der umfangreichen Akten über den
Prozess gegen die „Werdauer Oberschüler", deren Auswertung und nach drängender Aufforderung durch Sachkenner
und neue Freunde habe ich über meine „besondere Biographie" öffentlich gesprochen. Ein interessantes Podium dafür
verschaffte mir die Akademie für Politische Bildung Tutzing
sowie die Konrad-Adenauer-Stiftung in Leipzig mit Folge-
wirkung: Seitdem wurde ich mehrmals von interessierten
Lehrern in ihre Schulen zu Vorträgen als Zeitzeuge eingeladen. Ein besonderer Höhepunkt für mich war ein Vortrag am
18. Januar 2000 vor Juristen und erweiterter Öffentlichkeit im
Landgericht Zwickau, zu dem mich dessen derzeitiger Präsident eingeladen hatte. Auf meinen Wunsch hin fand der Vortrag in dem Raum statt, in welchem wir 1951 verurteilt worden waren – für mich ein schwieriges mentales Problem, zugleich eine psychische Befreiung.

Im Oktober 1997 wurde im Gymnasium „Alexander-von-
Humboldt" in Werdau in einer würdigen Veranstaltung vom
Sächsischen Staatsminister für Kultus, Matthias Rößler, und
dem Werdauer Oberbürgermeister Gerber feierlich eine Gedenktafel enthüllt. Sie enthält folgenden Text: „Zum Gedenken an die 19 Jugendlichen, die am 3. Oktober 1951 im Prozess gegen die Werdauer Oberschüler von der SED-Justiz zu
insgesamt 130 Jahren Zuchthaus verurteilt wurden. In selbstgefertigten Flugblättern traten sie für die Einheit Deutschlands ein und protestierten gegen Stalinistischen Terror." Die
Gedenktafel ist gut sichtbar im Treppenhaus angebracht und
wird regelmäßig mit Blumen geschmückt.[78]

---

[78] Es dauerte allerdings etwa zwei Jahre von der Initiierung durch den Bürgerrechtler und Vorsitzenden der SPD-Fraktion im Werdauer Stadtrat,
Michael Jubelt, bis zur Realisierung; ursächlich waren nicht nur die lange
fehlende Mehrheit im Stadtrat, sondern auch – im Unterschied zu 1956 –
spürbare Vorbehalte an anderer Stelle.

1992 beantragte Joachim Gäbler, der Hauptangeklagte in unserem Prozess, Ermittlungen gegen die möglicherweise noch lebenden Akteure der SED-Justiz zu führen. Die Staatsanwaltschaft Dresden, Abteilung SED-Unrecht, verfasste nach entsprechenden Recherchen, Aktenstudien und Zeugenbefragungen eine Anklageschrift gegen die beiden noch lebenden Richter Fritz Hübsch und Edith Müller wegen Rechtsbeugungen und Freiheitsberaubung.[79] Joachim Gäbler und ich wurden auf Antrag vom Landgericht Zwickau als Nebenkläger zugelassen, weshalb ich über den Fortgang und Ausgang dieses Verfahrens vollständig informiert bin.[80]

Bereits bei den ersten Vernehmungen bestritten beide jegliche Schuld, gaben an, sich an den Prozess und insbesondere Details nicht zu erinnern, und entschuldigten sich damit, dass sie nur kurz als „Volksrichter" ausgebildet worden seien und sich der damals üblichen Rechtsprechung untergeordnet hätten. Fritz Hübsch nahm am 15. März 1994 zum Vorwurf der Rechtsbeugung wie folgt Stellung: „Ich weise den Vorwurf einer Rechtsbeugung und Freiheitsberaubung in vollem Umfang zurück. [...] Zu weiteren Fragen des gesamten Verfahrens werde ich keine weiteren Aussagen machen. Ich nehme das Recht der Aussageverweigerung für mich in Anspruch." Die Reaktion von Edith Müller auf die Anklage war am 25. Januar 1996 ähnlich: „Als 76–jähriger Mensch kann ich mich beim besten Willen weder an Einzelheiten, noch insgesamt an das Verfahren erinnern. [...] Ich weise hiermit jeglichen Vorwurf einer Rechtsbeugung gem. § 244 bzw. Freiheitsberaubung gem. § 131 StGB der DDR – und nur dieses Recht könnte zur Anwendung kommen – zurück. Das gefällte Urteil entsprach der damals in der DDR geltenden Gesetzlich-

---

[79] Anklageschrift vom 17.12.1996; Aktenzeichen: 831 Js 6504/93. Die anderen an der Vorbereitung und Durchführung des Prozesses maßgeblich Beteiligten und unleugbar Schuldigen waren bis zur Anklageerhebung verstorben.

[80] Die Akten zu diesem Vorgang umfassen mehrere hundert Blatt.

keit, insbesondere den Direktiven des Alliierten Kontrollrats, und stand im Einklang mit der ständigen Rechtsprechung. [...] Das Urteil entsprach meiner Überzeugung. [...] Da wir im Einklang mit dem geltenden Recht der DDR entschieden haben, kann ich auch keine Rechtsbeugung oder Freiheitsberaubung begangen haben."

Das hohe Alter der beiden Angeklagten (um die 80 Jahre) veranlasste das Gericht, Gutachten über ihre Verhandlungsfähigkeit einzuholen. Es wurden im Laufe der Zeit eine ganze Reihe derartiger Gutachten von verschiedenen medizinischen/psychiatrischen Einrichtungen erstellt, in ihrer Aussage von der Staatsanwaltschaft und dem Anwalt der Nebenkläger streitig gestellt, was zu neuerlichen Untersuchungen führte. In einem ausführlichen psychiatrisch-psychologischen Gutachten der Universitätsklinik Leipzig vom 24. Juli 1998 heißt es über Frau Müller: „Sie schätzt ein, dass auch aus heutiger Sicht das Urteil gerechtfertigt sei." Das forensisch-psychiatrische Gutachten des Universitätsklinikum Carl Gustav Carus an der TU Dresden vom 8. November 1999 über Frau Müller enthält den Satz: Es „besteht keinerlei Schuldbewusstsein; es wird im Gegenteil das derzeit gegen sie laufende Verfahren als Unrecht interpretiert."

Die beiden „Volksrichter" des Jahres 1951 wurden von 1994 an ständig mit dem von ihnen beiden geführten Prozess gegen mich und meine Freunde konfrontiert. Sie wurden durch Vernehmungen und Befragungen bei den Begutachtungen an das damalige Geschehen erinnert; sie fühlten sich dadurch enorm psychisch belastet.

Das Verfahren gegen den Landrichter Hübsch wurde abgetrennt und wegen erwiesener Verhandlungsunfähigkeit schließlich eingestellt. Am 10. Februar 2000 schrieb der Rechtsanwalt der ehemaligen Richterin Müller an das Landgericht Zwickau, „dass diese mit der Einstellung des Verfahrens nach § 153 Abs. 2 StPO gegen Zahlung eines Geldbetrages von 4000 DM sowie zur Tragung der gesetzlichen Kosten des Nebenklägers einverstanden ist. Eine Begleichung der Schuld könnte bis Ende März d. J. erfolgen." Auf den Einspruch der Nebenkläger, dass die angebotene Buße von DM 4000,– wohl in ihrer Höhe keineswegs der Schwere der Schuld entspräche, ging das Landgericht Zwickau nicht ein, sondern beschloss die Einstellung des Verfahrens (übrigens mit Zustimmung der Staatsanwaltschaft). Am 5. April 2000 wurde festgelegt: „1. Das Verfahren wird endgültig eingestellt. 2. Die Kosten des Verfahrens trägt die Staatskasse. Die Angeschuldigte hat ihre notwendigen Auslagen und die den Nebenklägern entstandenen notwendigen Auslagen zu tragen. <u>Gründe:</u> Die Angeschuldigte hat die festgesetzte Geldauflage vollständig und rechtzeitig erfüllt."

Das Ergebnis langjähriger Ermittlungen, einer gut begründeten Anklageschrift und vieler Vernehmungen sowie Gutachten mag letztlich niemanden zufrieden stellen. Dennoch: die „Volksrichterin" Edith Müller hat mit ihrem Angebot auf Einstellung des Verfahrens und Zahlung einer Geldbuße juristisch ein Schuldanerkenntnis gegeben. Frau Müller war in der Reihe der Akteure von 1951 diejenige, der am wenigsten schuldhaftes Handeln nachzuweisen war; in den Dokumenten taucht ihr Name im Unterschied zu den anderen Personen kaum auf. Zu Lebzeiten und bei Verhandlungsfähigkeit aller damals handelnden Personen wären diese zweifelsfrei wegen Rechtsbeugung und Freiheitsberaubung verurteilt worden. Zu eindeutig sind die Unterlagen und Beweise dafür in den vorliegenden Akten.

Ein weiteres leidiges Problem ist die völlig unzureichende Rehabilitierung. Meine erste strafrechtliche Rehabilitierung nach dem Häftlingshilfe-Gesetz erfolgte 1957, die nach dem SED-Unrechtsbereinigungs-Gesetz 1992. Die Anfang 1957 ausgezahlte Haftentschädigung bedeutete weniger als 30 DM pro Haftmonat. Inzwischen wurde nach vielen Eingaben, Interventionen und harten Auseinandersetzungen zwischen Betroffenen und Opferverbänden einerseits sowie dem Gesetzgeber andererseits dieser Satz auf 600 DM pro Monat angehoben. Nach Abzug der bereits erfolgten Leistungen wurde mir dieser Betrag auch überwiesen. Problematisch bleibt jedoch für mich, dass beim Ausgleich rentenrechtlicher Nachteile aus politischen Gründen inhaftierte Schüler trotz Novellierung des Beruflichen Rehabilitierungsgesetzes weiterhin ausgeschlossen bleiben. Das Gesetz enthält einen Widerspruch, den der Gesetzgeber aufzulösen nicht bereit ist, bei dem auch die für den Betroffenen günstige Lösung verweigert wird. Auch der von mir angerufene Petitionsausschuss des Deutschen Bundestages hat meine Eingabe abschlägig beurteilt.[81]

Es gehört heute schon wieder Mut und Selbstvertrauen dazu, sich gegen die Bürokratie, gegen die Justiz, die in Sachen DDR-Justiz sehr milde urteilt,[82] und gegen die zunehmende Nostalgie sowie Gleichgültigkeit zu behaupten. Ich habe mir vorgenommen, meine Biographie, die auch in vielen Abschnitten die meiner Freunde ist, der Öffentlichkeit kundzutun und nicht dem Vergessen und dem Verdrängen zu überantworten.[83]

---

[81] Vgl. dazu Achim Beyer: Über den Umgang mit Biographien. Die Täter verwöhnt, die Opfer verhöhnt, in: Deutschland Archiv 33 (2000), S. 82 ff.

[82] Dazu Jürgen Weber/Michael Piazolo (Hrsg.): Justiz im Zwielicht. Ihre Rolle in Diktaturen und die Antwort des Rechtsstaates, München 1998.

[83] Ende des Jahres 2000 wurde vom MDR (Mitteldeutscher Rundfunk), Redaktion Kulturpublizistik, die Trion FILM Berlin beauftragt, einen Dokumentarfilm über die „Werdauer Ereignisse" mit einigen Betroffenen zu drehen. Vom Filmteam ausgewählte sieben Betroffene gaben umfangreiche und sehr freimütige Interviews. Der daraus entstandene einstündige Film wurde im MDR-Fernsehen am 3. Oktober 2001 ausgestrahlt, genau dem fünfzigsten Jahrestag des Prozesses. Titel des Films: „Der Oberschülerprozess-Werdau /Sa. 1951"

Literaturhinweise

Gerhard Finn (unter Mitarbeit von Karl Wilhelm Fricke): Politischer Strafvollzug in der DDR, Köln 1981.

Gerhard Finn: Die politischen Häftlinge in der Sowjetzone 1945 - 1959, Köln 1989.

Karl Wilhelm Fricke: Politik und Justiz in der DDR. Zur Geschichte der politischen Verfolgung 1945 - 1968. Bericht und Dokumentation, Köln 1979.

Karl Wilhelm Fricke: Opposition und Widerstand in der DDR. Ein politischer Report, Köln 1984.

Karl Wilhelm Fricke: Zur Menschen- und Grundrechtssituation politischer Gefangener in der DDR, Köln 1986.

Klaus-Dieter Müller/Annegret Stephan (Hrsg.):Die Vergangenheit läßt uns nicht los. Haftbedingungen politischer Gefangener in der SBZ/DDR und deren gesundheitliche Folgen, Berlin 1998.

Hubert Rottleuthner u.a.: Steuerung der Justiz in der DDR: Einflußnahme der Politik auf Richter, Staatsanwälte und Rechtsanwälte, Köln 1994.

Wolfgang Schuller: Geschichte und Struktur des politischen Strafrechts der DDR bis 1968, Ebelsbach 1980.

Jürgen Weber/Michael Piazolo (Hrsg.): Justiz im Zwielicht. Ihre Rolle in Diktaturen und die Antwort des Rechtsstaates, München 1998

Hermann Wentker (Hrsg.): Volksrichter in der SBZ/DDR 1945 bis 1952. Eine Dokumentation, München 1997.

Falco Werkentin: Politische Strafjustiz in der Ära Ulbricht, Berlin 1995.

Falco Werkentin: Recht und Justiz im SED-Staat, Bonn 1998.

A.J. Wyschinski: Gerichtsreden, Berlin (Ost) 1951.

THOMAS AUERBACH

Jugend im Blickfeld der Staatssicherheit

Seit seiner Gründung 1950 setzte sich das Ministerium für Staatssicherheit (MfS) mit unangepassten Jugendlichen auseinander. Hierbei ging es sowohl um die Absicherung von Großveranstaltungen der Staatsjugendorganisation „Freie Deutsche Jugend" (FDJ) als auch um die Bekämpfung jugendlicher Widerstandsgruppen. Ausweislich der bisher aufgefundenen Unterlagen hat das MfS das nonkonforme Auftreten von größeren Gruppen unter den DDR-Jugendlichen erst ab Mitte der fünfziger Jahre als ein politisches und soziales Problem wahrgenommen. Auf einer Kollegiumssitzung der Leitung des MfS am 1. Februar 1956 registrierten die Teilnehmer im Zusammenhang mit der Gründung der Nationalen Volksarmee pazifistische Tendenzen unter den Jugendlichen der DDR. Der damalige stellvertretende Minister, Bruno Beater, beklagte die mangelhafte Propagandaarbeit der FDJ und der Pionierorganisation (Kinderorganisation der DDR) bei der Wehrerziehung. Beater verlangte auf der besagten Kollegiumssitzung eine, nicht näher definierte, sofortige Entscheidung, wie man der Probleme unter den Jugendlichen Herr werden könne.[1] Erst zur Kollegiumssitzung am 7. Mai 1957 stand das Thema wieder auf der Tagesordnung. Mielke und Beater wurden dort beauftragt, bis zum 31. Mai 1957 eine Direktive zur Bekämpfung der Feindtätigkeit

---

[1] Protokoll der 2. Kollegiumssitzung der Leitung des MfS vom 1.2.1956; BStU (Bundesbeauftragte für die Stasiunterlagen der ehemaligen DDR), ZA (Zentralarchiv), SdM (Sekretariat des Ministers) 1551, Bl. (Blatt) 12.

unter der Jugend zu erarbeiten.[2] Dazu kam es aus bisher un-
geklärten Gründen nicht. Am 26. November 1958 wies die Sicherheitskommission beim ZK der SED das MfS an, dafür zu
sorgen, dass die Ermittlungsergebnisse über die Existenz und
das Auftreten von sogenannten „Cliquen" unter der Jugend
sofort den Bezirks- und Kreisleitungen der SED zur Auswertung übergeben werden.[3]

„Meuten, Rowdygruppen, Klubs und Banden"

Erst am 19. Oktober 1961 griff Mielke das Thema in einem
Schreiben an die Leiter der Hauptabteilungen (HA) und Bezirksverwaltungen (BV) erneut auf. Zum Zweck der Erarbeitung einer Analyse über die Lage unter der Jugend forderte er
nach einem vorgegebenen Fragenkatalog detaillierte Informationen aus den Verantwortungsbereichen der jeweiligen
Diensteinheiten ab. Kurz nach dem Mauerbau interessierte
Mielke besonders die Haltung der Jugend zur Verteidigungs-
bereitschaft, zur FDJ-Aktion „Blitz kontra NATO-Sender"
(Kampagne gegen den Empfang von Westsendern) und zur
sogenannten „Störfreimachung" (von Lieferungen aus dem
Westen). Offensichtlich gestützt auf die daraufhin erfolgte
Zuarbeit der nachgeordneten Diensteinheiten, erließ Mielke
am 4. Juli 1963 erstmals für das gesamte MfS verbindliche
„Arbeitshinweise für die politisch-operative Bekämpfung der
politisch-ideologischen Diversion und Untergrundtätigkeit
unter jugendlichen Personenkreisen in der DDR". Damit reagierte das MfS auf das Jugendkommuniqué des Politbüros der
SED, das am 21. März 1963 unter dem Titel „Der Jugend Vertrauen und Verantwortung" veröffentlicht worden war. Mielke unterstellte in den Arbeitshinweisen eine vom Westen betriebene Feindtätigkeit unter den DDR-Jugendlichen und

---

[2] Protokoll der Kollegiumssitzung der Leitung des MfS vom 7.5.1957; BStU,
ZA, SdM 1552, Bl. 141.
[3] Protokoll der Sitzung der Sicherheitskommission beim ZK der SED vom
26.11.1958; BStU, ZA, SdM 407, Bl. 266.

legte als Hauptaufgabe fest, „der ganzen Jugend die Perspektive des Sozialismus zu erklären".[4] Unter dem Deckmantel der Objektivität verbreite der Gegner den Antikommunismus unter der Jugend.[5] 58 Prozent aller im Zeitraum Januar bis April 1963 bekannt gewordenen Feindhandlungen seien von Jugendlichen unter 25 Jahren begangen worden. Die beispielhafte Schilderung feindlicher Handlungen von „Meuten, Rowdygruppen, Klubs, Banden" und sonstigen „negativen Gruppierungen und Konzentrationen" nahmen in den Arbeitshinweisen einen breiten Raum ein. Mielke legte u. a. fest, dass die inoffizielle Tätigkeit des MfS stärker auf die Arbeit unter Jugendlichen bis 25 Jahren zu konzentrieren sei.[6]

Am 11. Oktober 1965 fasste das Sekretariat des ZK der SED einen Beschluss zu Fragen der Jugendarbeit und dem Auftreten von sog. „Rowdygruppen unter der Jugend". Darin wurden die FDJ und die Medien angewiesen, dem Eindringen westlicher „Dekadenz" keinen Vorschub zu leisten und ihm in „überzeugender Weise entschieden entgegenzuwirken". Offensichtlich unter dem Eindruck von Auftritten einiger Beatbands zum Tag der Republik am 7. Oktober 1965 wurde der Minister für Kultur beauftragt, solchen „Laienmusikgruppen", deren Darbietungen „aus dekadenter westlicher Musik bestehen", sofort die Lizenz zu entziehen. „Gammler", welche die öffentliche Ordnung gefährdeten oder keiner geregelten Arbeit nachgingen, sollten in Arbeitslager eingewiesen werden.[7] Dieser Beschluss war für das MfS

---

[4] Arbeitshinweise Mielkes für die politisch-operative Bekämpfung der politisch-ideologischen Diversion und Untergrundtätigkeit unter jugendlichen Personenkreisen in der DDR vom 4.6.1963, S. 2; BStU, ZA, DSt (Dokumentenstelle) 100483.

[5] Ebenda, S. 4.

[6] Ebenda, S. 7 ff.

[7] Sekretariat des ZK der SED: Schreiben an die 1. Sekretäre der Bezirksleitungen der SED zu einigen Fragen der Jugendarbeit und dem Auftreten von Rowdygruppen vom 13.10.1965, S. 1 f.; BStU, ZA, HA XX Bündel 1244 (unerschlossenes Material).

Anlass zu hektischer Betriebsamkeit. Schon am 16. Oktober
schickte Mielke ein Fernschreiben an alle Bezirksverwaltungen. Als Grundlage für die „Einleitung entsprechender poli-
tisch-operativer Maßnahmen" forderte er bis zum 22. Oktober 1965 von den Bezirksverwaltungen jeweils eine Analyse
zu „Gammler-, Beatles- und Rowdygruppen", deren „west-
lich dekadenter Lebensweise", über Umfang, Charakter und
Zusammensetzung solcher Gruppen und ihre Westverbin-
dungen. Weiter sollten die Bezirksverwaltungen über Laienmusikgruppen berichten, die Jugendliche durch Westmusik
zu „rowdyhaften Handlungen inspirieren". Auch Erkundun-
gen über die positive Wirksamkeit der damals noch recht
drögen Sendungen des DDR-Jugendfunks DT 64 und „ju-
gendgemäßer" Beiträge des DDR-Fernsehens hatten die Bezirksverwaltungen einzuziehen.[8] Auf einer zentralen Dienstbesprechung mit den Leitern der Bezirksverwaltungen am
3. November 1965 wurden die Analysen aus den Bezirken
ausgewertet und weitere Maßnahmen zur Disziplinierung
der Jugend beschlossen.[9] Einem Schreiben Mielkes an die
Bezirksverwaltungen vom 4. November 1965 ist zu entnehmen, dass die staatlichen Organe nun in einer regelrechten
Kampagne mit harten Repressionen bis hin zu Festnahmen
und Einweisungen in Arbeitslager gegen nonkonforme Jugendliche vorgingen.[10] Die für die „Bearbeitung" der Jugend
zuständige Hauptabteilung (HA) XX/2 registrierte akribisch

---

[8] Fernschreiben Mielkes zur Durchsetzung des Beschlusses des Sekretariats
des ZK der SED an die Bezirksverwaltungen des MfS vom 16.10.1965, S. 1
f.; BStU, ZA, HA XX Bündel 1244 (unerschlossenes Material).

[9] Vermerk über eine Dienstbesprechung zur Durchführung des Beschlusses
des Sekretariats des ZK der SED vom 11.10.1965 über einige Jugendprob-
leme in der DDR vom 3.11.1965; BStU, ZA, SdM 1562, Bl. 179.

[10] Schreiben Mielkes an die Bezirksverwaltungen in Auswertung der Dienstbesprechung vom 3.11.1965 zu den Reaktionen der Jugendlichen auf die
eingeleiteten Maßnahmen zur Bekämpfung der westlichen Dekadenz
vom 4.11.1965, S. 1 f.; BStU, ZA; HA XX Bündel 1244 (unerschlossenes
Material).

sämtliche Vorkommnisse. So genügte beispielsweise lediglich das „Herumstehen" von 20 Jugendlichen im U-Bahnhof Berlin-Lichtenberg, dass diese von der Volkspolizei „zugeführt" wurden.[11]

Befehl Nr. 11/66

Die wichtigste Reaktion des MfS auf den Beschluss des ZK-Sekretariats jedoch war der Befehl Nr. 11/66 Mielkes zur „Bekämpfung der politisch-ideologischen Diversion und Untergrundtätigkeit unter jugendlichen Personenkreisen" vom 15. Mai 1966, welcher auch die Federführung der HA XX/2 auf diesem Gebiet festschrieb.[12] Diesen Befehl ergänzte die Dienstanweisung Nr. 4/66 gleichen Datums und Titels und führte ihn genauer aus.[13] Beide Dokumente behielten bis 1989 ihre Gültigkeit. Die Dienstanweisung 4/66 regelte grundsätzlich die Vorgehensweise, Mittel und Methoden, Zuständigkeiten und Zielrichtung des MfS bei der „Bearbeitung" Jugendlicher. Sowohl der Befehl als auch die Dienstanweisung wurden bereits Ende der sechziger Jahre in Bezug auf aktuelle Ereignisse wie den Prager Frühling und den 20. Jahrestag der DDR durch Durchführungsbestimmungen ergänzt und verschärft. Nach dem Einmarsch der Truppen des Warschauer Paktes in die ČSSR im August 1968 ordnete Mielke an, dass den Reaktionen Jugendlicher auf diese Ge-

---

[11] Hauptabteilung XX/2: Statistische Übersicht über operative Materialien in der Zeit vom 1.1.1966 bis 31.3.1966 vom 28.4.1966, S. 5; BStU, ZA, HA XX Bündel 1160 (unerschlossenes Material).

[12] Befehl Nr. 11/66 Mielkes zur politisch-operativen Bekämpfung der politisch-ideologischen Diversion und Untergrundtätigkeit unter jugendlichen Personenkreisen der DDR vom 15.5.1966, S. 3; BStU, ZA, DSt 100483.

[13] Dienstanweisung Nr. 4/66 Mielkes zur politisch-operativen Bekämpfung der politisch-ideologischen Diversion und Untergrundtätigkeit unter jugendlichen Personenkreisen in der DDR vom 15.5.1966, S. 1–28; BStU, ZA, DSt 100483.

schehnisse vor allem an Hoch- und Fachschulen besondere Wachsamkeit zu schenken sei.[14] Dazu stellte die HA XX in ihrer Jahresanalyse fest, dass es hauptsächlich jugendliche Täter waren, die im Zusammenhang mit den „Sicherungsmaßnahmen vom 21. August 1968" straffällig wurden. Für das zweite Halbjahr 1968 erstellte die HA XX/2 folgende Statistik.[15]

Delikt	Anzahl gesamt	davon bis zu 24 Jahren alt
Schmieren von Hetzlosungen und faschistischen Zeichen	128 Personen	103 = 81%
Verbreitung selbstgefertigter Hetzschriften	174 Personen	134 = 77%
mündliche Hetze	320 Personen	110 = 35%

Auch der Befehl 11/66 wurde am 8. August 1969 durch eine 1. Durchführungsbestimmung ergänzt. Dort verwies Mielke erneut auf das gehäufte Auftreten junger Menschen, „die durch ausgesprochen dekadentes Verhalten und Aussehen (ungepflegtes Äußeres, überlanges Haar, anstößige Kleidung, Veranstalten anstößiger Partys) gekennzeichnet sind". In Vorbereitung des 20. Jahrestages der DDR befahl Mielke abermals ein härteres Vorgehen gegen solcherart auffällige Jugendliche.[16] Dies hatte zur Folge, dass die HA XX/2 ihre Arbeit auf diesem Gebiet gegen Ende der sechziger Jahre weiter intensivierte.

---

[14] Schreiben Mielkes an die Leiter der Hauptabteilungen und Bezirksverwaltungen zur weiteren Durchsetzung der DA (Dienstanweisung) 4/66 vom 2.9.1968, S. 1–4; BStU, ZA, DSt 100483.

[15] Hauptabteilung XX: Jahresanalyse für 1968 vom 20.1.1969; BStU, ZA, HA XX/AKG 804, Bl. 29.

[16] 1. Durchführungsbestimmung Mielkes zum Befehl 11/66 vom 8.8.1969, S. 1–5; BStU, ZA, DSt 100483.

Jugendliche IM

Als das MfS nach dem Einmarsch der Truppen des Warschauer Paktes in die ČSSR verstärkt Widerstand unter Jugendlichen in der DDR registrierte, sah sich Mielke in einem Schreiben an die Leiter der operativen Diensteinheiten genötigt, auf das Problem einzugehen. Er forderte die Werbung weiterer IM (Inoffizielle Mitarbeiter) zur „Bearbeitung" und Überwachung von jugendlichen Personenkreisen, die während der „Konterrevolution in der ČSSR" negativ aufgefallen waren.[17]

Inwieweit sich diese Forderung in die Praxis umsetzen ließ, geht aus einer „zusammenfassenden Einschätzung zur politisch-operativen Lage unter jugendlichen Personenkreisen" der zuständigen HA XX/2 vom 23. Januar 1969 hervor. Dort heißt es, dass man die besten Erfahrungen mit jugendlichen IM gemacht habe, die aus „positiven Elternhäusern" stammen und eine „positive Grundeinstellung" besitzen. Im Gegensatz zu „negativen und labilen Jugendlichen" zeigten solche IM eine bessere Disziplin, höhere Eigeninitiative und ein größeres Einschätzungsvermögen. Andererseits hätten Jugendliche aus negativen Personenkreisen die günstigsten Voraussetzungen zur Aufklärung staatsfeindlicher Handlungen.[18] Hier wurde erstmals ein Widerspruch benannt, den das MfS bis 1989 nicht lösen konnte und der die Arbeit mit jugendlichen IM erheblich behinderte. Das MfS war bei der Überwachung Jugendlicher auf IM angewiesen, die „unzuverlässig" waren und sich dem Zugriff des MfS immer wieder

---

[17] Schreiben Mielkes an die Leiter der Hauptabteilungen und Bezirksverwaltungen zur weiteren Durchsetzung der DA 4/66 vom 2.9.1968, S. 2; BStU, ZA, DSt 100483.

[18] Anlage 3 zur Jahresanalyse der HA XX für 1968: Zusammenfassende Einschätzung der politisch-operativen Lage unter jugendlichen Personenkreisen vom 23.1.1969; BStU, ZA, HA XX/AKG 804, Bl. 216.

entzogen. So musste die HA XX/2 1968 die Zusammenarbeit
mit sechs IM einstellen, weil ihnen nicht die „für die operative Arbeit erforderliche Ehrlichkeit, Zuverlässigkeit und Be-
ständigkeit" anerzogen werden konnte. Es handelte sich um
IM, die zur Bearbeitung jugendlicher Personenkreise unter
„kriminell aufgefallenen Jugendlichen" geworben worden
waren.[19] Weiterhin stellte die HA XX/2 fest, dass die Arbeit
mit „Kontaktpersonen" (KP) unter 18 Jahren problematisch
sei. Häufig auftretende Schwierigkeiten seien die Gefahr der
Dekonspiration, mangelndes objektives Einschätzungsvermögen, abenteuerliche Vorstellungen von der Arbeit des MfS
und schneller Verlust des Interesses an einer Zusammenarbeit mit dem MfS. Trotzdem sei aufgrund der bisherigen Erfahrungen der Einsatz solcher „Kontaktpersonen" unbedingt
erforderlich.[20] Auffällig an diesem wie an anderen Berichten
und Analysen aus jenen Jahren ist, dass der Begriff IM für
Personen unter 18 Jahren vermieden wurde und dass die verschiedenen MfS-Bezirksverwaltungen beim Umgang mit diesem Personenkreis gewissermaßen noch „experimentierten".
Diese Unsicherheit war sicherlich nicht in moralischen Skru-
peln der MfS-Mitarbeiter begründet, sondern leitete sich
eher aus taktischen Erwägungen aufgrund der genannten Erfahrungen mit „Kontaktpersonen" unter 18 Jahren her.

Sowjetische Genossen sollen helfen

Anfang der siebziger Jahre entstand unter der Jugend der
DDR die „Tramperbewegung" (sie selbst nannten sich „Kunden"), die dem MfS außerordentlich suspekt war. Diese Jugendlichen sammelten sich in der Offenen Jugendarbeit der

---

[19] Jahresanalyse der HA XX für 1968 vom 20.1.1969; BStU, ZA, HA
XX/AKG 804, Bl. 60.
[20] Anlage 3 zur Jahresanalyse der HA XX für 1968: Zusammenfassende Einschätzung der politisch-operativen Lage unter jugendlichen Personenkreisen vom 23.1.1969; BStU, ZA, HA XX/AKG 804, Bl. 217 f.

evangelischen Kirche, die deshalb besonderen Argwohn erregte. Mit dieser Entwicklung ging eine Politisierung einher, welche Anfang der achtziger Jahre in die Bildung von Friedens-, Menschenrechts- und Umweltgruppen mündete.

Bei einer Beratung mit „sowjetischen Tschekisten" im April 1976 berichtete der Leiter der HA XX, Generalmajor Kienberg, über die Lage unter Jugendlichen in der DDR: Dekadente, politisch-negative Jugendliche, die sich im Äußeren an der westlichen Hippiebewegung orientierten, bildeten durch ihr massenhaftes Auftreten in der Öffentlichkeit eine ständige Gefahr für Ordnung und Sicherheit. Diese jugendlichen Personenkreise, so Kienberg, veranstalteten auch sogenannte Partys, wo sie sich zum Abhören von Westsendern, negativem politischen Meinungsaustausch, Nachahmung der westlichen Lebensweise, Alkohol- und Rauschmittelmissbrauch und zu sexuellen Ausschweifungen zusammenfänden.[21] Die Gefährlichkeit dieser politisch-negativen Jugendlichen sei nicht zu unterschätzen. So hätten sich anlässlich eines Beat-Festivals im August 1974 in Plauen Hunderte von Trampern zusammengerottet, um unter Skandieren staatsfeindlicher Parolen tätlich gegen die Volkspolizei vorzugehen.[22] Ein weiteres Problem, so führte Kienberg vor den sowjetischen Genossen aus, sei die inoffizielle Arbeit mit Jugendlichen unter 18 Jahren. Die bisherigen Erfahrungen des MfS ließen dazu noch keine vollständige Einschätzung zu. Die operative Tätigkeit müsse jedoch ständig weiterentwickelt werden, da Jugendliche in dem Alter gegenüber negativen Einflüssen besonders anfällig seien. Es bestehe großes Interesse daran, die Erfahrungen der sowjetischen Genossen auf diesem Gebiet kennen zu lernen.[23]

---

[21] HA XX: Protokoll der Beratung vom 19.4.–24.4.1976 mit sowjetischen Tschekisten in Berlin vom 29.4.1976; BStU, ZA, HA XX/AKG 779, Bl. 362.

[22] Ebenda, Bl. 364.

[23] Ebenda, Bl. 369 f.

Wachsende Schwierigkeiten

Anfang der achtziger Jahre sah sich das MfS mit einer weitaus radikaleren Form von Jugendprotest konfrontiert als bisher. Konsequenter als die „Tramper" der siebziger Jahre verweigerten sich nun die Punks dem allumfassenden Zugriff
von Partei und Staat. Dem MfS wurde diese Entwicklung besonders deutlich bei den Bemühungen um jugendliche IM.
Eine Analyse der HA XX zur Lage unter jugendlichen Personenkreisen aus dem Jahr 1980 schilderte in geradezu dra-
matischer Weise die wachsenden Schwierigkeiten: Trotz erheblicher Anstrengungen aller Bezirksverwaltungen, die
Qualität und Quantität der inoffiziellen Basis unter Jugendlichen zu erhöhen, seien die gestellten Ziele nicht erreicht
worden. Zu verzeichnen sei vielmehr eine hohe „Abschrei-
bungsquote" bei jugendlichen IM infolge bewusster Dekonspiration, Desinteresse, mangelhafter Treffdisziplin, un-
befriedigender Arbeitsergebnisse, Perspektivlosigkeit in der
Zusammenarbeit und dem Einfluss feindlich-negativer Personen auf die jugendlichen IM. Die operativen Mitarbeiter,
vermerkte die Analyse weiter, würden ungenügend auf die
psychischen Besonderheiten der jugendlichen IM eingehen.
Es werde immer schwieriger, in negative jugendliche Kreise
einzudringen, weil sich die Zielgruppen verstärkt durch
„Tests" und „Mutproben" absicherten.[24]

Obwohl sich im MfS seit langem die Erkenntnis durchgesetzt
hatte, dass unter Druck geworbene IM unzuverlässig waren
und es sinnvoller sei, eine Zusammenarbeit auf der Basis der
„Freiwilligkeit" anzustreben, versuchte man Anfang der achtziger Jahre verstärkt, den Mangel an jugendlichen IM mit bra-
chialen Methoden zu beheben. Aufgrund einer gewissen Rat-

---

[24] HA XX: Arbeitsmaterial zur politisch-operativen Lage unter jugendlichen Personenkreisen in der DDR von 1980, S. 22 f.; BStU, ZA, HA XX
Bündel 1203 (unerschlossenes Material).

losigkeit gegenüber dem zunehmenden Jugendprotest praktizierte das MfS jetzt besonders gegen jugendliche Punkgrup-
pen die Methode des „Herausbrechens" einzelner Gruppen-
mitglieder, um sie auf der „Basis der Wiedergutmachung" für
begangene Straftaten als IM zu werben. Die Erfolge dabei waren, trotz des Einsatzes auch „materieller Anreize", nur gering.
So betrug beispielsweise der Anteil Jugendlicher am Gesamt-
bestand von IM in den Bezirksverwaltungen 1982 nur 10 Prozent. Der Anteil der von Jugendlichen begangenen Straftaten
an der Gesamtzahl begangener Straftaten betrug im selben
Jahr bei der allgemeinen Kriminalität 47,49 Prozent, bei (politischen) Staatsverbrechen 25,86 und bei Grenzdelikten 75 Prozent.[25] Eine Analyse der HA XX für das Jahr 1984 registrierte,
dass im Berichtszeitraum keine qualitative und quantitative
Verbesserung des jugendlichen IM-Bestandes erreicht werden
konnte. Der IM-Bestand an Jugendlichen unter 18 Jahren sei
zurückgegangen. An dieser Feststellung wird zudem deutlich,
dass das MfS jetzt auch IM unter 18 Jahren verpflichtete. Die
Bereitschaft labiler Jugendlicher, einen Kontakt mit dem MfS
einzugehen, sei durch die ständige gegnerische Beeinflussung
rückläufig, bemerkte die Analyse weiter. In der Mehrzahl der
Fälle, bei denen eine Werbung misslungen sei, habe eine politisch-negative Meinung schon im Alter zwischen 16 und 18
Jahren vorgelegen. Nach wie vor seien unter Jugendlichen falsche Auffassungen zum „Verpfeiffen von Kameraden" weit
verbreitet.[26] So wurden von den 133 jugendlichen IM der Bezirksverwaltung Berlin im Jahr 1988 allein 42 IM von ihren
Führungsoffizieren als unzuverlässig eingeschätzt.[27]

---

[25] HA XX: Analyse zur politisch-operativen Lage unter jugendlichen Personenkreisen in der DDR von 1982, S. 15–29; BStU, ZA, HA XX Bündel
1203 (unerschlossenes Material).

[26] HA XX: Einschätzung ausgewählter Probleme der politisch-operativen
Lageentwicklung unter jugendlichen Personenkreisen im Jahr 1984 von
1985; BStU, ZA, HA XX/4 Ablage Org. 50 (8), Bl. 308 f.

[27] Abteilung XX der BV Berlin: Analyse zum IM-System der Jugendsachbe-
arbeiter vom 19.4.1988; BStU, ZA, ASt (Außenstelle) Berlin A 181, Bl. 110.

Auf dem rechten Auge blind?

Es ist auffällig, dass in den Monatsberichten, Arbeitsplänen und Analysen der HA XX ab 1987 den Aktivitäten rechtsgerichteter, neonazistischer Jugendlicher große Aufmerksamkeit zuteil wurde, während bis dahin fast ausschließlich die linksgerichteten Punks im Visier der HA XX waren. Offensichtlich wurden die Sicherheitsorgane durch die gewalttätigen Ausschreitungen von Skinheads auf einer Punkveranstaltung in der Berliner Zionskirche am 17. Oktober 1987 so aufgeschreckt, dass Mielke sich sogar genötigt sah, in einer Anweisung an die Leiter der Diensteinheiten im Zusammenhang mit möglichen neonazistischen Ausschreitungen am 30. Januar 1988 bei „ernsthaften Gefährdungen" der Sicherheit, den Gebrauch der Schusswaffe anzuordnen.[28]

Es bleibt zu fragen, warum das MfS den Rechtsradikalismus unter Jugendlichen erst so spät wahrnahm. Eine mögliche Antwort gibt eine Anweisung des stellvertretenden Ministers für Staatssicherheit, Generaloberst Mittig, an die Bezirksverwaltungen des MfS vom 2. Februar 1988. Nachdem dort zunächst das äußere Erscheinungsbild der Skinheads (Glatze, Bomberjacke, Röhrenjeans, Springerstiefel) beschrieben wurde, lieferte Mittig eine Einschätzung der Ideologie der Skinheads. Sie gingen einer Arbeit nach und zeigten im Gegensatz zu anderen negativ-dekadenten Jugendlichen eine gute Arbeitsdisziplin und Arbeitsleistung. Militärische Ausbildung gehöre für sie zum „Deutschtum", deshalb hätten sie eine positive Einstellung zum Wehrdienst.[29] Dies waren posi-

---

[28] Schreiben Mielkes an die Leiter der Diensteinheiten zur Unterbindung von Provokationen neofaschistischer Kräfte im Zusammenhang mit der Machtergreifung des Hitlerfaschismus am 30.1.1933 in Deutschland („55 Jahrestag") vom 29.1.1988, S. 1; BStU, ZA, DSt 103447.

[29] Anweisung Mittigs zur Zurückdrängung von Gefährdungen der Sicherheit und Ordnung, die von kriminellen/rowdyhaften Jugendlichen ausgehen vom 2.2.1988; S. 4 ff; BStU, ZA, DSt 103301.

tive Eigenschaften in einer Gesellschaft, in der Disziplin, Ordnung, Sicherheit und Wehrwille zu den obersten Geboten zählten. Ob das MfS deshalb so lange „auf dem rechten Auge blind war", bedarf weiterer Klärung.

Hektische Betriebsamkeit

In einem Referat auf der zentralen Dienstkonferenz am 26. Oktober 1988 konstatierte Mielke zunehmend sozialismusfeindliche Erscheinungen, insbesondere in Form „faschistischer Denk- und Verhaltensweisen", einhergehend mit „schwerem Rowdytum" und brutaler Gewaltanwendung gegen Bürger und Sachwerte durch Jugendliche. Als besonders gefährlich benannte er die Gruppierungen der Skinheads, Punks, Heavy-Metals und deren Sympathisanten. Mielke verlangte von allen Diensteinheiten Hinweisen auf beabsichtigte Aktivitäten solcher Gruppierungen „negativ-dekadenter Jugendlicher" unverzüglich nachzugehen, sie aufzuklären und gemeinsam mit den „Partnern des Zusammenwirkens" (Volkspolizei, SED, FDJ, Volksbildung), die erforderlichen politisch-operativen, rechtlichen und Erziehungsmaßnahmen einzuleiten.[30]

Gemäß der Anweisung Mittigs vom 2. Februar 1988 war die HA XX/2 gehalten, monatliche Informationsberichte über die Lage unter „negativ-dekadenten" Jugendlichen zu erstellen, in die auch die Informationen aus den Bezirksverwaltungen und Kreisdienststellen einflossen. So registrierte die entsprechende Information vom 19. Dezember 1988 auf dem Gebiet der DDR 1034 Skinheads, welche von 132 IM überwacht wurden.[31] Für

---

[30] Referat Mielkes auf der zentralen Dienstkonferenz zu ausgewählten Fragen der politisch-operativen Arbeit der Kreisdienststellen und deren Führung und Leitung vom 26.10.1988; BStU, ZA, ZAIG 4881b, Bl. 134.

[31] Hauptabteilung XX: Monatliche Lageeinschätzung über politisch-operativ bedeutsame Aspekte der Lageentwicklung im Verantwortungsbereich der Linie XX (Zeitraum November/Dezember 1988) vom 19.12.1988; BStU, ZA, HA XX/AKG 826, Bl. 201.

das Jahr 1989 formulierte der Jahresarbeitsplan der HA XX/2 deshalb folgende Arbeitsschwerpunkte: Die Verherrlichung und Propagierung des Faschismus in Form von Ausländer- und Rassenhass sollten bekämpft und zurückgedrängt werden. Gegen das provozierende und brutale Auftreten besonders von Skinheads und Heavy-Metal-Fans in der Öffentlichkeit sollte durch die Verbesserung der IM-Arbeit unter diesen Personenkreisen und die rigorose Anwendung aller strafrechtlichen Mittel vorgegangen werden. Gesellschaftliche Kräfte, vor allem der Zentralrat der FDJ, wurden durch die HA XX/2 bei der Auseinandersetzung und „Erziehungsarbeit" mit entsprechend gefährdeten Jugendlichen unterstützt. Die Zusammenarbeit mit der FDJ geschah unter anderem in der beim Zentralrat angesiedelten Arbeitsgruppe „Rechtserziehung". Analoge Arbeitsgruppen gab es auf Bezirks- und Kreisebene. Die HA XX/2 unterstellte eine Steuerung „feindlich-negativer Kräfte" unter den Jugendlichen in der DDR aus dem Operationsgebiet (Bundesrepublik und Westberlin) und sah eine wichtige Aufgabe darin, diese Verbindungen aufzudecken und zu unterbinden. Die HA XX/2 unterstützte die Abteilungen XX der Bezirksverwaltungen bei der Bekämpfung territorialer Schwerpunkte von „Zusammenschlüssen negativ-dekadenter Jugendlicher" durch direkten Einsatz von Mitarbeitern der HA XX/2. Aufgrund der Analyse der bekanntgewordenen Aktivitäten von Skinheads und Heavy-Metals koordinierte sie die entsprechenden Gegenmaßnahmen der Bezirksverwaltungen, Kreisdienststellen und des Ministerium des Inneren der DDR.[32]

Keine Kontrolle mehr über die rechte Szene

Besondere Schwierigkeiten hatte das MfS beim Einsatz von IM zur Aufklärung von Skinheadgruppen. In einer Einschätzung der HA XX von 1988 ist folgendes nachzulesen: „Die

---

[32] Jahresarbeitsplan der HA XX/2 für das Jahr 1989 vom 14.12.1988, S. 9; BStU, ZA, HA XX Bündel 12 (unerschlossenes Material).

Abscheu der Bürger der DDR gegen neofaschistische Erscheinungen ist als Motivation für die Gewinnung von Jugendlichen zu aktivem Handeln als IM in breiterem Maße zu nutzen. Dabei ist zu beachten, dass von den Organisatoren unter derartigen Jugendlichen die Angst vor brutalen Rachehandlungen gegenüber vermeintlichen Verrätern verbreitet und dadurch die Gewinnung geeigneter Jugendlicher als IM bzw. ihre Einschleusung in derartige Gruppen erschwert und mit zusätzlichem Risiko verbunden ist."[33] Dazu vermerkte der Leiter der HA XX/2 in einem handschriftlichen Redemanuskript vom Sommer 1989: „Die Skins oder Faschos sind die extremsten antikommunistischen Elemente, die wir je unter unserer Jugend hatten. Die Formen der Auseinandersetzungen unter den Skins und deren ‚Riten' gehen bis zum Androhen der ‚Liquidierung' von ‚Verrätern' (MfS-Spitzel-Psychose) nach dem Vorbild faschistischer Femeorganisationen."[34] Das Manuskript schilderte in drastischer Offenheit die Vorgehensweise, aber auch die enormen Probleme bei der Werbung und Erziehung von IM unter 25 Jahren. Äußerst schwierig, heißt es dort, sei die Gewinnung von IM unter negativ-dekadenten Jugendlichen wie Punks Skins, Faschos und Gruftis. Mit zuverlässigen, „guten Kadern" (FDJ-Mitgliedern) sei ein Eindringen in diese Kreise fast ausgeschlossen, weil die „ewig außerhalb blieben". Zwar seien dem MfS beispielsweise Skins aus MfS-Familien als IM-Kandidaten angeboten worden, doch man könne es nicht verantworten, einen Jungen aus gutem Elternhaus in diese Gruppen zu schicken, denn beim „Gammeln und Sturzsaufen" würde dort jeder verdorben. Ein Jugendlicher mit „verfestigter negativ-deka-

---

[33] Anlage zum Schreiben von Generaloberst Mittig über die weitere Zurückdrängung und Verhinderung von Gefährdungen der Sicherheit und Ordnung, die von kriminellen/rowdyhaften Jugendlichen ausgehen vom 2.2.1988, S. 9; BStU, ZA, DSt 103301.

[34] Handschriftliches Redemanuskript des Leiters der HA XX/2 zu Problemen der Werbung und Erziehung von IM unter 25 Jahren von 1989, ohne Paginierung; BStU, ZA, HA XX Bündel 1203 (unerschlossenes Material).

denter Einstellung" sei aber aus folgenden Gründen kaum anwerbbar: Antikommunistische Einstellung, Hass auf das MfS, Verhaltensstörungen bedingt durch seit frühster Kindheit verwurzelte soziale Abweichungen, asoziale Lebensweisen, vor allem Fehlhaltungen zu Arbeit und Beruf. Das letztere Problem mache es dem MfS besonders schwer, denn auch als IM müsse man arbeiten und verlässlich sein. Daraus schlussfolgerte der Leiter der HA XX/2: „Wir stehen vor folgendem Dilemma: Fordern wir auf diesem Gebiet bei IM-Kandidaten eine klare Haltung, finden wir kaum geeignete Werbungskandidaten. Dem Zusammenschluß Gleichgesinnter in solchen Gruppen liegt häufig [eine] ähnliche gebrochene Persönlichkeitsentwicklung zugrunde. Machen wir Kompromisse auf diesem und anderem Gebiet, müssen wir das Risiko tragen bis zur schließlichen Ausreiseantragstellung oder Inhaftierung wegen Kriminalität. Das Wort ‚zuverlässig' passt überhaupt nicht zu solchen Typen (Kandidaten)."[35] Diese Ausführungen des Leiters der HA XX/2 kamen einer Bankrotterklärung gleich. Offensichtlich war dem MfS im Sommer 1989 die Kontrolle über die rechte Szene entglitten.

Angesichts der Tatsache, dass die Stasi bis 1987 in zahlreichen Analysen und Berichten das rechtsradikale Potential oft lediglich als „negativen Anhang von Fußballclubs" wahrgenommen hatte, scheinen all diese Bemühungen und Erkenntnisse verspätet. Die ausländerfeindlichen Ausschreitungen von Rostock, Hoyerswerda und anderswo in den neunziger Jahren haben hier eine ihrer Ursachen. Zahlreiche MfS-Dokumente belegen aber auch, dass die Überwachung der Jugend zu keiner Zeit flächendeckend funktionierte und die Stasi auf aktuelle Entwicklungen häufig nur reagieren konnte. Auch bleibt festzuhalten, dass Jugendliche sich dem DDR-System vielfach konsequenter verweigerten und ihm widerstanden als Erwachsene.

---

[35] Ebenda.

Literaturhinweise

Klaus Behnke/Jürgen Wolf (Hrsg.): Stasi auf dem Schulhof. Der Mißbrauch von Kindern und Jugendlichen durch das Ministerium für Staatssicherheit, Berlin 1998.

Jörn Mothes, Gundula Fienbork, Rudi Pahnke, Renate Ellmenreich, Michael Stognienko (Hrsg.): Beschädigte Seelen. DDR-Jugend und Staatssicherheit, Bremen 1996.

ANNEGRET DIRKSEN/
HANS-HERMANN DIRKSEN

Die Kinder der Zeugen Jehovas –
Staatliche Ausgrenzung und soziale
Repression

Die Angehörigen der Religionsgemeinschaft der Zeugen Jehovas hatten in der DDR ein hartes Schicksal zu erdulden.
Nach dem Terror, unter dem viele Glaubensanhänger im Nationalsozialismus leiden mussten, folgten 1950 erneut Verbot
und Verfolgung. Eine 40-jährige Zeit der Unterdrückung
schloss sich an. Diese fand erst kurz vor dem Ende der DDR
ihren Abschluss, genauer gesagt, mit der Anerkennung der
Religionsgemeinschaft am 14. März 1990. Neben der strafrechtlichen Verfolgung wegen der Glaubensausübung, wozu
auch die Verurteilung wegen Wehrdienstverweigerung gehörte, fand eine umfassende Repression der Angehörigen
dieser Religionsgemeinschaft statt. Diese ist bisher noch
kaum wissenschaftlich untersucht worden. Sie umfasste nicht
nur die ständige Überwachung durch die Staatssicherheit,
sondern auch die Ausgrenzung aus dem „sozialistischen Kollektiv".

In der vorliegenden Abhandlung soll im Anschluss an einen
kurzen Abriss der Lehren und der Verfolgung der Zeugen
Jehovas in der Zeit des Nationalsozialismus und in der
DDR die Frage untersucht werden, welche sozialen Auswir-
kungen das DDR-Regime und seine Einrichtungen in der
Spätphase ihrer Existenz auf Kinder und Jugendliche von
Zeugen Jehovas hatten. Dazu werden kurz die allgemeinen
Erziehungsgrundsätze der Religionsgemeinschaft darge-
stellt und anschließend die Einwirkung des Ministeriums für

Staatssicherheit (MfS) und des sozialistischen Erziehungssystems auf die Kinder untersucht.[1]

Geschichte und Lehren der Religionsgemeinschaft

Bei Jehovas Zeugen handelt es sich um eine Religionsgemeinschaft, die sich als Fortsetzung des Urchristentums betrachtet. Die Entstehung der Zeugen Jehovas begann mit der Gründung einer Bibelstudiengruppe in Allegheny/USA Anfang der 1870er Jahre. Gründer war Charles Taze Russell, der sich auf der Suche nach der richtigen Religion mit den Lehren verschiedener Glaubensgemeinschaften auseinander setzte. Er sah es dann als seine Aufgabe an, den Menschen die gewonnenen biblischen Erkenntnisse zu vermitteln. Daher begann er, ein Evangelisierungswerk zu organisieren.[2] Als Folge der Missionstätigkeit gibt es heute in der Religionsgemeinschaft über sechs Millionen „Evangeliumsverkündiger" in 235 Ländern.[3] Jehovas Zeugen betrachten die Bibel in ihrer Gesamtheit als das „inspirierte Wort Gottes". Sie lassen sich von ihr in allen Lebensbereichen leiten. Ihre eigene Dogmatik betrachten sie nicht als unfehlbar. Sie glauben an den allmächtigen Gott Jehova[4], der die Menschen erschuf, damit sie die Erde urbar machen, sie mit weiteren Menschen füllen

---

[1] Auch andere kleinere Religionsgemeinschaften wie die Heilsarmee oder die Christliche Wissenschaft wurden in der DDR verboten. Eine Vielzahl weiterer kleiner Glaubensgemeinschaften verhielt sich dagegen betont systemkonform. Vgl. Sigrid Tröger/Karl-Wolfgang Tröger (Hrsg.): Kirchenlexikon. Christliche Kirchen, Freikirchen und Gemeinschaften im Überblick, Berlin (Ost) 1990.

[2] Horst Reller/Hans Krech/Matthias Kleiminger (Hrsg.): Handbuch religiöse Gemeinschaften und Weltanschauungen, Gütersloh ^{5}2000, S. 371 f. Christoph Auffarth/Jutta Bernard/Hubert Mohr (Hrsg.): Metzler Lexikon der Religion. Gegenwart – Alltag – Medien, Stuttgart 2000, S. 708 ff.

[3] Wachtturm Bibel- und Traktat-Gesellschaft, Jahrbuch der Zeugen Jehovas 2001, Selters/Ts. 2001.

[4] Der Glaube an eine Dreieinigkeit ist Jehovas Zeugen fremd. Jesus ist eine eigenständige Person und der Heilige Geist die wirksame Kraft Gottes. Vgl. Handbuch religiöse Gemeinschaften und Weltanschauungen, S. 376.

und für immer glücklich darauf leben sollten. Krankheit, Altern und Tod waren nicht vorgesehen. Satan, ein gefallener Engel, versuchte, den Vorsatz Gottes zu vereiteln, indem er die ersten Menschen zum Ungehorsam gegenüber Gott verleitete. In dieser Situation sei die Frage entstanden, ob Gott das Recht habe, über die Menschen zu herrschen und von ihnen Gehorsam zu verlangen. Könnte es menschliche Regierungen geben, die wie die göttliche für alle Bedürfnisse der Menschen sorgen könnten? Zur Klärung dieser Fragen habe Gott seinem Widersacher Zeit eingeräumt, damit verschiedene Regierungsformen ausprobiert werden konnten. Nach Ablauf dieser Zeit und dem Beweis der Unfähigkeit der menschlichen Regierungen werde Gott seine eigene Regierung aufrichten. Nach der Auffassung der Zeugen Jehovas stellt sich damit auch die Frage, ob es dem Widersacher Gottes gelingen werde, alle Menschen von Gott abspenstig zu machen. Jeder einzelne Mensch ist somit aufgefordert, Stellung zu beziehen. Wer sich auf die Seite Gottes stellen will, muss sich an die Maßstäbe der Bibel halten, was den Glauben an das Loskaufsopfer Christi einschließt. Jesus Christus, der einziggezeugte Sohn Gottes, war auf die Erde gekommen, um für Gott Zeugnis abzulegen und sein Leben als Opfer[5] zu geben, damit den Menschen wieder der Weg zum ewigen Leben geebnet werden konnte. Gemäß dem Glauben von Jehovas Zeugen wurde Jesus zu himmlischem Leben auferweckt und regiert nunmehr als König. Zu einer festgesetzten Zeit soll er von Gott ermächtigt werden, alles Böse von der Erde zu beseitigen. Zu der himmlischen Regierung gehören auch 144 000 Menschen, die wie Jesus zu himmlischem Leben auferweckt werden, um gemeinsam mit ihm über die Menschheit auf der Erde zu herrschen und den ursprünglichen Vorsatz

---

[5] Dieses Opfers gedenken Jehovas Zeugen einmal jährlich durch die sogenannte Gedächtnismahlfeier, auch als das Abendmahl bekannt, am 14. Nisan des biblischen jüdischen Kalenders. Wolfgang Grünberg/Dennis L. Slabaugh/Ralf Meister-Karanikas: Lexikon der Hamburger Religionsgemeinschaften, Hamburg ²1995, S. 121.

Gottes vom irdischen Paradies zu verwirklichen.[6] Um allen Menschen mitzuteilen, dass Gott eine Regierung eingesetzt habe und sie damit die Möglichkeit haben, sich zu entscheiden, auf welche Seite sie sich stellen wollen, gehen Jehovas Zeugen von Haus zu Haus.[7] Ein weiteres Merkmal der Zeugen Jehovas ist, dass sie von politischen oder militärischen Handlungen Abstand nehmen. Diese Haltung wird aus der christlichen Nächstenliebe und dem Standpunkt begründet, nur Untertanen des so verstandenen himmlischen Königs Jesus Christus zu sein. Das biblische Gebot, „kein Teil der Welt" zu sein (Johannes, Kapitel 17, Vers 16), wird so verstanden, dass keine Parteinahme erfolgt. Andererseits versuchen sie aber nicht, ihre Mitbürger bei der Ausübung politischer Aktivitäten zu hindern. Das Gebot der Nächstenliebe verbietet ihnen auch, den Dienst an der Waffe zu verrichten bzw. zu erlernen. Es verwehrt ihnen allerdings nicht den Gehorsam gegenüber weltlichen Regierungen und die Unterstützung von deren Anordnungen, soweit diese nicht gegen biblische Gebote verstoßen. Ihre christliche Neutralität hat den Glaubensangehörigen insbesondere unter totalitären Systemen starke Verfolgung eingebracht.[8]

Die Zeugen Jehovas und der Nationalsozialismus

Die Verfolgung im Nationalsozialismus begann, als Reichspräsident von Hindenburg am 28. Februar 1933 die „Reichstagsbrandverordnung" erließ.[9] Es kam zu Verboten der Bibelforscher/Zeugen Jehovas.[10] Als die Glaubensangehörigen am 5. März 1933 ihrer neutralen Einstellung gemäß nicht an den Reichstagswahlen teilnahmen, betrachtete man sie als Regimegegner. In der Verweigerung des „Hitlergrußes" und

---

6 Ebenda.

7 Ebenda, S. 122.

8 Metzler Lexikon der Religion, S. 719 f.

9 Notverordnung zum Schutz von Volk und Staat, RGBl. 1933 I, S. 83.

10 1931 nahmen die Bibelforscher den Namen „Jehovas Zeugen" an.

des „Fahnengrußes" lag ein weiterer Konfliktgrund. Diese
Art der Ehrenbezeugung stellt für Jehovas Zeugen einen
„Akt der Anbetung"[11] dar. Die Verweigerungshaltung konnte zu Misshandlungen oder sogar zu Schutzhaft führen. Bereits 1933 kam es zu Festnahmen. Der Hitlerjugend, der
Deutschen Arbeitsfront, der NS-Volkswohlfahrt u. a. traten
Jehovas Zeugen im allgemeinen nicht bei. Das hatte oft den
Verlust des Arbeitsplatzes zur Folge.[12] Im Oktober 1934 wurde eine Protestbriefaktion in Deutschland und eine Tele-
grammaktion aus dem Ausland durchgeführt und von Tausenden unterstützt.[13] Die Verfolgung betraf auch die Kinder
der Zeugen Jehovas, insbesondere in den Schulen. Detlef
Garbe kommt in seiner umfassenden Darstellung zu dem
Schluss: „Tragendes Prinzip wurde der sogenannte ‚Gemein-
schaftsgedanke': Nicht mehr die ‚Einzelpersönlichkeit' stand
im Zentrum, sondern die Einordnung des Schülers in das
‚Volksganze' bestimmte den schulischen Erziehungsauftrag."[14] Die Schüler hatten sich morgens auf dem Schulhof zu
versammeln und mussten, während die Fahne aufgezogen
wurde, „Heil Hitler" rufen. Für ihr neutrales Verhalten bezogen Kinder von Zeugen Jehovas oft von den Lehrern Schläge. Sie konnten von der Schule oder Lehrstelle verwiesen
werden, oder es wurde ihnen die berufliche Ausbildung verwehrt. Während die Jungen Mitglied der Hitlerjugend sein

---

[11] Vgl. Wachtturm Bibel- und Traktat-Gesellschaft (Hrsg.): Der Wachtturm
vom 15.11.1971, S. 681.
[12] Vgl. Wachtturm Bibel- und Traktat-Gesellschaft (Hrsg.): Jahrbuch der
Zeugen Jehovas 1974, S. 212.
[13] Vgl. Jahrbuch der Zeugen Jehovas 1974, S. 136 f. Auszugsweise heißt es in
diesem Brief an die Reichsregierung: „Es besteht ein direkter Widerspruch zwischen Ihrem Gesetz und Gottes Gesetz. Wir folgen dem Rat
der treuen Apostel und ‚müssen Gott mehr gehorchen als Menschen', und
das werden wir auch tun. […] Mit politischen Angelegenheiten haben wir
nichts zu tun, sondern sind Gottes Königreich unter der Herrschaft Christi, seines Königs, völlig ergeben. Wir werden niemandem Leid oder Scha-
den zufügen. Es würde uns freuen, mit allen Menschen Frieden zu halten."
[14] Detlef Garbe: Zwischen Widerstand und Martyrium. Die Zeugen Jehovas
im „Dritten Reich", München [4]1999, S. 187.

mussten, war es ab 1936 für alle Mädchen Pflicht, in den Bund Deutscher Mädel einzutreten. Die Zeugin Jehovas Anna Denz berichtete beispielsweise, dass es große Courage erfordert habe, als einziges von 45 Mädchen in ihrer Klasse nicht zum BDM zu gehören.[15] Schulleitungen und Jugendämter, aber auch Ehepartner, die keine Zeugen Jehovas waren, veranlassten später die Gestapo häufig, den Sorgerechtsentzug wegen „Gefährdung des Kindeswohls" durchzusetzen.[16] Vom 1. April 1935 an waren Jehovas Zeugen schließlich im ganzen Deutschen Reich verboten. 1937 wurden rund 4000 Zeugen inhaftiert, die oft gruppenweise in „Bibelforscherprozessen" verurteilt wurden.[17] Durch den Erlass des Wehrgesetzes vom 21. Mai 1935 wurde die Wehrpflicht eingeführt; eine Ausnahmeregelung für Kriegsdienstverweigerer aus Gewissensgründen war dabei nicht vorgesehen.[18] Bis 1945 waren rund 10000 Zeugen Jehovas in Gefängnissen und Konzentrationslagern inhaftiert. Annähernd 2000 verloren ihr Leben. Ca. 250 von ihnen wurden wegen Wehrkraftzersetzung hingerichtet.[19]

---

[15] Anette Michel: Ein junges Mädchen kämpft für seinen Glauben. Das Schicksal der Anna Denz, in: Hubert Roser (Hrsg.): Widerstand als Bekenntnis. Die Zeugen Jehovas und das NS-Regime in Baden und Württemberg, Konstanz 1999, S. 281 f.

[16] Vgl. Friedrich Zipfel: Kirchenkampf in Deutschland, S. 190. Erlass der Staatspolizeidienststelle München vom 2.7.1937: „Um die Verbreitung der Lehre der IBV unter der Jugend zu verhindern, ist es erforderlich, die Kinder der bereits in Erscheinung getretenen Bibelforscher dem Einfluß ihrer Eltern zu entziehen. […] Zu diesem Zwecke ersuche ich, […] daß denjenigen Anhängern […] das Personenfürsorgerecht gemäß § 1666 BGB entzogen wird."

[17] Wachtturm Bibel- und Traktat-Gesellschaft (Hrsg.): Lila Winkel – die „vergessenen Opfer" des NS-Regimes. Die Geschichte eines bemerkenswerten Widerstandes. Begleitheft zur Ausstellung, Selters/Ts. 1999, S. 30.

[18] Vgl. Dietrich von Raumer: Zeugen Jehovas als Kriegsdienstverweigerer. Ein trauriges Kapitel der Wehrmachtjustiz, in: Widerstand als Bekenntnis, S. 181, 187.

[19] Vgl. Jürgen Harder/Hans Hesse: Zeittafel zur Entwicklung und Verfolgung der Zeugen Jehovas, in: Hans Hesse (Hrsg.): „Am mutigsten waren immer wieder die Zeugen Jehovas", Bremen ²2001, S. 432 ff.

Fortsetzung der Verfolgung in der DDR

In der Sowjetischen Besatzungszone, in Magdeburg, wo schon seit den zwanziger Jahren das deutsche „Bibelhaus" der Zeugen Jehovas stand[20], wurde die Religionsgemeinschaft der Zeugen Jehovas am 9. September 1945 vereinsrechtlich wiedergegründet.[21] Die Sowjetische Militäradministration billigte den Zeugen Jehovas in der SBZ zunächst die Freiheit der Religionsausübung zu. Es sah so aus, als ob eine glückliche Zeit des Wiederaufbaus der örtlichen Gemeinden und des Missionswerkes folgen würde. In der damaligen Situation der allgemeinen Verzweiflung und Hoffnungslosigkeit waren die Zeugen Jehovas davon überzeugt, einen fruchtbaren Boden für ihre Verkündigung zu finden. Bekannt war, dass die Zeugen Jehovas in der Zeit des Nationalsozialismus schwerste Verfolgung durchgemacht hatten. Ihr Missionseifer wurde durch das Selbstbewusstsein verstärkt, in der Zeit des Nationalsozialismus richtig gehandelt zu haben – waren sie doch lieber ins KZ gegangen, als sich am Hitlerregime zu beteiligen, hatten sie doch auch lieber die Todesstrafe hingenommen, als sich am Krieg zu beteiligen. Durch die öffentliche Missionsarbeit rückten die Zeugen Jehovas aber bald in den Blickpunkt des politischen Interesses, und zwar sowohl bei der sowjetischen Besatzungsmacht als auch bei den deutschen Verwaltungsbehörden. Diese stellten fest, dass sich die Anhänger dieser Religionsgemeinschaft im nunmehr beginnenden „sozialistischen Aufbauwerk" vollständig neutral verhielten: keine Teilnahme an politischen Organisationen, keine Teilnahme an den durchgeführten Volksbegehren.[22] Eine landesweite Überwa-

---

[20] Jehovas Zeugen bezeichneten die Bürogebäude und die angeschlossene Druckerei zunächst als Bibelhaus. Später nannte man diese Einrichtungen Bethelheime bzw. Zweigbüros.

[21] BArch Berlin, MdI, HVDVP, Bestand Nr. 11, 860, Bl. 150 ff.

[22] Z. B. Staatsarchiv Dresden, Bestand MdI, Nr. 235, Bl. 7.

chung der Zeugen Jehovas begann.[23] Die Beobachtungsberichte bestätigten die unpolitischen und rein religiösen Absichten der Zeugen Jehovas. Gerade der Umstand der Neutralität und der politischen Abstinenz war es allerdings, der dazu führte, dass die Zeugen Jehovas in die Kategorie „Gegner des Sozialismus" eingruppiert wurden. Die oberste Parteiführung der Sozialistischen Einheitspartei Deutschlands (SED) begann sich Gedanken über die Zeugen Jehovas zu machen, unter anderem, weil die Verkündigung der Zeugen Jehovas junge Menschen ansprach. Im Herbst 1948 erhielt der spätere DDR-Staatspräsident Wilhelm Pieck von seinem persönlichen Referenten Walter Bartel[24] einen Bericht über die Zeugen Jehovas in der sowjetischen Besatzungszone:
„Die Sekte Zeugen Jehovas, auch Bibelforscher oder wie wir im Lager sagten Bibelwürmer, machten Veranstaltungen in Calbe mit 200 Teilnehmern, in Bitterfeld mit 500, in Eisenach mit 300, in Brandenburg mit 900, in Wittenberg mit 1000 Personen [...] Der Bericht sagt, dass sehr viele Jugendliche, besonders Mädchen, sich an diesen Veranstaltungen beteiligen. Die Gefährlichkeit dieser Sekte kommt darin zum Ausdruck, dass sie jede politische und gewerkschaftliche Arbeit negieren, [...] das Volksbegehren ablehnten."[25]

Im Herbst 1949, kurz vor der Staatsgründung der DDR, beschloss das Politbüro unter Vorsitz von Wilhelm Pieck und dem späteren Ministerpräsidenten Otto Grotewohl die Durchführung bestimmter Maßnahmen gegen die Zeugen Jehovas. Walter Ulbricht, der stellvertretende SED-Partei-

---

[23] BStU, Zentralarchiv (ZA), AS 726/67, Bl. 7: Am 22.9.1948 schrieb Bruno Haid, damals Mitglied des Zentralsekretariats, Abteilung Personalpolitik der SED, an den damaligen Vizepräsidenten der Deutschen Verwaltung des Innern Erich Mielke und bat darum, alles Material über die Aktivität der religiösen Sekten (Zeugen Jehovas) zu übermitteln.

[24] Bartel war von 1939–1945 im KZ-Buchenwald. Von 1946–1953 war er Referent bei Pieck.

[25] BArch Berlin, NL Wilhelm Pieck, Bestand NY 4036, Bd. I, 2 756, Bl. 24.

vorsitzende, erklärte, dass die Zeugen Jehovas als „amerikanisch beeinflusste Sekte" einen Fremdkörper in Ostdeutschland darstellten und durch ihre aufbaufeindliche Tätigkeit dem weiteren Voranschreiten des Sozialismus feindlich gegenüberstünden. Die Organisation werde sogar zu Spionagezwecken benutzt. Es wurde daher ein großer Aktionsplan aufgestellt, durch den die Tätigkeit der Zeugen Jehovas eingedämmt und die Öffentlichkeit gegen die Religionsgemeinschaft mobilisiert werden sollte. Auch die Jugendlichen standen unter Punkt 8 im Blickpunkt:

„Das Jugendsekretariat wird beauftragt, gemeinsam mit dem Zentralrat der FDJ konkrete Maßnahmen auszuarbeiten, um entsprechend diesen Richtlinien in den Gebieten, in denen der Einfluss der Bibelforscher auf die Jugend besonders stark ist, auftreten zu können. Dabei ist besonderer Wert auf eine gute Ausgestaltung kultureller Veranstaltungen durch die FDJ in diesem Gebiet zu legen."[26]

In folge dieser Beschlüsse begannen nun Störaktionen gegen Jehovas Zeugen. An vielen Orten wurden die Gottesdienste von der Volkspolizei gesprengt und Prediger kurzfristig verhaftet. Die Zeugen Jehovas versuchten im Februar 1950 durch eine Petition an die Staatsführung der DDR, auf die Verfolgung aufmerksam zu machen und erklärten:

„Jehovas Zeugen haben keine Menschenfurcht und scheuen sich nicht, in treuer Nachfolge Christi Jesu als Märtyrer für die Wahrheit einzustehen; aber es würde durch Überhandnehmen der Verfolgungsmaßnahmen vor der Weltöffentlichkeit offenbar, dass der Aufbau einer demokratisch-freiheitlichen Ordnung im Bereich der Deutschen Demokratischen Republik zusammengebrochen sein würde. Es würden Me-

---

[26] BArch Berlin, DY30 IV 2/2/44, SED-ZK, Beschlüsse des Politbüros, Sitzung des PB vom 13.9.1949. Abgedruckt bei Hans-Hermann Dirksen: „Keine Gnade den Feinden unserer Republik". Die Verfolgung der Zeugen Jehovas in der SBZ/DDR 1945–1990, Berlin 2001, S. 198 f.

thoden eine Auferstehung erfahren, die durch den Kampf der freiheitlichen Nationen im vergangenen Kriege bezwungen und beseitigt werden sollten."[27]

Petitionen oder Bitten um Hilfe waren aber von vornherein aussichtslos. Einige Monate später kam es am 30. August 1950 zu einer blitzartigen Verhaftungsaktion. In der gesamten DDR wurden ca. 400 leitende Prediger der Zeugen Jehovas von der Staatssicherheit verhaftet.[28] Am gleichen Tag kam es auch zu einem Überfall auf das Bibelhaus in Magdeburg, bei dem Mitarbeiter der Staatssicherheit die dortigen Zeugen Jehovas verhafteten und den Komplex beschlagnahmten.[29] Erst einen Tag später, am 31. August 1950, verfasste der DDR-Innenminister Steinhoff ein Schreiben an das Bibelhaus in Magdeburg mit der Mitteilung, dass die Zeugen Jehovas verboten seien:
„Die Tätigkeit der ‚Zeugen Jehovas' in den letzten 10 Monaten hat klar bewiesen, dass diese den Namen einer Religionsgemeinschaft fortgesetzt für verfassungswidrige Zwecke mißbrauchen. Sie haben im Gebiet der Deutschen Demokratischen Republik und in Groß-Berlin eine systematische Hetze gegen die bestehende demokratische Ordnung und deren Gesetze unter dem Deckmantel religiöser Veranstaltungen betrieben. Außerdem haben sie fortlaufend illegales Schriftenmaterial eingeführt und verbreitet, dessen Inhalt sowohl gegen die Verfassung der Deutschen Demokratischen Republik, als auch gegen die Bestrebungen zur Erhaltung des Friedens verstößt. Gleichzeitig ist festgestellt, dass die ‚Zeugen Jehovas' dem Spionagedienst einer imperialistischen Macht dienstbar sind."[30]

---

27 BStU ZA, AU 477/59, Bd. 12, Bl. 125–151.
28 BStU ZA, HA XX/4 825, Bl. 46. Bis Ende des Jahres 1950 lag die Zahl bei über 800 Verhaftungen.
29 BArch Berlin, HVDVP, Nr. 860, Bl. 158 ff.: Bericht des Chefs der Volkspolizei Sachsen-Anhalt, 1950.
30 Wachtturm-Gesellschaft, Geschichtsarchiv (WTArch.), O-Dok. 31/8/50.

Interessanterweise fertigte am 11. August 1950 ein Oberin-
spektor der Hauptverwaltung der Deutschen Volkspolizei einen Gesamtbericht über die Einschätzung der Tätigkeit der
Zeugen Jehovas:

„Weiterhin besteht der dringende Verdacht, dass die Organisation ‚Zeugen Jehovas' zu Spionagezwecken ausländischer
Spionageorganisationen verwendet wird. Diese Vermutung
ist damit begründet, dass der Hauptsitz der ‚Zeugen Jehovas'
sich in Nordamerika befindet. Der Beweis für die Agenten-
oder Spionagetätigkeit der ‚Zeugen Jehovas' konnte bisher
durch die Kriminalpolizei nicht erbracht werden."[31]

Das beweist, dass die Volkspolizei knapp drei Wochen vor dem
Verbot der Zeugen Jehovas keinerlei Beweise für eine „staatsgefährdende" Tätigkeit hatte. Der Vorwurf der Spionage ba-
sierte allein darauf, dass sich die Zentrale im höchst verdäch-
tigen Amerika befand. Um das Vorgehen gegen die Zeugen
Jehovas auch gegenüber der Öffentlichkeit erklären zu können, wurde eine Pressekampagne eingeleitet mit Schlagzeilen
wie: „Macht Schluß mit der religiös getarnten Kriegshetze."
Jehovas Zeugen wurden als „Apostel der Atombombe",
„Wühlmäuse im Priesterrock" oder „Agenten im Dollarsold"
bezeichnet. Die SED-Regierung befürchtete einen Imageverl-
lust, sollte der Eindruck entstehen, dass die religiöse Freiheit
bewusst eingeschränkt wird. Das musste angesichts der anste-
henden Oktoberwahlen 1950 vermieden werden.

Schauprozess vor dem Obersten Gericht der DDR

Die verhafteten Zeugen Jehovas blieben in den U-Haftanstalten der Staatssicherheit, wo sie langwierigen Verhören
unterzogen wurden. Um Inhaftierte zu Geständnissen, insbesondere zur Nennung von Namen zu zwingen, wendeten die
Vernehmer auch Gewalt an. Einige Zeugen Jehovas wurden

---

[31] BArch Berlin, MdI, HVDVP, Bestand 11, Nr. 860, Bl. 140 ff.

erschlagen.[32] Da das Verbot der Zeugen Jehovas rechtlich abgesichert werden musste, entschloss sich die SED, einen großen Schauprozess vor dem Obersten Gericht der DDR in
Ost-Berlin durchzuführen. Dieser sollte als richtungsweisen-
des Vorbild für alle danach zu führenden Strafverfahren gegen Zeugen Jehovas dienen. Generalstaatsanwalt Melshei-
mer stimmte mit Anton Plenikowski vom ZK-Sekretariat
und Ernst Lange von der Kommission für staatliche Kontrolle (SKK) das Verfahren ab:
„In der Anklageschrift ist einleitend anhand des zahlreich
vorhandenen Materials, welches ohne weiteres aus der Tagespresse zu entnehmen ist, die staatsschädigende und verbre-
cherische Haltung dieser Organisation aufzuzeigen. Es sind
außerdem die getarnten Ziele dieser Organisation zu enthül-
len. Ich verweise diesbezüglich auf die grundlegenden Artikel
im Neuen Deutschland vom 29.08.1950 Nr. 201 ‚Kein Platz
für Kriegshetze‘[,] 30.08.1950 Nr. 202 ‚Apostel der Atombombe‘[,] 31.08.1950 Nr. 203 ‚Feinde unseres Aufbaus‘[,]
03.09.1950 Nr. 206 ‚Eine raffiniert getarnte amerikanische
Spionageorganisation‘[,] 05.09.1950 Nr. 207 ‚Zeugen Jehovas
verboten‘, ‚Kein Platz für Saboteure und Spione‘, ‚Zum Kin-
des- und Selbstmord getrieben‘. Die zuletzt genannten Artikel enthalten eine ausführliche Begründung des Verbots der
Sekte. Gerade der Artikel ‚Eine raffiniert getarnte amerikanische …‘ gibt ausgezeichnetes Material für die Formulierung der Anklage im allgemeinen.“[32a]

Eine Anklageschrift, die aus verschiedenen Zeitungsartikeln
zusammengestellt wurde, verdeutlicht die Absurdität der
gegen die Zeugen Jehovas eingeleiteten Verfolgung. Die er-
hobenen Vorwürfe waren so abwegig, dass nicht einmal die
Untersuchungsorgane des MfS in der Lage waren, sie durch
erzwungene Geständnisse zu belegen. Am 4. Oktober 1950

---

[32] Z. B. die Zeugen Jehovas Erich Poppe aus Meißen und Rudolf Schroll aus
Görlitz

[32a] BStU ZA AU 477/59, Bd. 13, Be. 5ff.

wurde vom Obersten Gericht in Ost-Berlin das Urteil gegen
neun Zeugen Jehovas gefällt. Es war der zweite Prozess überhaupt, den das neue Oberste Gericht der DDR seit seiner
Gründung durchführte. Die Zeugen Jehovas wurden wegen
angeblich begangener Spionage, Kriegs- und Boykotthetze
zu Strafen von acht Jahren bis lebenslänglich Zuchthaus verurteilt. Zur Begründung führte das Oberste Gericht aus, dass
die Organisation ihren Sitz in Brooklyn/USA habe und dass
Berichte[33] nach Amerika gingen. Ihre Literatur fördere
kriegstreiberische und imperialistische Tendenzen. Überdies,
und darin sah das Gericht die besondere Boykotthetze, hätten sich die Zeugen Jehovas nicht in die Unterschriften-
sammlungen zur Ächtung der Atombombe eingetragen.Tat-
sächlich wurde das Grundsatzurteil des Obersten Gerichts
Grundlage der in den nächsten Jahren zu Hunderten bei den
Landgerichten der DDR geführten Strafverfahren.[34]

Zersetzung durch das MfS

Obwohl die Leitung der Zeugen Jehovas zerschlagen wurde,
ging das Missionswerk weiter. Das MfS gelangte zu der Ansicht, dass zur Liquidierung des Glaubens der Zeugen Jehovas mehr getan werden müsse als nur Verhaftungen vorzunehmen, Gottesdienste aufzulösen oder die Schriften der

---

[33] Jahresberichte über die Entwicklung der Missionsarbeit und Berichte
über die Verfolgung in der DDR.

[34] Urteil des OG der DDR vom 4.10.1950, Az.: 1 Zst. (I) 3/50, in: Neue Justiz,
1950, S. 452 ff. Der Aspekt der Doppelverfolgung fiel der Neuen Zürcher
Zeitung auf, die am 6. Oktober 1950 das Urteil erörterte: „Zu Tausenden
schmachteten die ‚Zeugen Jehovas' in den Konzentrationslagern des Dritten Reiches, da sie sich weigerten, den ‚Hitler-Gruß' zu erweisen und auch
andere Anforderungen des nationalsozialistischen Regimes ablehnten. Ihre Standhaftigkeit ist in vielen Berichten geschildert worden. Aufs neue
stoßen sie nun mit einem totalitären Regierungssystem zusammen. Die
Verfolgung unter den Kommunisten ist nicht weniger brutal als unter den
Nationalsozialisten."

Zeugen Jehovas einzuziehen. Fortan sollte die Zersetzung auf psychologischer Ebene betrieben werden:

„Die Aktion ‚Zerfall' muss so geführt werden, dass die Mitglieder der ‚ZJ' ständig in dem Glauben sind, dass jede Handlung, die sie für die Sekte tun, von den Sicherheitsorganen überwacht wird. Dabei kommt es besonders darauf an, die Meinung aufkommen zu lassen, dass gerade Personen aus den Spitzen der Sekte die Sicherheitsorgane informieren. Die Angehörigen dieser Sekte muss man spüren lassen, dass ihre sogenannte Verkündertätigkeit, die Durchführung von Hausbesuchen und überhaupt die gesamte illegale Tätigkeit für die ‚ZJ' mit großen Gefahren verbunden ist, ja sogar zur Festnahme führen kann."[35]

Ein weiteres Kapitel der Verfolgung der Zeugen Jehovas durch das MfS wurde nach dem Mauerbau am 13. August 1961 aufgeschlagen, als dem MfS bekannt wurde, dass die Zeugen Jehovas eine neue zentrale Leitung in der DDR organisiert hatten.[36] Das MfS beschloss: „Aus diesem Grunde ist eine systematische, zielstrebige Bearbeitung des illegalen Kopfes im Gebiet der DDR notwendig, der schnellstens aufzuklären und zentral zu liquidieren ist."[37] Im Frühjahr 1963 begann daher eine weitere spezielle operative Bearbeitung der Zeugen Jehovas. Der ZOV (Zentral Operative Vorgang) „Sumpf" führte 1965 zur Verhaftung des größten Teils der Leitung in der DDR, die in Geheimprozessen zu Strafen bis zu 12 Jahren Zuchthaus verurteilt wurde. Ende der sechziger Jahre hatte sich die politische Situation allerdings so geändert, dass eine offene Verfolgung der Zeugen Jehovas nicht mehr angebracht schien. Die DDR rang um internationale Anerkennung, der Prozess der Entstalinisierung war fortgeschritten, und die Zeit der friedlichen Koexistenz hatte begonnen. Grausame Religionsverfolgung konnte sich die DDR nicht

---

[35] BStU, ZA, HA XX/4 1378, Bl. 143 f.
[36] BStU, ZA, AOP 15388/89, Bd. I, Bl. 13.
[37] Ebenda, Bd. I, Bl. 22.

mehr leisten. In der neuen Arbeitsdirektive für die Fortführung des ZOV „Sumpf" nach 1966 liest sich das so:
„Besonderer Wert ist auf die Werbung von befähigten Anhängern sowie auf mittlere und leitende Funktionäre der Zeugen Jehovas zu legen. [...] Es sind ferner alle geeigneten Maßnahmen zu organisieren, die gewährleisten, dass jetzt vertrauensvolle IM in Schlüsselpositionen der Organisation aufrücken."[38]

Zunehmend wurden auch Telefonüberwachung und Abhöreinrichtungen eingesetzt. Das MfS bemängelte aber immer wieder, dass kaum geeignete inoffizielle Mitarbeiter (IM) für die Zersetzung der Organisation von innen vorhanden waren.[39] Die Bekämpfung der Zeugen Jehovas endete erst mit der Wende. Der ZOV „Sumpf" kam am 7. Dezember 1989 zum Abschluss.[40] Insgesamt wurden in der DDR über 6000 Zeugen Jehovas verhaftet und ca. 5000 davon zu Haftstrafen verurteilt. In dieser Zahl sind ca. 2500 Wehrdienstverweigerer enthalten, sodass die Zeugen Jehovas die größte Gruppe der Wehrdienstverweigerer in der DDR waren. Zur Zeit des Endes der DDR gab es dort etwa 20 000 Zeugen Jehovas.

Familie und Kindererziehung

Einleitend müssen die elterlichen Erziehungsgrundsätze und das religiöse Selbstverständnis der Kinder und Jugendlichen von Jehovas Zeugen geklärt werden, die ihr Verhältnis zum Staat und zu seinen Einrichtungen bestimmen. Insgesamt gesehen, ist die soziologische Beschreibung der Kindererziehung von Zeugen Jehovas noch nicht sehr weit fortgeschritten, denn bisher ist kaum objektiv versucht worden, religiöse Lehrinhalte und Erziehungsziele bei kleineren Religionsgemeinschaften aus soziologischer Sicht zu analysieren oder zu

---

[38] BStU, ZA, AOP 15388/89 Bd. V, Bl. 7, 12 ff.
[39] Ebenda, Bd. VI, Bl. 6.
[40] BStU, ZA, AOP 15388/89, Bd. VII, unpag.

hinterfragen.[41] Prägender Teil der Kindererziehung von Eltern, die den Zeugen Jehovas angehören, ist die religiöse Belehrung, die auf der Heiligen Schrift beruht. Den Kindern werden christliche Grundsätze vermittelt, und es wird ihnen geholfen, ein Verhältnis zum Schöpfer aufzubauen. Harmonie und Kommunikation werden als wichtige Faktoren angesehen.[42] Typisch erscheint die Beschreibung, die die Zeugin Jehovas Anna Denz über das Gefühl der Geborgenheit in ihrem Elternhaus in den dreißiger Jahren gibt:
„Die Eltern nahmen sich Zeit für ihre Tochter und ließen sie an ihrem Leben teilnehmen. Jeden Morgen las die Mutter dem jungen Mädchen aus der Bibel vor, und an manchen Wochenenden gingen sie gemeinsam mit den ‚Naturfreunden' aus Lörrach im Schwarzwald wandern."[43]

Bei der Erziehung wird die Bedeutung der Liebe betont:
„Kinder müssen innerhalb der Familie Liebe und verwandte Eigenschaften, wie zum Beispiel Zuneigung, sehen können und an sich selbst erfahren. Fehlt dies, wird die körperliche, psychische und gefühlsmäßige Entwicklung eines Kindes beeinträchtigt."[44] Durch die biblische Belehrung der Eltern

---

[41] Vgl. Michael Krenzer: Verführte Außenseiter oder diskriminierte Minderheiten, in: Grundschule 12/99, Westermann, Braunschweig 1999, S. 18 ff.: „Die populäre Sekten-Literatur der Gegenwart ist voll negativer Klischeevorstellungen und Stigmatisierungen. Die Medien sind schnell bereit, auch etablierten Gemeinschaften abwertende Etiketten anzuhängen."

[42] Wachtturm Bibel- und Traktat-Gesellschaft (Hrsg.): Die Wahrheit, die zu ewigem Leben führt, Wiesbaden 1968, S. 178.

[43] Anette Michel: Ein junges Mädchen kämpft für seinen Glauben, in: Widerstand als Bekenntnis, S. 277 f. Vgl. auch die Autobiografie von Hans Werner Kusserow: Der lila Winkel. Die Familie Kusserow – Zeugen Jehovas unter der Nazidiktatur, Bonn 1998, S. 45: „An den Abenden wurde nicht nur die Bibel studiert. Unsere täglichen Erfahrungen aus der Schule, mit den Haustieren, dem Gemüse- und Obstgarten wurden ausgetauscht. Außerdem wurde musiziert, gemalt, geschrieben, gebastelt, gestrickt, gehäkelt und gelesen. Meine großen Brüder fotografierten viel und entwickelten die Filme selbst."

[44] Der Wachtturm vom 1.4.1998, S. 18.: „Körperliche Gewaltanwendung hat in einer Familie, die nach der Bibel lebt, keinen Platz."

werden den Kindern neben biblischem Wissen auch Werte wie Nächstenliebe, Hilfsbereitschaft, Mitgefühl, Respekt, Toleranz und Friedfertigkeit sowie Kritikfähigkeit und Zivilcourage als auch moralische Grundsätze vermittelt. In der Literatur der Zeugen Jehovas wird Kindern geraten, von Verhaltensweisen und Anschauungen Abstand zu nehmen, die sich auf sie selbst oder auf andere schädlich auswirken könnten: „Sie [Jehovas Zeugen] klären ihre Kinder über die Gefahren des Drogen- und Alkoholmißbrauchs auf sowie über die des Rauchens […] Sie halten Ehrlichkeit und Fleiß für wichtig […] Außerdem lernen die Kinder, an den biblischen Grundsätzen über die Geschlechtsmoral festzuhalten, Autoritätspersonen zu respektieren sowie ihren Nächsten und sein Eigentum zu achten […] Jehovas Zeugen sind aufrichtig davon überzeugt, dass es ihren Kindern nur zum besten gereicht, wenn sie diese Grundsätze befolgen."[45]

Insbesondere der schulischen Ausbildung wird ein hoher Wert beigemessen. Homan stellt in seiner grundlegenden Analyse von 1988 fest, dass Jehovas Zeugen eine gute Ausbildung als eines der wichtigsten Güter für ihre Kinder schätzen und sich um eine gute Zusammenarbeit mit den Schulen bemühen.[46] Er führt weiter aus, dass sie ihre Kinder zu guter Arbeit anhalten und dazu, die Autorität der Lehrer zu akzeptieren. Aus diesem Grund sähen es Eltern auch als ihre Pflicht an, sich frühzeitig mit den Lehrern ihrer Kinder bekannt zu machen und ein durch Kooperation vertieftes Verhältnis zu fördern.[47] Den Eltern ist ebenfalls daran gelegen, dass sich ihr Kind positiv in sein Umfeld einfügt: „Es

---

[45] Zusammenfassend in: Wachtturm Bibel- und Traktat-Gesellschaft (Hrsg.): Jehovas Zeugen und Schulbildung, Selters/Ts. 1995, S. 24. Vgl. aus Wachtturm Bibel- und Traktatgesellschaft(Hrsg.): Kindeswohl und Elternverantwortung. Wenn ein Elternteil Zeuge Jehovas ist, Selters/TS. ²2000.

[46] Roger Homan: Teaching the Children of Jehovah's Witnesses, in: British Journal of Religious Education, Bd. 10, Heft 3/1988, S. 154 ff.

[47] Roger Homan: Teaching the Children of Jehovah's Witnesses, S. 155.

entspricht nicht der Natur des Menschen, sich zu isolieren, und nur in wenigen Situationen hat er ein Bedürfnis danach."[48] Ihren Interessen und Talenten entsprechend, üben Kinder der Zeugen Jehovas künstlerische oder sportliche Tätigkeiten aus. In der Gesamteinschätzung im Abschlusszeugnis der POS (Polytechnische Oberschule) „Otto-Grotewohl" in Frankenberg vom 1. Juli 1988 hieß es beispielsweise über die Zeugin Jehovas Doris Walther:
„Von Lehrern und Mitschülern wurde sie als hilfsbereit, kameradschaftlich, höflich und zuvorkommend eingeschätzt. [...] Ein Teil ihrer Freizeit gehörte dem Akkordeonspiel. So konnte sie wiederholt zu Ausscheiden delegiert werden und spielte regelmäßig im Akkordeonorchester Hainichen".[49]

G. Besier und R.-M. Besier kommen in ihrer Sozialstudie zu folgendem Ergebnis: „Dass Kinder von Zeugen Jehovas keinen privaten Umgang mit Klassenkameraden anderen Glaubens haben dürften, trifft ebensowenig zu wie die Behauptung, sie dürften keinen Sport treiben, nicht musizieren und nicht an Klassenfahrten teilnehmen. Die Zurückhaltung gegenüber Tanz und Glücksspiel haben ZJ mit vielen anderen Glaubensgemeinschaften vor einem bestimmten puritanisch-christlichen Hintergrund gemeinsam. Entgegen der immer wieder geäußerten Behauptung, der Genuss von Alkohol sei,

---

48 Der Wachtturm vom 15.2.1981, S. 5.
49 UaP (Unterlagen aus Privatbesitz bei den Verfassern) Johannes Hirschnitz. Vgl. auch Abschlusszeugnis der 10. Klasse vom 4.7.1975 der POS „Thomas Müntzer" im Kreis Schönebeck von Harald Kutz, in dem vermerkt wurde: „Harald war Mitglied der AG ‚Astronomie'. An Sportvergleichskämpfen nahm er erfolgreich teil." UaP Harald Kutz. Vgl. auch Urkunde der Abendakademie Leipzig vom April 1976: „Kirsten Hanisch hat an der Voreignungsprüfung zur Feststellung künstlerischer Befähigung für eine langfristige Vorbereitung künstlerisch talentierter Schüler auf ein Studium an einer Kunst-Hoch- oder Fachschule für bildende und angewandte Kunst – im Rahmen der Zeichenolympiade der Stadt Leipzig 1976 – teilgenommen. [...] Sie hat [...] das Prädikat ‚ausgezeichnet' erhalten"; UaP.

den ZJ verboten, wird lediglich Alkoholmissbrauch verurteilt."[50]

Die Kinder der Zeugen Jehovas lernen von ihren Eltern auch,
dass Gott in ihrem Leben den ersten Platz einnehmen sollte
und daher Anbetung nur ihm gebührt.[51] Den Fahnengruß und
das Singen der Nationalhymne betrachten Zeugen Jehovas als
eine religiöse Handlung, die auszuführen ihnen ihr Gewissen
verbietet.[52] Durch diese patriotischen Zeremonien wird ihrer
Auffassung nach den nationalen Symbolen religiöse Vereh-
rung dargebracht. Dennoch begegnen sie diesen Symbolen mit
Achtung und hindern andere nicht am Ausführen solcher Zeremonien.[53] An Veranstaltungen, die einen politischen Hintergrund haben oder bei denen biblische Grundsätze verletzt
werden, nehmen sie nicht teil. Ähnlich verhält es sich mit politischen Feiertagen und Demonstrationen. Ein bemerkenswer-
ter Aspekt des religiösen Selbstverständnisses der Zeugen Jehovas ist andererseits, dass sie sich dem Staat nicht verweigern,

---

[50] Gerhard Besier/Renate-Maria Besier: Zeugen Jehovas/Wachtturm-Ge-
sellschaft: Eine „vormoderne" religiöse Gemeinschaft in der „modernen"
Gesellschaft? Gutachterliche Stellungnahme, in: Gerhard Besier/Erwin K.
Scheuch (Hrsg.): Die neuen Inquisitoren. Religionsfreiheit und Glaubensneid, Teil II, Osnabrück 1999, S. 189.

[51] Vgl. Auf den Großen Lehrer hören, S. 135 ff. Unter der Überschrift. „‚Cä-
sars Dinge dem Cäsar'" werden Kinder angehalten, Autoritätspersonen
und Gesetzen zu gehorchen: „Es gibt etwas, was du der Regierung geben
solltest. [...] Es ist Gehorsam gegenüber den Gesetzen der Regierung.
Gott ist es, der uns dies sagt. Sein Wort sagt: ‚Seid den obrigkeitlichen Gewalten gehorsam.' Und wer sind die ‚obrigkeitlichen Gewalten'? – Die
Männer, die in der Regierung die Macht haben. Somit sollten wir wirklich
dem Gesetz gehorchen. Was aber, wenn sie uns etwas zu tun gebietet, von
dem Gott sagt, wir sollten es nicht tun? [...] Was taten nun die Apostel?
Was hättest du getan? – Sie antworteten: ‚Wir müssen Gott, dem Herr-
scher, mehr gehorchen als den Menschen.'"

[52] Vgl. Erwachet! vom 8.8.1965, S. 8 ff. Roger Homan: Teaching the Children
of Jehovah's Witnesses, S. 156, führt aus, dass Jehovas Zeugen das Gesetz
respektieren, allerdings nicht an Handlungen teilnehmen, die den Charakter einer Anbetung haben.

[53] Vgl. Der Wachtturm vom 1.7.1975, S. 409 f.

sondern insgesamt bemüht sind, gestellte Anforderungen in Schule, Ausbildung und Beruf sowie im gesellschaftlichen Leben nach bestem Vermögen zu erfüllen. Es fällt ins Auge, dass viele Zeugen Jehovas in der DDR wegen ihres sozialen Engagements gelobt wurden.[54] Sie erhielten hervorragende Abschlussnoten und wurden als Aktivisten in den Betrieben ausgezeichnet. Für Verbesserungsvorschläge und für ihre herausragende Teilnahme am Nationalen Aufbauwerk etc. erhielten sie Prämien. Der 23-jährige Zeuge Jehovas Daniel Behrens erhielt beispielsweise vom VEB Vereinigte Klebstoffwerke Pirna folgendes Schreiben:

„Lieber Kollege Behrens. Im 30. Jahr der Gründung unserer DDR ist es uns ein besonderes Anliegen, unsere besten Kolleginnen und Kollegen zum ‚Tag des Chemiearbeiters' 1979 zu beglückwünschen und zu ehren. Wir sagen Ihnen Dank für Ihren Anteil, den Sie an der Erfüllung unserer betrieblichen Aufgaben haben und überreichen Ihnen eine Prämie in Höhe von 100,– M. Mit dem Dank verbinden wir den Wunsch auf weitere gute Mitarbeit und Zusammenarbeit im Sinne der uns von unserer Partei- und Staatsführung gestellten Aufgaben."[55]

Solche, auf einer guten Kindererziehung beruhenden Leistungen, waren aber für den DDR-Staat bedeutungslos, solange die Zeugen Jehovas öffentlich nicht der Ideologie des Sozialismus den Vorzug gaben.

Die Familien der Zeugen Jehovas als Angriffsziel der Staatssicherheit

Die Familien der Zeugen Jehovas bildeten unter den Bedingungen des Verbots in der DDR eine feste Gemeinschaft. Die Familie als „kleinste Zelle der Gesellschaft" war aber nicht

---

[54] Beispielsweise hieß es 1977 im Zeugnis der 8. Klasse von Damaris Meisel aus Grünhainichen: „Besonders zuverlässig hat Damaris während des gesamten Schuljahres das Essensgeld für die Klasse kassiert." UaP Damaris Kutz.
[55] Kopie im Besitz des Verfassers; UaP Daniel Behrens.

nur Hort der gemeinsamen Glaubensausübung, sondern sie vermittelte Geborgenheit und Schutz vor dem allgegenwärtigen Überwachungs- und Bespitzelungssystem des Staates. Elterliche Liebe und gegenseitige Hilfe waren wesentliche Aspekte, weshalb die Familie gerade unter den bedrückenden Bedingungen des Verbots und der Verfolgung zur wichtigsten Basis wurde.[56] Diese Umstände waren auch dem MfS bekannt. Deswegen wurden Kinder und Jugendliche ein wichtiger Ansatzpunkt bei der Bekämpfung der Zeugen Jehovas. In einem umfangreichen Qualifizierungslehrgang für MfS-Mitarbeiter „auf der Linie ‚Zeugen Jehovas'", der bereits 1957 ausgearbeitet wurde, war die Aufklärung vieler familiärer und persönlicher Merkmale Teil der Vorgehensweise des MfS:
„Zur Aufklärung der illegalen Gruppen gehört eine Vielzahl von Kleinarbeit, wie z. B., wer gehört zur Gruppe, aus welchen sozialen Schichten kommen die Personen, aus welchem Anlaß stießen sie zu der Irrlehre, welche Stellung nehmen sie heute zu der Irrlehre ein, sind sie in allen Fragen mit der ‚Lehre' und der Tätigkeit der Sekte einverstanden, wo finden Heimbibelstudien statt, wer ist dabei anwesend, über was wurde gesprochen."[57]

Rainer Hanisch, der 1964 in Schwerin als Kind von Zeugen Jehovas geboren wurde, gruben sich solche Maßnahmen der Mitarbeiter des MfS tief ins Gedächtnis ein:
„So war das Gedächtnismahl immer ein Höhepunkt in meinem und meines Bruders Leben. An so einem Tag spielte ich vor dem Haus. Ich ging noch nicht zur Schule. Ich wurde von einem ‚freundlichen Mann' angesprochen, ob ich wüsste, wer so alles in unser Haus hineingegangen wäre und wer noch erwartet würde. Nachdem ich einige Mitbewohner aufgezählt hatte, wurde er ungeduldig und fragte, ob wir nicht Besuch er-

---

[56] Metzler Lexikon der Religion, S. 710.
[57] „Plan zur Lektion und Schwerpunkte für das Seminar zum Thema: ‚Die operative Bearbeitung der Sekte „Zeugen Jehova" und ihre Besonderheiten.'" BStU, ZA, HA XX/4 294, Bl. 6 ff. und HA XX/4 1378, Bl. 140 f.

warten würden. Meine Mutter beobachtete dies und sprach den Mann vom Balkon aus an, was er denn wolle, worauf er eilends verschwand. Wir sprachen in der Familie nicht darüber, wo und wann das Gedächtnismahl stattfand und auch nicht darüber, wer diesem beiwohnen würde. [...] Informanten für die Staatssicherheit wohnten direkt unter uns. Mitunter sagten sie uns direkt, dass sie über uns Bericht erstatten müssten. Aus welchem Grund sie uns das sagten – aus Naivität oder um uns einzuschüchtern – sei dahingestellt. So wuchsen wir in dem Bewusstsein, ständig unter Beobachtung zu stehen, auf."[58]

Lydia Schaffron, geb. 1968, wuchs in Klettwitz als Kind einer Familie auf, in der viele Familienmitglieder wegen ihrer religiösen Betätigung als Zeugen Jehovas zu langjährigen Haftstrafen verurteilt wurden. Dem MfS war bekannt, dass die Familie weiterhin ihren Glauben praktizierte. Deshalb wollte man dringend erfahren, welche Treffen und Gottesdienste abgehalten wurden. Die bewusst auffälligen Beobachtungen sind ihr bis heute in Erinnerung geblieben. Sie entsinnt sich auch, dass sich einige Nachbarskinder immer sehr auffällig nach den Orten solcher Treffen erkundigten sowie nach Namen der Teilnehmer: „Na, habt ihr gestern wieder Sitzung gehabt? Wer war denn alles da?" Nach der Wende sei dann bekannt geworden, dass die Eltern dieser Kinder für die Staatssicherheit gearbeitet hatten.[59] Hauptmann Olbrich von der MfS-Abteilung XX/4 der Bezirksverwaltung Dresden notierte am 5. Mai 1970 bei einem Treffen mit dem IMS „Walter" über die Familie Gündel:

„Gündel und seine Frau haben an den Wahlen am 22.3. nicht teilgenommen. Gündel selbst hat am 22.3. gegen 15.00 Uhr mit dem Fahrrad seine Wohnung verlassen und hatte das Kind bei sich [...] Am 1. Mai ist Gündel nicht zur Demonstration gewesen. Er hat ab 1. Mai bis zum 3. Mai Arbeiten in sei-

---

[58] EB (Erlebnisberichte im Besitz der Verfasser) Rainer Hanisch vom 28.2.2001.
[59] EB Lydia Wärzner, geb. Schaffron vom 26.2.2001.

ner Wohnung (Maler) durchgeführt. Dabei hat er viel ge-
klopft und gediebelt [sic!]. Es ist ganz deutlich feststellbar,
dass Gündel in der Verrander [sic!] ein Regal mit Vorhang
hat und dort sehr oft den Vorhang auf und zu zieht. Der IMS
vermutet, dass er dort Materialien der ZJ aufbewahrt hat."

Der IMS „Walter" berichtete am 27. Januar 1971 erneut über
Familie Gündel:
„Durch das Kind der Gündels, welche mit der Schwägerin
und später auch mit der Ehefrau sprach, wurde bekannt, dass
Gündel montags sein Heimbibelstudium durchführt. Das
Kind ($3^1/_2$) forderte diese Frauen auf, doch am Bibelstudium
ihres Vaters teilzunehmen. Dabei hat das Kind keinerlei
Hemmungen davon zu berichten, was es selbst schon durch
die Eltern gelernt hat."[60]

Diese detaillierten Beobachtungsberichte über jede wahr-
nehmbare Bewegung des „Objekts" zeigen die akribische
Arbeit der Informanten. Andererseits wird durch dieses Beispiel auch deutlich, dass es manchen Eltern gelang, sich in
dieser „Überwachungswelt" natürlich zu benehmen. Hätten
die Eltern dem Kind eingeschärft, nichts zu erzählen, oder
ihm die damit verbundene Gefahr erklärt, wäre dieses Gespräch mit den Nachbarn wahrscheinlich nicht so offen gewesen. Dabei wird eine Art des Lebens mit der Repression
deutlich – man versuchte, sich von der Überwachung wenig
beeinflussen zu lassen. Allerdings konnte nicht jeder auf diese Art und Weise damit umgehen.

Schon von Anfang der Verfolgung an war für das MfS der
Umstand, dass sich auch junge Menschen für die Lehren der
Zeugen Jehovas begeisterten, ein großes Ärgernis. Gerade
die Jugend sollte sich für die Lehren des Sozialismus entscheiden und nicht christlichem Glaubensgut anhängen. Im

---

[60] UaP Johannes Gündel.

Bereich der Bezirksverwaltung Gera fiel 1969 dem zuständigen Hauptmann Teichmann die starke Aktivität vor allem jugendlicher Zeugen Jehovas auf:

„Trotz der Massnahmen unseres Organs, wie: Beobachtung, Aussprachen usw. [...] wurde weiter festgestellt, dass im genannten Zeitraum ca. 200 neue Mitglieder gewonnen wurden. Im besonderen ist die verstärkte Jugendarbeit der ‚Zeugen Jehova' zu beachten. So gruppierten sich in den Sommermonaten bis zu 100 Jugendliche im Rahmen der ‚Zeugen Jehova'-Arbeit."[61]

Teichmann hielt daher Maßnahmen zur operativen Zersetzung der „illegalen feindlichen Organisation Zeugen Jehovas" für besonders dringlich und betonte die Wichtigkeit, mehr geeignete IM in die Reihen der Zeugen Jehovas einzuschleusen. Das war die Vorgehensweise, die den MfS-Mitarbeitern auch schon in dem bereits erwähnten Qualifizierungslehrgang zu vermitteln versucht worden war. Gerade die „Jugendarbeit" der Zeugen Jehovas sollte demnach von Seiten der MfS-Mitarbeiter genutzt werden, um Jugendliche, die „die Eignung dazu haben und bei denen für eine Einschleusung Perspektive vorhanden ist", anzuwerben. Dazu war es erforderlich, auf Perspektive zu arbeiten, da nach Ansicht des MfS nur durch eine intensive, gut vorbereitete Arbeit die Möglichkeit bestand, dass diese IM das Vertrauen der Zeugen Jehovas gewannen. Dabei wurde das Ziel verfolgt, sie in Funktionsstellungen in der Organisation der Zeugen Jehovas zu bringen, um später den Einfluss des MfS geltend zu machen. Ein wesentlicher Punkt für das Gelingen einer Einschleusung war das aktive Eintreten dieser IM nach außen hin für die „Irrlehre". Das MfS bemerkte dazu, dass von Seiten der Zeugen Jehovas alle Neuangeworbenen, beson-

---

[61] BStU, ZA, AOP 15388/89, Bd. V, Bl. 285 ff. Analyse der Organisation der Zeugen Jehovas im Bereich Thüringen vom 4.11.1969. Lediglich ein IM „Albert" hatte zuvor für das MfS die Zeugen Jehovas in Gera unterwandert.

ders Jugendliche, ihre Standhaftigkeit im Glauben eine ge-
raume Zeit bei der Arbeit als „Verkünder" unter Beweis stellen mussten. Erst nach einer gewissen Zeit bestand die Möglichkeit, mit einer Funktion betraut zu werden.[62]

Das MfS scheute nicht davor zurück, auch Ehepartner anzuwerben. Der Ehemann der Zeugin Jehovas Felizitas Abt arbeitete für die Staatssicherheit. Er war auf sie angesetzt worden und hatte sogar zum Schein den Glauben angenommen.
Nach einiger Zeit verließ er seine Frau sowie die vier Kinder.
Felizitas Abt blieb aber im Visier der Staatssicherheit. In einem Vermerk der Staatssicherheit in Sömmerda vom 2. Mai
1985 heißt es:
„Entsprechend der Absprache mit der Abteilung XX (Gen.
Kerstl) ist zur Abt eine zusammengefasste Information über
ihre Gesamtaktivitäten zu erarbeiten, um abzustimmende
disziplinierende und verunsichernde Maßnahmen nach weiterer Wertung durchzuführen."[63]

Das MfS erhielt Unterstützung von der Schuldirektorin der
Kinder, die am 17. April 1984 ihrer „sozialistischen Pflicht"
nachkam und an das MfS, den Rat des Kreises und die Partei
schrieb:
„Ihre Kinder sind keine Pioniere, nehmen nicht an der Jugendweihe teil. Sie hat eine Tochter in der Klasse 7a und
einen Sohn in der Klasse 3. Information erfolgte an die Kreisleitung der SED und an die Kreisstelle für Staatssicherheit."[64]

Als die Kinder nicht am „Friedenslauf" teilnahmen, forderte
die Direktorin am 26. September in einem weiteren Schreiben an den Rat des Kreises:

---

[62] BStU, ZA, HA XX/4 1378, Bl. 140 ff.
[63] UaP Felizitas Abt.
[64] Ebenda.

„Sie rechnet sich zu den Zeugen Jehofas [sic!]. Unserer Meinung nach müsste diese Frau spürbar von anderen Stellen zur
Verantwortung gezogen werden, denn sie ist offensichtlich
gegen unseren Staat."[65]

Dieses Beispiel macht deutlich, wie eng das Netz aus Bespitzelung, Anschwärzung und Repressionen für die Zeugen Jehovas geknüpft war. Auch Kinder konnten dem nicht entrin-
nen. Das MfS verfeinerte seine Zersetzungsmaßnahmen in
den letzten Jahrzehnten der DDR immer mehr, indem mit
den verschiedensten psychologischen Mitteln versucht wurde, die Familien der Zeugen Jehovas auseinander zu brechen.
Gemäß einer MfS-Analyse der Ergebnisse und Erfahrungen
bei der republikweiten „Bekämpfung der verbotenen Organisation ‚Z. J.'" von Januar 1984 freute sich der Berichtschrei-
ber beispielsweise, dass es aufgrund der „Zersetzung und
Differenzierung" des MfS angeblich zu inneren Auseinandersetzungen in der Religionsgemeinschaft gekommen sei, die
vom MfS „erfolgreich weiterentwickelt" worden seien. Es
würden nunmehr familiäre Probleme überwiegen, in vielen
Familien der Zeugen Jehovas gingen die Haltungen auseinander, und die Jugendlichen würden eigene und neue Wege
suchen. Diese Konflikte sollten durch weitere Zersetzungsmaßnahmen wie Streuung von Desinformationen, Ausnutzung persönlicher Probleme und offensive Kontrollmaßnahmen verschärft werden.[66] Einzelne Zeugen Jehovas sollten
vor anderen vertrauensunwürdig gemacht und selbst verunsichert werden. Dazu diente die Kriminalisierung dieser Personen und ihrer Tätigkeiten, das Aufgreifen überörtlicher
Vorkommnisse und Probleme, anonyme oder offizielle Maßnahmen sowie gegenseitige Verdächtigungen und Zerwürf-
nisse.[67] Zwietracht in die „kleinste Zelle" zu bringen sollte

---

[65] Ebenda, EB Felizitas Abt vom 27.2.2001.
[66] BStU, ZA, HA XX/4 693, Bl. 1 ff., 134, 144 f., 164, 169.
[67] Ebenda, Bl. 16 ff.

somit zur inneren Zersetzung der Religionsgemeinschaft insgesamt führen. Die perfiden Versuche, Familien zu zerstören, gehörten ebenfalls zum Repertoire des MfS, um die Religionsgemeinschaft zu bekämpfen.

Ausgrenzung und Repressionen gegen Kinder und Jugendliche der Zeugen Jehovas

Das oberste Ziel des Bildungssystems der DDR war gemäß Art. 25 Abs. 2 der Verfassung von 1968 (i.d.F. vom 7.10.1974) die „sozialistische Gemeinschaft allseitig gebildeter und harmonisch entwickelter Menschen, die vom Geist des sozialistischen Patriotismus und Internationalismus durchdrungen sind und über eine hohe Allgemeinbildung und Spezialbildung verfügen". Demgemäß war die Erziehung zu einer „sozialistischen Persönlichkeit" ein Mittel, um das Ideal des sozialistischen Kollektivs zu verwirklichen.[68] Individualität sollte dem jeweiligen Kollektiv, dem der einzelne im Laufe seines Lebens angehören würde, untergeordnet werden. Der Erreichung dieses Zieles diente eine den gesamten Lebensweg erfassende pädagogische Betreuung durch den Staat.[69] Besonders die Jugend stand im Mittelpunkt dieses Interesses. Das Gesetz über das einheitliche sozialistische Bildungssystem vom 25. Februar 1965 statuierte die sozialistischen Erziehungsmaximen.[70] Laut § 5 des Gesetzes sollten Charakterzüge wie Hilfsbereitschaft, Freundlichkeit, Höflichkeit, Achtung gegenüber Eltern und älteren Menschen sowie ehrliche und saubere Beziehungen zwischen den Geschlechtern hervorgebracht werden – Eigenschaften also, die auch Jehovas Zeugen ihrer Kindererziehung zugrunde legten und die ihre Kinder eigentlich dafür prädestinierten, Schüler zu sein, die

---

[68] Zusammenfassend: Klaus Schroeder: Der SED-Staat, Partei, Staat und Gesellschaft 1949–1990. München 1998, S. 556 ff.

[69] Vgl. Hans-Ulrich Evers: Die Befugnis des Staates zur Festlegung von Erziehungszielen in der pluralistischen Gesellschaft. Berlin 1979, S. 31 ff.

[70] DDR-GBl. 1965, Teil II, S. 83 f.

den Ansprüchen der Lehrer entsprechen würden. Allerdings erlegte das Bildungsgesetz von 1965 dem Lehrer auch die Verpflichtung auf, den Schülern die sozialistischen Ideale und die Lehre des Marxismus-Leninismus einzuprägen sowie die sozialistische Einstellung zur Arbeit und die Bereitschaft, die Errungenschaften des Sozialismus zu verteidigen. Zusätzlich war das Ziel der Wehrerziehung im gesamten Bildungssystem omnipräsent. Alle Schulen, Betriebe und gesellschaftlichen Organisationen waren gesetzlich verpflichtet, Wehrerziehung durchzuführen. Bereits im Kindergarten, in der Vorschule und den ersten Klassen wurde begonnen, kindgemäß Wehrunterricht zu erteilen. Von klein auf wurden die Kinder mit militaristischem Gedankengut vertraut gemacht, die sogenannte Waffenbrüderschaft wurde gefördert. Geländespiele, Treffen mit Angehörigen der NVA, Vermittlung der Bedeutung des Schutzes durch die Armee durch Zeichnungen und kleine Gedichte gehörten zum Programm. Grundlegender Ansatzpunkt war hierbei die Bildung des sozialistischen Patriotismus und die Parteinahme für den sozialistischen Staat. Parallel dazu sollte die Ablehnung der westlichen, „imperialistischen" Staatsideologien erreicht werden.[71] Kreativität und Fähigkeiten sollten dagegen nur insofern entwickelt werden, als sie der Verwirklichung der sozialistischen Gemeinschaft dienlich waren. Die wichtigste Person zum Erreichen der Zielvorgaben war der Lehrer, dessen Aufgabe die Indoktrination gemäß den Vorgaben der Partei- und Staatsführung war. Die Umsetzung dieser Vorgaben versuchten die Staatsorgane umfassend zu kontrollieren. Schon allein durch die christliche Glaubensüberzeugung von einer Schöpfung und der Wahrheit der Aussagen der Bibel waren Jehovas Zeugen seit Beginn des „Aufbaus der sozialistischen Schule" in der DDR ein Dorn im Auge des sozialistisch orientierten Lehrkörpers. Hinzu kam ihre Verweigerung der Anteilnahme

---

[71] DDR-Handbuch. Hrsg. vom Bundesministerium für innerdeutsche Beziehungen, Köln ³1985, S. 1467.

am Sozialismus. Beispielsweise wurde Gisela Haupt im Mai 1951 nicht zur Reifeprüfung an der Oberschule Altenberg zugelassen. Der Schulleiter begründete: „Es ist Ihnen genau wie der Prüfungskommission bekannt, dass Ihre Tochter scheinbar wegen ihrer Zugehörigkeit zu der inzwischen verbotenen Organisation der ‚Zeugen Jehovas' nicht in die FDJ eintrat. Hiermit stellte sie sich in einen krassen Gegensatz gegen unsere FDJ-Schulgruppe, die ausser ihrer Tochter und noch einem Schüler alle Jungen und Mädel unserer Schule umfasst."[72] Maßnahmen repressiver Art richteten sich aber auch in der Spätphase der DDR insbesondere gegen die öffentliche Manifestation religiöser Glaubensansichten. Das fing damit an, dass Zensuren ungerechtfertigt heruntergesetzt wurden, da die Kinder keine sozialistische Einstellung zeigten. Der Zeugin Jehovas Susann Greve wurde beispielsweise im Sportunterricht an einer Dresdner Schule eine Fünf gegeben, als sie das Werfen einer F1 (Handgranatenimitat) verweigerte. Im Zeugnis bekam weder sie noch ihr Bruder im „Gesamtverhalten" eine Eins. Die Klassenlehrerin teilte den Eltern mit, dass eine solche Benotung aufgrund der Zugehörigkeit zu den Zeugen Jehovas nicht möglich sei, obwohl beide Kinder sie verdient hätten.[73] Die sechs Kinder von Ullrich Hanspach, der selbst Kind von Zeugen Jehovas ist, besuchten dieselbe Schule mit denselben Lehrern wie der Vater. Die Lehrer betrachteten es als eine Herausforderung, die Kinder sozialistisch zu erziehen bzw. umzuerziehen. Ullrich Hanspach resümiert:

„Da wir nicht mit der offiziellen Lehrmeinung des sozialistischen Systems übereinstimmten, und diese Übereinstimmung auch nicht heuchelten, wie viele andere Zeitgenossen, würden wir nie, wie man uns sagte, in eine leitende oder ver-

---

[72] Für berufliche Verfolgung in den fünfziger Jahren vgl. Annegret Dirksen/Johannes Wrobel: „Im Weigerungsfall können diese Jugendlichen kein Lehrverhältnis aufnehmen", in: Gabriele Yonan (Hrsg.): Im Visier der Stasi, Niedersteinbach 2000, S. 231–263.
[73] EB Susann Greve vom 28.2.2001.

antwortliche Stellung eingesetzt werden. Das bedeutet, dass wir ein Leben lang Arbeiter auf der untersten Stufe bleiben müssten. Das war auch bei mir der Fall, ich bin heute noch einfacher Werkstattarbeiter."[74]

Diese Aussage fasst die Zielsetzung des Regimes gut zusammen. Keiner, der sich nicht zu einer „sozialistischen Persönlichkeit" umformen ließ – und war es nur äußerlich – sollte Aussicht auf eine qualifizierte Bildung haben. Er sollte auf der „untersten Stufe" bleiben, um möglichst wenige mit seiner Meinung beeinflussen zu können. Im Folgenden sollen einige der typischen Repressionsmittel gegen jugendliche Zeugen Jehovas untersucht werden.[75]

Konformitätsdruck durch Massenorganisationen

Die sozialistischen Massenorganisationen flankierten neben der Schule die ideologische Erziehungsarbeit auf der Basis des Marxismus-Leninismus. Mit ihrer Hilfe wollte die SED die Bevölkerung politisch organisieren. Kinder sollten zu „jungen Sozialisten" geformt werden. Dazu gehörten auch die „zehn Gebote" der Jungpioniere, deren Verpflichtung zu Fleiß, Disziplin und zum Sozialismus die grundsätzlichen Erziehungsziele des Staates widerspiegelten. Schon ab der 1. Klasse, sollten alle Schüler zunächst den „Jungen Pionieren", danach, ab der 4. Klasse, den „Thälmann-Pionieren" angehören und schließlich, ab der 7. Klasse, Mitglied der „Freien Deutschen Jugend" (FDJ) werden. Zwischen den Organisationen und der Schule herrschte eine enge Verbin-

---

[74] EB Ullrich Hanspach vom 3.3.2001.

[75] Vorausschickend sei dabei bemerkt, dass für die Untersuchung ausschließlich Fälle Berücksichtigung fanden, in denen Kinder und Jugendliche sich innerhalb der Glaubensdogmatik der Zeugen Jehovas bewegten. Analysiert werden sollte nicht die Glaubenseinheit innerhalb der Religionsgemeinschaft, sondern konkret die Frage, welche Folgen das typische Verhalten gläubiger Kinder und Jugendlicher der Zeugen Jehovas hatte.

dung. Die Lehrer legten beispielsweise im Rahmen von „Kampfprogrammen" verpflichtende Aufgaben fest. Hauptsächliche ideologische Umsetzung an der Schule waren die ritualisierten Zeremonien wie Aufmärsche, Fahnenappelle und das morgendliche Begrüßungszeremoniell. Die Kinder der Zeugen Jehovas traten solchen gesellschaftspolitischen Organisationen trotz des hohen Konformitätsdrucks zumeist nicht bei. Äußere Form und ideologische Inhalte widersprachen dem biblischen Verständnis der Zeugen Jehovas von Friedensliebe und christlicher Neutralität. Diese Haltung wurde nicht geduldet. Verschiedenste Methoden wurden angewandt, um die Kinder doch zum Eintritt zu zwingen. Am Ende der Skala stand die soziale Ausgrenzung aus dem Schülerkollektiv, wie sie der 14-jährige Zeuge Jehovas Harald Kutz als Schüler der POS „Thomas Müntzer" im Kreis Schönebeck erlebte:

„Beim Fahnenappell ab 1971 habe ich versucht, mich möglichst hinten hinzustellen. Hinter der letzten Reihe standen auch die Lehrer. Dann wurde von einem FDJler dem Direktor die Meldung erstattet, dass alle ca. 1000 Schüler unserer Schule zum Fahnenappell angetreten seien. Während die Fahne von Schülern der oberen Klasse aufgezogen wurde, musste die Schülerschaft sogenannte Arbeiterkampflieder singen. Da ich nicht mitsang, wurde ich von der anwesenden Klassenleiterin aufgefordert, vor den Block zu treten. So stand ich und auch einige andere Kinder von Zeugen Jehovas für alle sichtbar allein vor den anderen Schülern. Der Direktor erklärte vor allen: ‚Die vorgetretenen Schüler weigern sich, die Fahne zu grüßen und zu singen.' Bis zum Ende des Appells musste ich dann dort stehen bleiben und wurde so vor allen bloßgestellt. Nach Ende des Appells durfte ich erst als Letzter weggehen. Dieser Ablauf wiederholte sich jedes Mal anlässlich des wöchentlichen Appells. Die Lehrer sagten dann schon immer vorab zu mir, dass ich gleich von Anfang an vortreten solle. Ich versuchte schon, diesem Appell fernzubleiben, indem ich mich im Schulgebäude versteckte. Allerdings achteten die Lehrer darauf, dass keiner fehlte. Manchmal schaffte ich es, über den Zaun der Schule zu steigen und für diese Zeit ins Dorf zu gehen."[76]

Einige Zeugen Jehovas mussten zur Strafe vorn vor allen anderen raustreten, andere mussten in der letzten Reihe stehen. Auch hiermit war eine Ausgrenzung bezweckt, wie sich Gert Wozny aus Halle erinnert:
„Da ich nicht Pionier war und nicht an politischen Anlässen, Demonstrationen oder Winkaktionen bei Repräsentanten der Regierung teilnahm, bekam ich als einziger Hausaufgaben auf oder musste in eine andere Klasse. Weil ich beim Fahnenappell weder den Befehl ,Stillgestanden!' befolgte noch die Hand zum Gruß hob [...], bekam ich Schimpf und Schande zu spüren. Von da an hatte ich in der hintersten Reihe bei anderen mutwilligen Störenfrieden zu stehen."[77]

Auch der Zeuge Jehovas Stefan Jaeckel empfand es als Ausgrenzung, in der hintersten Reihe mit den Kindern zusammen zu stehen, die aus sehr schlechten Verhältnissen kamen oder um die sich die Eltern nicht kümmerten. Manchmal wurde er auch einzeln „rausgestellt".[78]

Den Kindern wurde zudem erklärt, dass die Pionierveranstaltungen zur Schulpflicht gehörten und jeder daran teilnehmen müsse. Nichtteilnahme wurde dem Schuleschwänzen gleichgestellt. Der Zeuge Jehovas Rainer Hanisch, der 1970 in Schwerin eingeschult wurde, berichtet über Versuche, ihn zum Aufgeben seiner Haltung zu bewegen:
„Zu meiner Zeit war es üblich, dass alle Schüler der Pionierorganisation beitraten. Mein Bruder und ich waren die einzi-

---

[76] EB Harald Kutz vom 12.3.2001.
[77] EB Gert Wozny vom 1.3.2001.
[78] EB Stefan Jaeckel vom 11.3.2001.

gen an unserer Schule, die dieser Organisation nicht beitraten. Zu besonderen Anlässen wurde ein Fahnenappell
abgehalten. Wir waren meistens die einzigen, die keine Pio-
nierkleidung trugen und auch den Pioniergruß nicht erwiderten. Dafür wurden wir von den Lehrern immer und immer wieder zurechtgewiesen. Außerdem wurden im Rahmen
der Pionierorganisation Pionierabende veranstaltet. Unseren Eltern und uns wurde gesagt, dass diese Abende zur
Schulpflicht gehörten, und wir wurden aufgefordert, daran
teilzunehmen, was wir aber nicht taten. Nach einer gewissen
Zeit nannte man diese Abende ‚Bastelabende‘ oder ‚Spiel-
abende‘, und wir wurden aufgefordert, diese zu besuchen.
Uns wurde der Eindruck vermittelt, etwas zu verpassen. Einmal besuchte ich so einen Abend. Da die meisten in Pionier-
kleidung erschienen, war das das erste und letzte Mal für
mich."[79]

Eine weitere Ausdrucksform der Zugehörigkeit zum sozialistischen Kollektiv stellte das ritualisierte Grüßen der Pioniere
bzw. FDJler dar. Der Zeuge Jehovas Günther Schmidt betrachtete beispielsweise den sozialen Druck auf seine Kinder
als erheblich:
„Anfangs war es auch in der Schulklasse jeden Tag eine Prüfung, da die Begrüßung mit ‚Seid bereit‘ und ‚Immer bereit‘
stattfand und dabei die Hand an den Kopf gehoben werden
musste."[80]

Damaris Tabert, geb. Chemnitz, erlebte als junges Mädchen
auf der „Pestalozzi-Oberschule" Gelenau die Konfrontation
mit dem Grußzeremoniell und den Versuch, ihre Haltung zu
brechen:
„Nachdem ich 1975 eingeschult worden war, traten alle meine Mitschüler in die ‚Jungen Pioniere‘ ein. Für mich war klar,

[79] EB Rainer Hanisch vom 28.2.2001.
[80] EB Günther Schmidt, o. J.

dass ich dort nicht eintreten würde, weil meine Eltern mir beigebracht hatten, dass man keine Menschen, wie z. B. Ernst Thälmann, verehren sollte. An einem Nachmittag haben alle ihr Halstuch und ihr Käppi bekommen. Von dieser Zeit an mussten wir Schüler aufstehen, wenn ein neuer Lehrer in den Klassenraum kam. Der Lehrer hat dann gesagt: ‚Für Frieden und Sozialismus seid bereit!‘ Die Schüler nahmen die Hand an den Kopf und erwiderten: ‚Immer bereit!‘ Dann durfte sich die Klasse wieder setzen. Ich sagte nur: ‚Guten Morgen‘. [...] In der 3. Klasse hat die Pionierleiterin vor der ganzen Klasse gesagt: ‚Da hat eine nicht mitgemacht, deshalb wird es wiederholt.‘ Als ich wieder nicht mitmachte, fragte sie mich, warum ich mich nicht beteiligte. Ich erklärte, dass ich kein Pionier bin. Darauf sagte sie, ich könne es trotzdem machen. Ich habe gesagt, dass ich es dennoch nicht tun würde. Dann hat sie aufgehört.“[81]

Johannes Hirschnitz erwähnt, dass sich die Lehrerin seines Sohnes Marcus beim Schuldirektor beschwerte, weil Johannes den Pioniergruß nicht erwiderte, sondern nur „Guten Morgen!“ sagte.[82]
Die Mitgliedschaft und die Teilnahme an den Zeremonien der Massenorganisationen wurden als sichtbarer Ausdruck der Zugehörigkeit zum sozialistischen Staat gewertet. Damit einher ging die Ausgrenzung der Andersdenkenden. Nicht zu verkennen ist dabei auch der erhebliche psychische Druck, der dadurch entstand, dass die Mitschüler zu den Appellen und Veranstaltungen eine Uniform trugen und der jugendliche Zeuge Jehovas durch seine abweichende zivile Kleidung auffiel.

---

[81] EB Damaris Tabert vom 12.3.2001.
[82] EB Johannes Hirschnitz vom 22.2.2001. Es fällt schwer, nicht unweigerlich Vergleiche zu den Ritualen in den Schulen der NS-Zeit zu ziehen, die zur Stigmatisierung jugendlicher Zeugen Jehovas führten, allerdings mit ungleich schwerwiegenderen Folgen.

Militarisierung der Schule

Durch die sozialistische Wehrerziehung sollte die Bereitschaft aller Bürger geweckt werden, den militärischen Schutz
des Sozialismus zu gewährleisten und sich die für den Vertei-
digungsfall notwendigen militärisch-technischen Kenntnisse
und Fähigkeiten anzueignen. Die Wehrerziehung war Grund-
bestandteil der Bildungs- und Erziehungsarbeit in der DDR.
Schon Anfang der fünfziger Jahre war mit der Militarisierung
des Erziehungs- und Bildungswesens begonnen worden. Dazu gehörten die Gründung der Gesellschaft für Sport und
Technik (GST) und die Veranstaltung von Pioniermanövern.
Ab 1971 wurde der schulischen Wehrerziehung aufgrund eines Maßnahmeplans des Ministeriums für Volksbildung und
des Ministeriums für Nationale Verteidigung verstärkt Bedeutung beigemessen. Zunehmend finden sich in den Lehr-
plänen inhaltliche Bestimmungen zur flächendeckenden
Umsetzung der Ziele der Wehrerziehung, insbesondere für
die Fächer Deutsche Sprache und Literatur, Geschichte,
Staatsbürgerkunde, Geographie und Sport, aber auch für mu-
sische, naturwissenschaftliche und polytechnische Fächer.[83]
Die Einführung der Wehrerziehung als eigenes Fach „Wehrunterricht" ab den 9. Klassen an den allgemeinbildenden
Schulen erfolgte im September 1978. Neben dem Wehrunterricht zu Fragen der „sozialistischen Landesverteidigung"
wurde für die Mädchen der 9. Klassen ein zweiwöchiger
Lehrgang „Zivilverteidigung" eingeführt, der zwar als DRK-
Lehrgang bezeichnet wurde, aber die selben wehrerzieheri-
schen Lehrpunkte wie Geländeausbildung und militärische
Ordnungsübungen beinhaltete. Parallel dazu sollten Jungen
an zweiwöchigen sogenannten militärischen Lagern teilnehmen.[84] Im Lager erfolgte zunächst eine Einkleidung. Zur

---

[83] DDR-Handbuch. Hrsg. vom Bundesministerium für innerdeutsche Bezie-
    hungen, Köln ²1979, S. 1164.
[84] Ebenda.

Ausbildung gehörte u. a. die Ausbildung an Kleinkaliberwaffen. In der 10. Klasse wurde nochmals sozialistische Landesverteidigung unterrichtet, woran drei Tage Militärbereitschaft mit einem „Marsch der Waffenbrüderschaft", einem militärischen Großgeländespiel, angeschlossen wurden. Damaris Kutz, geb. Meisel, musste sich auf der „Joliot-Curie-Oberschule" Grünhainichen als eine der ersten mit dem neuen Fach „Wehrunterricht" auseinandersetzen:

„1978 war ich die erste Zeugin Jehovas in unserem Bereich, die mit dem Wehrkundeunterricht konfrontiert wurde. Der Unterricht wurde als Pflichtfach bezeichnet, aber es wurden keine Zensuren gegeben. Es wurde in Theorie und Praxis unterteilt. Ich wusste zunächst nicht, ob ich an diesem Fach teilnehmen sollte oder nicht. Bezüglich der Praxis war mir klar, dass ich dort eine Waffe in die Hand nehmen musste. Das wollte ich auf keinen Fall. Bei der Theorie habe ich überlegt, dass Staatsbürgerkunde auch kein Fach für mich war. Aber trotzdem habe ich daran teilgenommen. So bin ich dann also zur Theorie hingegangen, die immer nachmittags stattfand. Da habe ich gesehen, dass nur Kriegsfilme gezeigt wurden. Wenn man Fragen beantworten musste, hatte man aufzustehen und den Lehrer, einen Major der Armee, zu grüßen und mit ‚Herr Major' anzureden. Ich habe dann oft überlegt, nicht mehr hinzugehen, dachte aber, solange ich passiv bin, ziehe ich es durch. Nachdem die Theorie zu Ende war, bin ich zu dem Major und habe gesagt, dass ich an der praktischen Ausbildung nicht teilnehme. Ich wäre gerne bereit, irgendwelche anderen Arbeiten zu machen, da ich nicht die Schule schwänzen möchte. Da hat er einen Riesenaufstand gemacht. Er hat gebrüllt: ‚Aha, Bibelforscher!' und wusste auch gleich, warum ich das nicht wollte. Es folgte dann eine lange Standpauke. Ich blieb aber bei meinem Standpunkt. Ich erklärte, dass mein Vater als Zeuge Jehovas bereits deswegen 22 Monate im Gefängnis war und ich als seine Tochter das natürlich nicht machen würde. Er schickte mich dann zum Direktor. Beim Direktor, wo ich mit meiner Mutter zu-

Oberschule

Altenberg

● Altenberg/Erzgebirge

22. Mai 1951
Lo/Gl.-
Fernruf Amt Lauenstein/Sachsen 202

Herrn
Ernst H a u p t

<u>O e l s a</u> Bez. Dresden
Hauptstrasse 91

<u>Betr.:</u> Entlassungsgrund auf dem Abgangszeugnis Ihrer Tochter
Gisela

<u>Bezug:</u> Ihr Schreiben vom 15.5.1951

Auf Ihren Einspruch vom 15.5.1951 wird Ihnen mitgeteilt, dass
Ihre Feststellung, dass Ihre Tochter Gisela Haupt während ihres
vierjährigen Schulbesuches keinen Verweis oder Tadel erhielt,
wohl richtig ist. Es ist aber zur Zulassung zur Reifeprüfung
nicht nur die fachliche oder charakterliche Eignung nachzuweisen, sondern darüber hinaus entsprechend der Verordnung über
die Abschlussprüfung an Oberschulen des Ministeriums für Volksbildung der Nachweis über gesellschaftliche Mitarbeit zu er-
bringen. Dieser Nachweis konnte von Ihrer Tochter nicht
getracht werden und es wurde deshalb durch die Prüfungskommission
die Zulassung Ihrer Tochter zur Reifeprüfung abgelehnt. Es ist
Ihnen genau wie der Prüfungskommission bekannt, dass Ihre Tochter scheinbar wegen ihrer Zugehörigkeit zu der inzwischen verbotenen Organisation der "Zeugen Jehovas" nicht in die FDJ eintrat. Hiermit stellte sie sich in einen krassen Gegensatz gegen
unsere FDJ-Schulgruppe, die ausser Ihrer Tochter und noch einem
Schüler alle Jungen und Mädel unserer Schule umfasst. Mit Schreiben vom   lehnte deshalb die Landesregierung Sachsen,
Ministerium für Volksbildung, die Zulassung Ihrer Tochter zur
Reifeprüfung ab.

Als Ihrer Tochter durch den Klassenleiter und stellv. Schulleiter, Herrn Rochlitzer, die von der Landesregierung ergangene
Nachricht mitgeteilt wurde, erklärte sie mir kurze Zeit später,
dass sie umgehend die Schule verlassen wolle und bat um das
Abgangszeugnis. Das Schuljahr läuft bis zum 31.8. ds. Jhs. Ihre
Tochter ist von uns aus nicht von der Schule verwiesen worden,
sondern verlässt freiwillig während des laufenden Schuljahres
die Schule. Sie sagte mir hierzu, sie wolle jetzt schon abgehen,
um im Beruf vorzeitig Geld verdienen zu können. Ich kann deshalb Ihren Einspruch nicht verstehen und verbleibe dabei, dass
Ihre Tochter wegen ihres Eintritts in den praktischen Beruf die
Schule verlässt.

                    Die Leitung der Oberschule

                        F. Lohn

                        Schulleiter

*Abb. 1: Bereits in den Anfangsjahren der DDR wurde jugendlichen
Zeugen Jehovas aufgrund fehlender „gesellschaftlicher Mitarbeit" die
Reifeprüfung verweigert. Als Gisela Haupt deswegen die Schule verließ, konnte die Schulleitung spitzfindig erklären, ihr keinen Schul-
verweis ausgesprochen zu haben.*

Rat des Bezirkes Gera   Gera, den 5.6.1970
                                               Zi/G

Frau E. S.
<u>69   J e n a</u>
[...]

Sehr geehrte Frau S.!

[...] Das Relegierungsverfahren Ihres Sohnes R. ist von allen
Beteiligten entsprechend der gesetzlichen Bestimmungen
ordnungsgemäß durchgeführt worden.
Nach nochmaliger Überprüfung aller Umstände muß ich Ihnen
mitteilen, daß die Relegierung Ihres Sohnes R. von der
Spezialschule des VEB Carl Zeiss völlig zu Recht besteht.
Obwohl R. mathematisch außerordentlich begabt ist, besitzt er
trotz aller Anstrengungen der Lehrer der Spezialschule
gegenwärtig nicht die politisch-moralische Reife, die wir von
einem jungen Abiturienten einer Spezialschule und einem
künftigen Studenten einer Hochschule unserer Republik erwarten
müssen.

[...] Es wird eindeutig sichtbar, daß Ihr Sohn R. den hohen
erzieherischen Pflichten der Spezialschule und der
Bereitschaft zu sozialistischen Verhaltensweisen nicht gerecht
geworden ist.

Wir bitten Sie deshalb, die erzieherische Einflußnahme des
Elternhauses auf R. gründlich zu überprüfen, damit dieser
besser den gesellschaftlichen Anforderungen gerecht wird.
Wir betrachten den beruflichen Einsatz im VEB Carl Zeiss für
R. als eine völlig richtige Bewährungssituation, die ihn
bewußt machen wird, welche große gesellschaftliche Aufgaben
unseres sozialistische Republik zu vollbringen hat, wie unsere
Werktätigen um Pionier- und Spitzenleistungen ringen und
welche großen gesellschaftlichen Pflichten deshalb an einen
künftigen Wissenschaftler bzw. Führungskader gestellt werden.
Wenn R. die richtigen Schlußfolgerungen aus dieser
Bewährungssituation zieht, stehen ihm alle Möglichkeiten der
weiteren Entwicklung in unserer Republik offen.

                         Mit sozialistischem Gruß
                         [...]
                         Oberstudienrat Trescher
                         Bezirksschulrat

*Abb. 2: Selbst hochbegabte Zeugen Jehovas als Schüler einer Spezial-
schule hätten den Schulabschluss nur als FDJ-Mitglieder ablegen
können. Zum Erwerb der richtigen „sozialistischen" Einstellung wurde hier eine als „Bewährungssituation" bezeichnete Umerziehung
beim VEB Carl Zeiss angeordnet.*

sammen erscheinen musste, waren alle meine Lehrer anwesend. Die wollten uns überzeugen, dass an der militärischen Ausbildung nichts Schlimmes dran sei, weil es nur DRK sei und man nur lerne, Verwundete zu pflegen. Ich machte dann deutlich, dass man im Kriegsfall nicht gefragt würde, ob man vielleicht nur im DRK Dienst leisten wollte. Schließlich beendete der Direktor das Gespräch. Während der Zeit musste ich dann jeden Tag zum Direktor kommen und dort eine Zeit lang stehen, bis er mich wieder nach Hause schickte. Da hatte ich jeden Tag Angst, was kommt. Als dann der Lehrgang begann, sah ich auch meine Klassenkameradinnen mit Uniform und hörte, dass sie Granatenwerfen und Ähnliches gelernt hätten."[85]

Ab den achtziger Jahren scheint aber, abhängig von der Person des Direktors, die Befreiung von der Teilnahme am Wehrunterricht und von den praktischen Lehrgängen[86] mit einiger Hartnäckigkeit erreichbar gewesen zu sein, wie auch das MfS in einem Bericht ausführte:

„Aus den vorliegenden Informationen geht hervor, dass übereinstimmend alle betroffenen ‚Z.J.' (Elternteile) offen ihren Standpunkt gegenüber den Schuldirektoren darlegten. In einigen schriftlich formulierten Positionen bringen sie die Begründung, aus Glaubens- und Gewissensgründen, für eine erbetene Freistellung vom Wehrkundeunterricht zum Ausdruck. Gleichzeitig wird in persönlichen Gesprächen mit der Schulleitung ihre Haltung vertreten und teilweise diese mit der Bibel verglichen. [...] Andere ‚Z.J.' nehmen eine solche Haltung ein, dass ihre Kinder nur bedingt teilnehmen am Wehrkundeunterricht nach eigener Gewissensentscheidung. Einige Kinder der ‚Z.J.' nehmen am theoretischen Teil der

---

[85] EB Damaris Kutz vom 3.3.2001.
[86] Z. B. EB Katrin Dickershoff vom 20.2.2001, S. 1: „Während dieser Zeit musste ich am Unterricht der nächstjüngeren Altersklasse teilnehmen. Dort gab es keine Anfeindungen. Dem theoretischen Unterricht durfte ich fernbleiben."

Wehrkunde teil, wobei sie aber ein passives Verhalten einnehmen. […] Einige Schulen verpflichten die Kinder, sich an der Schule nützlich zu machen und dem Hausmeister zu helfen. Andere führen in dieser Zeit Reinigungsarbeiten an der Schule aus. Weitere Kinder haben an den Unterrichtsstunden einer anderen Klasse teilgenommen und einige Kinder werden nach Hause geschickt. […] Kindern von ‚J.Z.', die selbst diesen Glauben vertreten, wird jedoch Erlangung der Hochschulreife (Abitur) verwehrt."[87]
Nichtteilnahme am Wehrunterricht führte folglich zur Verweigerung des Besuchs der Erweiterten Oberschule. Darauf hingearbeitet wurde auch schon durch den Eintrag von Fehlstunden im Zeugnis:
„Im Wehrkundeunterricht und beim Lehrgang konnten meine Eltern erreichen, dass ich nicht teilzunehmen brauchte. Allerdings wurde mir das im Zeugnis als ‚unentschuldigtes Fehlen' eingetragen, obwohl ich angeboten hatte, in der Zeit etwas anderes zu machen."[88]

Eine solche Beurteilung machte die Zulassung zur Erweiterten Oberschule unmöglich. Noch 1986 resümierte das MfS in einer Ausarbeitung „Gegen Aussagen und Programm des XI. Parteitages der SED gerichtete religiös-politische Inhalte der illegalen Tätigkeit der ‚Zeugen Jehovas' in der DDR", dass sich der Sozialismus „ungeachtet vielfältiger imperialistischer Störmanöver" weiterentwickelt habe. Die Haltung der Zeugen Jehovas und ihre lehrmäßigen Aussagen über die Wehrerziehung wurden als ein solches gegen die „Erhaltung des Friedens" gerichtetes Störmanöver bezeichnet:
„Die WTG-ZJ lehnen jeglichen Wehr- und Militärdienst, die vormilitärische Ausbildung, den Wehrsport und die Zivilverteidigung ab, und wirken und beeinflusse in ihrem Aktionsbereich auch entsprechend: ‚Die Zeugen Jehovas kämpfen

---

87 BStU, ZA, HA XX/4 78, Bl. 138 f.
88 EB Damaris Tabert vom 12.3.2001.

nicht für ihr Land' (WTG-Broschüre „Jehovas Zeugen im zwanzigsten Jahrhundert', S. 29, 1978 Wiesbaden). ‚In einigen Ländern wie in der DDR wird Schülern Wehrkundeunterricht erteilt. Jedoch möchten Jehovas Zeugen zu denen gehören, von denen die Bibel sagt: ‚Sie werden Schwerter zu Pflugscharen schmieden müssen und ihre Speere zu Winzermessern. Nation wird nicht gegen Nation das Schwert erheben, auch werden sie den Krieg nicht mehr lernen.' Daher bitten Jehovas Zeugen darum, von militärischer Ausbildung in der Schule befreit zu werden.' (WTG-Broschüre, S. 29, Wiesbaden 1983)." [88a]

Friedensliebe, wie sie die Zeugen Jehovas praktizierten, passte bis zum Ende des DDR-Regimes nicht in das militaristische Erziehungskonzept.

Ausschluss von der Höheren Schulbildung

Nach 1959 wurde die allgemeine POS zur Pflichtschule, an die eine zehnjährige Schulpflicht gekoppelt war. Zur Erlangung der Hochschulreife musste im Anschluss an die POS noch die Erweiterte Oberschule (EOS) erfolgreich abgeschlossen werden. Die „Delegierung" zur EOS richtete sich nicht nur nach den schulischen Leistungen und der sozialen Herkunft, sondern vor allem nach der politischen Einstellung des Schülers. Gemäß einer Anordnung von 1981 über die Aufnahme in die EOS sollten Schüler ausgewählt werden, „die sich durch gute Leistungen im Unterricht, hohe Leistungsfähigkeit und -bereitschaft sowie politisch-moralische und charakterliche Reife auszeichneten und Verbundenheit mit der Deutschen Demokratischen Republik durch ihre Haltung und gesellschaftliche Aktivität bewiesen haben [...] Hervorragende Leistungen von Eltern beim Aufbau des Sozialismus sind bei der Entscheidungsfindung zu beachten."[89]

[88a] HA XX/446, Bl. 108.
[89] Gesetzblatt der DDR, Teil I, Nr. 4/1982, S. 93 ff.

Den meisten Zeugen Jehovas war klar, dass sie selbst bei besten schulischen Leistungen nicht über die „gesellschaftlichen Voraussetzungen" für den Besuch der EOS verfügten. Dennoch gab es eine ganze Reihe von jungen Zeugen Jehovas, die gerne weiter gelernt hätten und zur Schule gegangen wären. Lydia Schaffron bewarb sich beispielsweise vor ihrem Abschluss am Schulkombinat „Annahütte" um Zulassung zur EOS Senftenberg. Nach einiger Zeit wurde ihr von einer Lehrerin mitgeteilt, dass ihre Bewerbung abgelehnt worden sei. Die schriftliche Ablehnung wurde ihr kurz gezeigt, aber nicht ausgehändigt:

„Daraufhin wurde mir gesagt, ohne nachträgliche Jugendweihe und Eintritt in die FDJ sei das nicht möglich. Da ich ablehnte [...] wurde mein Abschlußprädikat um eine Stufe gesenkt, indem man mir verwehrte, notwendige Prüfungsfächer zu belegen. Ich dachte, dass das so gemacht wird, damit die Schule nicht erklären braucht, warum ich denn nicht auch auf die EOS gehen kann, denn die anderen, die solche Noten hatten wie ich, sind alle auf die EOS gekommen."[90]

Den Vater von Ronald Meyer hatte eine Lehrerin bereits öffentlich als „Kriegssympathisanten" bezeichnet, da der Sohn die Unterschrift gegen den Vietnamkrieg nicht geleistet hatte. Belobigungen und Auszeichnungen erhielt er trotz guter Leistung nicht. Seine Zensuren in Betragen, Mitarbeit und Gesamtverhalten waren wegen der Nichtteilnahme an politischen Aktivitäten nur befriedigend. An eine Delegierung an die EOS war daher nicht zu denken, sie wurde ihm verweigert.[91] Aufgrund der politischen Vorgaben war es für Zeugen Jehovas in der DDR unmöglich, die EOS zu besuchen und mit dem Abitur abzuschließen. Genauso wenig gab es für sie die Möglichkeit, ein Hochschulstudium zu absolvieren. Be-

---

[90] EB Lydia Wärzner, geb. Schaffron, vom 26.2.2001, S. 1, 3 f.
[91] EB Ronald Meyer vom 28.2.2001 und Unterlagen über Berufliche Rehabilitierung; UaP.

kanntlich behielten sich die DDR-Behörden vor, zu bestimmen, wer eine akademische Ausbildung beginnen durfte. Besonders die Kinder von Werktätigen und Arbeitern sollten dabei gefördert werden, obwohl in der Spätphase auch zunehmend Akademikerkinder diesen Bildungsweg beschritten. Immer wurden jedoch eine sozialistische Einstellung sowie politische Aktivitäten vorausgesetzt. Da Jehovas Zeugen aufgrund ihrer religiösen Einstellung diese Vorgaben nicht erfüllten, wurden sie als Gruppe von den Chancen einer höheren Bildung ausgeschlossen. Diese staatlich geregelte Ausgrenzung bestimmte Andersdenkende und ihre Familien zur untersten sozialen Schicht.

Verweigerung der Lehrlingsausbildung

Jugendliche in der DDR hatten gemäß Art. 25 Abs. 4 der Verfassung das Recht und die Pflicht, einen Beruf zu erlernen und zumindest eine berufliche Teilausbildung zu erhalten. Zuständige Behörde für den Abschluss eines Lehrvertrages war die Abteilung „Berufsausbildung und Berufsberatung" beim Rat des Kreises. Begleitend zur Berufsausbildung wurde Unterricht in Berufsschulen erteilt, die ebenfalls den Abteilungen „Berufsausbildung" unterstanden. Die meisten jugendlichen Zeugen Jehovas strebten einen Facharbeiterabschluss an, allerdings wurde im Widerspruch zu den verfassungsrechtlichen Bestimmungen auch hierfür die Unterwerfung unter die sozialistischen Vorgaben verlangt. Das bedeutete, während der Ausbildung an verschiedenen politischen Aktivitäten und vor allem an der sogenannten vormilitärischen Ausbildung teilzunehmen, die auf der Grundlage des DDR-Arbeitsgesetzbuches und weiterer Verwaltungsbestimmungen sogar in den Lehrvertragsvordruck aufgenommen worden war: „Der Lehrling ist verpflichtet, während des Lehrverhältnisses an der vormilitärischen Ausbildung teilzunehmen, sich militärpolitische und militärfachliche Kenntnisse und Fähigkeiten anzueignen bzw. an den Maßnahmen der

Zivilverteidigung mitzuwirken."[92] Die vormilitärische Ausbildung der Lehrlinge im Rahmen der Berufsausbildung wurde von der GST geleitet und erstreckte sich über die gesamte
Lehrzeit, in der Regel also über zwei Jahre. Sie wurde im ersten Lehrjahr als vormilitärische Grundausbildung, im zweiten Lehrjahr als vormilitärische Laufbahnausbildung durchgeführt. Für weibliche Lehrlinge geschah dies im Rahmen
einer sogenannten Sanitätsausbildung in den Sanitätszügen
der Zivilverteidigung. Die Zivilverteidigung als Bestandteil
der Landesverteidigung unterstand ab 1978 dem Ministerium
für nationale Verteidigung. Die vormilitärische Ausbildung
hatte als Teil der sozialistischen Wehrerziehung zum Ziel, die
Entwicklung und Festigung der Wehrbereitschaft und Wehr-
fähigkeit der Bürger zu unterstützen. Diese Voraussetzung
verstieß für Jehovas Zeugen gegen die christliche Neutralität
und war nicht akzeptabel. Da die Behörden jedoch angewiesen wurden, auf jeden Fall auf die Einhaltung dieser Bestimmungen zu achten, führte das für alle jugendlichen Zeugen
Jehovas beim Versuch, einen Lehrvertrag abzuschließen, zu
unüberwindlichen Schwierigkeiten. In der „Information über
den Abschluß von Lehrverträgen" von der Abt. Berufsbildung und Berufsberatung des Rates des Bezirkes Karl-Marx-
Stadt vom 30. März 1971 wurde deutlich gemacht:

„In der sozialistischen Berufsbildung wurde ein neuer Lehrvertragsvordruck (Bestell-Nr. 8121 VLV Spremberg) eingeführt. Dieser Vertrag legt mit den Rechten und Pflichten des
Lehrlings fest, dass sich dieser ‚durch Teilnahme an der vormilitärischen Ausbildung und Maßnahmen der Zivilverteidigung
Kenntnisse und Fähigkeiten zur Verteidigung des sozialistischen Vaterlandes anzueignen' hat. [...] Die als ‚Bibelforscher'
[Zeugen Jehovas] bekannten Bürger lehnten jedoch nach wie
vor die Unterschrift ab. Eine Rückfrage beim Staatssekretariat
für Berufsbildung ergab, dass in Abstimmung mit dem Staats-

---

[92] Als Punkt 6 „Grundlegende Rechte und Pflichten des Betriebes und des
Lehrlings".

sekretariat für Kirchenfragen mit diesen Bürgern bis unmittelbar vor Lehrbeginn zu verhandeln ist. Im Weigerungsfall können diese Jugendlichen kein Lehrverhältnis aufnehmen, sondern sind in Arbeitsrechtsverhältnisse einzuweisen. Die Mehrheit der Betriebe hat es abgelehnt, derartige Jugendliche einzustellen. Lediglich einzelne Handwerksbetriebe versuchen durch Zusätze im Lehrvertrag diesen Abschnitt außer Kraft zu setzen. Da die Lehrverträge von keinem staatlichen Organ, weder von der Berufsschule noch der Handwerkskammer mehr gegenzuzeichnen sind, ist die Kontrolle äußerst kompliziert. Wir haben die Kreisorgane auf dieses Problem hingewiesen und systematische Überprüfung angefordert."[93]

Kaum ein Zeuge Jehovas war daher in der Lage, einen Lehrvertrag abzuschließen. Die Unterschrift unter einen Vertrag, der dazu verpflichtete, nebenbei eine militärische Ausbildung zu machen, kam weder für die Jugendlichen noch für ihre Eltern in Frage. Da aber die Zeugen Jehovas den Vertrag nicht unterschrieben, konnte der Staat behaupten, er habe den Zeugen Jehovas eine Lehrstelle angeboten, sie jedoch hätten diese abgelehnt. Dem Zeugen Jehovas Thomas Janßen wurde beispielsweise auf dem Rat des Kreises erklärt: „Wenn Sie nicht wollen, dann wollen wir auch nicht."[94] Den jugendlichen Zeugen Jehovas blieb nur eine Hilfsarbeitertätigkeit übrig.[95]

Der Zeuge Jehovas Ullrich Barth fand keinen Betrieb, der bereit war, die vormilitärische Ausbildung aus dem Lehrvertrag auszuklammern. Er begann eine Tätigkeit als Hilfsarbeiter. In einer Beurteilung durch den VEB Bau- und Montagekombinat Erfurt vom 19. Juni 1983 liest sich das wie folgt:

---

[93] Annegret Dirksen/Johannes Wrobel: „Im Weigerungsfall ...", in: Im Visier der Stasi, S. 238.

[94] EB Gabi und Thomas Janßen vom 6.3.2001.

[95] EB Stefan Jaeckel. Beim VEB Sportgeräte hatte die Kaderleiterin die Wahl zwischen ihm und einem Strafhaftentlassenen.

„Aus persönlichen Beweggründen nahm Koll. Barth am Wehrkundeunterricht, am Pionier- und FDJ-Leben in der Schule nicht teil. Zur Aufnahme eines Lehrverhältnisses und zur Unterzeichnung eines Lehrvertrages war er daher ebenfalls nicht bereit. Die Abschlussprüfung der 10. Klasse an der POS Lippersdorf bestand Koll. B. mit dem Prädikat ‚gut'."[96]

Der „Schein der Normalität" war dadurch gewahrt.[97] Manche Eltern erreichten eine Streichung oder handschriftliche Ergänzung des Passus. Allerdings bedeutete das nicht, dass das Problem gelöst war, wie verschiedene Beispiele zeigen. Der Zeuge Jehovas Harald Meyer hielt ein POS-Abgangszeugnis mit „sehr gut" in Händen. In Annaberg-Buchholz unterschrieben er und seine Eltern einen Lehrvertrag bei einem Elektromeister mit dem schriftlichen Zusatz, „dass der Paragraph, im Lehrvertrag aktiv an der vormilitärischen Ausbildung teilzunehmen, von mir in keiner Weise, auch nicht als Dienst im rückwärtigen Bereich wie Küche, 1. Hilfe usw. bedient wird, wegen persönlicher Gewissensentscheidung als Zeuge Jehovas". Sowohl der Lehrherr wie die Berufsschule unterschrieben diesen geänderten Lehrvertrag. Einen Monat nach Lehrbeginn fand im Oktober 1972 die vormilitärische Ausbildung statt:
„Nach Rücksprache mit dem Direktor der Berufsschule durfte ich während dieser Zeit notwendige Instandsetzungsarbeiten – Malern, Mauern usw. – in der Schule verrichten. Zwei Wochen, nachdem die vormilitärische Ausbildung stattgefun-

---

[96] EB Ullrich Barth vom 14.3.2001; UaP Ullrich Barth.

[97] Die fehlende Unterschrift führt gegenwärtig dazu, dass kein Zeuge Jehovas, dem in der DDR eine Lehre verweigert wurde, nach dem Zweiten SED-Unrechtsbereinigungsgesetz beruflich rehabilitiert (BerRehaG) und entschädigt wird. Da kein Lehrvertrag abgeschlossen wurde, fehlt es den Rehabilitierungsbehörden an einem „staatlichen Eingriff", genauer gesagt, es liegt kein Eingriff in einen begonnenen oder durch den Beginn einer berufsbezogenen Ausbildung nachweisbar angestrebten Beruf vor. Das bedeutet, dass Hunderte von betroffenen Zeugen Jehovas nicht als DDR-Verfolgte anerkannt werden.

den hatte und eigentlich alles schon vergessen war, wurde ich plötzlich von der Arbeit weg in die Berufsschule beordert. Dort waren Vertreter des Rates des Kreises, der SED-Kreisleitung, Schuldirektor, Lehrer und Obermeister der Innung. Man verlangte von mir, die vormilitärische Ausbildung umgehend in einer anderen Berufsschule mit einer Klasse, die diese Ausbildung noch vor sich hatte, nachzuholen. Mein Hinweis, dass ja ein Lehrvertrag zustande gekommen war mit einem Anhang, der dieses Problem eindeutig klarlegte und der von allen Beteiligten unterschrieben worden war, wurde mit einer Handbewegung für nichtig erklärt. Falls ich die Ausbildung nicht nachholte, würde mein Lehrverhältnis sofort aufgelöst. […] Mein Ausbilder tröstete mich mit dem Versprechen: ‚Bleibe, was du bist, bleibe als Hilfsarbeiter, irgendwann machst du den Facharbeiterbrief in der Volkshochschule nach.‘ Aber es sollte anders kommen. Er wurde auch vorgeladen und unter der Drohung, man würde sein Geschäft schließen, falls er mich weiterbeschäftigen würde, wurde ihm die Richtung der Staatsdiktatur gezeigt. So hatte ich Berufsverbot und war mit 16 Jahren arbeitslos. Nach Wochen erhielt ich vom Rat des Kreises Anweisung, mich bei drei Arbeitgebern vorzustellen. Dort wusste man, wer ich bin, und so sollte ich zum Beispiel im Sommerhalbjahr rund um die Uhr arbeiten, auch ohne freies Wochenende, also auch keine Zusammenkünfte (Gottesdienste) besuchen."[98]

Trotz eines gültigen Vertrages sahen sich die Behörden rechtlich nicht gebunden. An eine Klage vor Gericht war nicht zu denken. Ralf Pfeifer, der 1980 seinen POS-Abschluss im Kreis Weimar-Land mit „Auszeichnung" bestanden hatte, schildert seine Versuche, ein Lehrverhältnis zu begründen:
„Ich habe versucht, einen handwerklichen Beruf wie Elektriker, Feinoptiker oder Feinmechaniker zu erlernen. Bei der Suche nach einer Lehrstelle, bei Veranstaltungen des Berufs-

---

[98] EB Harald Meyer vom 22.11.1997.

bildungszentrums oder bei Vorstellungen in Betrieben waren die Ausbilder jeweils sehr von meinem Zeugnis begeistert. Wir erwähnten, dass ich einen Lehrvertrag nur unter der Voraussetzung abschließen würde, nicht an der vormilitärischen Ausbildung teilnehmen zu müssen. Die Vertreter der Betriebe wollten sich darüber informieren, ob das möglich sei. Manchmal bekamen wir keine Nachricht mehr oder nichtssagende wie ‚[wir] bedauern, dass wir keinen Lehrvertrag abschließen können'."[99]

Ralfs Vater, Herwig Pfeifer, fragte im Rahmen einer Bewerbung beim VEB Carl Zeiss Jena an, ob der Lehrvertrag ohne den Passus abgeschlossen werden könne. Es wurde ihm schriftlich mitgeteilt:
„Es gibt hier keine Ausnahme- und Sondergenehmigungen für Jugendliche, die ein Lehrverhältnis eingehen wollen und nicht bereit sind, an der vormilitärischen Ausbildung teilzunehmen. Da Ihr Sohn, wie Sie das in unserem Gespräch in Weimar betonten, grundsätzlich nicht bereit sein wird, an der vormilitärischen Ausbildung teilzunehmen, sehen wir uns außer Stande, einen Lehrvertrag mit ihm abzuschließen."[100]

Ralf Pfeifer schloss dann einen Lehrvertrag als Glaser ab, da ihn die Berufsschule im Glauben ließ, er könne anstelle der vormilitärischen Ausbildung andere Tätigkeiten durchführen:
„Ich bin an dem Tag, an dem die vormilitärische Ausbildung beginnen sollte, zur Berufsschule gefahren, um mich in Sportkleidung zur Verfügung zu stellen. Mir wurde zur Bedingung gemacht, die GST-Uniform anzuziehen und mit in das Ausbildungslager zu fahren. Das habe ich abgelehnt und in der Zeit in einer anderen Werkstatt des Betriebes gearbeitet. Vom Rat der Stadt Weimar, Abteilung Berufsbildung und -beratung,

---

[99] EB Ralf Pfeifer vom 28.2.2001.
[100] UaP Ralf Pfeifer.

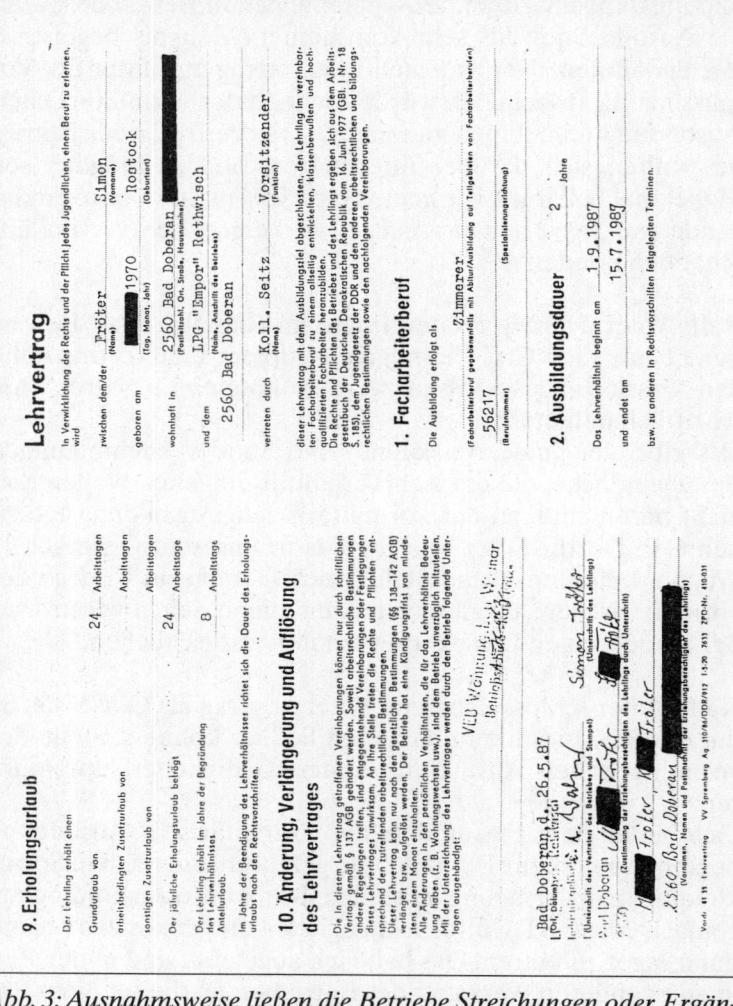

Abb. 3: Ausnahmsweise ließen die Betriebe Streichungen oder Ergänzungen im Standard-Lehrvertrag zu, wenn sie persönliches Interesse an dem Auszubildenden hatten. Die Teilnahme an der vormilitärischen Ausbildung wurde dennoch erwartet und das Lehrverhältnis bei Nichtteilnahme auf Druck des Rates des Kreises aufgelöst.

3. Ausbildungsorte

Die berufspraktische Ausbildung erfolgt in dem/der
Betriebsschule des VEB Wohnungsbau
(Name der/des Betriebe(s))

in Wismar
(Ausbildungsort)

Die theoretische Ausbildung erfolgt in der
Betriebsschule des VEB Wohnungsbau
(Name der beruflichen Einrichtung(en) der Berufsbildung)

in Wismar
(Ausbildungsort)

4. Unterbringung im Lehrlingswohnheim

Für die Zeit vom .... bis .... bzw. des Wochen-/Lehrgangsturnus erfolgt die Unterbringung und Verpflegung des Lehrlings in dem/dem Lehrlingswohnheim(en) Internat

in Wismar

5. Weitere Vereinbarungen

(z. B. Anrechnung früherer Ausbildungszeit, besondere Förderungs- und Unterstützungsmaßnahmen usw.)

6. Grundlegende Rechte und Pflichten des Betriebes und des Lehrlings *)

Der Betrieb hat dem Lehrling auf der Grundlage der staatlichen Lehrpläne solide, anwendungsbereites Wissen und Können zu vermitteln und ihn zur schöpferischen Arbeit im Beruf zu befähigen. Zur Einrichtung des Ausbildungszieles hat der Betrieb dem Lehrling lehrplangerechte Arbeiten zu übertragen, damit er mit der Beendigung der Berufsausbildung die an einen Facharbeiter gestellten Leistungsanforderungen erreicht.

*) Auszüge aus dem 6. Kapitel des Arbeitsgesetzbuches der DDR.
(Weitere Rechte und Pflichten des Betriebes und des Lehrlings ergeben sich aus dem Arbeitsgesetzbuch der DDR und anderen arbeits- und bildungsrechtlichen Bestimmungen.)

Der Betrieb hat dem Lehrling über die Anforderungen, die sich aus der Durchführung der theoretischen und berufspraktischen Ausbildung, des Berufswettbewerbes und der außerunterrichtlichen Tätigkeit ergeben, regelmäßig im Lehrjahr zu informieren.

Der Lehrling hat das Recht, sich umfassende berufliche Kenntnisse, Fähigkeiten und Fertigkeiten anzueignen und seine Allgemeinbildung zu vervollkommnen.

Der Lehrling ist berechtigt, an der Leitung und Planung des Bildungs- und Erziehungsprozesses und der Erfüllung der betrieblichen Aufgaben mitzuwirken sowie am sozialistischen Berufswettbewerb und an der Bewegung „Messe der Meister von morgen" aktiv teilzunehmen.

Der Lehrling hat die Pflicht, nach hohen Leistungen beim Lernen und Arbeiten zu streben, die Festigung zur Gewährleistung von Ordnung, Disziplin und Sicherheit stets einzuhalten und die Weisungen der Lehrer, Lehrkräfte und Erzieher sowie der Lehrfacharbeiter zu befolgen. Er hat regelmäßig an der theoretischen und berufspraktischen Ausbildung teilzunehmen.

Der Lehrling ist verpflichtet, während des Lehrverhältnisses an der vormilitärischen Ausbildung teilzunehmen, sich militärpolitische und militärtechnische Kenntnisse und Fähigkeiten anzueignen bzw. an den Maßnahmen der Zivilverteidigung mitzuwirken.

[handschriftlich:] Auf eigenen Wunsch fällt dieser Punkt (Glaubensfrage) rausch entfällt dieser Punkt mit Abmeldung der Erziehungsbe-

7. Verantwortung der Erziehungsberechtigten des Lehrlings *)

Die Erziehungsberechtigten tragen eine große Verantwortung für die Entwicklung des Lehrlings zu einer allseitig entwickelten sozialistischen Persönlichkeit. Sie sind verpflichtet, den Lehrling zur Erreichung dieses Zieles zu unterstützen und eng mit dem Betrieb und der Einrichtung der Berufsbildung zusammenzuarbeiten. Sie verwirklichen diese Zusammenarbeit insbesondere durch die

- ständige Einflussnahme auf die Erhöhung des Leistungsniveaus und die Ausprägung sozialistischer Moral- und Verhaltensweisen des Lehrlings.

- aktive Unterstützung der Bemühungen des Betriebes bzw. der Einrichtung der Berufsbildung und der gesellschaftlichen Organisationen bei der klassenmäßigen Bildung und Erziehung des Lehrlings.

- regelmäßige Teilnahme an den Aussprachen im Betrieb bzw. der Einrichtung der Berufsbildung über den Stand der Bildungs- und Erziehungsarbeit und die weitere Entwicklung des Lehrlings.

- Kontrolle der schriftlichen Unterlagen und Kenntnisnahme der Leistungsnachweise des Lehrlings.

8. Lehrlingsentgelt

Der Lehrling erhält für den vereinbarten Facharbeiterberuf monatliches Lehrlingsentgelt.
Es beträgt im

1. Lehrhalbjahr	120,— Mark	4. Lehrhalbjahr	180,— Mark
2. Lehrhalbjahr	130,— Mark	5. Lehrhalbjahr	_____ Mark
3. Lehrhalbjahr	150,— Mark	6. Lehrhalbjahr	_____ Mark

*) Für Lehrlinge, die aufgrund ihrer sozialen Verhältnisse besondere Unterstützung benötigen, kann durch die Erziehungsberechtigten eine finanzielle Beihilfe über den Betrieb, der den Lehrvertrag abgeschlossen hat, beim für den Betrieb zuständigen Rat der Stadt bzw. des Kreises beantragt werden (Vordruck). Die Anträge sind jeweils bis zum 15. Oktober einzureichen.

erhielt ich dann eine Vorladung für den 9.10.1980 mit dem Vermerk: ‚Aussprache bzw. Lösung des Lehrvertrages.' Die Lösung wurde mir dort mündlich mitgeteilt. Dagegen habe ich per 15.10.1980 eine Eingabe an das Staatssekretariat für Berufsbildung gesandt. [...] Der Lehrvertrag blieb gekündigt. Man teilte mir drei Betriebe zu, in denen ich mich vorstellen sollte, um als Hilfsarbeiter zu arbeiten. Es waren jeweils schwerste Arbeitsbedingungen in einer Mosterei, einer Messerfabrik und noch einem Betrieb. Damit war der Staat seiner Verpflichtung nachgekommen."[101]

Interessant ist auch hier, dass der Betreffende nach Auflösung des Lehrvertrages keine Möglichkeit hatte, sich eine Arbeitsstelle zu suchen, sondern ihm bestimmte Arbeitsstellen zugewiesen wurden, wo man „wusste", wie man mit ihm umzugehen hatte; das war die Auswirkung der gesetzlichen Arbeitspflicht.

Der Zeuge Jehovas Simon Fröter erhielt 1987 einen Lehrvertrag bei der LPG „Empor" in Rethwisch, bei dem sein Vater die Streichung des Zusatzes bezüglich der vormilitärischen Ausbildung erreichen konnte. Es wurde an dieser Stelle mit Schreibmaschine in den Vordruck eingefügt: „Auf eigenen Wunsch und mit Absprache der Berufsberatung entfällt dieser Punkt. (Glaubensfrage)." Das ging bei der ersten vormilitärischen Ausbildung gut. Bei der zweiten wurde Simon vor die Entscheidung gestellt, entweder mitzumachen oder die Lehre abzubrechen. Es kam zu einer Aussprache, bei der u. a. ein Mitarbeiter des Rates des Bezirkes Rostock und der Abteilungsleiter Berufsberatung vom Rat des Kreises Bad Doberan anwesend waren. Gemäß dem Protokoll der Beratung vom 7. Januar 1988 erklärte der Kaderleiter der LPG, dass der Lehrvertrag rechtlich nicht zulässig sei, „da durch den aus Unkenntnis formulierten Zusatz staatlich verbindliche Rech-

---

[101] Ebenda.

te und Pflichten des Lehrlings annulliert werden". Simon wurde angeboten, einen neuen Vertrag abzuschließen oder in der LPG als Hilfsarbeiter zu arbeiten.[102]

Ähnlich erging es 1981 Christine D., die ihre Berufsausbildung als Köchin abbrechen musste:
„Bei Lehrvertragsabschluss wurde mir von der Berufsschule zugesichert, dass es sich bei der vormilitärischen Ausbildung nur um einen Rot-Kreuz-Kurs handeln würde, was jedoch nicht der Fall war. Nach einem halben Jahr musste ich meinen Lehrvertrag kündigen. Meine Lehrausbilderin sagte mir einmal, Zeugen Jehovas seien Staatshetzer, das würde im Duden stehen."[103]

Folgen einer Konversion

Die staatliche Ausgrenzung verstärkte sich besonders, wenn eine Konversion im Jugendalter stattfand. Der Ausbruch aus dem sozialistischen Kollektiv und die Hinwendung zur Religion wurde gerade im Falle der Zeugen Jehovas als Niederlage des staatlichen Erziehungssystems betrachtet, was dem Konvertiten in aller Deutlichkeit zu verstehen gegeben wurde. Das Beispiel von Sylvia Fies, geb. Westphal, macht das deutlich. Sylvia schloss 1985 die POS „Bernard Koenen" in Gräfenhainichen mit „Auszeichnung" ab. Wegen „ausgezeichneter Leistungen und vorbildlichen gesellschaftlichen Verhaltens" erhielt sie eine Diplom-Urkunde der POS. Für ihre „vorbildliche gesellschaftliche Arbeit" wurde sie vom Rat des Bezirkes Halle mit der Lessing-Medaille in Gold und von der Gesellschaft für Deutsch-Sowjetische-Freundschaft mit der Herder-Medaille in Bronze ausgezeichnet. Als sie jedoch beschloss, sich den Zeugen Jehovas zuzuwenden, wurden sämtliche Verdienste wertlos:

---

[102] EB Martin Fröter vom 21.2.2001. Lehrvertrag vom 26.5.1987 und Protokoll der Beratung bei LPG „Empor" am 7.1.1988; UaP.
[103] EB Christine Dirring vom 16.3.2001.

„Mein Berufswunsch war es, MTA zu werden und im Labor eines Krankenhauses zu arbeiten. Während der 9. Klasse bekam ich die Zusage für eine Ausbildung beim Krankenhaus Oranienbaum. Nur ein oder zwei Bewerber vom ganzen Kreis wurden angenommen. Ungefähr zu dieser Zeit lernte ich Zeugen Jehovas kennen und begann die Bibel zu studieren. Kurze Zeit später war mir klar, dass ich diesen Weg gehen wollte. 1985 belegte ich die Abschlussprüfung der 10. Klasse. Als der ökonomische Leiter des Krankenhauses erfuhr, dass ich Zeuge Jehovas werden wollte, wurde mir mitgeteilt, dass ich jeder Religion angehören dürfte – nur kein Zeuge Jehovas – und dass ich somit die Ausbildung zur MTA nicht wahrnehmen dürfte. Ich sollte dann schreiben, dass ich aus persönlichen Gründen nicht an dieser Ausbildung teilnehmen wollte. Dann machte ich mich auf die Suche nach einer anderen Stelle. Ich bewarb mich im Krankenhaus Dessau als ungelernte Stationshilfe mit dem Ziel, vielleicht später eine Ausbildung zur Krankenschwester zu erhalten. Ich bekam eine Absage mit der Begründung, ich solle mich in meinen eigenen Kreis bewerben. Nun bewarb ich mich erneut im Krankenhaus Oranienbaum auf ein Inserat hin, ebenfalls als Stationshilfe. Wieder bekam ich eine Ablehnung. (Meine Mutter rief im Krankenhaus an – unter falschem Namen –, ob die Stelle noch frei wäre. Man entgegnete ihr, dass sie noch zu haben sei. Dann war ja alles klar.) Mein nächster Weg führte mich zum Rat des Kreises. Inzwischen schrieben wir schon September 1985. Dort bot man mir jetzt eine Lehrstelle für EDV an. Der Lehrvertrag enthielt den Punkt mit der vormilitärischen Ausbildung. Ich bat darum, diesen Punkt aus dem Vertrag zu streichen. Dem kam man nicht nach und erklärte, dass das nicht möglich sei. Man sagte mir: ‚Dann kriegen Sie gar nichts.‘ Einen Monat später sagte man mir auf dem Rat des Kreises, dass die Stadtwirtschaft einen Lohnbuchhalter sucht. Ich bewarb mich als Ungelernte, in der Hoffnung, irgendwie eine Ausbildung dann machen zu können. Wieder erhielt ich eine Absage mit der Begründung, dass ich eine Ungelernte sei. Ich fand es komisch, dass es das Amt nicht gewusst und mich dorthin vermittelt hatte. Es war reine Schikane, mich dorthin zu schicken. Ich musste sehr lange warten, bis ich Antwort auf meine Bewerbung bekam – genauso wie die anderen Male zuvor. In der ganzen Zeit konnte ich mich nicht woanders bewerben. Durch eine Freundin erfuhr ich dann, dass das Kraftwerk[104] Arbeitskräfte suchte. Ich fuhr dorthin und stellte mich vor. Obwohl ich der Kaderleiterin dort erklärte, dass ich mich an politischen Aktivitäten aus Glaubensgründen nicht beteiligen möchte, erhielt ich zu meiner Überraschung eine Zusage. Ich sollte im Gasturbinenbetrieb arbeiten. Das wäre immerhin besser gewesen, als bei den Dampfturbinen oder, noch schlechter, den Kesselanlagen. Die Kaderleiterin wollte mir das Beste zukommen lassen. Die Brigade vom Gasturbinenbetrieb hat mich abgelehnt, da ich eine Zeugin Jehovas werden wollte. Ich hätte nicht in ihr Konzept gepasst, weil sie ‚überzeugte Parteigenossen‘ waren. Mein damaliger Bereichsleiter hatte sich bei mir entschuldigt, denn diese Sache war ihm ziemlich peinlich. Er fragte mich, ob ich auch im Dampfturbinenbetrieb arbeiten würde. Ich sagte, dass es mir egal sei, Hauptsache ich bekäme Arbeit. Er stellte mich dann dem Obermeister vor und sagte ihm, dass ich keine Wandzeitung machen würde. Dieser sagte, dass es kein Problem sei, wichtig sei, dass ich arbeiten könne – und so wurde ich eingestellt. So fing ich an, als Ungelernte im 3–Schichtsystem zu arbeiten. Das war im März 1986. Bis dahin hatte ich keine Arbeit, keine Ausbildung und kein Arbeitslosengeld. In dieser Zeit wurde ich auch als Zeuge Jehovas getauft. Im darauf folgenden September sollte ich an einer Erwachsenenqualifizierung teilnehmen. Kurz bevor die Schule begann, erhielt ich eine Absage. Mein Schichtmeister hat sich darüber sehr aufgeregt. Eine Kollegin (Parteimitglied) teilte mir mit, dass auf einer Parteiversammlung mein Name gefallen sei und dass ich die Schule nicht besuchen sollte wegen meiner ‚verkehrten Ideologie‘.

---

[104] Gemeint ist der VEB Kraftwerke Elbe/Vockerode in Zschornewitz.

Später durfte ich doch an einer Erwachsenenqualifizierung teilnehmen. Endlich war ich Facharbeiter für Anlagen und Geräte, ein Beruf, den ich nie lernen wollte."[105]

Nach einer Abkehr vom Sozialismus spielten hervorragende Zensuren und frühere sozialistische Verdienste keine Rolle mehr. Für die Zeugen Jehovas verblieb nur die Hoffnung, einige Jahre später über die sogenannte Erwachsenenqualifizierung einen Berufsabschluss nachzuholen. Damit waren große Anstrengungen verbunden, insbesondere wenn schon Familie und Kinder existierten. Außerdem hatten die Behörden kein „gesellschaftliches Interesse" an der Förderung der Zeugen Jehovas, so dass diese nachträgliche Möglichkeit nur wahrgenommen werden konnte, wenn die Kaderleitung des Betriebes das Rückgrat hatte, einen vermeintlichen „Systemgegner" zu unterstützen. Oftmals scheinen es nur die kleinen Handwerksbetriebe gewesen zu sein, die den Mut aufbrachten, die Betroffenen zur Erwachsenenqualifizierung anzumelden.

Manchmal zeigte sich bei den Zeugen Jehovas auch eine gewisse Resignation. Ilse Grieser beschreibt:
„Meine Eltern hatten sich ein Jahr zuvor bemüht, für meine ältere Schwester einen Lehrvertrag zu bekommen, was aber daran scheiterte, dass sie die vormilitärische Ausbildung ablehnte und der Betrieb nicht bereit war, dies im Lehrvertrag zu streichen. Aus dieser Erkenntnis heraus bemühten sich meine Eltern nach meiner Schulausbildung um keinen Lehrvertrag. Mit 17 Jahren ging ich beim Bäcker unseres Ortes als ungelernte Kraft arbeiten."[106]

Da es in diesem Zusammenhang „nur" um materielle Fragen ging, beugten sich viele Zeugen Jehovas dieser Art der Repression. Das Bewahren der christlichen Neutralität überwog

---

[105] EB Sylvia Fies vom 27.2.2001.
[106] EB Ilse Grieser, o. J.

den Wunsch nach einer Berufsausbildung. Die entwürdigende Behandlung beim Rat des Kreises wollte man sich dann aber auch ersparen. Diese Erkenntnis korrespondiert mit einem weiteren Merkmal, nämlich der Alltäglichkeit der Repression in der Sozialisationsumgebung. Wer als Kind in einer Familie der Zeugen Jehovas in der DDR aufwuchs, erlebte von klein auf die staatlichen Repressionsmethoden gegen die Angehörigen der Religionsgemeinschaft. Daraus entwickelte sich der Gedanke der „Normalität" der Repression. Viele Zeugen Jehovas akzeptierten diese „Normalität", solange es dabei nicht um eine Behinderung oder gar Verhinderung ihrer Religionsausübung ging.[107]

Scheitern des Sozialismus

Das DDR-Regime hatte in seiner Spätphase immer weniger das gesellschaftliche Potenzial zu einer allgemeinen ideologischen Durchdringung der Bevölkerung. Insofern muss zwischen ideologischem Anspruch und systemimmanenter Wirklichkeit differenziert werden.[108] Tatsächlich zeigte sich im Bildungswesen, dass die allumfassende Gleichschaltung der Bildungseinrichtungen nicht möglich und kein „sozialistischer Mensch" hervorzubringen war.[109] Auch für die jungen Zeugen Jehovas hing die Stärke der zu erduldenden Repressionen da-

---

[107] Vom tradierten Erfahrungshorizont ausgehend (z. B. Inhaftierung der Väter wegen Wehrdienstverweigerung und Verfolgung der Großväter wegen angeblicher Spionage und Boykotthetze), empfinden manche Zeugen Jehovas, mit denen die Verfasser sprechen konnten, ihre eigenen Repressionsschicksale in der Spätphase der DDR als eher unbedeutend und nicht erzählenswert. Sie verkennen sozusagen, dass ihre Situation, gemessen an den Standards freiheitlicher Demokratien westlicher Prägung, als in Wirklichkeit einschneidend und schwerwiegend zu bezeichnen ist.

[108] Vgl. B.-R. Fischer: Das Bildungs- und Erziehungssystem der DDR – Funktion, Inhalte, Instrumentalisierung, Freiräume, in: Materialien der Enquete-Kommission „Aufarbeitung von Geschichte und Folgen der SED-Diktatur in Deutschland", Baden-Baden 1995, Band III/2, S. 852 ff.

[109] Vgl. Ebenda, S. 864.

von ab, ob es der Lehrer als seine Aufgabe ansah, die sozialistischen Vorgaben umzusetzen. Sofern Lehrer in der Spätphase der DDR zunehmend eigene Erziehungsvorstellungen verwirklichten, ging auch die Ausgrenzung zurück. Viele Zeugen Jehovas berichten, dass sie in den letzten Jahren der DDR außer den typischen Problemen mit dem Fahnenappell und dem Wehrunterricht keine Schwierigkeiten erlebten. So beispielsweise in Schulen, in denen bereits in den Jahren zuvor immer wieder Zeugen Jehovas als Schüler waren.[110]

Die SED-Staatsorgane führten dagegen einen ständigen Kampf gegen politisch oder ideologisch unzuverlässiges Lehrpersonal, aber genauso auch gegen Eltern oder Betriebskollektive, die die „Erziehungsarbeit" vernachlässigten oder ihre Aufsicht nicht genügend wahrnahmen.[111] Dieser Kampf richtete sich auch gegen Erzieher, die sich der Lehre der Zeugen Jehovas zuwandten, wie das Beispiel von Monika Raddatz deutlich macht, die im Kreis Königswusterhausen als Leiterin eines Kindergartens angestellt war. Als sie 1975 die Lehren der Zeugen Jehovas kennen lernte, kam sie zu der Entscheidung, nicht mehr im FDGB als stellvertretende BGL-Vorsitzende und Kulturobmann tätig sein zu können, da hiermit viele politische Aufgaben verbunden waren. Obwohl diese Ämter in keinem Zusammenhang mit ihrer leitenden Tätigkeit im Kindergarten standen, hatte der Austritt aus dem FDGB einschneidende Folgen:
„Schon eine Woche später musste ich im Rat des Kreises beim Kreisschulrat erscheinen – meine übergeordnete Dienststelle. Dort musste ich in einem Gespräch meinen Entschluss noch einmal begründen, und mir wurde nahe gelegt, meine Entscheidung rückgängig zu machen, da mir sonst ge-

---

[110] EB Ruben Chemnitz vom 4.3.2001.
[111] Vgl. hierzu I. Schneider: Zur Kritik der weltanschaulichen Erziehung in der allgemeinbildenden zehnklassigen polytechnischen Oberschule der DDR und die Idee einer weltverantwortlichen Erziehung in einer humanistischen demokratischen Schule, Diss. Berlin 1990.

kündigt würde. Innerhalb einer Woche musste ich meinen Entschluss schriftlich mitteilen. Das Amt der Leiterin wurde mir sofort entzogen und meiner damaligen Kollegin übergeben. Nach der schriftlichen Bestätigung meines Beschlusses musste ich wieder zu einem Gespräch beim Kreisschulrat erscheinen. Diesmal wurde mir mitgeteilt, dass ich als Kindergärtnerin nicht tragbar sei, und man machte mir den Vorschlag, mich mit einem Aufhebungsvertrag zu entlassen, damit man mir nicht kündigen musste. Dies alles sollte so schnell wie möglich abgewickelt werden. Am 27.10.1975 kam dann jemand vom Rat des Kreises in unsere Einrichtung und überbrachte mir offiziell die Abberufungsurkunde als Leiterin und teilte mir mit, dass mein Arbeitsverhältnis zum 15.11.1975 aufgehoben sei. Für mich sollte eine Kollegin aus dem Nachbarort in unserer Einrichtung arbeiten."[112]

Ähnlich erging es der Lehrerin für Geschichte und Deutsch, Gudrun Eilenstein, die 1985 Kontakt zu Zeugen Jehovas aufnahm und sich in der Folge für diese Religion entschied: „Im Sommer 1987 musste ich aus ‚persönlichen Gründen' kündigen: Mein Mann hatte Wehrdienst verweigert, und ich war nicht mehr ‚tragbar'. Ich hätte mich scheiden lassen können und jeglichen Kontakt mit Jehovas Zeugen aufgeben müssen – dann hätte ich meinen Beruf behalten können. Als ich nicht von mir aus kündigen wollte, legte mir mein Direktor dar, wie viele und welche Unannehmlichkeiten mir im nächsten Schuljahr widerfahren würden und dass mir dann gekündigt würde, weil ich für diesen Beruf ungeeignet sei. Um mir das zu ersparen, habe ich selbst gekündigt."[113]

Jedoch konnten auch solche Maßnahmen das Scheitern des Sozialismus nicht verhindern. In der Spätphase der DDR

---

[112] EB Monika Raddatz von 1999. Der Aufhebungsvertrag lautet: „Nichteignung als Erzieherin"; UaP.
[113] EB Gudrun Eilenstein vom 26.2.2001.

machten viele Kinder und Jugendliche keinen Hehl mehr daraus, dass sie die „gesellschaftliche Arbeit" mehr und mehr als lästig und freizeitmindernd empfanden. Ablehnung von Jugendtreffen der Massenorganisationen, Aufmärschen oder Mahnwachen durch die jugendlichen Zeugen Jehovas brachten diesen jetzt zuweilen sogar die Anerkennung der Mitschüler ein. Aussagen wie: „Du hast es gut, dass ihr da nicht hinbraucht" bestätigen diese Sichtweise. Mit der offenkundigen Abkehr der Bürger der DDR von ihrem System und der sozialistischen Ideologie kam auch ein gewisser Respekt vor denjenigen auf, deren Haltung als Opposition gedeutet wurde. In Leipzig übertrug sich beispielsweise die Atmosphäre der Montagsdemonstrationen auf die Schulen. Der Zeuge Jehovas Daniel Geißler erntete Bewunderung von seinen Mitschülern, dass er keiner politischen Organisation angehörte: „Der hat's drauf. Macht nicht mit."

Seine Erklärungen, dass seine Haltungsweise nicht politisch motiviert war, fanden kein Gehör.[114]

Allerdings kann auch festgestellt werden, dass sich die jugendlichen Zeugen Jehovas bis zuletzt nicht vom Fahnenappell befreien lassen konnten. Der Zwang zur Teilnahme blieb, wenn auch die Sanktionen geringer wurden. Demgegenüber war den Zeugen Jehovas die Möglichkeit, die EOS zu besuchen oder einen Ausbildungsvertrag abzuschließen, bis zum Ende des DDR-Regimes fast ausnahmslos verwehrt.

Zusammenfassung

Grundsätzlich konnte kaum ein Zeuge Jehovas in der DDR ein Leben frei von Verfolgungsmaßnahmen oder Repressionen durch den sozialistischen Staat führen. Der Staat verweigerte die verfassungsrechtlich garantierte Religionsfreiheit

---

[114] EB Daniel Geißler vom 14.3.2001.

und versuchte, zu politischer Mitwirkung zu zwingen. Die DDR gestand den Zeugen Jehovas nicht zu, christliche Neutralität zu wahren. Die Repression zielte auf die Behinderung oder Verhinderung der Glaubensausübung ab. Jugendliche Zeugen Jehovas, die diese Repression erduldeten, zeigten Standhaftigkeit in Fragen des christlichen Glaubens. Insgesamt zeigten die jugendlichen Zeugen Jehovas bemerkenswerte Zivilcourage, denn die Schüler mussten eigenverantwortlich handeln. Die dieser Analyse zugrunde liegenden Fallbeispiele zeigen, dass die Konfrontation nicht von Jehovas Zeugen ausging, geschweige denn von ihnen provoziert wurde. Wenn es ohne Preisgabe der Glaubensgrundsätze möglich war, versuchten sie eine direkte Konfrontation zu vermeiden. In aller Regel waren sie gut erzogene Schüler und willige Arbeiter, die zumeist bei ihren Mitschülern und Kollegen beliebt waren. Es findet sich kein Hinweis für eine bewusst gesuchte Selbstisolation. Die soziale Repression kam, zumeist in Form von Hohn und Spott, durch Versuche, ihre Einstellung zu brechen und durch erhebliche Benachteiligungen. Die staatlichen Maßnahmen zielten auf Ausgrenzung, Benachteiligung bei Schulabschlüssen, Verhinderung eines Studiums und Verweigerung eines Ausbildungsberufes ab. Das hatte soziale Not und bescheidenste Lebensführung zur Folge. Die Verweigerung der verlangten sozialistischen Rituale durch die Zeugen Jehovas erschien, obwohl verfassungsrechtlich erlaubt, dem Staat als Angriff auf seinen umfassenden Machtanspruch als Anzweiflung der „sozialistischen Staatsreligion". In Wirklichkeit stellten sich Jehovas Zeugen nicht außerhalb der sozialistischen Gesellschaftsordnung, sondern der Staat verweigerte ihnen die Religionsfreiheit. Waren bestimmte Lehrer oder Lehrherren doch einmal bereit, die christliche Neutralität zu akzeptieren, zeugte das bereits vom beginnenden Zerfall des sozialistischen Staatsgefüges der DDR.

Anhang 1:

Erlebnisse eines Kindes von Zeugen Jehovas unter dem
DDR-Regime[115]

Ich, Manfred Schulze, kam am 13. Juli 1954 in Dresden als
Sohn von Kurt Schulze – er war Maurer beim Fernmeldeamt
der Post in Dresden – und seiner Ehefrau Anneliese Schulze,
geborene Schiller, zur Welt. Wir wohnten in Dresden, N 23,
Stadtteil Trachau, Industriestraße 55. Da meine Eltern und
die Großeltern väterlicherseits Zeugen Jehovas waren, wurde ich in diesem Glauben erzogen. Mein Vater führte mit
meinem zweieinhalb Jahre älteren Bruder und mit mir ein re-
gelmäßiges kindgerechtes Bibelstudium durch. Unsere Groß-
mutter erklärte uns die Bibel ausführlich, wenn wir bei ihr zu
Besuch waren. Am 3. September 1961 wurde ich auf der 40.
Polytechnischen Oberschule in Dresden eingeschult. In der
Schule wurde ich immer wieder mit politischen Handlungs-
weisen konfrontiert, die ich jedoch schon damals auf Grund
meines biblisch geschulten Gewissens ablehnte. Dadurch hatte ich in der Schule einen schweren Stand. Das begann schon
morgens bei der Begrüßung. Statt „Guten Morgen!" zu sagen, mussten wir Schüler auf die Aufforderung „Seid bereit"
mit „Immer bereit" antworten. Diesen Gruß konnte ich nicht
entbieten, denn manche Lehrer und Lehrerinnen erwähnten
den gesamten Gruß: „Für Frieden und Sozialismus seid bereit." Meine anfänglichen guten schulischen Leistungen verschlechterten sich rapide, als mein Vater auf Grund seines
Glaubens am 3. Oktober 1961 vom MfS (Ministerium für
Staatssicherheit) verhaftet wurde.

Die Verhaftung lief folgendermaßen ab: Mein Vater führte
mit meinem Bruder und mir an diesem Abend des 3. Oktober
gerade unser wöchentliches Bibelstudium im Wohnzimmer

---

[115] EB Manfred Schulze vom 1.11.2000.

durch. Es war die biblische Geschichte mit Jona an der Reihe, und ich hatte die Aufgabe, diese Begebenheit zu zeichnen. Als Hilfsmittel benutzten wir das Buch „Vom verlorenen zum wiedererlangten Paradies"[116], das mein Vater zur Tarnung in einen Schullesebucheinband eingebunden hatte. Meine Mutter war gerade in der Küche tätig. Mein Vater war vor unserem Studium mit dem Zusammenstellen des Monatsberichts[117] beschäftigt gewesen. Die gesamten Unterlagen waren noch auf der aufgeklappten Schreibschrankplatte ausgebreitet. Plötzlich klingelte es an unserer Wohnungstür. Mutter ging zur Tür, da die Wohnungstür auf geradem Weg durch einen Flur mit der Küche verbunden war. Darauf kam sie ins Wohnzimmer und sagte zu Vater: „Da sind zwei Herren vor der Tür. Die wollen dich sprechen." Vater ging an die Tür, und Mutter räumte in der Zwischenzeit schnell alle Unterlagen vom Schreibschrank und steckte sie in eine schmale Tasche (Collegemappe); diese stellte sie neben unser Sofa. Sie hätte lieber die Unterlagen in unser Versteck gebracht. Das war aber nicht möglich, denn dieses Versteck befand sich unter dem Küchenfensterbrett in der darunter liegenden Mauer. Dann ging alles ganz schnell. Mein Vater zog sich eine Windjacke über, ein kurzer Abschiedskuss, und schon war er mit den zwei Männern weg. Als Nächstes kamen drei andere Männer und brachten noch zwei Hausbewohner als Zeugen in unsere Wohnung mit. Sie begannen mit der Hausdurchsuchung. Der ältere der drei Männer nahm sich gleich den Schreibschrank vor. Es wurde eigentlich kein belastendes Material gefunden; nicht einmal die Collegemappe neben dem Sofa fanden sie, obwohl einer der Männer beinahe mit dem Fuß an die Mappe stieß. Wir waren der Meinung, dass er mit Blindheit geschlagen war. Allerdings fanden sie eine um-

---

[116] Wachtturm Bibel- und Traktat-Gesellschaft (Hrsg.): Vom verlorenen Paradies zum wiedererlangten Paradies, Wiesbaden 1959.

[117] Der Monatsbericht enthielt Informationen über den Umfang der Predigttätigkeit der jeweiligen Gemeinde. Das MfS betrachtete solche Berichte als Spionage.

fangreiche Fotoausrüstung mit Platten-Kamera, Fotolampen und Entwicklungsausrüstung. Mein Vater experimentierte mit dem Abfotografieren von „Wachtturm"-Artikeln. Da offensichtlich das Fotografieren sein Hobby war, konnte Mutter die MfS-Mitarbeiter überzeugen, dass ihr Mann diese Ausrüstung zur Ausübung seines Hobbys benötigte. Als Beweis konnte sie auf die unzähligen Fotozeitschriften hinweisen, über die sich der ältere MfS-Mitarbeiter schon gewundert hatte. Er sagte dem Sinn nach: „Der Mann hat so viele Interessen und ist dann so einer." Einer der MfS-Mitarbeiter schaute ständig auf die Uhr. Nach dem Grund gefragt, sagte er, er habe Kinder, zu denen er nicht so spät kommen wolle. Sie durchsuchten alles: unsere Schultaschen, unseren Schuppen, doch sie fanden nichts. Während der gesamten Hausdurchsuchung malte ich das Bild von Jona weiter. Es zeigte Jona, als er von den Männern des Schiffes, das in Seenot geraten war, über Bord geworfen wurde. Als dann alle aus der Wohnung weggegangen waren, dachte ich: „Nun kommt unser Vater wieder zurück." Aber als ich erfuhr, dass er wohl nicht so schnell wiederkommen würde, wurde ich sehr traurig, und uns kamen die Tränen. Mein Bruder hatte die Lage von Anfang an begriffen. Er hatte sich die ganze Zeit auf unserer Toilette außerhalb der Wohnung eingeschlossen.

Vater fiel nun als Ernährer der Familie aus, und Mutter war gezwungen, als ungelernte Arbeitskraft eine Arbeitsstelle anzunehmen, die ihr aber nicht viel einbrachte, zumal sie vorher in einer Halbtagsstelle tätig gewesen war. Sie wollte unbedingt zu Hause sein, wenn mein Bruder (9) und ich (7) aus der Schule kamen. Sie mochte es uns nicht zumuten, nach der Schule in einen Hort zu gehen. Deshalb mussten wir mit ca. 130 Mark im Monat auskommen. Die Miete für unsere Zweizimmerwohnung betrug 29 Mark. Als ich ein halbes Jahr nach Vaters Inhaftierung eines Tages von der Schule nach Hause kam, sah mich Mutter vom Hausflurfenster aus kommen, verschwand aber wieder. Das verwunderte mich, denn normalerweise wartete sie immer am Fenster auf mich. Als ich in die Wohnung kam, war meine Mutter in Tränen aufgelöst und berichtete mir, dass die Urteilsverkündung stattgefunden habe und dass Vater zu sechs Jahren Zuchthaus verurteilt worden sei. Frau K., meine Klassenlehrerin, traf Mutter und mich später zufällig auf der Straße und wollte wissen, warum sich meine Schulleistungen so verschlechtert hatten. Als sie von meiner Mutter den Grund erfuhr, war sie sichtlich erschüttert, denn sie kannte meinen Vater von der Schuleinführung und vom Elternabend als „sehr netten und ehrlichen Mann". Durch diese Lehrerin hatte ich von da an keinen Druck mehr zu verspüren, wenn es um meine Weigerung ging, in die Jugendgruppe der „Jungen Pioniere" einzutreten, am 1. Mai auf dem Altmarkt in Dresden zu marschieren oder vor den Sommerferien in der Aula zum Fahnenappell zu erscheinen.

Meine Situation änderte sich allerdings im Jahre 1964, als wir eine andere Klassenlehrerin bekamen. Während der Vietnamkrieg tobte, wurden Geldsammlungen durchgeführt, um die vietnamesischen Truppen mit Kriegsgerät zu unterstützen. Als Anreiz zum Spenden wurde folgende Regelung getroffen: Unsere Klasse bestand aus drei Bankreihen, und jede Bankreihe sollte einen Kassierer bestimmen, der die jeweiligen Spenden seiner Bankreihe einsammeln sollte. Unsere Klassenlehrerin versprach den Schülern der Reihe mit der höchsten Spendensumme, einen Ausflug zu unternehmen. Durch diese Maßnahme hatte ich viel Spott und Anfeindungen zu ertragen. Als unsere frühere Lehrerin uns einmal in der Pause besuchte, berichteten die Kassierer der jeweiligen Reihen über ihre Spendensumme, und zum Schluss erwähnte einer: „Der Manfred, der hat am meisten gespendet, nämlich gar nichts." Doch Frau K. ging auf diesen Hohn nicht ein.

Wir hatten auch einen Werklehrer, der uns immer vor Augen führte, wie gut wir es als Schüler in der DDR hatten, denn in

Westdeutschland würden immer schlimme Sachen passieren, z. B. dass ein Geistesgestörter mit einem Flammenwerfer in ein Klassenzimmer einer westdeutschen Schule eindrang und viele Kinder verletzte. Wir erfuhren allerdings von einem unserer Mitschüler, dessen Vater bei der Kriminalpolizei arbeitete, dass es in unserer Nachbarstadt in der Nähe einer psychiatrischen Anstalt einen Fall von vergifteten Ostereiern gegeben hatte, die an einer Schulbushaltestelle ausgelegt worden waren. Der Unterschied war nur, dass man so etwas in keiner Zeitung lesen konnte. Nach einem Wahltag schilderte unsere Lehrerin, wie befriedigt sie sich gefühlt hatte, nachdem sie ihre Stimme für die SED-Regierung gegeben hatte. Dadurch forderte sie uns gewissermaßen auf, ebenfalls diese Regierung zu wählen, wenn wir alt genug wären. Insgesamt gesehen, kam es in Verbindung mit der Wahl immer wieder zu Problemen. So machte zum Beispiel ein älteres Ehepaar, das meine Mutter, mein Bruder und ich öfter besuchten, folgendes Erlebnis: Auf Grund ihres Alters und ihres schlechten Gesundheitszustandes konnte das Ehepaar G. nicht wie wir anderen am Wahlsonntag einen Ausflug unternehmen. Am Nachmittag des Wahltages kamen zwei Wahlhelfer mit der Urne an ihre Tür und klingelten. Als niemand öffnete (die Wahlhelfer kannten dieses Ehepaar und deren Gesundheitszustand und wussten, dass sie zu Hause sein mussten), riefen sie ganz laut auf der Straße: „Herr und Frau G., Sie haben noch nicht gewählt!" Das erregte die Aufmerksamkeit der Nachbarn, so dass diese riefen: „Jetzt lassen Sie doch diese armen Leute in Ruhe!" Darauf zogen die Wahlhelfer unverrichteter Dinge ab.

Meine Mutter besuchte als Gruppenleiterin[118] unter anderem glaubensschwache Brüder. Dazu gehörte ein älteres

---

[118] Der Gruppenleiter hatte die Leitung der Gemeinde inne. Dazu gehörte auch das Durchführen von sogenannten Hirtenbesuchen bei den Mitgläubigen.

Ehepaar, von dem sie folgenden Rat bekam: „Willst du nicht doch mal wählen gehen, damit dein Mann eher aus dem Gefängnis kommt?" Mutter protestierte sogleich und sagte: „Das würde mein Mann nie wollen, auf so eine Weise aus dem Gefängnis freizukommen." Nun, der Wahltag war vorbei, und am darauf folgenden Montag gingen Mutter und ich zum Milchladen. Der Ladeninhaber war im Wahlausschuss ehrenamtlich tätig und sagte zu meiner Mutter: „Gestern war es so um 17 Uhr, da sagte jemand: ‚Die Frau Schulze war auch noch nicht wählen, aber bei ihr können wir es ja verstehen, denn sie wird keine Regierung wählen, die ihr ihren Mann weggenommen hat, für nichts und wieder nichts.'" Das zeigte meiner Mutter, dass sie bei diesen Leuten hohe Achtung genoss, die sie jedoch verloren hätte, wenn sie im Wahllokal erschienen wäre. Dadurch war Mutter für meinen Bruder und mich in Bezug auf kompromissloses Handeln ein großes Vorbild. Auch wurde ich später einmal vor der gesamten Schulklasse von meiner Lehrerin gefragt, ob es meine persönliche Entscheidung sei, mich nicht an politischen Aktivitäten zu beteiligen, oder ob ich nur deshalb nichts mitmachte, weil meine Eltern das nicht wollten. Da sagte ich freiheraus, dass dies meine eigene Entscheidung sei. Im Oktober 1966 bekamen wir eines Abends ein Telegramm mit folgendem Inhalt: „Bin im Westen – Stop – Brief folgt – Stop – Gruß Vater – Stop." Nach elf Monaten, nämlich am 2. September 1967, konnten wir auf Grund der Regelung der Familienzusammenführung die DDR verlassen. Wir wurden angehalten, mit niemandem darüber zu sprechen. Ich schrieb meiner ehemaligen Klasse aus meiner neuen Heimat eine Postkarte mit einer Ansicht meiner neuen Schule. Aber diese Karte kam nicht bis zu meiner Klasse durch, wie mir ein Klassenkamerad später bei einem Besuch berichtete. Da wir offiziell ausgereist waren, konnten wir in die DDR als Besucher einreisen. Das taten wir auch alle zwei Jahre.

Anhang 2:

*Bericht einer jugendlichen Zeugin Jehovas über
die Verweigerung einer Ausbildung*[119]

Am 1. September 1969 begann ich, Ria Dittrich, geb. Sygmund, eine Lehre als Buchhändlerin in Boizenburg/Elbe. Im
1. Lehrjahr hat mein Klassenlehrer in der Deutschen Buchhändler-Lehranstalt in Leipzig (Berufsschule) meine Haltung, mich von politischen Aktivitäten fernzuhalten, toleriert,
obwohl er es nicht guthieß. So erwartete man von mir, dass
ich am 7. Oktober oder am 1. Mai an Demonstrationen teilnehme. Da es dabei um politische Dinge ging, an denen ich
mich nicht beteiligen konnte, wollte ich das nicht. Im 2. Lehrjahr hatten wir dann die Parteisekretärin als Klassenleiterin.
Sie ließ mich ihre Abneigung sehr spüren. Bei mündlichen
Referaten bekam ich meistens eine Note schlechter. Das war
so auffällig, dass Klassenkameraden versuchten, sich für mich
einzusetzen. Im Januar/Februar 1971 wurde ich zum Direktor
der Berufsschule gerufen. Im Beisein der Klassenleiterin
wurde mir zuerst geraten, mich so wie andere „Christen"
kooperativ zu verhalten. Als ich dazu keine Zusage gab, versuchte man mich damit einzuschüchtern, dass ich das Klas-
senkollektiv zum Negativen beeinflussen und den Durch-
schnitt drücken würde. Sie gaben mir zu verstehen, dass sie
alles unternehmen würden, meine Lehre zu beenden. Wieder
zurück in Boizenburg, wusste die Leiterin der Buchhandlung
schon von dem Gespräch in Leipzig. Sie gab mir in einem ru-
higen Gespräch zu verstehen, dass sie leider nichts für mich
tun könne, wenn ich nicht bereit sei, einzulenken, da alles von
der Leipziger Berufsschule ausgehe. Ein paar Tage später
folgte dann noch ein Gespräch mit jemandem aus der Schwe-
riner Zweigstelle. Da alle Bemühungen, mich umzustimmen,
ergebnislos waren, stellte er mich direkt vor die Wahl: Entwe-

---

[119] EB Ria Dittrich vom 2.3.2001.

der Ausbildung (Beruf) oder mein Glauben. Mein Vater, Stanislaus Sygmund, und ich wurden nach Hagenow bestellt zur Auflösung des Lehrvertrages. Im Laufe des Gespräches fragte mein Vater den Direktor Z., warum er dem Lehrvertrag denn erst zugestimmt hätte, denn wir hatten ihm bereits bei der Unterzeichnung des Vertrages gesagt, dass wir Zeugen Jehovas sind. Darauf versuchte er sich damit herauszureden, dass er nicht gewusst hätte, was damit zusammenhängt. Nun drängte er sehr darauf, dass der Ausbildungsvertrag von unserer Seite aufgelöst werden sollte, da ich das Ziel, ein „sozialistischer Buchhändler" zu werden, nicht erreichen würde. Da wir darauf nicht eingingen, wurde der Vertrag vom Volksbuchhandel drei Monate vor Abschluss der Ausbildung aufgelöst. Die Abschlussbeurteilung der Volksbuchhandlung Schwerin lautete auszugsweise:

„Für die berufspraktische Ausbildung können wir einschätzen, dass sie eifrig in ihrer Arbeit gewesen ist, aufmerksam gegenüber der Kundschaft und stets bemüht war, sich das notwendige Wissen anzueignen. Sie war freundlich, höflich und hilfsbereit, sauber und pünktlich und erledigte die ihr übertragenen Arbeiten mit Umsicht. Kollegin Sygmund hat sich in keiner Weise gesellschaftspolitisch betätigt. Auf Grund ihres Glaubensbekenntnisses hat sie abgelehnt, an gesellschaftlichen Veranstaltungen im Rahmen der Deutschen Buchhändler-Lehranstalt in Leipzig, wo unsere Lehrlinge ihre theoretische Ausbildung erhalten, teilzunehmen (wie 1. Mai, Tag der Republik u. ä.). Sie lehnte es auch weiterhin ab, sich an Protestresolutionen, die sich gegen den Krieg in Vietnam richteten bzw. die Freilassung Angela Davis oder der baskischen Patrioten forderten, zu beteiligen.

Auf Grund ihrer Einstellung bzw. Weltanschauung wurde auf Antrag des Volksbuchhandels Zweigstelle Schwerin durch den Rat des Kreises Hagenow, Abt. Berufsausbildung, das Lehrverhältnis gelöst, da diese Weltanschauung bzw. Einstellung der Kollegin Sygmund zu unserer sozialistischen Gesellschaft sich nicht mit dem Beruf eines sozialistischen Buchhändlers vereinbaren lässt."[120]

Anschließend arbeitete ich als Ungelernte.

Literaturhinweise

Gerhard Besier/Erwin K. Scheuch (Hrsg): Die neuen Inquisitoren. Religionsfreiheit und Glaubensneid, Osnabrück 1999.

Hans-Hermann Dirksen: „Keine Gnade den Feinden unserer Republik". Die Verfolgung der Zeugen Jehovas in der SBZ/DDR 1945–1990, Berlin 2001.

Detlef Garbe: Zwischen Widerstand und Martyrium. Die Zeugen Jehovas im „Dritten Reich", München [4]1999.

Gerald Hacke: Zeugen Jehovas in der DDR. Verfolgung und Verhalten einer religiösen Minderheit, Dresden 2000.

Hans Hesse: „Am mutigsten waren immer wieder die Zeugen Jehovas", Bremen [2]2000.

Frank Henning/Jens-Uwe Lahrtz/Friedrich-Christian Schroeder: Justiz, Juristen und politische Polizei. Gehorsam und Vorbehalte, in: Sächsische Justizgeschichte, Bd. 6, Dresden 1996.

Fritz Poppenberg: „Folget mir nach": Jehovas Zeugen unter dem DDR-Regime, Filmdokumentation, Berlin 1999.

Hubert Roser: Widerstand als Bekenntnis. Die Zeugen Jehovas und das NS-Regime in Baden und Württemberg, Konstanz 1999.

Gabriele Yonan (Hrsg.): Im Visier der Stasi. Jehovas Zeugen in der DDR, Niedersteinbach 2000.

---

[120] UaP Ria Dittrich.

JOACHIM WALTHER

Die alltägliche Zensur und der Alltag
in der Literatur

Die alltägliche vierfache Zensur

Reiner Kunze schrieb 1966: „Retuschierbar ist/alles/Nur/das
negativ nicht/in uns."

Wenn die DDR eine Diktatur war, was selbst der osttrotzig-
ste Zeitgenosse nur schwerlich noch bestreiten kann, und
wenn jede Diktatur zu ihrem Erhalt eine Zensur braucht, was
ein Blick in die Geschichte belegt, so herrschte in der DDR
notwendig auch Zensur. Das Gedicht von Kunze trägt denn
auch den Titel „Von der notwendigkeit der zensur".

Freilich hieß die nicht Zensur. Sowohl die nationalsozialistischen wie die realsozialistischen Positiv-Retuscheure mieden peinlich den Begriff, es gab offiziell weder Zensoren
noch eine Zensurbehörde. Daraus jedoch zu schließen, es
habe in der DDR weder hauptamtliche Zensoren noch eine
institutionalisierte Zensur gegeben, also eine „Zensur ohne
Zensor", ist unzutreffend. Wir wissen doch, der Zuchtmeister
der Medien hieß Joachim Herrmann, der für die Literatur
Klaus Höpcke, und wo sie residierten und administrierten,
wissen wir auch. Die Medienzensur wurde in der Agitations-
abteilung des SED-Zentralkomitees und im Presseamt des
Ministerrates verfügt, die Buchzensur in der sogenannten
Hauptverwaltung für Verlage und Buchhandel. Da brauchte
es kein Türschild mit dem Wort Zensur, um zu wissen, was
hinter ihm geschah. Was ändert es an den Fakten, dass sich
der literarische Oberzensor offiziell „Stellvertretender Mi-

nister für Kultur" nennen und inoffiziell gern als „Bücherminister" schmeicheln ließ, dass sich die Buchzensur „Druckgenehmigungsverfahren" nannte, dass sich die hauptamtlich bestallten Zensoren subjektiv nicht etwa als Verhinderer, sondern als Förderer der Literatur fühlen mochten und nach der Wende, stilistisch sensibel wie nie zuvor, fanden, der Begriff Zensur sei unangebracht, weil er zu viele negative Assoziationen hervorrufe. Den Begriff meiden und die Praxis schönen: So wollten uns die einstigen Sprachinspektoren im nachhinein weismachen, sie hätten in den letzten Jahren der DDR so rastlos wie selbstlos daran gearbeitet, das „Druckgenehmigungsverfahren" zu vereinfachen und gar abzuschaffen – leider sei dem die Abschaffung des Staates zuvorgekommen. Die aktenkundige Wahrheit ist, dass die Zensur nicht abgeschafft, sondern lediglich kaschiert werden sollte. Bei ihrer Vorverlegung in die Verlage ging es um einen weiteren Schritt in Richtung „brave new world", dessen ideales Endziel das Etablieren der Zensur in den Köpfen war. Jeder sein eigener Zensor, die Schere im Kopf, davon träumten die Retuscheure der Diktatur. Nur die individuell verinnerlichte Zensur ist die perfekte Zensur.

Der fünfte Zensor

Im Jahr 1984, in dem Orwells ungute Utopie der DDR-Realität schon beängstigend nahegekommen war, erschien, natürlich im Westen, Erich Loests Buch „Der vierte Zensor"[1] in dem er neben der staatlich institutionalisierten Zensur die Zensur durch die Verlage, die Selbstzensur und die Parteizensur als vierfach abgesicherten Zensurkomplex benannte. Erst nach dem Untergang der ostdeutschen „brave new world" wurde nach Öffnung und Sichtung der schriftlichen Hinterlassenschaften der DDR-Staatssicherheit ein weiteres Teil

---

[1] Erich Loest: Der vierte Zensor. Vom Entstehen und Sterben eines Romans in der DDR, Köln 1984.

dieses Zensurkomplexes bekannt: die streng konspirativ ge-
handhabte Zensur durch das Ministerium für Staatssicherheit, das Macht-Sicherheit für die SED schaffen sollte und
über 40 Jahre auch schuf, dabei jedoch in wundersam kontra-
produktiver Dialektik eine gesamtgesellschaftliche Unsicherheit produzierte, die nicht unwesentlich zur Implosion des
poststalinistischen Systems beitrug.

Dieser fünfte Zensor war der politisch konsequenteste und
der einer modernen Diktatur adäquateste, da er sich, erstens,
bei der Bewertung literarischer Texte primär auf das politische Strafrecht konzentrierte und, zweitens, seinen Apparat
und seine Methodik perfekt im unsichtbaren Bereich hielt.
Der fünfte Zensor war die schärfste Waffe gegen das freie
Wort und verfügte flächendeckend über ein engmaschiges
Netz hauptamtlicher und inoffizieller Mitstreiter. Der fünfte
Zensor war die militärbürokratisch organisierte, letzte Instanz.

War ein Manuskript samt Autor durch alle vier Vorkontrollen
geschlüpft, konnten es oder er noch immer in die Endkon-
trolle geraten und dort strafrechtlich bewertet und operativ
bearbeitet werden. Freilich funktionierte auch die vierfache
Vorkontrolle in der DDR vorzüglich, sodass die Staatssicherheit nicht selten lediglich die gemeldeten literarischen Ab-
schüsse zu registrieren und selbst nicht mehr einzugreifen
brauchte.

So übergab Dr. Renate Drenkow, Bereichsleiterin der Zensurbehörde, Stasi-Deckname „Herz", ihrem Führungsoffizier
1978 ein Papier mit dem Titel „Liste der abgelehnten Bücher
76–78"[2]. Aufgeschlüsselt nach Verlagen, Jahr und „ideologischen, künstlerischen und verschiedenen Gründen, werden
darin 62 (!) verhinderte Bücher genannt, davon 20 „aus ideo-

---

[2] BStU, ASt Berlin, AIM 6057/91, Bd. II/1, Bl. 23–26.

logischen Gründen" und 30 aus „künstlerischen Gründen", wobei anzumerken ist, dass nicht selten ästhetische Argumente vorgeschützt wurden, waren ideologische Tabubrüche gemeint. Aus „ideologischen Gründen" wurden damals u. a. abgelehnt: Klaus Poche „Atemnot", Peter Gosse „Totes Rennen", Volker Braun „Unvollendete Geschichte", Bettina Wegner „Lieder", Wolfgang Schreyer „Harmo 88", Erich Loest „Spurensicherung", Jurek Becker „Schlaflose Tage", Rolf Schneider „November",Thomas Brasch „Erzählungen".

Der fünfte Zensor wirkte im gesellschaftlichen Hintergrund auf zweierlei Weise: vorbeugend, wie das harmlos hieß, und bei Gefahr im Verzug. Als sicherheitspolitischer Generalauftragnehmer der SED hatte das Ministerium für Staatssicherheit von Anfang an auch den speziellen Auftrag, die Kulturpolitik der SED mit geheimpolizeilichen Mitteln umfassend zu sichern und strikt durchzusetzen. In der operativen Dienstsprache der Staatssicherheit klingt das so: „Mit dem Ziel, die Durchsetzung der sozialistischen Kulturpolitik zuverlässig zu sichern und wirksam zu unterstützen, ist die politisch-operative Arbeit des MfS darauf auszurichten,

– die gegnerischen Bestrebungen zur ideologischen Einflussnahme auf kulturpolitischem Gebiet rechtzeitig zu erkennen, sorgfältig zu verfolgen, zu analysieren und ihnen wirksam zu begegnen;

– Versuche feindlich-negativer Kräfte, die Beschlüsse und Orientierungen der Partei, des Staates und kulturpolitischer Gremien zu ignorieren, zu unterlaufen bzw. zu verfälschen, aufzudecken und in geeigneter Form zurückzuweisen;

– ein Wirksamwerden gegnerischer und feindlich-negativer, oppositioneller Kräfte im kulturpolitischen Bereich konsequent zu unterbinden."[3]

---

[3] Zentrale Planvorgabe für 1986 und den Zeitraum bis 1990; BStU, ZA, DSt 103287, S. 119 (MfS-Zählung).

Freilich taten sich die Literaturoffiziere der Staatssicherheit schwer mit dieser besonderen Materie. Da mutierte Musil schon einmal zu Mussolini, oder sie meldeten der Parteiführung, der Autor Conrad, Joseph sei „in letzter Zeit nicht negativ aufgefallen". Ihr von Unkenntnis, Furcht und Misstrauen geprägtes Verhältnis zur Literatur kommt in einem 1980 geschriebenen Papier des Lehrstuhls „Wissenschaftlicher Kommunismus" der stasi-eigenen „Juristischen Hochschule" plastisch zum Ausdruck: Die Literatur, so die konspirativen Pseudowissenschaftler, eigne sich „auf Grund der Spezifik ihrer Reflexion der objektiven Realität (Allegorien, Metapher, Fabelform, Entfremdungseffekte[4] u. ä.) besonders gut für verdeckte und unterschwellige feindliche Angriffe"[5]. Spätestens mit dem Prager Frühling von 1968 steigerte sich der Argwohn der Staatssicherheit gegenüber Kunst und Kultur zu einer paranoiden Qualität. Im Dezember 1968 referierte der stellvertretende Leiter der Hauptabteilung XX: „Der Feind ging bei der Organisierung der Konterrevolution und der Formierung seiner Kräfte immer von dem scheinbar unpolitischen Bereich der Kunst und Kultur aus und trug seine Angriffe auf die Grundlagen der sozialistischen Gesellschaftsordnung zunächst raffiniert getarnt vor. Beispiele hierfür bieten die Angriffe revisionistischer Elemente in den letzten Jahren in Ungarn, Polen und der „ČSSR."[6]

Der Aufwand, den die Staatssicherheit zur Überwachung der Literatur betrieb, scheint aus heutiger Sicht wahnhaft überzogen: eine zwangsneurotische Überschätzung des staatsgefährdenden Potenzials unangepasster, kritischer Literatur. Doch hatte der Wahn durchaus Methode, da Verfolgungsdrang und Verfolgungswahn ursächlich zusammenhängen. Duales Denken und ein auf das binäre Freund-Feind-Bild

---

[4] Hier war wohl der Brechtsche Verfremdungseffekt gemeint.
[5] BStU, ZA, HA XX 1504, Bl. 29.
[6] BStU, ZA, KL 197, Bl. 560.

verengtes Wahrnehmungsraster tun sich schwer mit der irisie-
renden Strahlung des künstlerischen Wortes und mehrdeuti-
ger Metaphorik, die der individuellen Interpretation und der
Imagination des Einzelnen offen und in ihrer Privatheit
schwer zu kontrollieren sind. Dieses Unvermögen schuf Unsicherheit und Argwohn bei den ohnmächtig Mächtigen und
löste den wahnhaften Impuls aus, Kunst und Literatur, wenn
sie schon nicht total beherrschbar waren, zumindest umfassend zu überwachen.

Natürlich gab es auch bei der Staatssicherheit auf gut Orwell'sche Weise offiziell weder den Begriff Zensur noch einen
schriftlich fixierten Zensurindex. Die Zensur wurde hinter
missgestalteten Euphemismen wie „Zurückdrängung des öffentlichkeitswirksamen Einflusses" oder „vorbeugende Verhinderung" oder „Neutralisierung" versteckt. Keinen Index,
aber eine Orientierung für das operative Vorgehen bildeten
die DDR-Zollbestimmungen, in denen es noch Mitte der achtziger Jahre hieß: „Von der Einfuhr sind prinzipiell Druckerzeugnisse ausgenommen mit – antikommunistischem und anti-
sowjetischen Charakter, – faschistischem, neofaschistischem,
militaristischem, revanchistischem und zionistischem Gedankengut, – maoistischem, trotzkistischem und anderem pseudo-
revolutionären und linksextremistischen Inhalt, – den Interessen des sozialistischen Staates widersprechende theologische
und religiöse Druckerzeugnisse, – Material der Sekte ‚Zeugen
Jehovas', – Materialien unzüchtigen und unsittlichen Inhal-
tes."[7] Das von außen Gefährliche war bei den abgeschotteten
Grenzen relativ einfach abzuwehren, schwieriger war es intra
muros. In einem stasi-internen Arbeitsmaterial aus dem Jahr
1981 werden als antisozialistisch aufgelistet: „Texte des Bahro,
Solschenizyn, Havemann, Biermann, SPIEGEL-Manifest; Materialien der ‚Charta 77' sowie antisozialistische Materialien
aus der Volksrepublik Polen, trotzkistische und eurokommu-

---

[7] Vortrag HA IX; BStU, ZA, HA IX 327, Bl. 45.

nistische Schriften, in der DDR nicht verlegte Schriften und Machwerke, vor allem Heym, Kunze, Fuchs, Bloch, Nietzsche, Pasternak."[8]

MfS-Zensur in Aktion

Bei der Mitte der siebziger Jahre geplanten ersten Autoren-Anthologie „Berliner Geschichten"[9] warnte das MfS die Parteiführung frühzeitig. Die Zentrale Auswertungs- und Informationsgruppe (ZAIG) verfasste im November 1975 eine achtseitige „Information über die Vorbereitung einer Anthologie von Erzählungen durch mehrere Schriftsteller der DDR unter Ausschaltung der Verlagslektoren", deren erster Empfänger laut Verteilerschlüssel Erich Honecker war: nach „1. Hon" steht außerdem in Klammem: „d. Min. pers. informiert", was bedeutet, dass Mielke seinem SED-Generalsekretär zu diesem offenbar hochrangigem Problem mündlich Bericht erstattete. Die ZAIG schlug vor: „Nach ersten Einschätzungen des Manuskriptes durch Fachexperten ist eine undifferenzierte Drucklegung in der DDR keinesfalls möglich, da es sich in verschiedenen Beiträgen um eine offen feindliche, den Sozialismus diffamierende Darstellung handelt. [...] Aus internen Hinweisen ist dem MfS bekannt, dass sich vor allem junge an der Anthologie beteiligte Autoren erhoffen, durch Veröffentlichung in ‚Berliner Geschichten' auf sich aufmerksam zu machen und in der Öffentlichkeit anerkannt zu werden. Einige rechnen sogar auf Grund der ‚Berliner Geschichten' mit einer kulturpolitischen Auseinandersetzung, in deren Ergebnis Druckgenehmigungen und ‚Zensur' abgebaut werden sollten. [...] Durch das MfS wurden geeignete Maßnahmen eingeleitet, um das weitere Vorgehen der

---

8 BStU, ZA, HA XX/AKG 853, Bl. 520.
9 Vgl. Ulrich Plenzdorf, Klaus Schlesinger, Martin Stade (Hrsg.): Berliner Geschichten. „Operativer Schwerpunkt Selbstverlag". Eine Autoren-Anthologie, wie sie entstand und von der Stasi verhindert wurde, Frankfurt am Main 1995.

Initiatoren und Autoren der Anthologie unter Kontrolle zu
halten. Vom MfS wird vorgeschlagen, durch differenzierte
Maßnahmen dieses Gesamtprojekt zu unterbinden."[10] Zum
operativen Schwerpunkt „Selbstverlag" fand im November
1975 eine Beratung bei Generalmajor Kienberg, dem Leiter
der Hauptabteilung XX, mit Vertretern der Bezirksverwaltungen Dresden, Rostock, Leipzig, Gera, Frankfurt/Oder,
Potsdam und Berlin statt, auf der Kienberg die Anweisungen
Erich Mielkes bekannt gab: „Der Genosse Minister brachte
gegenüber dem Genossen General Kienberg zum Ausdruck,
dass die Lösung dieses politisch-operativen Schwerpunktes
‚Selbstverlag' der wichtigste Beitrag der Linie XX zur Sicherung der Vorbereitung und Durchführung des IX. Parteitages
sei. Mit dem Einsatz aller Kräfte und Nutzung *aller* dem MfS
zur Verfügung stehenden Mittel, Methoden und Möglichkeiten, jedoch stets unter Wahrung strengster Konspiration, ist
die operative Bearbeitung und allseitige operative Kontrolle
aller mit dem Vorhaben im Zusammenhang stehenden Personen zu gewährleisten. Durch die Partei wird die Aufgabe gestellt, die Herausgabe der Anthologie unbedingt zu verhindern und die Absicht dieser Personen – die Partei zu offener
Konfrontation und Auseinandersetzung zu veranlassen – zunichte zu machen. Dazu hat das MfS mit seinen spezifischen
Mitteln beizutragen, jedoch darf darüber keine außenstehen-
de Person Kenntnis erhalten. Auch den Bezirksleitungen der
SED sollen keine Informationen gegeben werden, da der Genosse Minister die direkte Information an die Parteiführung
(Genosse Honecker, ZK) vornimmt und von dort alle Festlegungen über das weitere Vorgehen getroffen werden. [...]
Abschließend betonte Genosse General Kienberg nochmals,
dass die Lösung und Liquidierung des politisch-operativen
Schwerpunktes ‚Selbstverlag' eine Parteiaufgabe von erst-
rangiger Bedeutung ist, wozu uns alle Vollmachten gegeben
wurden. Wir sollten es als unseren Parteiauftrag zu Ehren des

---

[10] BStU, ZA, ZAIG 2469, Bl. 3–8.

IX. Parteitages betrachten."[11] Im Juli 1976 konnte Mielke Honecker vermelden, das staatsfeindliche Vorhaben „Selbstverlag" sei erfolgreich zerschlagen worden.

Vom Druckverbot zum Denkverbot

Die realexistierende Zensur war schlimm, doch war sie nicht das Schlimmste. Das freie Wort, das autonome Denken, die Literatur in der Diktatur sind weit subtileren Gefahren und Verlockungen ausgesetzt. Auch ist das Problem durchaus nicht neu. Die Restriktionen der jeweiligen Obrigkeiten wurden früher schon als produktive Herausforderung beschrieben, als Stachel, wider den die Schriftsteller lustvoll löckten. Bereits Goethe diktierte seinem Eckermann, die Nötigung rege den Geist auf und aus diesem Grunde sei ihm die Einschränkung der Pressfreiheit sogar lieb. Ernst Jünger meinte, die Zensur verfeinere den Stil. Jorge Luis Borges nannte sie „die Mutter der Metapher". Und Volker Braun brachte es auf den Aphorismus, die Diktatur sei ein Land, in dem man am besten schreiben, aber am schlechtesten veröffentlichen könne. Wie alles aphoristisch Verkürzte scheint dies auf den ersten Blick plausibel, zumal die genannten Autoren der Liebe zum Zwang und des Masochismus unverdächtig sind, und doch sind diese Wahrheiten, die da pointiert hundertfünfzigprozentig daherkommen, nur die halbe Wahrheit. Zur ganzen Wahrheit der Zensur gehören nicht nur das Verstümmelte und das Unveröffentlichte, zu ihr gehören das Verhinderte, das Ungeschriebene und das Ungedachte. 1980 meinte Jurek Becker, das meiste von dem, was verboten sei, werde gar nicht erst geschrieben. Doch auch mit diesem Satz sind wir noch nicht im Zentrum des Unheils angekommen, im geheimen Inneren moderner Diktaturen, die immer auch Gesinnungsdiktaturen sind. Noch 1984

---

[11] BStU, ASt Leipzig, AOP 1231/76, Bd. 1, Bl. 71–75. Hervorhebungen im Original.

sprach Christa Wolf in dem Vortrag „Krankheit und Liebes-
entzug" von ihrer „Angst vor zu weit gehenden Einsichten":
„Wenn mich mein Berufsleben etwas gelehrt hat, so ist es
dies: Immer, wenn mich ein besonders starker, besonders
hartnäckiger und zugleich diffuser Widerstand daran hin-
dert, zu einem bestimmten Thema ‚etwas zu Papier zu bringen' – immer dann ist Angst am Werke, meist die Angst vor
zu weit gehenden Einsichten oder/und die Angst vor der
Verletzung von Tabus."[12] Nicht die Zensur und die Zensoren
sind der Kern des Übels, sondern eben diese Angst, die als
ideologisches Virus in die Innenwelt der Ideen eingedrungen
ist und dort ihre verheerende Arbeit des Verhinderns ver-
richtet. Diese tief verinnerlichte Angst ist die feinste und zugleich fürchterlichste Wirkung einer Diktatur. Die Verhinderer haben nichts mehr zu verhindern, da es bereits im Ansatz
verhindert worden ist. Die ideologischen Engelmacher brauchen nichts mehr abzutreiben, weil die Texte ungezeugt geblieben sind. Das Denkverbot ersetzt das Druckverbot, die
Selbstzensur das Deleatur.

Ein Blick zurück ins Tagebuch

Um zu zeigen, wie vergleichsweise simpel die Zumutungen
der staatlichen Zensur abzuwehren waren, wie schwer dagegen das Überwinden jener Angst, im Denken zu weit zu gehen, zwei an einem Tag selbsterfahrene Beispiele, wie ich sie
meinem Tagebuch von 1975 entnehme.

Früher Nachmittag, Beispiel eins: Als eine meiner Erzählungen den Unmut eines Zensors erregt hatte, wurde ich einbe-
stellt, nicht etwa nur, um mir das Veto mitzuteilen, nein, ich
sollte überzeugt werden, dass dieses Njet für mich und mei-

---

[12] Christa Wolf: Die Dimension des Autors, Darmstadt und Neuwied 1987,
S. 727.

nen Text das denkbar Beste sei in der denkbar besten aller
Welten. Als ich uneinsichtig bockte, zitierte der Zensor sichtlich ungeniert die alte Weisheit: Wes Brot ich eß, des Lied ich
sing. Als ich daraufhin desto stärker bockte, griff der Genosse
zur biegsamsten Gerte, der marxistischen Dialektik, die
längst zur realsozialistischen Rabulistik verkommen war, und
erklärte, dies sei, wie ich meine, keineswegs eine Aufforderung zum blanken Opportunismus, da es sich bei dem Brot
um das Brot der Arbeiterklasse handele, die Arbeiterklasse
aber die welthistorische Avantgarde sei, wodurch ich, äße ich
ihr Brot und sänge ich ihr Lied, mich ebenfalls zur Avantgarde zählen dürfe. Diese freimütige Aussprache, wie das damals
hieß, ließ in mir keine Fragen offen, und war ich verunsichert,
so, ob ich darüber lachen oder weinen sollte.

Später Abend, Beispiel zwei: In einer Berliner Kneipe in der
Schivelbeiner Straße kam ich ins Gespräch mit einem alten
Mann, der mir nach einer erklecklichen Menge vertrauensbil-
dender Maßnahmen in Gestalt gezapften Biers erzählte, er
war und sei im Herzen noch immer Sozialdemokrat und habe
als solcher in Buchenwald gesessen. Buchenwald, sagte ich,
die Nazis. Buchenwald, die Russen, sagte er 46 bis 49. Ich
muss so konsterniert dreingeschaut haben, dass er mir vor-
schlug, wenn ich's nicht glauben wolle, könne ich ihn mal besuchen, dann würde er mir mehr erzählen, auch das mit den
verscharrten Leichen am Ettersberg, nach der Befreiung vom
Faschismus. Es vergingen Wochen, in denen ich mich sperrte,
diese Wahrheit in mich einzulassen, da sie eine der letztver-
bliebenen Gewißheiten, nämlich die Legende vom guten, an-
tifaschistischen Anfang, gefährdete. Es konnte nicht wahr
sein, weil es das nicht durfte, denn wäre es wahr, hieße es, Faschismus und Stalinismus wären in ihrer mörderischen Men-
schenverachtung einander so fern nicht gewesen, was Konsequenzen haben müßte, Konsequenzen im Kopf, wogegen sich
der heftig sträubte. Letztendlich hab ich ein Vierteljahr gebraucht, bevor ich den Mann besuchte.

So kam mit der Zeit Negativ zu Negativ. Die Schwierigkeit war nicht, die Manipulationen am retuschierten Positiv zu durchschauen, sondern die hinter der Stirn unsichtbar patroullierende Selbstzensur zu erkennen und zuzulassen, die Negative im inneren Archiv abzulegen, um weiter zu gehen.

Der Alltag in der Literatur

In Diktaturen generell erhält der Schriftsteller aufgrund des geistigen, materiellen wie moralischen Mangels Zusatzfunktionen, die der Literatur nicht wesenseigen sind. So auch in der DDR. Die Leser erwarteten, dass Autoren zur Sprache brachten, was die geknebelten Medien verschwiegen oder massiv schönten: die Realität, den Alltag im realexistierenden Sozialismus.

Doch gab es *den* DDR-Alltag nicht. Wie er wahrgenommen, gelebt und mithin auch literarisch dargestellt wurde, hing entscheidend von der politischen Positionierung und dem schriftstellerischen Ethos des Autors ab. Das will ich anhand zweier extremer, exemplarischer Fälle beschreiben.

Kant versus Loest

Zum einen Hermann Kant: Er inszenierte seine Karriere als DDR-Großschriftsteller und Multifunktionär schon in den frühen fünfziger Jahren mit Hilfe der Partei und der Staatssicherheit. Kant war Mitglied der SED-Bezirksleitung Berlin, Abgeordneter der Volkskammer, Mitglied des ZK der SED, Vizepräsident und Präsident des DDR-Schriftstellerverbandes, Mitglied des DDR-PEN und der Ostberliner Akademie der Künste. Außerdem trug er als Inoffizieller Mitarbeiter der Staatssicherheit den Decknamen „Martin", was Kant nach der Entdeckung seiner zweiten Identität vehement bestritt, ungeachtet der erhaltenen acht Bände seiner IM-Akte mit 2254 Blatt. Entsprechend seines DDR-internen Ranges als SED-Nomenklaturkader lebte er in einem von der Partei gestelltem Haus, mit westlichem Privatwagen und Dienstwagen mit Fahrer, mit einem ständigen Reisepass und garantiert hohen Auflagen. Kant war in der Tat eine DDR-Rarität: ein eloquenter Funktionär. Das machte ihn so wertvoll für die DDR und auch für die einäugig blinden Illusionisten im Westen.

Ganz anders, was Wunder, nahm die DDR der Autor Erich Loest wahr: Beide Jahrgang 1926, war auch Loest in den frühen fünfziger Jahren ein junger Mann mit sozialistischen Idealen, Redakteur wie Kant, doch wurde Loest 1957 verhaftet, Kant hingegen wurde im selben Jahr Chefredakteur. Was für Loest folgte, war ein politischer Prozess nach poststalinistischem Muster. Anklage wider die Tatsachen: Bildung einer staats- und parteifeindlichen Gruppe mit dem Ziel, die Regierung der DDR zu stürzen und ein antisozialistisches System an deren Stelle zu setzen. Vorgefasstes Urteil: Zuchthaus Bautzen. L. wurde für sieben lange Jahre Strafgefangener 23/59. Als er auf Bewährung entlassen wurde, das war 1964 und Ulbricht selbstverständlich noch immer an der Macht, holte die Partei just wieder einmal zum kulturpolitischen Kahl-Schlag aus. L. aber hatte sich fest vorgenommen, künftig unauffällig zu leben und sich fernzuhalten von der Politik, wollte nach den sieben papierlosen Jahren schreibend überleben und hielt das mehr oder weniger auch fünfzehn Jahre lang durch, bis er abermals kollidierte mit der Macht, die sich im stalinistischen Kern gleichgeblieben war. Nach seiner Zuchthauszeit etablierte sich Loest als Schriftsteller, lebte in einer kleinen Wohnung im Schatten des Leipziger Völkerschlachtdenkmals, natürlich ohne Dienstwagen, Reisepass und Gefälligkeitsauflagen. Schließlich, nach einigen kritischen Gegenwartsbüchern und der entsprechenden Reaktion der Zensurbehörde wie der Staatssicherheit (sie bearbeitete ihn umfassend fürsorglich im Operativen Vorgang „Autor II"), ging er 1981 in den Westen.

So wie sie lebten, wurden ihre Bücher. Nehmen wir als auffällig differierende Modelle, DDR-Realität literarisch zu gestalten, Hermann Kants auch im Westen populäres Buch „Die Aula" (1965)[13] und Erich Loests Roman „Es geht seinen Gang oder Mühen in unserer Ebene" (1978)[14].

Um es vorweg und klar zu sagen: Kants „Aula" gehört zu den verlogensten Büchern des sogenannten sozialistischen Realismus. Darin schildert der avancierte Kant auf seine ihm eigene, lustig sein sollende Weise rückschauend Begebenheiten an der Arbeiter-und-Bauern-Fakultät Greifswald zu Anfang der fünfziger Jahre. Dass diese auch dort nicht so lustig waren, wie uns Kant wortreich und wort-äquilibristisch weismachen will, darf man getrost vermuten. Die Historie des gewöhnlichen Stalinismus mutiert mittels anekdotischer Verniedlichung und arabesker Übermalung zu launigen Histörchen. „Die Aula" glättet eine ganze historische Phase, die stalinistische Frühzeit der DDR, nicht nur die frühen Jahre der ABF Greifswald. Kant, daselbst Student und später Dozent von 1949 bis 1952, schildert, wie im Klappentext der Erstausgabe des Romans geschrieben steht, „mit liebevoller Ironie einige Kinderkrankheiten der jungen Republik". Im Klartext heißt das, die Repression der frühen fünfziger Jahre findet im Buch nicht statt. Muss man angesichts der Tatsachen, dass in dieser Zeit Tausende in den sowjetischen Speziallagern oder in Sibirien verschwanden, nicht von Zynismus statt von Ironie sprechen? Wie Karl Corino herausfand, wurden auch Kommilitonen Kants vom NKWD verhaftet.[15] Einer von ihnen wurde zu 25 Jahren Zwangsarbeit in Workuta verurteilt. Als der Vater an der ABF um Aufklärung des spurlosen Verschwindens seines Sohnes bat, sagte ihm der in die Universitätsleitung aufgestie-

---

[13] Hermann Kant: Die Aula, Berlin (Ost) 1965.
[14] Erich Loest: Es geht seinen Gang oder Mühen in unserer Ebene, Halle 1978.
[15] Karl Corino: Die Akte Kant. IM „Martin", die Stasi und die Literatur in Ost und West, Reinbek bei Hamburg 1995.

gene Kant, in der DDR verschwinde niemand spurlos, er, der Vater, solle doch mal lieber überlegen, ob der Sohn nicht Fremdenlegionär geworden sei: ein Beleg für Kant's schon früh wohlausgebildete spitzzüngige Begabung. Von diesen Schicksalen, von der angstbeherrschten Atmosphäre jener Jahre findet sich nichts in dem Buch. „Die Aula" bietet einen massiv geschönten Bilderbogen von der Erziehung der späteren DDR-Funktionärsgeneration, die zu Siegern der Geschichte erklärt werden, die folglich die (selbstredend nicht-antagonistischen) Widersprüche lachend und im Vorwärtsschreiten überwinden und die Opfer heiter übersehen oder ideologisch-heilsgeschichtlich uminterpretieren als angeblich unvermeidliche Härten auf dem klassenkämpferischen Weg zur gläubig verklärten kommunistischen Zukunft. Somit diente das Buch der staatstragenden Ideologie, indem es die Legende vom guten Anfang der DDR literarisierte. Das Buch ist mithin kein Beispiel für Realismus, wohl aber paradigmatisch für den sozialistischen Realismus, der, marxistisch-leninistisch interpretiert, höheren Zielen verpflichtet war als der historisch überwundenen Wahrhaftigkeit: der Parteilichkeit.

Und so, um ein Text-Beispiel zu geben, lässt der Genosse Schriftsteller seinen Protagonisten Robert Iswall über Geschichte und Geschichtchen, über Sachen von objektivem Interesse und persönliche Memoirenkringel, über das Typische und den individualistischen Abfall schwadronieren: „Das ist ja Unsinn, dachte Robert, wer spricht denn von Bilanz; ich denke doch nur an ein paar Geschichten, die ich erzählen könnte. Ich erzähle sie doch sonst auch, und niemand findet etwas dabei. Allerdings ist da ein Unterschied: Wenn ich zu einem Freund sage: Du als ich damals …, dann wird er mir zuhören, ich bin ja sein Freund, ich gehöre zu ihm, ich bin etwas von ihm; aber was ist, wenn ich zu einem Fremden spreche? Denen muss ich mit Geschichten kommen, nicht mit mir, und die Geschichten müssen so sein, dass sie ebenso interessierten, wurden sie von einem anderen erzählt. Schön, sehr schön, nur, wie hält man die Sachen von allgemeinem und objektivem Interesse und diese persönlichen Memoirenkringel auseinander? Man müßte eine Maschine haben, ein Typometer, so einen Apparat mit Kybernetik, mit Mikrophon und einer Skala: links rot für das Typische, also Erzählungswürdige, und rechts blau für den individualistischen Abfall ..."[16] Und so geht es munter weiter fort von Seite 1 bis 466, geschwätzig und kokett an den wirklichen Dingen vorbei, die Probleme berührend und rhetorisch auflösend in einer geschichtsoptimistischen Pointe. Mir scheinen zu dieser Art Poetologie die Verszeilen von Hölderlin zu passen: „Die Sonne gehet hoch darüber und färbet das Blech, im Winde aber oben stille krähet die Fahne." Das Gedicht heißt: „In lieblicher Bläue."

Ganz anders Erich Loest. Sein Roman „Es geht seinen Gang oder Mühen in unserer Ebene" beginnt so in direkter Rede: „Bestimmt gibt's Hemus. Oder Natalie. Wirst sehen." Mit diesen drei Sätzen, diesem zugleich lapidaren und punktgenau treffenden Auftakt ist der Leser mitten im wirklichen DDR-Alltag. Man muss wissen, dass die verfügbaren Weißwein-Sorten in der DDR an einer Hand abzuzählen waren. Und natürlich gibt es dann auch auf Seite zwei Hemus zu trinken.

Loests grandioser, realistischer Roman erschien nach vielem Hin und Her im Vorfeld der Zensur 1978 in limitierter Auflage. Kaum ein anderes, in der DDR geschriebenes Buch beschreibt den graugenormten Alltag eben dieser DDR mit so viel Witz, was die Partei freilich wenig witzig fand. SED-Rezensenten, nebenberuflich auch in Erich Mielkes Diensten tätig, verrissen auftragsgemäß das Werk, die Nachauflage wurde gestrichen, doch kuschte diesmal der Autor nicht und legte sich an mit seinem Verlag in Halle, dem Schriftsteller-Präsidenten Kant und Oberzensor Höpcke. Mit welch ungleichen Mitteln da gefochten wurde, ist ebenfalls en detail nach-

---

[16] Hermann Kant: Die Aula, Berlin 1995, S. 13.

zulesen in Loests Dokumentation „Der vierte Zensor – Vom Entstehen und Sterben eines Romans in der DDR".

Der Roman gehört zu den präzisesten Schilderungen des DDR-Alltags, sowohl im Detail als auch in der geschilderten Gesamtatmosphäre. Loest beschreibt den Alltag des Ingenieurs Wolfgang Wülff im Leipzig des Jahres 1975, eines jungen Mannes, der die Karriere verweigert, weil er die Macht durch den Biss eines Polizeihundes spürte und an solcher Macht niemals beteiligt sein will. Der Leser des Buches erfuhr zu DDR-Zeiten, wie die Realität unter der flächendeckenden Agitationsfolie der Massenmedien aussah, und er erfährt selbst heute noch, trotz der inzwischen bekannten Wahrheiten über die DDR, in welch sinnlich-konkreter Umwelt Menschen sich damals bewegten. Wir finden in dem Buch neben der realistischen Beschreibung des Verfalles der Bausubstanz Leipzigs die unter der heilen Oberfläche bröckelnden zwischenmenschlichen Beziehungen und den Alltag in der sogenannten sozialistischen Produktion, die von Ineffizienz und der „Kapitulation vor der Robustheit des Schlendrians" geprägt ist, wir lesen über das propagandistisch geleugnete Waldsterben im Erzgebirge, über die Bedeutung der Westpakete für den DDR-Bürger, über die abstrusen Forschungsthemen des wissenschaftlichen Kommunismus, über das Wegsperren gefährlicher Bücher im sogenannten Giftturm der Deutschen Bücherei in Leipzig, über den zunehmenden Realitätsverlust der Funktionäre, über die kleinbürgerliche Enge und den ärmlich-genormten Kitsch der sich als revolutionär gebärdenden Gesellschaft, wir erfahren einiges über den Umgang mit älteren Menschen in der DDR und die Erziehung der Kinder, über den Kampf der Partei gegen lange Haare und die Beatles, und wir können expressis verbis lesen, wie die Differenz zwischen Realität und Propaganda insgesamt immer größer wurde. Selbst auf „Die Aula" wird direkt Bezug genommen, Zitat: „Um noch mal auf die ABF zurückzukommen: Hast du ‚Die Aula' gelesen? Bloß eines ist nicht drin: Dass aus der Gewissheit, der Sieg wäre zum

Greifen nahe, unsere Härte gegen die eigenen Leute entstanden ist. Bei der Höhe des Einsatzes und den bisherigen Toten kam es nun, glaubten wir, auf ein paar weitere Opfer nicht an. Revolution war nichts für Muttersöhnchen, wo gehobelt wird, fallen Späne. Merkst du was?"[17] Haben wir etwas gemerkt?

Was ich mit diesen wenigen Sätzen über zwei Bücher anregen möchte, ist die vergleichende, kritische Lektüre etlicher in der und über die DDR geschriebener Bücher. Mit zehn Jahren Abstand sollte ein ideologisch uneingetrübter, fundierterer Blick auf das Geschriebene möglich sein. Notwendig ist insgesamt die Ergänzung und Korrektur des von der offiziellen DDR-Literaturwissenschaft vorgegebenen und im Westen oftmals unkritisch übernommenen DDR-Literaturkanons. Anders gesagt: Wir sollten mit dem nun bekannten Kontext im Kopf bereit sein, vor dem aufgerissenen Zeit-Horizont diese Texte neu zu sichten und, ihrem Wert gemäß, in der historischen Landschaft neu zu platzieren.

Literaturhinweise

Heinz Ludwig Arnold/Frauke Meyer-Gosau (Hrsg.): Literatur in der DDR – Rückblicke, München 1991.
Gunter Holzweißig: Zensur ohne Zensor. Die SED-Informationsdiktatur, Bonn 1997.
Erich Loest: Durch die Erde ein Riss – Ein Lebenslauf, Künzelsau und Leipzig 1989.
Erich Loest: Der Zorn des Schafes, Künzelsau und Leipzig 1990.
Günther Rüther (Hrsg.): Literatur in der Diktatur, Paderborn 1997.
Joachim Walther: Sicherungsbereich Literatur. Schriftsteller und Staatssicherheit in der Deutschen Demokratischen Republik, Berlin 1996.

---

[17] Erich Loest: Es geht seinen Gang oder Mühen in unserer Ebene, München 1998, S. 160.

BALDUR HAASE

Volkskunst und Stasi –
am Beispiel des Bezirkes Gera

Kulturpolitik und Strukturen – ein Überblick

Das 1978 im Berliner Dietz Verlag erschienene Kulturpolitische Wörterbuch verrät unter dem Stichwort „Volksschaffen,
künstlerisches", dass sich in der DDR etwa 1,5 Millionen
„Werktätige" in ihrer Freizeit (davon 600 000 in 25 000 Kol-
lektiven aller Genres) „volkskünstlerisch" (d. h. laienkünstle-
risch) betätigten. Unterschlagen wurden dabei: nicht im Ar-
beitsprozess stehende Personen wie Schüler, Studenten,
Hausfrauen und Rentner mit dergleichen Ambitionen. Es
entsprach dem kulturpolitischen Programm der SED, dass
die Arbeiterklasse als die gesetzmäßig führende Kraft in der
Gesellschaft, auch bei der Herausbildung der sozialistischen
Kultur und Kunst die Nase vorn zu haben hatte.

Der Begriff Laienkunst für zumeist in der Freizeit ausgeübte,
nicht professioneller Tätigkeiten auf künstlerischen Gebieten
wurde mit der fortschreitenden Formierung sozialistischer
Verhältnisse und Lebensweisen in der DDR weitgehend vermieden und durch die Bezeichnung „künstlerisches Volksschaffen" ersetzt.

Das „kulturelle Volksschaffen" galt als Oberbegriff. Es umfasste: „vielfältige Inhalte, Formen und Methoden, deren
Hauptziel darin besteht, schöpferische Verhaltens- und Denk-
weisen der Beteiligten wie ihres Publikums anzuregen, heraus-
zufordern und zu entwickeln. K. V. wird dadurch mitbestimm-
endes Element kulturvoller sozialistischer Lebensweise."[1]

---

[1] Vgl. Kulturpolitisches Wörterbuch, Berlin (Ost) 1978, S. 740.

Dazu gehörten auch die unzähligen Steckenpferde, vom allseits beliebten Briefmarkensammeln über die Aquaristik, bis hin zum Basteln und Modellbau, womit sich Hunderttausende von Bürgern beschäftigten. Zum künstlerischen Volksschaffen zählten jedoch auch Aktivitäten die auf die ästhetische und kulturelle Gestaltung der gesellschaftlichen und persönlichen Umwelt, Brauchtumspflege sowie Kultur- und Kunstpropaganda gerichtet waren: „K. V. ist ein weites Feld zur Entdeckung und Förderung aller schöpferischen Talente des Volkes für Wissenschaft, Technik und Kunst und bereichert mit seinen besten Ergebnissen die geistig-kulturellen Werte der Gesellschaft."[2]

Hauptsächlich wurde volkskünstlerische Tätigkeit jedoch definiert als die Gesamtheit des eigenen künstlerischen Schaffens und Gestaltens der werktätigen Klassen und Schichten. Gemeint war damit die organisierte und nicht organisierte, nicht professionelle Betätigung auf einem künstlerischen Gebiet. „In allen bisherigen Gesellschaftsformationen war das k. V. objektiv und subjektiv Ausdruck des gegen die herrschenden Klassen gerichteten Bedürfnisses des arbeitenden Menschen, sich ‚die Welt auch nach den Gesetzen der Schönheit' anzueignen (Marx) [...] Es entwickelte sich als Teil der Elemente einer demokratischen und sozialistischen Kultur und trug in den Ausbeutergesellschaften stets den Klassencharakter der Ausgebeuteten und Unterdrückten."[3]

Damit war das rein Persönliche einer laienkünstlerischen Betätigung ideologisiert und der Mitbegründer eines Gesangvereins im 19. Jahrhundert wohl zum revolutionären Klassenkämpfer erklärt, obwohl er sich nie für Politik interessiert hatte. Das Spielen einer Zither in einem kleinen Verein der Hausmusik, das Schwingen des Tanzbeins in einer Trachtengruppe

---

[2] Ebenda, S. 740.
[3] Ebenda, S. 741.

oder das Schreiben von Gedichten nach einer Begegnung mit der Natur oder der Liebsten, war also – nach dem Verständnis der SED-Ideologen – nie Privatsache gewesen und die Individualität dieser Interessen und Neigungen fiel dem in der DDR alle Bereiche des gesellschaftlichen Lebens erfassenden Dogmatismus zum Opfer. Althergebrachter, auf freier Vereinsbasis beruhender laienkünstlerischer Freizeitbetätigung war die Existenzgrundlage entzogen. Gleichzeitig erfolgte eine Aufwertung im Sinne der herrschenden Ideologie des Marxismus-Leninismus vom gesetzmäßigen Klassenkampf, dem Anspruch der Partei der Arbeiterklasse als führende Kraft bei der Errichtung des Sozialismus, mit Blickrichtung auf den Kommunismus. Freizeithobbys mussten jetzt, nach dem Willen der Partei, mit dazu herhalten, sozialistisches Bewusstsein und eine ebensolche Lebensweise ausprägen zu helfen. Es durfte keine unpolitischen Freiräume mehr geben. Ehemaligen DDR-Bürgern ab der mittleren Generation dürfte nicht unbekannt sein, dass beispielsweise ein Werktätiger nach der Äußerung, er interessiere sich nicht für Politik, beim Kaderleiter und Parteisekretär seines Betriebes leicht in Verdacht geraten konnte, dem Aufbau des Sozialismus ablehnend gegenüber zu stehen.

„Das k. V. ist in der DDR fester Bestandteil der sozialistischen Nationalkultur und Lebensweise und wirkt aktiv an der Erfüllung der von der Partei der Arbeiterklasse gestellten Hauptaufgabe mit, das materielle und kulturelle Lebensniveau der Arbeiterklasse und aller Werktätigen ständig zu erhöhen. Es wird unter Führung der SED von den staatlichen Organen, den Leitungen und Vorständen der Gewerkschaften und der FDJ und allen gesellschaftlichen Kräften in ihrem Zusammenwirken bewusst und planmäßig gefördert."[4]

Nach der Gründung der DDR hatte das kulturelle und künstlerische Volksschaffen zweifellos den Charakter einer vor-

---

[4] Ebenda, S. 741.

dem nicht gekannten Massenbewegung angenommen und eine nicht zu unterschätzende kulturpolitische Bedeutung erlangt. Das wird nicht zuletzt auch durch die Tatsache einer großzügigen materiellen Förderung durch den Staat unterstrichen, während sich in der Bundesrepublik nach dem Zweiten Weltkrieg auf der Grundlage demokratischer Verhältnisse wieder ein freies, unabhängiges Vereinleben herauszubilden begann, das allerdings andererseits eigene Initiativen ergreifen musste, um sich behaupten zu können. Eine derartige Formierung war im östlichen Teil Deutschlands von vornherein abgeblockt. Die Möglichkeit, beim zuständigen Volkspolizei-Kreisamt (VPKA) eine Eintragung ins Vereinsregister als „e. V." zu beantragen, war zwar formell gegeben, stieß aber an eng gezogene Grenzen. Das traditionelle Vereinswesen war ohnehin stigmatisiert: „Das besonders im kapitalistischen Deutschland weitverbreitete und verzweigte Vereinswesen war eine Brutstätte antidemokratischer und reaktionärer Bestrebungen und eines der Mittel zur Förderung und Konservierung kleinbürgerlicher Ideologie (Kriegervereine, Schützenvereine, Gesangvereine usw.). In der DDR trotz der Möglichkeit der Vereinsbildung praktisch ohne Bedeutung, da die demokratischen Massenorganisationen den verschiedenen Interessengebieten der Werktätigen unter Wahrung der Einheit von gesellschaftlichen und persönlichen Interessen Rechnung tragen."[5]

Die Bildung freier Vereine, die sich der Bevormundung und Aufsicht durch Partei und Staat hätten entziehen können, war nicht möglich und Versuche konnten bis zum Ende der SED-Herrschaft nach § 218 (1) StGB (Vereinsbildung zur Verfolgung gesetzwidriger Ziele) strafrechtlich geahndet werden. Genau dies mussten im Mai 1984 vier junge Menschen (darunter zwei Mädchen) erleben, die sich als Sympa-

---

[5] Mayers Neues Lexikon in acht Bänden, VEB Bibliographisches Institut Leipzig, 1962, Stichwort: „eingetragener Verein".

thisanten der vom Staat unanhängigen Friedensbewegung „Schwerter zu Pflugscharen" zu einer Interessengemeinschaft zusammengeschlossen hatten, um etwas gegen die atomare Hochrüstung der beiden konträren Weltmächte zu unternehmen. Auf die „illegale Vereinsgründung" und die angeblichen „Straftaten" (das Schreiben und Verteilen kleiner Handzettel) reagierte der SED-Staat mit seiner Stasi und Justiz auf die übliche drakonische Art und Weise. Die nicht Vorbestraften erhielten Gefängnisstrafen bis zu einem Jahr (ohne Bewährung).[6]

Die „Kollektive des kulturellen und künstlerischen Volksschaffens" waren an Träger gebunden. Als solche fungierten: volkseigene Betriebe, staatliche Einrichtungen und gesellschaftliche Organisationen wie die Freie Deutsche Jugend (FDJ), die Deutsch-Sowjetische Freundschaft (DSF) oder den Kulturbund der DDR (KB) und andere. Die Bereiche der Freizeitkultur unterlagen den auf die Entwicklung eines sozialistisch geprägten geistig-kulturellen Lebens gerichteten Beschlüssen von Partei und Regierung.

Bereits während der 3. Parteikonferenz der SED, im März 1956 in Berlin, hatte Walter Ulbricht in seinem Referat „Der zweite Fünfjahrplan und der Aufbau des Sozialismus in der DDR" gefordert, dass die sozialistische Kultur durch das Volk und für das Volk zu entwickeln sei und eine grundlegende Wendung in der kulturellen Massenarbeit herbeigeführt werden müsse.[7] Und im Beschluss der 32. Tagung des ZK der SED vom Juli 1957 heißt es: „Die kulturelle Massenarbeit

---

6 Baldur Haase: Kasper kontra Mielke. Die Geraer Puppenbühne und die unabhängige Friedensbewegung. Hrsg. vom Thüringer Landesbeauftragten für die Unterlagen des Staatssicherheitsdienstes der ehemaligen DDR (TLStU), Erfurt 1999.

7 Zitatensammlung zur Kulturpolitik der SED – Dokumente 1945 bis 1978. Hrsg. vom Institut für Weiterbildung des Ministeriums für Kultur an der Kunsthochschule Berlin, Berlin (Ost) 1980, S.56.

muss als künstlerisch-agitatorische Waffe der Partei die sozialistische Lebensauffassung und Lebensweise propagieren
und verwirklichen helfen."[8]

Einen Aufschwung erlebte das künstlerische Volksschaffen
nach der 1. Bitterfelder Konferenz (1959) unter der Losung
„Greif zur Feder, Kumpel, die sozialistische Nationalkultur
braucht dich!" Die nachfolgende Konferenz (1964) propa-
gierte einen Aufruf aus dem Bitterfelder Chemie-Kombinat
„EKB" zum Kampf von Arbeitskollektiven um den Titel
„Brigade der sozialistischen Arbeit", wonach arbeiten, lernen
und leben auf sozialistische Art, kulturelle und künstlerische
Aktivitäten der Arbeiterklasse fördere.

Auf der 11. ZK-Tagung im Dezember 1965 betonte Ulbricht:
„Die Partei betrachtet es als den Hauptinhalt ihrer ideologischen und organisatorischen Tätigkeit, das sozialistische Bewusstsein aller Werktätigen weiterzuentwickeln und ein
hohes Niveau der Bildung und Kultur zu erreichen."[9]
Am 3. Februar 1977 fasste das Politbüro der SED mit den
„Maßnahmen zur Förderung des künstlerischen Volksschaffens" einen Beschluss, der zur Richtschnur für die kulturpolitische Arbeit der folgenden Jahre werden sollte. Darin heißt
es: „Sein Wirken ist auf die weitere Ausprägung sozialistischer Persönlichkeiten und der sozialistischen Lebensweise
gerichtet."

Demnach unterlag dieser Bereich auch dem so genannten
Prinzip des demokratischen Zentralismus. Bereits 1952 war
in Leipzig das „Zentralhaus für Laienkunst" gegründet worden; es erhielt 1954 die Bezeichnung „Zentralhaus für Volkskunst" und hieß ab 1962 „Zentralhaus für Kulturarbeit der
DDR". Es war dem Ministerium für Kultur unterstellt und

---

[8] Ebenda, S. 53.
[9] Ebenda, S. 94.

arbeitete auf der Grundlage der Beschlüsse der SED und des Ministerrates sowie der Weisungen des Ministers für Kultur. Die entsprechenden, als Nachfolgeeinrichtungen bezeichneten Institutionen in den Bezirken und Kreisen waren die Bezirks- bzw. Kreiskabinette für Kulturarbeit. Sie unterstanden als zuständige Organe für die kulturpolitische und künstlerisch-methodische Anleitung der Volkskunst den Leitern der Abteilungen für Kultur der jeweiligen Räte der Bezirke und Kreise. Beim Zentralhaus für Kulturarbeit und den Kulturkabinetten waren nach einer Anordnung des Ministers für Kultur vom 27. Juli 1965 „Arbeitsgemeinschaften des künstlerischen Volksschaffens" als beratende Gremien tätig, in denen unter anderem Kulturfunktionäre, Berufs- und Laienkünstler ehrenamtlich mitwirkten. Dem Zentralhaus unterstand eine Spezialschule, an der Volkskunstschaffende ihre Befähigung für eine staatliche Zulassung als künstlerische Leiter von Volkskunstkollektiven erlangen konnten. Die Bezirke verfügten in der Regel über eigene Kulturakademien, an denen sich künstlerische Leiter in bestimmten Fachrichtungen ebenfalls aus- und weiterbilden lassen konnten. Die Kulturkabinette organisierten unter anderem Werkstattage, Wettbewerbe, Ausstellungen, Leistungsschauen und Veranstaltungen, bei denen sich Volkskunstkollektive von einer Fachjury einstufen lassen konnten. Dies betraf vor allem Gruppen der Unterhaltungskunst, Musikformationen und Diskotheken, die ohne eine Einstufung und die darauf erfolgende staatliche Zulassung nicht öffentlich auftreten durften.

Über Mangel an Auftrittsmöglichkeiten konnten sich zugelassene Volkskunstkollektive kaum einmal beklagen – Dank der Vielzahl der politischer Ereignisse, die in der DDR im Jahreslauf zur ideologischen Stimulierung der Bevölkerung herhalten mussten. Da waren: der 1. Mai, als Kampf- und Feiertag der internationalen Arbeiterklasse; die Jahrestage der Befreiung vom Faschismus, der Großen Sozialistischen Oktoberrevolution, der SED- und DDR-Gründung; Lenins Ge-

burtstag, Volkswahlen, Jugendfestivals der Freien Deutschen
Jugend, Stadtjubiläen und Volksfeste aller Art und die „Tage
der Volkskunst" im Berliner Palast der Republik. Ebenso zur
Tradition geworden waren die Arbeiterfestspiele der DDR,
von 1959 bis 1972 jährlich und danach alle zwei Jahre begangen, wobei sich die Bezirke der Reihe nach als Gastgeber ab-
lösten. Bei den Arbeiterfestspielen 1960 in Karl-Marx-Stadt
wirkten 25 000 Volkskünstler bei 1 200 Veranstaltungen mit.
1972 waren es in Schwerin 15 000.

Die Mitte der fünfziger Jahre zunächst als gesamtdeutsche
Musik- und Tanzfeste in Rudolstadt (Bezirk Gera) ins Leben
gerufenen laienkünstlerischen Darbietungen entfalteten sich
zu den regelmäßig stattfindenden „Tanzfesten der DDR", wo
sich Bühnentanz-, Musik- und Folkloregruppen ein Stelldich-
ein gaben. Daraus entstand nach 1990 das internationale Rudolstädter Folk-Fest.

Partei und Staat geizten auch im Bereich des künstlerischen
Volksschaffens nicht mit Auszeichnungen aller Art: Titeln,
Urkunden, Preisen und Medaillen. Ein „hervorragendes
Volkskunstkollektiv" zu werden, war noch verhältnismäßig
leicht. Um den „Staatspreis für künstlerisches Volksschaf-
fen", einen „Bezirks-Kunstpreis" oder eine Goldmedaille der
Arbeiterfestspiele, musste dagegen mitunter hart gekämpft
werden.

Der SED-Staat spielte seine Rolle als großzügiger Mäzen
und verlangte dafür unbedingten Gehorsam. Obwohl vor den
Karren gespannt, von dem herunter die Partei dem Volk sozialistisches Bewusstsein und eine eben solche Lebensweise
aufzuzwingen versuchte, ohne vorher mit ihm darüber diskutiert zu haben, blieb vielen Volkskünstlern noch genügend
Freiraum, ihren Interessen und Neigungen zu frönen, in der
Gemeinschaft die Freizeit sinnvoll zu nutzen, Freude und
Spaß zu genießen und sich und dem Kollektiv Erfolgserleb-

nisse zu verschaffen. Wer der offiziellen Propaganda Glauben schenkte, konnte davon überzeugt sein, dass die Arbeiterklasse auch in der Volkskunstbewegung inhaltlich tonangebend und quantitativ vorherrschend war. Letzteres muss allerdings angezweifelt werden. Vor allem was die Zirkel schreibender Arbeiter, die pathetisch als „Herzstück der Volkskunstbewegung" betitelt wurden, waren nicht selten Gegenstand ironischer Bemerkungen, weil dort Arbeiter recht spärlich vertreten waren.

Der Bezirk Gera, mit seinen rund 726 000 Einwohnern (1962) einer der kleinsten der DDR, konnte 1978 auf 60 000 Volkskunstschaffende verweisen, die in 2 500 Ensembles, Gruppen oder Zirkeln mitwirkten.[10] 1965 waren es noch 20 000 Bürger gewesen, die in ihrer Freizeit sangen und musizierten, malten, fotografierten und filmten, tanzten, schrieben oder Theater spielten.[11]

„Greif zur Feder, IM" – Der alltägliche Stasismus

Es mag den territorialen Machthabern in der ostthüringischen Bezirksstadt Gera wohl mitunter Kopfschmerzen bereitet haben, dass sich ausgerechnet in ihrem Vorzeigebezirk mit der einstigen „Weltfirma" Carl Zeiss, ansässig in der Universitätsstadt Jena, nach der Biermann-Ausbürgerung 1976 eine wahre Brutstätte „feindlich-negativer" Personen mit künstlerischen Neigungen herausgebildet zu haben schien. Reiner Kunze, Jürgen Fuchs, Lutz Rathenow, Stephan Krawzcyk (um nur einige zu nennen) stammen aus dem ehemaligen Bezirk Gera oder waren hier sesshaft geworden. Wie die Bezirksverwaltung des Ministerium für Staatssicherheit im Auftrag der Partei mit ihnen und andern umzuspringen pflegte, die ebenfalls nicht bereit waren, den vorgegebenen politisch-ideologischen

---

[10] Zeitschrift Treffpunkt Klub, Gera, Nr. 5/1978, S. 2.
[11] Zeitschrift Treffpunkt Klub, Gera, Nr. 8/1965, Beilage.

Pfad einzuhalten, ist hinlänglich bekannt. Weniger bekannt ist, mit welchen Methoden, in welchem Unfang und mit welchen Ergebnissen der große Bereich der Freizeitkultur mit seinen zahlreichen Genres und Interessengruppen wohl nahezu lückenlos mit Hilfe offizieller Kontaktpersonen[12] und inoffizieller Mitarbeiter überwacht und im Zaun gehalten wurden. Es erscheint dem Betrachter makaber, dass eine große Anzahl von Menschen, die in ihrer Freizeit einer ihnen lieb gewordenen Betätigung nachgingen, selbst im kleinsten Kollektiv damit rechnen mussten, von der Stasi „aufgeklärt" zu werden. Dies geschah, in den meisten Fällen unbemerkt, durch die systematische Informationssammlung zur sog. „Wer-ist-wer"-Aufklärung, durch „Zersetzungsmaßnahmen", Operative Personenkontrollen (OPK), Operative Vorgänge (OV) und (wenn es ganz schlimm kam) bis hin zu Untersuchungsvorgängen (UV), womit das MfS wegen des Verdachts auf Staatsverbrechen ermittelte.

Der Aufruf der 1. Bitterfelder Konferenz hatte auch im Bezirk Gera dazu geführt, dass Zirkel schreibender Werktätiger wie Pilze aus dem Boden schossen. Fast 20 waren es 1960 geworden. Die Anzahl reduzierte sich im Verlauf von zehn Jahren auf etwa zehn Kollektive, wovon sich allerdings bis zum Ende der DDR fast alle behaupteten.

Es liegt wohl in der Natur der Sache begründet, dass auch die als Laien wirkenden Vertreter der schreibenden Zunft, vom Tagebuch- und Wandzeitungsredakteur einer sozialistischen Brigade, dem Verfasser einer balladesken Betriebschronik bis hin zu einem, wegen seiner Gedichte aus der Welt der Arbeit in der Lokalpresse gefeierten Zirkelmitglied, die Aufmerksamkeit der Stasi erregten. Auch die SED-Machthaber hegten,

---

[12] Abkürzung: KP. Keine IM-Kategorie, nicht registriert, zumeist leitende Mitarbeiter von Betrieben und Einrichtungen, die von Mitarbeitern des MfS zu Vorkommnissen und Personen befragt wurden.

wie andere Diktatoren vor und neben ihnen, Misstrauen gegenüber dem „da unten" gesprochenen und geschriebenen Wort. Mit Hilfe literarischer Texte, die nun einmal zum unverzichtbaren Repertoire zahlreicher Volkskunst-Genres gehörten, konnten gar zu leicht regimekritische Gedanken transportiert werden, offen oder hinter Metaphern versteckt.

Der Bogen spannt sich von literarisch-musikalischen Programmen schreibender Arbeiter, Veröffentlichungen in Anthologien, dramatischen Texten für Laientheater und Kabaretts, Kommentaren und Dialogen in Amateurfilmen, Liedtexten für die FDJ-Singebewegung und Folkloregruppen, bis hin zum Einsatz bei Programmen in Kulturhäusern, Klubs[13] sowie Ferienheimen des FDGB, Wohngebiets- und Betriebsfestspielen und den besonders argwöhnisch von Spitzeln mitverfolgten Büttenreden in den Karneval-Klubs, wovon es in den achtziger Jahren in der DDR immerhin die erstaunliche Anzahl von 1 500 gab.

Der Jenaer Physikerball 1956

Bekanntlich war den Machthabern der SED-Diktatur jeglicher Sinn für Humor und Satire nicht nur wesensfremd, sondern sie betrachteten damit verpackte kritische Meinungsäußerungen zu Unzulänglichkeiten und Mängeln im Alltagsleben als existenzbedrohende Angriffe, als Gefährdung ihres Staates, ihrer Machtstellung. Dies bekamen im Oktober 1958 sechs des „Verbrechens der staatsgefährdenden Hetze" Angeklagte durch Urteile des Geraer Bezirksgerichts auf schmerzhafte Art und Weise zu spüren. Als Studenten der Jenaer Friedrich-Schiller-Universität hatten sie im November 1956 in einem selbst gestalteten Programm ihres „Physikerballs" – einem jährlich um diese Zeit von ihrem Wissenschaftsbereich veranstalteten Fest – auf die Ereignisse des

---

13 Zum Beispiel: Klubs der Werktätigen, Dorf- und Jugendklubs.

kurz zuvor von russischen Truppen in Ungarn niedergeschla-
genen Volksaufstandes reagiert, und dies auf eine Art und
Weise, die von den Machthabern als antisozialistische Provokation bewertet wurde. Die Urteile lauteten auf Zuchthausstrafen zwischen eineinhalb und dreieinhalb Jahren, auch wegen anderer regimekritischer Äußerungen. Lediglich der Angeklagte Heinz S., einer der Autoren, die sich an der Pro-
grammgestaltung führend beteiligt hatten, musste sich nur
wegen seiner volkskünstlerischen Betätigung als Verfasser
von Texten verantworten und erhielt 18 Monate dafür. In einem seiner Gedichte, das die Stasi bei der Hausdurchsuchung
gefunden hatte und vom Gericht zu einem Anklagepunkt bestimmt wurde, nimmt er ironisch das Nachplappern der sowjetischen Kommunismus-Propaganda durch die SED-Führung um Ulbricht auf die Schippe, indem es am Schluss heißt:
„Man braucht nur ein Lied auf Russisch singen / und hört
dann dieselben Worte / in unverfälschtem Sächsisch klingen."
Im Urteil wurde ihm bescheinigt, dass es ihm offensichtlich
Vergnügen bereitet habe, Hetzgedichte gegen den Arbeiter-
und-Bauernstaat, gegen die Partei der Arbeiterklasse und gegen das gesamte sozialistische Lager zu verfassen.[14]

Schwerpunktbereich „Missbrauch der Lyrik"[15]

Im März 1975 erhielten die MfS-Kreisdienststellen von der
Abteilung XX der Bezirksverwaltung Gera einen „Informa-
tionsbedarf zum Schwerpunktbereich Missbrauch der Lyrik"
zugestellt, in dem auf die „richtungsweisenden Beschlüsse"
des VIII. Parteitages der SED und des 13. Plenums zu geistig-
kulturellen Fragen in der Klassenauseinandersetzung mit
dem Imperialismus Bezug genommen wird. Dies mache eine
zielstrebige Aufklärung von Personen erforderlich, die im
Bereich der Literatur im Sinne der PID, der politisch-ideolo-

---

[14] Siehe Literaturhinweis: Der Physikerball 1956.
[15] BStU, ASt Gera, KD Stadtroda 0611.

gischen Diversion, wirksam würden. Beigefügt waren detaillierte konzeptionelle Anweisungen, wie in den Kreisen der „Bearbeitungsprozess" in Gang gesetzt und über einen längeren Zeitraum hinweg in Bewegung gehalten werden müsse. Der ideologische Kampf, so heißt es, sei zum Hauptkampffeld in der Klassenauseinandersetzung geworden, woraus sich ein erhöhtes Sicherheitsbedürfnis ableite. „Dem langfristigen Programm unserer Partei- und Staatsführung entsprechend, ist der Bearbeitungs-, Durchdringungs-, Verunsicherungs- und Liquidierungsprozess der feindlichen Tätigkeit im Schwerpunktbereich ‚Missbrauch Lyrik' durch die beteiligten DE [Diensteinheiten] langfristig und exakt zu planen."

Der imperialistische Klassengegner habe seine Hauptkräfte auf die Schreibenden konzentriert, insbesondere auf die jungen Lyriker und Autoren. Der Prozess der Verunsicherung, Zersetzung, Zurückdrängung und Liquidierung müsse unter Beachtung der Konspiration mit der Partei und den gesellschaftlichen Kräften gemeinsam organisiert werden. Von großer Bedeutung sei es auch, inoffizielle Mitarbeiter verstärkt und gezielt nach personengebundenen Auftragsstrukturen einzusetzen sowie neue zu gewinnen und eine gründliche „Wer-ist-wer?"-Aufklärung vorzunehmen, die so über Personen gewonnenen Erkenntnisse zu differenzieren und zu werten. Auch müsse sich die Informationstätigkeit an die Parteiführung erhöhen.

Als „Gegenstände längerfristiger Durchdringungsprozesse" werden genannt: die Arbeitsgemeinschaften und Freundeskreise „Junger Lyriker" in Jena, Unterwellenborn, Greiz und Rudolstadt, das Zentrum Junger Autoren (ebenfalls Laienschaffende) sowie sämtliche zehn Zirkel schreibender Arbeiter des Bezirkes Gera und sieben „Kleine Galerien" des Kulturbundes, wo Lyriker, Autoren und bildende Künstler sich treffen und miteinander diskutieren würden. Dem Entstehen von Brutstätten reformistischer, revisionistischer und anderweitig sozialismusfeindlicher Ansichten im Berufskabarett „Fettnäpfchen" (Gera), in den Laienkabaretts des Bezirkes und in Jenaer Studentenklubs müsse durch operative Maßnahmen begegnet werden. In den Volkskunstkollektiven und kulturellen Einrichtungen bestehe die Gefahr, dass feindliche Kräfte versuchten, eigene oder fremde „Machwerke antisozialistischen Inhalts" zu verbreiten und darüber zu diskutieren. Die Konzeption verlangte die Erarbeitung einzelner Maßnahmepläne bis zum 25. Juni 1975. Hinsichtlich der Zirkel schreibender Arbeiter hieß es beispielsweise:

- die Beschaffung der Personalien aller Mitglieder und Besucher,
- Aufklärung dieser Personen durch offizielle und inoffizielle Einschätzungen als Grundlage für zukünftige IM-Werbungen bzw. Verunsicherungen,
- Erarbeitung monatlicher Operativ-Informationen über Stand und Lage der Durchdringungsprozesse,
- Schaffung zweckmäßiger Parteiinformationen mit dem Ziel, Veränderungen durch gesellschaftliche Kräfte herbeizuführen.

In seiner Schlussbemerkung zur Konzeption schärfte Hauptmann Wirkner den Mitarbeiter in den Kreisdienststellen nochmals die politische Bedeutung der gesamten Aktion ein: „Die Konzeption hat die Aufgabe durch einheitliche Bearbeitung der operativen Diensteinheiten sowie durch enges Zusammenwirken mit der Partei und den gesellschaftlichen Kräften den Einfluss genannter Personenkreise auf junge Literatur- und Lyrikinteressierte zu liquidieren und diese Kreise zu verunsichern/zersetzen/unwirksam zu machen, um in den genannten Bereichen ein echtes schöpferisches sozialistisches Klima zu sichern."

Die aus den Kreisen angeforderten Informationen sollten u.a. Antworten auf folgende Fragen beinhalten:

- „Welche Personen stellen bestimmte Entwicklungsprozesse und den real existierenden Sozialismus in Frage und propagieren einen sogenannten demokratischen Sozialismus?

- Welche Hinweise sprechen für die Existenz von Gruppierungen mit revisionistischen und reformistischen Zielstellungen?
- Welche Diskussionen über umstrittene Kunst bzw. künstlerische Darbietungen der verschiedensten Genres werden in den kulturellen Einrichtungen und Volkskunst-Zirkeln geführt?
- Was ist bekannt über Abweichungen von der sozialistischen Kulturpolitik durch das Herstellen und Verbreiten von antisozialistischen und staatsfeindlichen Machwerken (Lyrik, Kurzprosa, Liedtexte)?
- Welche Hinweise gibt es zu Lesungen bzw. Diskussionen (auch geplante) mit Lyrikern oder über diese, die im Sinne der PID wirksam werden und welche Einflüsse literarischer „Vorbilder" (z. B. Biermann, Fuchs, Rathenow, Pannach, Wegener, Heym, Solshenizyn) werden in den Zirkeln schreibender Arbeiter spürbar?"

In Punkt 4.1. wird auf bereits bestehende „operative Materialien" verwiesen, die OV „Lyrik" und „Pegasus", die VOA (Vorlauf-OV) „Komödiant" und „Quartier" sowie die OPK „Sekretär". Vor allem „Pegasus" bereitete den Jenaer MfS-Mitarbeitern wohl mehr Unannehmlichkeiten als nur einige schlaflose Nächte.[16] Dieser OV war im Januar 1975 gegen den zwei Jahre vorher am Kulturhaus in Jena-Neulobeda gegründeten „Arbeitskreis Literatur und Lyrik" eingeleitet worden, weil sich zum Ärger und Entsetzen der Parteileitungen und führenden Kulturfunktionäre der Stadt und des Bezirkes junge Leute (sowohl Arbeiter als auch Studenten) zusammenfanden, die sich immer mehr von den kulturpolitischen Richtlinien entfernten und sich so genanntes antisozialistisches Gedankengut anzueignen begannen. Zu diesen und weiteren

---

[16] Vgl. hierzu Udo Scheer: Vision und Wirklichkeit. Die Opposition in Jena in den siebziger und achtziger Jahren, Berlin [2]1999, S. 77 ff.

Erkenntnissen gelangte die Jenaer Stasi-Zentrale durch die im Laufe von zwei Jahren auf den Zirkel angesetzten inoffiziellen Mitarbeiter – fast 40 an der Zahl – die mit ihren Spitzelberichten die vier Aktenordner des OV „Pegasus" füllten.

Als Mitglieder des Zirkels fallen dem MfS erstmals zwei Studenten „unangenehm" auf, die wenige Jahre später zu den bekanntesten und in den Augen der Machthaber gefährlichsten Personen der DDR-Oppositionsbewegung zählen sollten: Jürgen Fuchs und Lutz Rathenow. Im OV-Eröffnungsbericht vom 27. Januar 1975 heißt es, sie gehören zum Führungskern des Zirkels und seien strafbarer Handlungen nach dem offiziell nicht so benannten politischen Strafrecht verdächtig. Sie würden eigene Gedichte herstellen und Kopien der „Hetzgedichte des Wolf Biermann" verbreiten. Diese Schriften seien gegen die Grundprinzipien der sozialistischen Gesellschaftsordnung in der DDR und ihre Repräsentanten gerichtet und geeignet, „noch nicht gefestigte junge Lyrikinteressierte" zu verführen und ideologisch zu vergiften. Die von den führenden Köpfen des Arbeitskreises ausgehende Tätigkeit müsse „liquidiert" und ihre Wirksamkeit zurückgedrängt werden. Nach der Einsetzung linientreuer Verantwortlicher löste sich der Arbeitskreis im Juni 1975 selbst auf und die vormals engagiertesten Mitglieder gerieten nun erst recht in das Räderwerk der Verfolgungsmaschinerie der SED. Jürgen Fuchs erhielt Auftrittsverbot und wurde exmatrikuliert, kam 1976 in Stasi-U-Haft und wurde ein Jahr später nach Westberlin abgeschoben. Eine politische Exmatrikulation erlitt auch Siegfried Reiprich 1976 und nochmals 1980. Ihn schob die DDR 1981 ebenfalls in den Westen ab. Lutz Rathenow lebte nach seiner Exmatrikulation (1977) in Ostberlin, allerdings von den Machthabern als „Fremdkörper" unter ständiger Beobachtung gehalten.

Verhaftungen, Verurteilungen, Exmatrikulationen und Ausweisungen in den Westen (diese mitunter gegen den Willen der Betroffenen) waren gewiss die gravierendsten Strafen der Partei- und Staatsmacht gegenüber jenen Landeskindern, die es wagten, sich auf Zivilcourage zu besinnen und sich der „Gedankenverbrechen" in Orwellschem Sinne schuldig machten. Um derartiges zu inszenieren, hätte es jedoch keines Ministeriums von über 90 000 Hauptamtlichen und ganzer Spitzel-Regimenter bedurft. Die „Wer-ist-Wer?"-Aufklärung, das Anlegen von Karteikarten und Akten, die inoffizielle Postkontrolle („Linie M" des MfS), das akribisch genaue Archivieren dessen, was inoffizielle Mitarbeiter im Alltag beobachteten und hörten, betraf Abertausende von Mitmenschen, die in den seltensten Fällen einen Verdacht schöpften. Das Ministerium für Staatssicherheit kam seinem Auftrag nach, Parteiinformationen zu erarbeiten und vor allem in den letzten beiden Jahrzehnten des Bestehens der DDR prophylaktisch zu wirken. Denn die Aufnahmekapazität der Gefängnisse war begrenzt und mit der weltweiten Anerkennung der DDR, der UNO-Mitgliedschaft seit 1973 und nach der Unterzeichnung der KSZE-Schlussakte von Helsinki (1975) achteten die Machthaber mehr denn je auf das, was sie als ihren guten Ruf ansahen.

George Orwell erzählt in seinem utopischen Roman „1984", dass „die Gedankenpolizei des Großen Bruders" den Protagonisten „Winston Smith" sieben Jahre lang wie einen Käfer unter der Lupe beobachtet hatte. Ulbrichts und später Honeckers „Gedankenpolizei" beobachtete Volkskünstler, und nicht nur diese, mit Hilfe ihrer Spitzel mehr als sieben Jahre lang wie Insekten unter einem Vergrößerungsglas.

Ein hochkarätiger IM war der DDR-Nationalpreisträger Horst Salomon (1929–1972)[17], der sich vom Bergmann bei der SDAG Wismut[18] über ein Literaturstudium am Leipziger

---

[17] BStU, ASt Gera, Reg.-Nr. X 67/63.
[18] Sowjetisch-Deutsche Aktiengesellschaft zum Abbau von Uran in der DDR.

Becher-Institut zum freischaffenden Arbeiterdichter entwickelte und sich in der DDR hauptsächlich mit Werken der sozialistischen Dramatik aus dem Milieu der Bergarbeiter einen Namen machte. Aus der Bewegung schreibender Arbeiter hervorgegangen, galt seine Zuwendung den ihm nacheifernden schreibenden Volkskünstlern, wobei er sich nicht darauf beschränkte, ihnen bei der Vervollkommnung des handwerklichen Rüstzeugs zu helfen. Unter dem Decknamen „Petrus" lieferte er dem MfS eifrig Berichte, auch aus dem Bereich des literarischen Laienschaffens, und er schreckte dabei nicht einmal davor zurück, den zum Bespitzeln ausgespähten Opfern reichlich Alkohol einzuflößen, um ihnen die Zunge zu lockern. So geschehen im Oktober 1969 am Rande einer Tagung Thüringer Schriftsteller in Weimar, mit drei Mitgliedern der Arbeitsgemeinschaft Junge Autoren.

Zitat aus dem von der Stasi verschriftlichten Tonbandbericht Salomons: „[…] als (xy) dann ziemlich betrunken war, brachte er zum Ausdruck, dass er von der Emotion her nie so richtig zur Partei gefunden hat. Er erzählte, dass er nach 1945 irgendwelche Flugschriften geschrieben habe und von den Sicherheitsorganen zu mehreren Verhören geführt worden sei."

Eine schreibende Bibliothekarin plauderte ebenfalls im Kognakrausch aus, dass sie nach dem Einmarsch der Truppen des Warschauer Paktes in die ČSSR 1968 ihre Sympathie mit den tschechischen Reformern bekundete, was ihr beinahe das Genick gebrochen habe. Sie habe sich nun vorgenommen, allen Werbeversuchen der Partei zu widerstehen. Salomon sah nach diesen Gesprächen die „ideologische Grundsituation" bei den Nachwuchsautoren gefährdet und verlangte von seinen Auftraggebern, dass diese „entsprechende Maßnahmen" ergreifen müssten. Wer einmal, wie in diesem Fall, als „politisch schwankend" oder gar „feindlich-negativ" charakterisiert wurde, der blieb nicht selten bis zur Auflösung des MfS in einer der verschiedenen Erfassungsarten, und war es auch „nur" die inoffizielle Postkontrolle, als „verdächtige Person" registriert.

„Petrus" fertigte also keine Wetter-, dafür aber Spitzelberichte an. Und darin ist zu lesen, mit welchen „staatsfeindlichen Programmen" sich so manche Volkskunstkollektive als Gastgeber auf die 6. Arbeiterfestspiele 1964 im Bezirk Gera vorbereiteten. Ein Kabarett aus dem VEB Carl Zeiss Jena diffamiere mit seiner Aufführung „Die Dämonen" (oder so ähnlich) Partei, Staat und Regierung. Während einer Aufführung eines anderen Jenaer Volkskunstkollektivs sei es zu Ausfällen gegen Walter Ulbricht gekommen. Während einer Besprechung in der Redaktion der „Volkswacht"[19] sei bekannt gegeben worden, dass der für die Arbeiterfestspiele nominierte Beitrag des Schlagerchores am Geraer „Klub der Jugend und Sportler" nicht nur völlig niveaulos, sondern auch ideologisch „verkorkst" sei.

Um Nachwuchsautoren zu fördern, wie es offiziell hieß, aber hauptsächlich, um sie besser unter der Fuchtel halten zu können, entstand 1974 im Verantwortungsbereich der Abteilung Kultur beim Rat des Bezirkes Gera das „Zentrum Junger Autoren" (ZJA). Als Leiter wurde ein freiberuflich tätiger Autor bestimmt, der beim MfS bereits unter dem Decknamen „Werner Tietz" registriert war.[20]

Das ZJA, in dem zeitweilig mehr als 30 junge Schreibende mitarbeiten durften, auch Lutz Rathenow, stand literarischen Talenten offen und galt als Sprungbrett in den Schriftstellerverband und damit nicht selten in eine allgemein begehrte freiberufliche Tätigkeit, die in der DDR finanziell weitgehend abgesichert war. „Die Mitglieder des Zentrums Junger

---

[19] Organ der Bezirksleitung Gera der SED.
[20] Vgl. Udo Scheer: Vision und Wirklichkeit, S. 77 ff..

Autoren nehmen aktiven Anteil an der Gestaltung des real
existierenden Sozialismus [...] leisten einen aktiven Beitrag
zur Realisierung der Kulturpolitik der Partei der Arbeiterklasse.[21]"

Das MfS begnügte sich jedoch nicht damit, dass lediglich eine
„IM-Schlüsselposition" die Zentrums-Mitglieder zu überwa-
chen hatte. Im „Bericht über die erfolgte Verpflichtung" eines
Reinhard Hofmann aus Rudolstadt vom 6. Mai 1975[22] heißt
es: „Der Kandidat kommt im Schwerpunktbereich Kultur/
Lyrik zum Einsatz, wobei er über sehr gute überörtliche
Möglichkeiten verfügt (Zentrum Junger Autoren Gera)."
Über eine Tagung der Gruppe vom 15. bis 16. Oktober 1976 in
der Bezirks-Kulturakademie Rudolstadt berichtet er vier Tage später einem Leutnant Roth von der MfS-Kreisdienststelle
Saalfeld (Saale), dass es sich bei den Teilnehmern Lutz Rathenow (Student aus Jena) und Udo Scheer (Diplomingenieur
aus Hermsdorf) um Anhänger von Wolf Biermann und Gerulf
Pannach (dieser wurde am 21.11.1976 verhaftet, B. H.) handele, was diese sogar zugeben würden. Und zu den ihm bekannt
gewordenen literarischen Arbeiten Rathenows und Scheers
bemerkt Hofmann, der sich makaberer Weise den Decken-
namen „Volker Braun" zugelegt hatte: „In ideologischer Hinsicht wenden sich ihre ‚Werke' besonders gegen unsere
Machtverhältnisse. Das betrifft besonders Armee, Volksbildung und Sicherheit, also die Säulen unserer Gesellschaft."

Aus dem Bericht des IM „Werner Büchner" (Peter Brandner,
Mitarbeiter im Bezirkskabinett für Kulturarbeit Gera)[23], der
ebenfalls an dieser Veranstaltung teilnahm, geht hervor, dass
Rathenow, wenn er so weitermache, noch den „Biermann

---

[21] Schriftsteller des Bezirkes Gera. Hrsg. vom Rat des Bezirkes Gera, Abt.
Kultur, 1985.
[22] BStU, ASt Gera, Reg.-Nr. X 68/77.
[23] BStU, ASt Gera, Reg.Nr. X 143/74

überholen" werde. Aus vielem, was er sage und tue, müsse man schlussfolgern, dass sich Rathenow den „Jürgen Fuchs" zum Vorbild nähme. Damit hatte der IM gar nicht so unrecht.

Das ZJA und die Zirkel schreibender Arbeiter waren in mehrfacher Hinsicht konspirativ abgesichert, auch durch Mitglieder des Schriftstellerverbandes, die teilweise ständig als fest engagierte Zirkelleiter fungierten oder gelegentlich bei Werkstatttagen als Lektoren und Dozenten und in Jurys als Gutachter mitwirkten. Wie „gut abgesichert" auch dadurch das literarische Volkskunstschaffen im Griff der Stasi war, lässt sich schon allein an Hand statistischer Angaben belegen. Von den 19 Mitgliedern und zwei „Gästen" (Kandidaten) des Bezirksverbandes konnte bis Ende 2000 bei zehn Personen festgestellt werden, dass sie als inoffizielle Mitarbeiter zugleich für die Staatssicherheit arbeiteten. Dabei ist noch eine Dunkelziffer zu vermuten, da bekanntlich vor der endgültigen Entmachtung der Staatssicherheit noch in größerem Umfang Akten vernichtet worden sind.

Dem MfS-Oberleutnant Jahn aus Gera war das konspirative Einwirken auf das ZJA sogar so bedeutsam, dass er es zum Thema einer Diplomarbeit machte: „Die Realisierung der Einheit von Erkennen feindlicher Ziele und Absichten der politisch-ideologischen Diversion sowie der offensiven vorbeugenden Verhinderung durch den Einsatz von IM-Schlüsselpositionen im Prozess der politisch-operativen Sicherung und Durchdringung des Bereiches Literatur/Texter im Bezirk Gera."[24]

Wer die Mühe nicht scheut, sich durch die 70 Seiten des Pamphlets hindurch zu lesen und sich von der Stasi-Sprache nicht abschrecken lässt, gewinnt auch Einblicke in ein Kuriositätenkabinett. Da versucht der Autor, streng wissen-

---

[24] BStU, ZA, VVS JHS 0001–278/84.

schaftlich, am Beispiel der OV-Person „Mentor" (Udo Scheer)[25], darzustellen, wie durch Disziplinieren und Zersetzen und das Einleiten eines „Rückgewinnungsprozesses", durch konspirative und offizielle Maßnahmen, der angeblich „politisch-ideologisch in die Irre geleitete junge Autor" vor dem völligen Abgleiten in eine klassenfeindliche Gedankenwelt zu retten sei. Die OV-Person müsse stärker in die Veranstaltungen des ZJA einbezogen werden, um eine fachliche und politisch-ideologische Auseinandersetzung zu gewährleisten. Eine große Verantwortung im Rückgewinnungsprozess des mit „sozialismusfremdem Gedankengut" infizierten Autors komme – und das müsse als gutes Beispiel verallgemeinert werden – der in der Abteilung Kultur beim Rat des Bezirkes nun hauptamtlich tätigen IME-Schlüsselposition zu. Dazu gehörte auch, den ideologischen Abweichler zu zwingen: „[…] im Sinne der sozialistischen Kulturpolitik und des sozialistischen Realismus zu schreiben. […] Die durchgängige Organisierung der politisch-operativen Kontrolle des OV-mäßig bearbeiteten Autors zur Zurückgewinnung erfordert von mittleren leitenden Kadern, mit den Diensteinheiten die Maßnahmen zu koordinieren, die mit inoffiziellen Kräften im Zentrum Junger Autoren verankert sind."

So sehr sich die im Geheimen und offiziell tätigen Mächte, bis hin zur staatlichen Leitung des volkseigenen Betriebes, in dem die OV-Person „Mentor" beschäftigt war, auch anstrengten, so oft sie auch beratschlagten, beschlossen, verwarfen und erneut festlegten: Jahn resümiert am Ende seiner Arbeit, dass es der IME-Schlüsselposition trotz der angewandten „freundschaftlich-väterlichen Art" (hier könnte man ein charakterisierenderes Adjektiv einsetzen) nicht gelungen war, ein persönliches Vertrauensverhältnis zu entwickeln. Das Sorgenkind „Mentor" fand sich nicht bereit, sich dem

---

[25] Vgl. Udo Scheer: Vision und Wirklichkeit.

IME mit persönliche Problemen, Widersprüchen und Zweifeln zu offenbaren.

Zurück in die Jahre, in denen die Bewegung schreibender Arbeiter ihre Blütezeit erlebte. Im Zirkel schreibender Arbeiter des Kulturbundes in Saalfeld hatte es 1965 einen Wechsel gegeben. Der bisherige Leiter Alfred Bätz führte seinen Nachfolger Hans Schlütter in die Tätigkeit ein, er werde aber als Parteisekretär weiterhin im Kollektiv mitarbeiten.[26]

Es war keine Seltenheit, dass selbst in kleinen Volkskunstgruppen ehrenamtliche Parteisekretäre ihres Amtes walteten, selbst wenn die Mitgliederzahl keine zehn Personen betrug, wie es bei Zirkeln schreibender Arbeiter häufig der Fall war, und die Genossen in der Minderheit waren. Diese Vorgehensweise entsprach den Forderungen der Partei- und Staatsführung, sogar die kleinsten Zusammenschlüsse von Menschen mit gleichen Freizeitinteressen auf der vorgegebenen ideologischen Linie zu halten. Die feste Präsenz der SED in den Volkskunstkollektiven reichte offenbar nicht aus, um sie gegen klassenfeindliche Einflüsse abzusichern, denn zu den offiziellen Aufpassern, in deren Beisein ja so manches Zirkelmitglied die Zunge hüten konnte, gesellten sich inoffizielle Mitarbeiter als „Kollegen" oder gelegentliche Besucher mit geheimem Auftrag. Dabei blieben kuriose Begebenheiten nicht aus, wie im Fall des genannten Zirkels, woraus zu erkennen ist, dass es sogar im Ministerium für Staatssicherheit vorkommen konnte, dass die rechte Hand nicht wusste, was die linke tat.

So meldete beispielsweise am 19. Oktober 1965 ein Major Seiffert von der Kreisdienststelle Saalfeld seinem Amtskollegen im Nachbarkreis Rudolstadt, dass der Leiter des dortigen Greifenverlages und Schriftsteller X., der als Betreuer des Zirkels schreibender Arbeiter in Saalfeld wirksam sei, dort

---

[26] Zeitschrift „Treffpunkt Klub", Gera, Nr. 1/65, S. 16.

über seine Reisen nach Westdeutschland berichte, Bilder und Fotos präsentiere und aus Schriften vorlese, die er „von drüben" mitgebracht habe: „Insgesamt war eine dekadente Linie feststellbar. [...] Seitens verantwortlicher Genossen auf kulturpolitischem Gebiet in unserem Kreis wurde eingeschätzt, dass der Einfluss von X. auf die anwesenden schreibenden Arbeiter nicht gut war."

Die Information darüber hatte Seiffert von einem GI „Gustav" (Albert Seidel)[27], einem der eifrigsten seiner Zuträger aus dem kulturellen Bereich, der sich bereits 1952 zur Zusammenarbeit mit dem MfS verpflichtet hatte. Die Saalfelder und Rudolstädter Stasi-Mitarbeiter gingen daran, Pläne zur Beschattung des der Feindtätigkeit verdächtigten X. auszuarbeiten, ohne zu wissen, dass dieser ein konspirativer Kollege ihres „Gustavs" mit dem Decknamen „Pegasus" und dem Klarnamen Paul Schmidt-Elgers[28] war, den die Genossin Weise von der Abteilung XX der Geraer MfS-Bezirksverwaltung am 21. Juli 1964 geworben hatte. GI „Pegasus" wird schon seinen Grund, wenn nicht gar Auftrag gehabt haben, die seinen Berichten aus dem „goldenen Westen" andächtig lauschenden schreibenden Werktätigen aus der Reserve zu locken.

Nachdem die Arbeit dieses Zirkels einige Jahre geruht hatte, kam es Anfang der siebziger Jahre zu einer Neubelebung unter den Fittichen des Kreiskabinettes für Kulturarbeit Saalfeld. 1979 suchte das MfS geeignete „Quellen" zur politisch-operativen Absicherung des Kollektivs und zur Bearbeitung der OPK „Lyrik". Die Leitung lag zu dieser Zeit in den Händen des zwar parteilosen, aber Partei und Staat dennoch treu ergebenen Kollegen Helmut Seefeld, mit dem der GMS „Gus-

---

[27] BStU, ASt Gera, AGMS 569/85. Geheimer Informator, bis 1968 die Bezeichnung für inoffizielle Mitarbeiter des MfS.
[28] BStU, ASt Gera, Reg.Nr. X 445/64.

tav" gut bekannt war und deshalb von ihm der Stasi zur Werbung vorgeschlagen worden war. Im „Vorschlag zur Verpflichtung" vom 27. Juni 1979 heißt es: „Die vorbeugende politisch-operative Absicherung des Bereiches Kunst/Kultur und dabei insbesondere die Sicherung literarisch tätiger Personen stellt einen Schwerpunkt der Arbeit der Arbeitsgruppe zu Bekämpfung der PID und des politischen Untergrundes dar."

Weiter wird ausgeführt, dass der „Kandidat" als Zirkelleiter Verbindungen zu mehreren Mitgliedern unterhalte, die zur „ideologischen Koexistenz" neigen und deshalb ein Reservoir für Kräfte des politischen Untergrundes darstellen würden. Seefeld ging in seiner schriftlichen Verpflichtung vom 10. Oktober 1979 weit über die allgemein üblichen Formulierungen hinaus, indem er aus freien Stücken schwor, zum Schutz der DDR sogar sein Leben einsetzen zu wollen. Er nahm den Decknamen „Holger Carsten"[29] an und die abgegebenen Versprechen blieben keine leeren Worte, abgesehen davon, dass er beim Untergang der SED-Diktatur zum Ende des Jahres 1989 für diese nicht sein Leben aufs Spiel setzte, sondern es vorzog, in einem anderen Wohnort unterzutauchen. Seine Auftraggeber erfreuten sich bis dahin an den regelmäßig zugearbeiteten, sehr ausführlichen Berichten über die etwa fünfzehn Zirkelmitglieder und vor allem über die von ihnen zur OPK-Person „Lyrik" abgestempelte junge Krankenschwester aus Kaulsdorf, deren Vertrauen „Holger Carsten" sich erschlichen hatte. Die Stasi hatte Verdacht geschöpft, die junge Frau arbeite an literarischen Versuchen, die den geforderten „Klassenstandpunkt" vermissen ließen. Am 16. November 1979 besuchte „Holger Carsten" die Autorin in ihrer Wohnung, um sich die Konzeption einer dieser Arbeiten mit dem Titel „Abschlußprüfung" „auszuleihen", was ihm jedoch nicht gelang. Er erfuhr lediglich, dass es darin um ein Mädchen „Sonja" und ihr Liebesverhältnis zu einem Angehörigen der Nationa-

---

[29] BStU, ASt Gera, Reg.-Nr. X 153/79.

len Volksarmee gehe. Da Kaulsdorf nur etwa 20 Kilometer von der „Staatsgrenze West" (Bayern) entfernt war, wollte die Stasi womöglich das Sujet überprüfen, denn es konnte sich ja bei dem Helden der Erzählung um einen fiktiven Grenzsoldaten handeln, der Geheimnisse preisgab, an welchen Stellen der Minengürtel nicht gar so dicht gelegt sei.

Nach dem freiwilligen Ausscheiden von zwei Zirkelmitgliedern wegen angeblicher beruflicher Überlastung meint „Holger Carsten" am 24. September 1980, der wirkliche Grund für den Rückzug der beiden sei darin zu sehen, dass sie keinen Nährboden gefunden hätten, um „westliche Literaturpropaganda" zu verbreiten.

Nicht jede OPK diente ausschließlich dem Zweck, zu Personen Akten anzulegen, von denen die Machthaber annahmen, sie würden das Loyalitätsprinzip gegenüber Partei und Staat verletzen. Die am 6. November 1978 ebenfalls durch die MfS-Kreisdienststelle Saalfeld eingeleitete OPK „Schreiber" (AOPK 715/79) bezog sich auf den als „Hüttendichter" nach 1960 als eine Art Kulturfigur der Bewegung schreibender Arbeiter bekannt gewordenen Lokführer im VEB „Maxhütte" Unterwellenborn. Sein Name: Werner Barth.[30]

Er hatte sich vor allem durch erfolgreiche Beteiligungen an literarischen Wettbewerben und schließlich mit einigen Lyrikbändchen, Gedichten aus seiner engeren Umwelt (Arbeit, Familie, Natur), einen Namen gemacht und 1960 als erster schreibender Arbeiter der DDR den FDGB-Literaturpreis erhalten. Obwohl Mitglied des Schriftstellerverbandes geworden, zog es ihn, der 1912 geboren war, bis zum Eintritt ins Rentenalter, nicht von seiner Lokomotive herunter, um freischaffend oder ein Kulturfunktionär zu werden. Wenngleich in seinen Gedich-

---

[30] Der Autor dankt Herrn Werner Barth (Saalfeld) für die Erlaubnis zur Akteneinsicht und die Verwendung zu Publikationszwecken.

ten nicht vordergründig-plakativ oder agitatorisch, den Aufbau des Sozialismus und die Freundschaft zur ruhmreichen Sowjetunion bejubelnd, war daraus aber auch nichts Regimekritisches herauszulesen. Der Schriftstellerverband war für die Stasi von „operativer Bedeutsamkeit" wie es in der Begründung zur Einleitung der OPK heißt, weil sich darin teilweise „feindlich-negative und politisch schwankende Personen" organisiert hatten. Es werde versucht, oppositionelle Auffassungen und sozialismusfeindliche Literatur unter den Mitgliedern zu verbreiten. Die OPK „Schreiber" diente somit auch dem Ziel, die Frage zu klären „Wer ist wer?". Wer war dieser bei seinen Kollegen auch wegen seiner balladenhaften, mitunter humorvollen Gedichte beliebte, parteilose Hüttendichter? Routinemäßig, wie es eine operative Kontrolle dieser Art verlangte, kam Barth unversehens in die Maßnahmen M (inoffizielle Postkontrolle) und B (Raumüberwachung mittels Mikrophon), vom Volksmund auch als „Wanzenverstecken" bezeichnet. Drei „inoffizielle Quellen", darunter einer seiner besten Freunde, lieferten ihre Berichte über ihn. Aber auch offizielle Ermittlungen im Wohn-, Arbeits- und Freizeitbereich waren erforderlich. Unter Punkt 4. des Maßnahmeplanes kann man lesen: „Beschaffung von Werken des B, mit dem Ziel, diese durch Experten-IM der BV Gera hinsichtlich politischer und fachlicher Aussagekraft einschätzen zu lassen."

Das Urteil der „Fachleute" fiel zum Glück für den Autor günstig aus, sie konnten ihm nicht vorwerfen, mit seinen Gedichten, wie „Schatten fliehen von den Wegen" unter den Werktätigen des großen Hütten-, Stahl- und Walzwerkes sozialismus- und friedensgefährdend zu wirken. Herauszufinden, ob man Barth für eine IM-Tätigkeit gewinnen könne, war ein weiterer Grund für die OPK gewesen, die nach einem halben Jahr ohne Werbeversuch abgeschlossen wurde. Er eignete sich nicht als IM, weil er Rentner war, etwas zurückgezogen lebte und nur noch wenig Kontakte mit Personen pflegte, die für das MfS interessant sein konnten.

Beim Studium der Akten stellt man immer wieder fest, dass
es für die Stasi im Interesse ihrer vorbeugenden Arbeit wichtig war, ständig und überall über jeden alles zu wissen. Deshalb blieben auch jene Volkskunstkollektive von einer konti-
nuierlichen Überwachung nicht verschont, deren Mitglieder
sich stets so verhielten, wie Partei und Staat es erwarteten
und verlangten.

Als ein Beispiel dafür sei die in der DDR und im Ausland bekannte Jenaer Pantomime-Gruppe genannt, in der vorwie-
gend junge Menschen, auch Studentinnen und Studenten der
Universität, mitwirkten. In einem „Vorschlag zur Werbung
als IMS" vom 27. Juni 1983 (einen Andreas Ittner betreffend,
der dann den Decknamen „Michael Ziegel" annahm)[31] heißt
es, dass der IMS u. a. zur inoffiziellen Absicherung des von
Harald Seime geleiteten Pantomime-Studios eingesetzt werde. Zu seiner Tätigkeit gehöre eine ständige „Wer-ist-Wer?"-
Aufklärung, um politischen und kulturellen Missbrauch
rechtzeitig zu erkennen, sichtbar zu machen und zu verhindern. Im Verlauf der folgenden Jahre, bis zur Besetzung der
Jenaer Stasi-Zentrale durch Bürgerrechtler am 4. Dezember
1989, berichtete „Ziegel", ein promovierter Hochschullehrer,
über Banalitäten, die lächerlicher nicht sein können: über Beobachtungen von Ereignissen, wie sie sich auf der ganzen
Welt tagtäglich ereigneten und ereignen. Die Stasi aber ver-
schwendete Zeit und Geld, um mit fanatischer Akribie zu dokumentieren, worüber sich die Nachwelt noch lange wird be-
lustigen können. Von einem jungen Mädchen weiß „Ziegel"
im April 1984 zu berichten, dass er es mit einem ihm nicht bekannten jungen Mann in der Stadt gesehen habe. Zwei Wochen später sei ihm jene männliche Person, Hand in Hand
mit einem anderen Mädchen, in der Nähe des Marktes begegnet. Über das junge Mädchen heißt es: „Aktuelle politische Ereignisse scheinen an ihr berührungslos vorüber zu ge-

---

[31] BStU, ASt Gera, Reg.-Nr. X 446/83

hen. Ihr Privatleben ist kaum für jemanden aus der Gruppe bekannt. [...] Aus Gesprächen mit ihr weiß ich, dass sie nicht immer in der uns angegebenen Nebenwohnung wohnt, sondern öfters auch woanders."

Am 7. September 1984 berichtet er über einen jungen Mann im Studio, dass dieser in künstlerischen Diskussionen eine gewisse oppositionelle Haltung zum Ausdruck bringe und die Jugendfreundin eigenständig ein Kinderprogramm erarbeite, um es eventuell auch in kirchlichen Kreisen (!) zu zeigen. So sehr sich der IMS auch bemühte, seine Feststellungen schienen den Genossen in der MfS-Kreisdienststelle nicht ausreichend zu sein, um jemals eine operative Personenkontrolle oder einen operativen Vorgang einleiten zu können.

Zu übermäßigen Anstrengungen fühlten sich die Sicherheitskräfte verpflichtet, wenn es galt, eines der zahlreichen massenwirksamen, gesellschaftspolitischen Ereignisse vor schädigenden Einflüssen zu bewahren. Aus einem Aktenvermerk der Jenaer Stasi vom 27. Mai 1982 geht hervor, dass mit dem IMS „Kramer" (Wolfgang Kleinbauer)[32] in der konspirativen Wohnung „Adams" ein Kurztreff durchgeführt wurde, in dem es um die Vorbereitung des Pfingsttreffens des Freien Deutschen Jugend (FDJ) ging. Hauptberuflich übte Kleinbauer die Funktion des Stadtrates für Kultur in Jena aus und er hatte angeordnet, dass alle für öffentliche Auftritte vorgesehenen Volkskunstgruppen (vor allem Kabaretts und Singeklubs) sämtliche Titel und Texte ihrer Programme ihm und den Kreisleitungen der SED und FDJ vorzulegen hätten. Mit dieser Maßnahme hatte er sich schon ein Lob seines Führungsoffiziers Stoltenow verdient.

Der Bezirk Gera war 1984 Gastgeber der 20. Arbeiterfestspiele der DDR und Jena einer der Festspielorte. Im „Treff-

---

[32] BStU, ASt Gera, Reg.-Nr. X 373/69.

bericht" vom 1. März erhielt Kleinbauer den Auftrag, zwei
Zimmer für hauptamtliche MfS-Mitarbeiter zu beschaffen
und einen genauen Plan über die Programme und die Jenaer
Interpreten zu erstellen. Er müsse auf die Programmgestal-
tung der Jenaer Gruppen Einfluss nehmen und habe dafür zu
sorgen, dass nur politisch zuverlässige Volkskunstkollektive
in Erscheinung treten.

Es war unter der DDR-Bevölkerung kein Geheimnis, dass
Funktionäre und Leiter staatlicher Einrichtungen und gesellschaftlicher Organisationen mit dem MfS offiziell als Kon-
takt- und Auskunftspersonen in Verbindung standen. Nicht
bekannt war, sondern gelegentlich vermutet werden konnte,
dass sich Vertreter dieser Berufsgruppen gleichzeitig zu einer
inoffiziellen Mitarbeit verpflichtet hatten. Dazu ein weiteres
Beispiel aus Jena. Der Direktor des Kreiskabinettes für Kulturarbeit, Alfred Müller-Kaynsberg, hatte es unter dem
Decknamen „Graul" sogar bis zum Führungs-IM gebracht,
der bis zu fünf andere IM aus dem Kulturbereich der Stadt
anleitete, ihnen Aufträge erteilte, ihre Berichte entgegen-
nahm und auswertete.[33] Der ehemalige Wehrmachtsoffizier
übte damit die Tätigkeit eines MfS-Führungsoffiziers aus.
Sein monatliches Zweit-Gehalt von 150 Mark, bei guter Erfüllung der Aufgaben, war keineswegs nur ein Trinkgeld,
wenn man bedenkt, dass ein Werktätiger in einem VEB[34] 600
bis 700 Mark im Monat in seiner Lohntüte fand. In der „Ein-
satz- und Entwicklungskonzeption" vom 5. April 1982 für
den FIM „Graul" kam eine Fülle von Aufgaben auf ihn zu. In
der Stasi-Sprache: die Aufdeckung und Verhinderung feindlicher Aktivitäten, Beseitigung feindbegünstigender Umstände, Aufklärung kulturpolitischer Mitarbeiter und
Funktionäre sowie von Personen, die sich kulturell und
volkskünstlerisch betätigen oder anderweitig öffentlichkeits-

---

[33] BStU, ASt Gera, Reg.-Nr. X 646/88.
[34] Volkseigener Betrieb.

wirksam in Erscheinung treten. „Verhinderung von öffentlichkeitswirksamen Ausstellungen und Veranstaltungen politisch negativ eingestellter Volkskünstler sowie Zurückdrängung deren Einflusses. ... Dem FIM wurde durch Genossen
Urbansky erläutert, dass die Vorgehensweise des Feindes auf
kulturellem Gebiet durch Vielfältigkeit, Differenziertheit
und Raffiniertheit gekennzeichnet ist" (Aktenvermerk vom
10.6.1982).

1984 gab es im Raum Jena 22 Chöre, zu denen (wie über andere Volkskunstkollektive auch) genaue Angaben in den Panzer-
schränken des MfS lagerten. Ein Beispiel aus der Liste:

„16. Chor der Siedlergemeinschaft ‚Am Schlegelsberg'
Träger: Wohnbezirksausschuss und Kabinett für Kulturarbeit
Leiter: Erich Pohl, 6900 Jena, Gärtnerstraße 30. Dieser Chor
ist eine ausgesprochener Rentnerchor und nur noch bedingt
im Wohngebiet einsetzbar. [...]."

Die Stasi wusste genau Bescheid, welche Bürger die vielseiti-
gen Freizeitmöglichkeiten in Anspruch nahmen, in Kultur-
und Volkskunstgruppen aktiv mitwirkten, zu Stammgästen in
Klubs und bei Veranstaltungsreihen zählten oder als so ge-
nannte „Einzelschaffende" auftraten.

Mancher ist dadurch unter doppelte Kontrolle geraten, denn
auch an den Arbeitsplätzen tummelten sich die Stasi-Spitzel.
Wären diese Tatsachen nicht strengstens geheim gehalten
worden, hätte sich die Freude über die großzügige finanzielle
Förderung des kulturellen und künstlerischen Volksschaffens
durch Partei, Staat und Gesellschaft, wie es immer propagandistisch hieß, bei den meisten Betroffenen gewiss in Grenzen
gehalten.

Großen Ärger hatten mitunter Kulturfunktionäre, Partei und
Stasi mit Volkskunstgruppen der Unterhaltungskunst, vor al-

lem mit Formationen der Tanz- und Rockmusik und Diskotheken. Diskjockeys wurden in der DDR auch als „Schallplattenunterhalter" bezeichnet, da man sich von dem verpön-
ten englischen Begriff abgrenzen wollte. Öffentliche Auftritte
waren nur erlaubt, wenn die Kollektive und Solisten über
staatliche Zulassungen verfügten, die nach den Einstufungen
durch Kommissionen (Jurys) vergeben wurden – oder auch
nicht. Pech hatte die Jenaer Rockgruppe „Katakombp", über
die „Graul" am 9. März 1984 zu Protokoll gibt: „In der Aussprache wurde mit der Formation ein Gespräch über die Texte geführt und dabei deutlich gemacht, dass diese in dieser
Form nicht im Konzert oder in öffentlichen Veranstaltungen
dargeboten werden können, weil die Gesamtaussage sich im
Widerspruch zu Grundhaltungen der Kulturpolitik unseres
Staates befindet."

Es war nicht Zufall, sondern Prinzip, dass Einstufungsveran-
staltungen doppelt abgesichert waren: Durch Personen, die in
ihrer Eigenschaft als zuständige Kulturfunktionäre ein ge-
wichtiges Mitspracherecht hatten und gleichzeitig heimlich
als inoffizielle Mitarbeiter darüber berichten mussten.
Im Oktober 1986 hatten sich die Mitwirkenden des Puppen-
spielzirkels am Kulturhaus in Jena-Neulobeda einer gar ge-
strengen Einstufungskommission zu stellen, in der neben
dem FIM „Graul" auch ein IMS „Hans Krahl"[35] als Aufpas-
ser saß. Aus einer „Information" von Unterleutnant Börner
vom 21. November 1986 erfahren wir, dass der Gruppe nur
die „Grundstufe" zugesprochen werden konnte. Börner
wörtlich: „Beide Quellen schätzen ein, dass der Puppenspiel-
zirkel inhaltlich kaum politisch negativ in Erscheinung treten
kann, da es das Genre und die Zuschauer (Kinder) nicht her-
geben." Die Mitwirkenden erhielten die Auflage, nur mit den
beiden gezeigten Stücken im Stadtgebiet von Jena vor Kindern öffentlich auftreten zu dürfen. Vorher hatten sie jedoch

---

[35] BStU, ASt Gera, AIM 646/88, Klarname nicht ermittelt.

die Genehmigung der Kulturhausleitung dazu einzuholen. Bei einer Aufführung durften sie pro Kopf vier Mark berechnen. Ein Kaspertheater in doppeltem Sinn.

In den Akten findet man jedoch nicht nur Berichte, wonach man zu dem Eindruck gelangen könnte, die Bevölkerung der DDR habe sich stets widerspruchslos den restriktiven Anordnungen „von oben" gebeugt. Am 9. Oktober 1979 hatten sich im Kreiskulturhaus von Eisenberg volkskünstlerisch tätige Schallplattenunterhalter einer Einstufung zu stellen. Von den vier teilnehmenden Diskotheken erhielten drei eine „beschränkte Auftrittsgenehmigung" ausgesprochen, was damit verbunden war, dass sie kein Entgelt verlangen durften. Keine Zulassung, sondern Auftrittsverbot erhielt „Disko-Team 3" aus Krossen bei Gera. Nun war aber gerade diese Disko bei Jugendlichen sehr beliebt. Es kam wegen des Verbotes zu spontanen Unwillensbekundungen des Publikums, in deren Verlauf eine Protestresolution verfasst und eine Unterschriftenliste herumgereicht wurde. Der Kulturhausleiter Klaus Hörnig, der als IMS „Christian" für die Stasi arbeitete, meldete sofort den Vorfall.[36]

Das unerhörte Vorkommnis zivilen Ungehorsams landete zur weiteren Bearbeitung auf dem Tisch von Hauptmann Vorsatz von der Abteilung II der MfS-Bezirksverwaltung Gera. Diese Abteilung war zuständig für „Aufdeckung und Abwehr geheimdienstlicher Angriffe" (Gegenspionage). Vermuteten die Tschekisten etwa, dass der imperialistische Klassenfeind bei der Unterschriftensammlung seine Hände im Spiel hatte? Zehn Jahre später waren es wieder Eisenberger Jugendliche, die sich, offenbar in einer Art Vorahnung vom nahenden Untergang der SED, den Staatsorganen gegenüber offen-provokatorisch verhielten. Anstatt in ihrem FDJ-Jugendklub „Tanneck" von Klassenkampf-Rhetorik geprägte Lieder und

---

[36] BStU, ASt Gera, AIM 724/82.

Gedichte einzustudieren, gingen sie daran, Erscheinungen der verteufelten westlichen Lebensweise zu kopieren. So heißt es (eher resignierend als kämpferisch zum Einschreiten aufrufend) in einem „Aktenvermerk" der MfS-Kreisdienststelle vom 8. Februar 1989 zu besagtem Jugendklub (JK): „Seit geraumer Zeit werden in dem JK keine öffentlichen Veranstaltungen durchgeführt, sondern nur inoffizielle. [...] Durch den Genossen K. von der FDJ-Kreisleitung wurde bekannt, dass sich der JK zu einem ‚Freudenhaus' herausgebildet hat. [...] Zur Klärung des Sachverhalts wurde von Seiten der FDJ-Kreisleitung noch nichts unternommen."[37]

Auch der Kulturbund der DDR mit seinen Sektionen, Zirkeln-, Interessen- und Arbeitsgemeinschaften (Philatelie, Numismatik, Aquarienkunde usw.) wurde von Partei, Staat und Stasi keineswegs vernachlässigt, zumal dort in den achtziger Jahren das heikle Thema Natur und Umwelt behandelt und diskutiert wurde. Die MfS-Kreisdienststelle Rudolstadt fertigte am 2. April 1987 einen Bericht zur Situation in der Kreisleitung des Kulturbundes an, dem zu entnehmen ist, dass eine enge Zusammenarbeit mit der SED-Kreisleitung bestand und „politisch schwankende und negative Personen" nicht in Erscheinung treten konnten. Hauptmann Schrodetzki meldete an die vorgesetzte Dienststelle nach Gera: „In der Kreisleitung, in der Ortsvereinigung der Goethe-Gesellschaft und im Klub ‚Friedrich Schiller' ist die Kreisdienststelle Rudolstadt mit fünf IM/GMS inoffiziell verankert. [...] Mit Hilfe dieser Basis ist es möglich, jederzeit Stand und Entwicklungstendenzen im Kulturbund objektiv einzuschätzen und auf notwendige Veränderungen einzuwirken.[38]"

---

[37] BStU, ASt Gera, KD Eisenberg 0993.
[38] BStU, ASt Gera, AKG 4243.

Volkskunst-Tschekisten

Kein geringerer als Erich Mielke persönlich erließ ein reichliches Jahr vor seinem unfreiwilligen Ausscheiden als Chef des Ministeriums für Staatssicherheit und der landesweiten Besetzung der Stasi-Zentralen durch „konterrevolutionäre Elemente" eine Anweisung mit der Nummer 4/88. Darin geht es um die Förderung volkskünstlerischer Ambitionen und Talente der ihm unterstellten Mitarbeiter und Zivilangestellten. Er sah es wohl als einen notwendigen Schritt an, volkskünstlerische Werke und Programme entstehen zu lassen, die von sterilem sozialistischen Ideengehalt geprägt waren. Der Chef der Geraer Bezirksverwaltung Oberst Dangrieß reagierte am 27. Oktober 1988 mit einer für seinen Bereich gültigen Anweisung. Danach konnten mit volkskünstlerisch aktiv werdenden MfS-Angehörigen Förderverträge abgeschlossen und an sie Auftragswerke vergeben werden. Nun war es wohl endlich möglich, in den Zirkeln schreibender Arbeiter ein „echtes schöpferisches sozialistisches Klima" zu schaffen, wie es 1975 in der Aktion „Missbrauch der Lyrik" gefordert worden war?

Die Freude der künstlerischen Leiter (wenn es sich nicht gerade um dogmatische SED-Genossen handelte) und Mitglieder der Volkskunstgruppen über die Neuzugänge, die beim Schreiben, Malen, Singen, Tanzen, Musizieren oder Schauspielern mitmachen wollten, mag sich in Grenzen gehalten haben. Manch einer wusste nun aber auch, wie er sich zu verhalten hatte, um nicht in Verdacht zu geraten, eine politisch-ideologische Schieflage zu besitzen. Gefährlicher konnte da schon ein inoffizieller Mitarbeiter werden, der nicht selten die Rolle eines Gleichgesinnten oder gar Freundes spielte und schäbigen Verrat beging, wovon mancher Volkskünstler erst nach der Öffnung der Stasiakten erfuhr, wenn er eine Einsichtnahme beantragte.

Literaturhinweise

Rüdiger Grunow: Hofnarr in der DDR. Politische Satire im real existierenden Sozialismus, Rudolstadt 1996.

Baldur Haase: Mielke kontra Pegasus. Berufs- und Laienautoren, Literatur-
interessierte des ehemaligen Bezirkes Gera im Visier des MfS, TLStU, Erfurt 2001.

Peter Herrmann/Heinz Steudel/Manfred Wagner (Hrsg.): Friedrich-Schiller-
Universität Jena. Der Physikerball 1956. Vorgeschichte – Ablauf – Folgen,
Jena 1997.

Andrea Herz: Das MfS in Thüringen. Ein kurzer Überblick, TLStU, Erfurt
1998.

Andrea Herz: Stasi-Kreisdienststellen in Thüringen. Ein kurzer Überblick,
TLStU, Erfurt 1998.

Siegfried Reiprich: Der verhinderte Dialog. Meine politische Exmatrikulation, Berlin 1996.

Günther Rüther: „Greif zur Feder Kumpel". Schriftsteller, Literatur und Politik in der DDR 1949 bis 1990, Düsseldorf 1992.

ders. (Hrsg): Literatur in der Diktatur. Schreiben im Nationalsozialismus und
DDR-Sozialismus, Paderborn 1997.

Udo Scheer: Vision und Wirklichkeit. Die Opposition in Jena in den siebziger
und achtziger Jahren, Berlin 1999.

Gabi Trier/Ralf Herbig/Stefan Stake: Stein auf Stein. „Gefahrenzone" in der
Saalfelder Kulturpolitik in den 80er Jahren. Ein kurzer Überblick, TLStU
Erfurt 1998.

Thüringer Archiv für Zeitgeschichte Hummelshain (Hrsg.): LOSGEHEN
UND ANKOMMEN. Jugendkultur in der DDR Ende der 70er Jahre am
Beispiel der Jugendgroßveranstaltungen „June 78" und „June 79" in Ru-
dolstadt, 1999.

Joachim Walther: Sicherungsbereich Literatur. Schriftsteller und Staatssicherheit in der DDR, Berlin 1996.

Stefan Wolle: Die heile Welt der Diktatur. Alltag und Herrschaft in der DDR
1971–1989, Berlin 1998.

BERND EISENFELD

Flucht und Ausreise – Erkenntnisse und Erfahrungen

Diktaturen leben davon, die Wahrheit zu verschleiern oder zu unterdrücken. Erich Honecker, seit 1971 der erste Mann an der Spitze des SED-Staates, wusste das. Als Konrad Naumann, Mitglied des Politbüros, 1985 dem Sprachrohr der Partei „Neues Deutschland" Schönfärberei vorwarf, erinnerte Honecker an Dubczek in der CSSR und an Kanja in Polen, die den Sozialismus mit der Losung: „Weg mit der Erfolgspropaganda, her mit der Wahrheit" an den Rand des Abgrundes geführt hätten.[1]

Doch alle Potemkinschen Dörfer, die die SED zur Verschleierung der Wirklichkeit aufbaute, konnten ein Phänomen nicht verhindern, das die reale Lage und die Befindlichkeiten vieler Ostdeutschen unverfälscht ausdrückte: Es war die „Abstimmung mit den Füßen" bzw. die „Abstimmung mit einem Ausreiseantrag". Sie enthielt nicht nur eine radikale Absage an das SED-Regime, sondern stellte in der Regel auch ein Votum für den westdeutschen Staat dar. Die unterschiedlichen Wege, die in den Westen führten, spiegelten zugleich europäische Nachkriegsgeschichte wider.

---

[1] Vgl. Bernd Eisenfeld: Gerüchteküche DDR – Die Desinformationspolitik des Ministeriums für Staatssicherheit, in: WERKSTATTGeschichte 15 (1996), S. 41–53, hier 41.

Die Fluchtbewegung

Bis zum Mauerbau dominierte die Flucht. Zwischen dem
7. Oktober 1949, dem Gründungstag der DDR, und dem
12. August 1961 gelangten von rund 17 Millionen Ostdeutschen über 2,7 Millionen über die innerdeutsche Grenze nach
Westdeutschland.[2] Die Höhepunkte der Fluchtbewegung
verweisen auf wesentliche Ursachen: Je rigoroser die SED ihre sowjetkommunistischen Vorstellungen durchsetzte, je stärker Anspruch und Wirklichkeit auseinander fielen und je
deutlicher das Demokratie- und Wohlstandsgefälle zur Bundesrepublik sichtbar wurde, um so stärker schwoll die Zahl
der Flüchtlinge an.[3] 1961 stellte der Flüchtlingsstrom die
DDR vor die Frage „Sein oder Nichtsein".

Im Juli explodierte die Zahl der Flüchtlinge von bis dahin
monatlich durchschnittlich 17 000 auf über 30 000, in den ersten zwölf Augusttagen auf knapp 22 000.[4] Dies war nicht zuletzt eine Reaktion auf Drohgebärden der Sowjets und der
SED, West-Berlin in eine „entmilitarisierte freie Stadt" um-
zuwandeln und das letzte Schlupfloch zum Westen zu schließen.

Nach internen, vom MfS konspirativ beschafften Dokumenten des Aufnahmelagers Marienfelde in Westberlin aus den
späten fünfziger Jahren gaben über 70 Prozent der Flüchtlinge als Gründe für ihre Flucht direkte und indirekte politische

---

[2] Vgl. Hartmut Wendt: 40 Jahre Flucht und Ausreise, in: Deutschland Archiv
24 (1991), S. 388.

[3] Die Höhepunkte waren 1953 mit rund 331 000, 1955–1957 über 250 000
jährlich mit rund 279 000 und 1961 bis zum Mauerbau mit rund 155 000
Flüchtlingen. Vgl. Bernd Eisenfeld: Stichwort Fluchtbewegung, in: Lexikon Opposition und Widerstand in der SED-Diktatur. Hrsg. von Hans-
Joachim Veen u. a., Berlin 2000, S. 130 ff.

[4] Fluchtstatistiken des MfS unter Bezugnahme auf westliche Publikationen;
BStU, ZA, Allgemeine Sachablage 109/65, Bd. 1, Bl. 111.

Zwänge und Ängste an.[5] Die tragische Bilanz weist 180 Tote auf, darunter 11 Grenzsoldaten, die die Flucht verhindern wollten.

Die mit dem Bau der Mauer zementierte deutsche Teilung, in deren Folge von heute auf morgen familiäre und freundschaftliche Bande gewaltsam auseinandergerissen wurden, dokumentierte abermals den unbelehrbaren und menschenverachtenden Charakter der Machthaber der DDR. Da es der SED trotz aller Propagandafeldzüge auch bei geschlossenen Grenzen nicht gelang, die Anziehungskraft des anderen deutschen Teilstaates zu mindern, waren die Ursachen der Fluchtbereitschaft nicht aus der Welt geschafft. Der seit dem Mauerbau eingetretene Rückgang der Flucht war nicht Ausdruck einer veränderten politischen Einstellung der Mehrheit der Bürger gegenüber dem System, sondern die Reaktion auf ein Grenzregime, das nur noch unter Inkaufnahme der Gefährdung von Leib und Leben und/oder einer Gefängnisstrafe überwindbar erschien. Vom 13. August 1961 bis Oktober 1989 waren es dennoch knapp 300 000 Ostdeutsche, die die Flucht ins westliche Deutschland wagten.[6] Rund 220 000

---

5 In der Reihenfolge wurden genannt: „a) allgemeiner politischer Druck 23 %, b) Furcht vor politischer Strafe 20 %, c) mangelnde gesellschaftliche Aktivität 10 %, d) mangelnde Tätigkeit in der SED 2 %, e) politische Haft 6 %, f) Agenten 4 %, g) vom MfS angesprochene Personen 4 %, h) inoffizielle Mitarbeiter des MfS 3 % = [gesamt] 72 % a) Nachziehen von Familienangehörigen 8 %, b) schwierige wirtschaftliche Verhältnisse 7 %, c) Furcht vor einer wirtschaftlichen Strafe 6 %, d) Wirtschaftshaft 1 %, e) Westreisen 6 % = [gesamt] 28 %". Allgemeine Einschätzung der Gründe der Republikfluchten und Maßnahmen zu ihrer Bekämpfung vom 7.1.1958; BStU, ZA, AS 109/65, Bd. 10, Bl. 8.

6 Diese Angaben und die nachfolgenden ergeben sich aus folgenden Quellen: Bundesverwaltungsamt Außenstelle Gießen: rund 220 000 illegale Fluchten, darunter rund 32 000 Sperrbrecher; Johannes Raschka: Zur Zahl der politischen Häftlinge 1965–1988, darunter rund 68 000 wegen Flucht, Dresden 1997, Tabelle 2, S. 25, und Statistiken des MfS für den Zeitraum 1961–1964 sowie Bilanz der Zentralen Ermittlungsstelle für Regierungs- und Vereinigungskriminalität (ZERV) in: Berliner Morgenpost vom 7.3.1997.

kamen heil im Westen an, darunter überwiegend sogenannte „Verbleiber", das heißt Besuchsreisende, die ihren genehmigten Westaufenthalt zur Flucht nutzten.[7] Ihre Zahl korrelierte in den achtziger Jahren mit der Zunahme des deutsch-deutschen Reiseverkehrs.

Direkt und unversehrt über die deutsch-deutsche Grenze entkamen rund 38 000 DDR-Bürger. Etwa 75 000 Fluchtversuche scheiterten. Weitere 748 Bürger mussten ihren Freiheitswillen mit dem Leben, knapp 1000 mit teils erheblichen Verletzungen und über 70 000 mit Gefängnisstrafen bezahlen.[8]

Die legale Ausreise

Wer sich und seiner Familie diese traumatischen Belastungen ersparen wollte, wählte – wie in meinem Fall geschehen – einen anderen Weg, und zwar die legale Ausreise. Seit den siebziger Jahren gewann sie zunehmend an Bedeutung und dominierte den Wechsel von Ost nach West. Das hatte weniger mit einer veränderten Rechtslage als vielmehr mit der zunehmenden Einbindung der DDR in internationale Verpflichtungen zu tun. Nachdem die Verfassung der DDR von 1968 das bis dahin auf dem Papier gestandene Auswanderungsrecht eliminiert hatte, kam es im September 1983 zu einer Regelung, die erstmals das Recht von DDR-Bürgern verankerte, einen Antrag auf Ausreise zu stellen. Es handelte sich um die Verordnung über Familienzusammenführung und

---

[7] Eine Analyse des MfS über begangene Republikfluchten in den Jahren 1966–1970 besagt, dass sich unter den Geflüchteten rund 60% Rentner und 5% Dienstreisende befanden; BStU, ZA, HA IX-1911, Bl. 6 f.

[8] Vgl. Bernd Eisenfeld: Flucht und Ausreise – Macht und Ohnmacht, in: Am Ende des realen Sozialismus, Bd. 3: Opposition in der DDR von den siebziger Jahren bis zum Zusammenbruch der SED-Herrschaft. Hrsg. von Eberhard Kuhrt in Verbindung mit Hannsjörg F. Buck und Gunter Holzweißig, Opladen 1999, S. 381–426.

Eheschließungen.[9] Der auf diese „Kann"-Bestimmung zugeschnittene Personenkreis war allerdings bezeichnend. Als an-
tragsberechtigt galten Rentner, arbeitsunfähige Invaliden sowie Eheschließende, die in der DDR und mit Zustimmung
der staatlichen Behörden heirateten. Des weiteren durften
Anträge für Kinder gestellt werden, die körperliche oder
geistige Gebrechen besaßen oder an chronischen Erkrankun-
gen litten sowie für „Hilfsschüler" oder Kinder, die „erhebliche Erziehungsschwierigkeiten" bereiteten, und für
Westdeutsche, die bis zum vollendeten 18. Lebensjahr zum
Zwecke der Pflege und Betreuung vorübergehend im Haus-
halt von Bürgern der DDR aufgenommen und wieder zu ihren Eltern nach Westdeutschland zugeführt werden sollten.[10]
Dieser enge Personenkreis erfasste exakt solche Bürger, die
schon vor dieser Verordnung auf der Grundlage geheimer
Bestimmungen einer sogenannten „humanitären Lösung"
zugeführt worden waren.[11] Ein generelles Antragsrecht wurde in der DDR erst unter dem Druck der KSZE-Nachfolge-
konferenz in Wien Ende des Jahres 1988 gesetzlich wirksam.[12] Bestritten wurde es bis dahin u. a. mit dem Argument,
dass „ein solches Recht dem Sinn des Sozialismus – alles zu

---

[9] VO zur Regelung von Fragen der Familienzusammenführung und der
    Eheschließung zwischen Bürgern der Deutschen Demokratischen Repub-
    lik und Ausländern vom 15.9.1983; GBl. I, Nr. 26 vom 27.9.1983.
[10] Die „Kann"-Regelung war Bestandteil geheimer Bestimmungen, die gene-
    relle Ausschlüsse, u. a. von Geheimnisträgern, vorsahen. Vgl. Bernd Eisen-
    feld: Die Ausreisebewegung – eine Erscheinungsform widerständigen
    Verhaltens, in: Zwischen Selbstbehauptung und Anpassung – Formen des
    Widerstandes und der Opposition in der DDR. Hrsg. von Ulrike
    Poppe, Rainer Eckert und Ilko-Sascha Kowalczuk, Berlin 1995,
    S. 192–223, hier 193 ff.
[11] Anweisung Nr. 042/71 des MdI und Chefs der DVP vom 15.1.1971, Punkt
    9, S. 4; BStU, ZA, DSt 201129. Vgl. auch Hans-Hermann Lochen/Christian
    Meyer: Die geheimen Anweisungen zur Diskriminierung Ausreisewilliger.
    Dokumente der Stasi und des Ministeriums des Innern, Bonn 1992.
[12] VO über Reisen von Bürgern der Deutschen Demokratischen Republik
    nach dem Ausland vom 30.11.1988; GBl I, Nr. 15.

tun für das Wohl des Volkes und damit auch für das Glück des Einzelnen widersprechen"[13] würde.

Trotz dieser restriktiven Regelung beanspruchten immer mehr DDR-Bürger, die nicht zu den ausgewählten Personenkreisen gehörten, ihre Ausreise und Entbindung aus der Staatsbürgerschaft der DDR.

Subjektive Erfahrungen

Meine Familie und ich gehörten dazu. Ausgelöst wurde die Entscheidung durch zwei Schlüsselerlebnisse. Das eine war die gewaltsame Unterdrückung des „Prager Frühling" und das andere meine damit zusammenhängende Inhaftierung. Sie sind freilich nicht zu trennen von einer Vorgeschichte, die hauptsächlich vom erkannten und erlebten Widerspruch zwischen Theorie und Praxis bzw. Anspruch und Realität des SED-Regimes geprägt und für mein widerständiges Verhalten bestimmend war. Je mehr ich versuchte, den Ursachen dieses Widerspruchs auf den Grund zu kommen, um so tiefer erschien er mir, was meine Gegnerschaft zum sowjetkommunistischen System nur bestärkte.

Den Bau der Berliner Mauer empfand ich von Anfang an als Symbol staatlicher Inhumanität. Als sich am 13. August 1964 die Vorsitzende des „Bundes demokratischer Frauen Österreichs", Steffi Hofmann, im „Neuen Deutschland" zu Wort meldete, den Grenzsoldaten der DDR den Dank der „Frauen und Mütter der Welt" zollte und sie als Helden künftiger Geschichtsbücher charakterisierte,[14] konnte ich meine Empö-

---

[13] Materialien des MdI der zentralen Weiterbildungsveranstaltungen in den Bezirken zur Qualifizierung des Prozesses der Unterbindung und Zurückdrängung von Übersiedlungsersuchen von Bürgern der DDR nach nichtsozialistischen Staaten und Westberlin vom 1.7.1985; BStU, ZA, ZAIG 6998, Bl. 24.
[14] Vgl. Neues Deutschland vom 13.8.1964.

rung nicht mehr zurückhalten. Sie brach sich in einer Weise Bahn, die mich schon damals hätte hinter Schloss und Riegel bringen können. In einem Brief mit Name und Adresse schrieb ich u. a.:

„Aus Ihren Hinterlassenschaften [...] kann ich nur schlussfolgern, dass Ihre Meinung gebildet wurde von staatsbeauftragten Meinungsbildnern für Nicht-DDR-Bürger, die ungefähr so aussehen wie die sogenannten Kampfgruppenleute auf dem beigefügten Foto. Diese ‚Schützer des Volkseigentums‘ stehen mit dem Rücken nach Westberlin und der Waffenlauf richtet sich auf mich, auf die Bürger der DDR, speziell auf die Ostberliner. Ist das nicht deutlich genug?! Woher kommt der böse Feind? Die Todesopfer – Bürger der DDR –, die bisher einschließlich dem 13.8. Anklage erheben, dürften Ihnen doch bekannt sein? Sind es Kriminelle oder Grenzverletzer? Welche Grenzverletzer, warum Grenzverletzer? Ja, es sind Grenzverletzer. Es sind aber Menschen wie ich, wie die Mehrheit des Volkes, ohne jegliche kriminelle Vorbelastungen, aber belastet mit diktatorischen Grenzgesetzen, die jegliche legale Auswanderung zum Ehegatten, zu den Kindern und Verwandten verbieten, die Menschen zur Ohnmacht zwingen und schließlich zur illegalen Flucht! Eine Flucht ohne Schuld und doch eine Flucht unter Todesgefahr! Aus seinem Hochstand sieht der brutale Grenzer das gejagte Wild – ein Druck am Abzugshahn – und er ist ordenreif, wenn er trifft! Wer unter Berücksichtigung dieser grundrechtswidrigen Bedingungen schießt und bewusst trifft, ist ein Verbrecher. Er, und vor allem auch die Leute, die die Urheberrechte dieser Brutalität zu vertreten haben, werden in die Geschichte auch nicht anders eingehen. Sollten im kommenden Geschichtsunterricht die Kinder von diesen ‚Helden‘ lernen, so werden sie nach der Friedenstaube schießen. Das Wort Frieden wird Phrase [...] Es ging bei dieser Polemik nicht um Sozialismus und Kapitalismus, es ging nicht um Verteidigungskrieg und Aggression, es ging ganz einfach um Recht und

Wahrheit, gegen Lüge und Unrecht im Falle der Berliner Mauer."[15]

Meine damalige Geisteshaltung konnte nicht ohne Folgen für den Wehrdienst bleiben. Als ich 1965 vor der Musterungs- kommission saß, gab es für mich nur noch zwei Wahlmöglich- keiten: Entweder Totalverweigerung – und das bedeutete mindestens 18 Monate Haft – oder waffenloser Wehrdienst, das heißt: Bausoldat.[16] Ich entschied mich für das Letztere, zumal ich weniger von einer pazifistischen Grundhaltung ge- prägt war. Vielmehr ging es mir um die Verweigerung eines Geistes, der von „unbedingtem Gehorsam" und einem unver- söhnlichen Feindbild (damals gipfelte es noch in der Personi- fizierung des Bundeswehrsoldaten als „Todfeind") geprägt war. Da das Gelöbnis der Bausoldaten in Anlehnung an den Fahneneid die gleichen Entmündigungsrituale abverlangte[17], kam ich auch nicht daran vorbei, es abzulehnen.[18]

---

[15] Kopie des Briefes an Frau Hoffmann; Privatarchiv B. Eisenfeld. Was aus dem Original des Briefes, den ich über Polen an Frau Hofmann schickte, geworden ist, bleibt spekulativ. Eine Reaktion von Frau Hofmann blieb aus. In „meinen" Stasiunterlagen ist bisher kein Hinweis zu diesem Brief aufgetaucht, so dass ich davon ausgehen kann, dass Frau Hofmann wohl zumindest damals nicht als Stasi-Zuträgerin fungierte. Dankbar kann ich ihr dafür freilich nicht sein; denn schließlich glich ihre damalige Erklärung einer inhumanen Provokation, die ich nicht ohne Antwort einfach stehen lassen konnte.

[16] Vgl. hierzu Bernd Eisenfeld: Kriegsdienstverweigerung in der DDR – ein Friedensdienst? Genesis, Befragung, Analyse, Dokumente, Frankfurt a. M. 1978 sowie Ders.: Wehrdienstverweigerung als Opposition, in: Widerstand und Opposition in der DDR. Hrsg. von Klaus-Dietmar Henke, Peter Steinbach, Johannes Tuchel, Köln 1999, S. 241–256, und Ders.: Eine „legale Konzentration feindlich-negativer Kräfte". Zur politischen Wirkung der Bausoldaten in der DDR; in Deutschland Archiv, 28 (1995), S. 56 ff.

[17] Vgl. Eisenfeld: Kriegsdienstverweigerung, Dokument 11 und 12.

[18] Der Bausoldatenzug, dem ich angehörte, verweigerte das Gelöbnis in ge- schlossener Front, was zu vergleichsweise harmlosen Folgen führte (u. a. Sonderbeschäftigung). In einzelnen Fällen reichten die Konsequenzen bis zu Verurteilungen zwischen acht und zehn Monaten Gefängnis wegen Be- fehlsverweigerung. Vgl. Eisenfeld: Kriegsdienstverweigerung, S. 94.

Repressive Reaktionen des SED-Staates setzten schon in der Vorphase meiner Einberufung zu den Bausoldaten ein. Mir wurde ein Hochschulfernstudium im Fach Philosophie verwehrt, obwohl ich die Eignungsprüfung mit der Note „besonders geeignet" abschloss. Funktionäre meiner damaligen Arbeitsstelle, der Industriebank Elektrochemie in Schkopau, und Vertreter der Martin-Luther-Universität Halle hatten sich schnell darüber verständigt, dass ich ein solches Studium nutzen würde, um noch wirkungsvoller der Partei „den Dolch in den Rücken stoßen" zu können.[19] Der zweite Anlauf für ein Hochschulfernstudium, und zwar im Fach Kunstwissenschaft an der Karl-Marx-Universität in Leipzig, gestartet während meiner aktiven Bausoldatenzeit, hatte dann eigentlich nur noch den Charakter eines Experimentes: Er sollte den Nachweis liefern, dass Bausoldaten höhere Bildungswege versperrt bleiben.[20] Dazu reichte schon das Vorgespräch mit Vertretern der Universität aus. Sie bewerteten mein Ansinnen geradezu als anmaßend.[21] Offensichtlich hatte die Dienststelle der NVA vorgewarnt. Bei ihr stand ich zu diesem Zeitpunkt bereits als „politischer Rädelsführer" in der Kreide. Das brachte mich nicht nur um eine vorgesehene betriebliche Auszeichnung,[22] sondern rief auch die Stasi auf den Plan, die mich während meiner Bausoldatenzeit wegen des

---

[19] Diese Worte fielen wortwörtlich vom damaligen Bankdirektor in einer mündlichen Aussprache auf meinen Widerspruch gegen den offiziellen ablehnenden Bescheid der Martin-Luther-Universität Halle.

[20] Vgl. Eisenfeld: Kriegsdienstverweigerung, S. 118 ff.

[21] Der Ausgang der Eignungsprüfung war vorprogrammiert: „Nicht geeignet".

[22] Mit der Begründung, dass die Dienststelle Garz der NVA in einer Beurteilung davon spricht, dass ich den gesetzlichen und militärischen Bestimmungen „nicht voll gerecht werde", empfahl die Zentrale der Staatsbank in Berlin in einem Schreiben vom 12.12.1966 der Industriebankfiliale (IBF) Schkopau: „dem Kollektiv der sozialistischen Arbeit der IBF, die beantragte Auszeichnung rückgängig zu machen und die Urkunde einschließlich der Prämie von MDN 90,– wieder der Zentrale zur Verfügung zu stellen". Vgl. Operatives Material „Zersetzer" bzw. OV „Sekte"; BStU, ZA, 14024/66, Bd. I, S. 62 (MfS-Zählung).

Verdachtes einer ganzen Reihe von Straftatbeständen (§§ 7 und 9 des Militärstrafgesetzes „Zielgerichtete Organisation von Dienst- und Befehlsverweigerungen"; sowie § 19 „Staatsgefährdende Propaganda und Hetze", § 20 „Staatsverleumdung", § 22 „Diversion" und § 23 „Schädlingstätigkeit und Sabotage" des damaligen StGB) „bearbeitete".[23] Schließlich konfrontierte mich mein Arbeitgeber unmittelbar nach dem Ende meiner 18-monatigen Dienstzeit mit einem Berufsverbot. Die Industriebankfiliale blätterte mir eine fristgerechte Kündigung auf den Tisch. Mein Widerspruch vermochte daran nichts zu ändern. Schwarz auf Weiß wurde mir vom Kreisgericht Merseburg im „Namen des Volkes" u. a. klar gemacht, „dass ein Mitarbeiter in der staatlichen Verwaltung eine große Verantwortung gegenüber der sozialistischen Gesellschaft übertragen erhält, und er dieses Vertrauen ständig innerbetrieblich und außerbetrieblich unter Beweis stellen muss. Dazu gehört in erster Linie die absolute Bereitschaft, die Interessen der Macht der Arbeiterklasse jeder Zeit zu vertreten, sie zu festigen und diese Macht auch zu schützen [...] Schon durch seine Entscheidung, nur den Wehrersatzdienst zu leisten, hat er bereits erkennen lassen, dass diese Bereitschaft nicht vorhanden ist [...] Das Gericht muss feststellen, dass er allein unter diesem Gesichtspunkt nicht die fachlichen und gesellschaftlichen Anforderungen erfüllt. Aus diesem Grunde ist die Kündigung als berechtigt anzusehen."[24]

Hoffnung und Schock

Trotz dieser mehrfachen diskriminierenden teils auch deprimierenden Tiefschläge stand für mich bis zum Sommer 1968 ein Wechsel von Ost nach West außerhalb jeglicher Vorstellung. Im Gegenteil, meine damalige Auffassung war eindeutig:

---

[23] Vgl. Operatives Material (OM) „Zersetzer" bzw. OV „Sekte"; BStU, ZA, 14024/66.
[24] Urteil des Kreisgerichtes Merseburg vom 18.12.1967, S. 3; Privatarchiv B. Eisenfeld.

Die DDR könne nur demokratisiert werden, wenn die kritischen Leute vor Ort bleiben und zusammenwirken. Der im Januar 1968 in Prag einsetzende Reformprozess bestärkte mich in dieser Haltung und versetzte mich in eine gleichsam euphorische Hochstimmung. Um so schmerzlicher traf mich seine gewaltsame Niederschlagung. Sie schaffte aber auch Klarheit. Mir wurde bewusst, dass nunmehr in naher Zukunft eine demokratische Wandlung der DDR nicht mehr zu erwarten war. Diese Erkenntnis hatte sich einerseits als Folge des enttäuschenden Verhaltens des überwiegenden Teiles der geistig-kulturellen Elite der DDR zu den Vorgängen in der ČSSR und andererseits durch meine direkte Berührung mit der politischen Justiz der DDR herauskristallisiert: Wenn – wie in der ČSSR geschehen – selbst der sichtbar gewordene Mehrheitswille der Bevölkerung, der geistigen Elite und der Machtträger für einen demokratischen Systemwandel von außen zunichte gemacht werden kann, wie sollte dann, so fragte ich mich, eine DDR reformierbar sein, deren Machthaber die politische Zündschnur für die Intervention legten und deren geistig-kulturelle Elite – von einzelnen Ausnahmen abgesehen – nicht offene Solidarität mit den Reformern, sondern mehr oder weniger verklausuliert mit den Unterdrückern leistete.

Die direkte Berührung mit der politischen Justiz ging auf selbstgefertigte Handzettel zurück, die ich einen Monat nach der Intervention öffentlich in Halle verteilte. Der Inhalt dieser Handzettel gab ein Leninzitat über den Begriff der Annexion aus dem Dekret des Friedens wieder. Ich hatte ihn ohne Kommentierung mit den Worten überschrieben: „Denk bitte nach – bitte schweig nicht!" So wähnte ich mich ziemlich sicher bzw. gesetzes- und verfassungskonform, denn schließlich überließ ich es den Lesern selbst, die Antwort zu finden. Der Sicherheitsapparat der DDR sah das freilich anders. Nachdem mir am 20. September die ersten 80 Exemplare noch wie „warme Semmeln" aus der Hand genommen worden waren – zwei davon landeten bei der politischen Polizei und lösten bei den Sicherheitsorganen Alarmstimmung aus, wurde ich am darauf folgenden Tag schon beim ersten Versuch, den restlichen Bestand zu verteilen, von der Straße weg verhaftet. Trotz heftiger Gegenwehr (angefangen von einer Haftbeschwerde über Eingaben zu den Haftbedingungen und Methoden des MfS-Untersuchungsorganes bis hin zu Beweisanträgen und einem Berufungsverfahren bis hinauf in höchste juristische Instanzen) blieb es dabei, und nach knapp einem halben Jahr MfS-Untersuchungshaft im „Roten Ochsen" in Halle wurde ich wegen mehrfacher „staatsfeindlicher Hetze" zu 30 Monaten Gefängnis verurteilt. Die immer wieder vom Vernehmer beschwörten Worte: „Begreifen Sie endlich, wir haben die Macht!" – und damit meinte er nicht nur das MfS, sondern die repressiven Grundlagen des Systems – trugen ihren Teil zur heilsamen Wirkung bei: Einerseits bestätigten und vertieften sie meine ablehnende Haltung gegenüber dem Regime, andererseits weckten sie zunehmende Ohnmachtsgefühle.

Ausweg Freikauf

Als ich in der ersten Station des Strafvollzuges in Cottbus erfuhr, dass es einen Freikauf politischer Häftlinge durch die Bundesrepublik Deutschland gibt, war ich für einen solchen Befreiungsakt schon gereift.

Zwischen 1964 und 1989 verkaufte die DDR diese politische „Ware" zu einem Stückpreis zwischen rund 43 000 und 98 000 DM, was ihr in der Summe über 2,2 Milliarden an Devisen einbrachte.[25] Knapp 34 000 Häftlinge gelangten auf diese Weise in den Westen.[26]

---

[25] Vgl. Zahlungen der Bundesregierung über die Kanäle der Evangelischen Kirche in: Ludwig Geißel: Unterhändler der Menschlichkeit. Erinnerungen, Stuttgart 1991, S. 475.

[26] Ebenda. Die genaue Zahl der freigekauften politischen Häftlinge wird mit 33 755 angegeben.

Eine Garantie gab es freilich nicht. Ich gehörte zu den selte-
nen Exemplaren, die zurückblieben und einem nervenaufrei-
benden Spiel ausgesetzt wurden. Zunächst schien die Sache
normal zu verlaufen. Nachdem ich meine Angehörigen mittels eines ausgeschleusten Kassibers auf die Möglichkeit des
Freikaufs unter Einschaltung von Rechtsanwalt Vogel in Ost-
Berlin hingewiesen hatte und entsprechende Aktivitäten eingeleitet worden waren, bahnte sich eine Lösung an. Im Dezember 1969, also genau zur Halbzeit meiner Gefängnisstrafe, ging ich auf Transport und landete, wie erhofft, in
Karl-Marx-Stadt. Die dortige Untersuchungshaftanstalt des
MfS, so hatte es sich unter politischen Häftlingen herumge-
sprochen, glich einer Abschussrampe in die Freiheit. Dort
standen Mercedes-Busse bereit, die die Häftlinge im Beisein
von Rechtsanwalt Vogel oder eines seiner Vertreter an die
deutsch-deutsche Grenze und danach in Begleitung eines
westdeutschen Anwaltes über die deutsch-deutsche Grenze
nach Gießen brachten. Voran ging ein vergleichsweise sanfter
Umgang mit den Häftlingen: Das Essen war reichlich und
gut, das abschließende Gespräch mit Stasioffizieren eher
nachsichtig freundlich. Es folgte die Umkleidung in Zivilsa-
chen und der Abkauf des Eigengeldes.

Obwohl in meinem Fall das Gespräch mit den Vertretern des
MfS keine Anzeichen einer Wandlung erkennen ließ, und ich
auf meine Ausreise – aber auch auf dem Nachzug meiner Familie – beharrte, wartete ich in meiner Zelle vergeblich auf
befreiende Zeichen. Statt dessen folgte die Umsetzung in eine „gemeine" Transportzelle. Als ich dort auf einen Westberliner stieß, hellten sich meine Hoffnungen jedoch wieder auf,
denn als Zielort hatte ich Berlin-West gewählt. Und tatsächlich: Wenige Tage später landete ich in Ostberlin – wenn auch
zunächst in der Haftanstalt Rummelsburg. Der Traum vom
Übergang Friedrichstraße wich jedoch bald einem Alptraum:
14 Tage später umschlossen mich die Mauern des „Gelben
Elendes" in Bautzen. Ein zweiter vielversprechender Anlauf

führte mich im Sommer 1970 zunächst in ein offenes Haftla-
ger im nördlichen Teil der DDR. Vergleichsweise gute Verpflegung und erleichterter Strafvollzug ließ für einen „Staats-
verbrecher" nur eine rationale Erklärung zu: Die wohldosier-
te Vorbereitung auf den Abgang West. Der 14-tägige Kurz-
aufenthalt bestärkte diese Hoffnung. Doch landete ich
abermals im „Gelben Elend", und das schließlich bis zum
letzten Tag der verhängten Gefängnisstrafe.

Neuer Anlauf

Als ich kurz nach der Entlassung in die DDR bei Anwalt Vogel in der Hoffnung vorsprach, die Hintergründe dieses ner-
venaufreibenden Spieles zu erfahren, konnte die Enttäu-
schung nicht größer sein: Er verschwieg mir nicht nur die
Gründe, sondern erklärte darüber hinaus in dürren Worten
und mit dem Ausdruck des Bedauerns, dass mir die Tür zum
Westen verschlossen bleiben werde. Den Grund konnte und
wollte er mir nicht sagen. Wie die inzwischen zugänglich gewordenen geheimen Dokumente des MfS belegen, gab es
Personenkreise, denen in der Regel von vornherein eine Ausreise verwehrt blieb. Dazu gehörten Geheimnisträger und
solche Häftlinge, die verwandtschaftlich mit hauptamtlichen
Mitarbeitern des MfS verbunden oder von Schusseinwirkun-
gen infolge einer gescheiterten Flucht gezeichnet waren. Auf
mich und meine Familie traf damals nichts dergleichen zu.
Die angekündigte Aussichtslosigkeit konnte unseren Willen,
die DDR zu verlassen, jedoch nicht beeinträchtigen. Im Gegenteil: Wir machten mobil. Den ersten Antrag für die ganze
Familie, das heißt für mich und meine Frau und unsere beiden Kinder, richteten wir wenige Monate später direkt an das
Ministerium des Innern. Er enthielt alle Stationen der politischen Verfolgung und Diskriminierung und die Quintessenz,
dass meine ablehnende Haltung gegenüber dem System
durch die gemachten Erfahrungen nur bestätigt worden sei.
Wir betonten, dass wir uns infolge dessen in der DDR exis-

tenziellen und psychischen Gefahren ausgesetzt fühlen; wir im Falle einer Ausreise aber auch „gegenüber der Gesellschaft weder ein moralisches noch ein materielles Schuldgefühl zurücklassen" würden.[27] Das Ministerium verwies den Antrag an die zuständige Abteilung Inneres beim Rat der Stadt Halle zurück. Am 2. Oktober wurde unser Ansinnen von Funktionären dieser Abteilung in einer mündlichen Aussprache ohne jeglichen Hoffnungsschimmer abgelehnt. Es folgte der übliche Kreislauf der Beschwerdegänge bis hinauf zum Staatsrat und wieder zurück in die Niederungen der zuständigen Behörden (in den achtziger Jahren stieg die Zahl dieser Beschwerden auf jährlich über 130 000, davon allein 22 000 an Herrn Honecker[28]).

Zudem schalteten wir 1972 die UNO und die Vorsitzende des „Komitees zum Schutze der Menschenrechte" der DDR, Frau Fridel Malter, ein. Der ausführliche Brief mit Anlagen an UNO-Generalsekretär Kurt Waldheim fand sein Ziel über die ČSSR und einem freigekauften politischen Häftling in Hannover. Der Generalsekretär antwortete, doch warteten wir vergeblich auf seine Post.[29] Die Vorsitzende des DDR-Komitees ließ uns ausrichten, dass sich das Komitee als „eine gesellschaftliche Vereinigung […] nicht mit Anträgen auf Ein- oder Ausreise bzw. Entlassung aus der Staatsbürgerschaft" beschäftige; im Übrigen sei darauf hinzuweisen, dass „die Artikel 13, 14 und 15 der Allgemeinen Erklärung der Menschenrechte […] keine allgemeingültige Verbindlichkeit besitzen und deshalb auch keinen Staat rechtlich verpflichten".[30]

---

[27] Antrag auf Übersiedlung in die Bundesrepublik Deutschland an das Ministerium des Innern vom 27.8.1971; Kopie des Antrages im Privatarchiv B. Eisenfeld.

[28] Vgl. Eisenfeld: Die Ausreisebewegung, S. 208 ff.

[29] Dass der Brief mit Anlagen beim Generalsekretär ankam und beantwortet wurde, erfuhren wir von dem betreffenden ehemaligen Mithäftling.

[30] Schreiben des DDR-Komitees für Menschenrechte vom 24.4.1972; Privatarchiv B. Eisenfeld.

Andere ehemalige Mithäftlinge, die in den Westen freige-
kauft worden waren, bemühten sich um Unterstützung beim
Bundesminister für Innerdeutsche Beziehungen, den „Hel-
fenden Händen" in Hamburg und beim SPD-Vorstand. Das
Innerdeutsche Ministerium hatte schon im Herbst 1970 „eine
baldige Lösung" in Aussicht gestellt.[31] Im Sommer 1973 ließ
der Parteivorstand der SPD wissen, dass nun wieder ein Kontaktaufnahme mit Rechtsanwalt Vogel sinnvoll sei. Seine
Einschaltung, so hieß es, würde „möglicherweise endlich zum
Erfolg führen".[32] Dieser blieb jedoch zunächst weiterhin aus;
die Gespräche im Anwaltsbüro Vogel hinterließen vielmehr
das Gefühl, einer Hinhaltetaktik ausgeliefert zu sein. Auch
ein Besuch der im Aufbau begriffenen und von Dr. Bräuti-
gam geleiteten Ständigen Vertretung in Ost-Berlin brachte
keine entscheidenden Aufschlüsse. Allemal wurde von westdeutscher Seite vor direkten öffentlichen Aktionen gewarnt.
Es war zwar Standhaftigkeit, aber ansonsten Ruhighalten angesagt.[33]

Die üblichen Rückgewinnungsgespräche mit Vertretern des
Arbeitgebers fanden in meinem Fall übrigens nicht statt. Es
gab jedoch Versuche des unmittelbar vorgesetzten Abtei-
lungsleiters, mich aus rein fachlichen Gründen in die Position
eines Gruppenleiters zu hieven. Dabei riet er mir, meinen
Antrag zurückzuziehen, weil dies seinen Bemühungen entgegenkommen würde. Ich stellte ihm diesen Rückzug unter

---

[31] Vgl. Zusammenstellung der Aktivitäten eines freigekauften ehemaligen
politischen Häftlings vom 29.5.1972; Privatarchiv B. Eisenfeld.

[32] Brief des Parteivorstandes der SPD vom 10.7.1973; Privatarchiv B. Eisenfeld.

[33] Meine Forschungen zum Thema „Ausreise" belegen eher das Gegenteil:
Wer auf sachlicher Grundlage die öffentliche Auseinandersetzung suchte
oder vom MfS als ein potenzieller Kandidat eines solchen Verhaltens ausgemacht worden ist, hatte in der Regel die Chance, aus „politisch-operativen Gründen" schneller auf Ausreise-Listen zu gelangen als ein verhältnismäßig braver Antragsteller. Vgl. Eisenfeld: Ausreisebewegung, S. 211 ff.

dem Vorbehalt in Aussicht, dass mir das MfS schriftlich bestätigen solle, mich und meine Familie politisch zu rehabilitieren (dabei war ich mir natürlich der „Unverschämtheit" und Nichterfüllbarkeit dieser Forderung durchaus bewusst). Dennoch wurde ich als Gruppenleiter vorgeschlagen, was zunächst sogar auf die Zustimmung des Ökonomischen Direktors stieß. Dieser zog jedoch wenig später seine Entscheidung zurück, ohne dass sich der Abteilungsleiter beeindrucken ließ. Er fühlte sich vielmehr in seiner grundsätzlichen Auffassung bestätigt, nämlich, dass nicht die Mächtigen oben, sondern die Mächtigen unten den sozialistischen Aufbau behindern und kaputtmachen würden. Seine Standhaftigkeit hatte Folgen, allerdings nicht im gewünschten Sinn. Er wurde wegen kaderpolitischer Fehlentscheidungen aus der SED ausgeschlossen und seines Postens als Abteilungsleiter enthoben. Das bittere Lehrstück zwischen oben und unten war vollendet, als die höchste „Richterinstanz" der SED, die Zentrale Parteikontrollkommission, der unteren Parteilinie schließlich voll und ganz ihren Segen gab.

In dieser Zeit hatte sich das MfS entschieden, mich abermals mittels eines neuen Operativen Vorganges[34] und dem Nachweis einer „staatsfeindlichen" Tätigkeit hinter Schloss und Riegel zu bringen. Es stützte sich dabei auf Erkenntnisse über meine Aktivitäten im Rahmen eines ökumenischen Friedenskreises in Halle und der Bausoldatenbewegung, der ich auch nach meiner Haftzeit treu geblieben war. So wetteiferten bei der Staatssicherheit über Jahre hinweg zwei Seelen in einer Brust: Rausschmeißen oder Gefängnis. Am 18. Dezember 1974 trafen sich Mitarbeiter des MfS aus der Zentrale in Ost-Berlin mit Vertretern der Bezirksverwaltung in Halle und der direkt zuständigen Objektdienststelle Buna, um die weiteren Schritte – auch hinsichtlich einer Entscheidung über

---

[34] Operative Personenkontrolle (OPK) und Vorlaufakte Operativ (VAO) „Bank"; BStU, ASt Halle, 518/76, Bd. I und II.

unseren Ausreiseantrag – zu beraten.[35] Statt der Freigabe der
Ausreise plädierte man für eine weitere „Bearbeitung" mit
der Begründung, dass „E. bei der Übersiedlung von Westberlin aus eine aktive Rolle der negativen Beeinflussung durchführen will".[36] Diese Einschätzung ging offensichtlich auch
auf den Hinweis einer meiner Spitzel, dem IM „Morle", einem ehemaligen Mithäftling im „Gelben Elend", zurück.
Dieser berichtete, dass ich im Falle einer Übersiedlung die
Mitgliedschaft in der SPD mit dem Ziel anstreben würde, in
diesem Rahmen gegen die DDR Front zu machen. Um einen
„erfolgversprechenden Abschluß" des Vorganges zu gewährleisten, wurde u. a. ein neuer Spitzel angemahnt, der sein
Hauptaugenmerk auf meine Bausoldaten-Aktivitäten richten sollte.[37] Im Frühjahr 1975 lagen dem MfS Erkenntnisse
vor, die normalerweise ausgereicht hätten, wieder kräftig zu-
zuschlagen. Auf einem zentralen Treffen der Bausoldaten in
Leipzig zum Thema „Menschenrechte" griff ich die DDR
frontal an und forderte darüber hinaus von der Kirche mehr
Mut zur Systemkritik. Ein Tonbandprotokoll und Spitzelberichte[38] charakterisierten mein Auftreten als „äußerst provo-
kativ". „E.", so hieß es u. a., „bezichtigte die DDR der ständigen und bewussten Verletzung der Menschenrechte [...] erklärte, dass die Verfassung der DDR eine Farce sei [...] kriti-
sierte die Kirche, zu wenig gegen die Staatsmacht aufzutreten
und für einen demokratischen Sozialismus einzutreten [...]
und möchte außerhalb des kirchlichen Rahmens andere
Möglichkeiten suchen, öffentlichkeitswirksamer zu werden.
Dazu gehören nach seiner Meinung Mitarbeit in Schieds-

---

[35] Bericht der Objektdienststelle Buna über die durchgeführte Absprache
mit der HA XX/4, Gen. Grimm, der Abt. XX/4, Gen. Janek, am 18.12.1974
bei der Abt. XX/4 der BV Halle vom 20.12.1974; BStU, ASt Halle,
OPK/AOV „Bank", Bl. II, S. 199 ff.

[36] Ebenda, S. 259.

[37] Ebenda.

[38] Zu den anwesenden Spitzeln gehörte auch Rechtsanwalt Schnur alias IM
„Torsten".

kommissionen, gesellschaftlichen Organisationen und Einrichtungen, Elternausschüssen u. ä."[39] Im Juni gab die Hauptabteilung XX in Berlin der Objektdienststelle in Buna jedoch zu verstehen, „dass keine offizielle Auswertung" dieses Materials erfolgen könne.[40] Offensichtlich hatte man sich zu diesem Zeitpunkt auf der zentralen Ebene für unsere Ausreise entschieden. Für den plötzlichen Gesinnungswandel dürfte der Besuch des damaligen UNO-Generalsekretärs, Kurt Waldheim, im Frühjahr 1975 in der DDR bestimmend gewesen sein. Obwohl in meinen Akten die verschwundene Antwort der UNO nicht auftaucht und jegliche Hinweise auf den Briefwechsel fehlen, darf man wohl davon ausgehen, dass das MfS voll im Bilde und der SED-Staat offensichtlich daran interessiert war, diese prekäre Geschichte vom Tisch zu bekommen.

Als wir im Sommer 1975 von der Abteilung Inneres des Rates der Stadt Halle ausdrücklich aufgefordert wurden, einen neuen Antrag auf Ausreise zu stellen, dämmerte bei uns die Gewissheit, bald erlöst zu werden. Im August war es dann so weit. Mit der Ausbürgerungsurkunde und einer Identitätsbescheinigung im Gepäck landeten wir am 23. August in unserer ersten westlichen Herberge, im westberliner Notaufnahmelager Marienfelde.

Ausnahme und Regel

Wenn ich meinen Fall mit den vielen anderen vergleiche, so verweist er sowohl auf spezifische als auch auf verallgemeinerungsfähige Erscheinungen in der Ausreisebewegung. Das Spezifische war, dass dem Ausreiseantrag ein langjähriges offenkundiges widerständiges Verhalten und darauf beruhende

---

[39] Information der Hauptabteilung XX/4 des MfS vom 28.5.1975; BStU, ASt Halle, OPK/VAO „Bank", Bd. II, S. 256 ff.
[40] Ebenda, S. 255.

repressive Reaktionen des Staates vorausgingen. Der Ausreiseantrag selbst entsprach einer Art Ultimo ratio. Gleichzeitig
verband er sich mit dem Willen, in der Bundesrepublik vor
dem Erfahrungshintergrund DDR politisch weiter zu wirken.
Letztlich lag der Antragstellung die Einsicht zu Grunde, der
Familie permanente existenzielle Bedrängnisse zu ersparen
und unseren beiden Kindern ein solches Leben mit Aussicht
auf begrenzte Bildungs- und Berufschancen nicht zuzumu-
ten.

Der bisherige Erkenntnisstand lässt den Schluss zu, dass dieser über längere Zeit angehaltene widerständige Vorlauf nur
für eine Minderheit unter den Antragstellern zutraf. Ihnen
gesellten sich solche Ausreisewilligen hinzu, die etwa in Folge
eines Fluchtversuches oder spontaner politischer Aktionen
ins Visier des MfS oder der Polizei geraten waren, jedoch
nicht als politische Häftlinge im Westen landeten, sondern
mit fortwirkenden Diskriminierungen und Bedrängnissen wi-
derwillig in der DDR verbleiben mussten.

Die Mehrheit der Antragsteller drückte ihre ablehnende
Haltung gegenüber dem SED-Regime eher punktuell aus.
Dazu gehörte vornehmlich eine kritische Einstellung zu den
begrenzten Reisemöglichkeiten, die insbesondere dann in einen Ausreiseantrag mündeten, wenn fortlaufend Westreisen
zu Angehörigen abgelehnt wurden. Dazu zählte auch die Beeinträchtigung beruflicher Entwicklungsmöglichkeiten aus
politischen Gründen (u. a. wegen Ablehnung der Mitgliedschaft in Parteien und Massenorganisationen oder wegen
Wahlenthaltungen und Kritik an der Wehrerziehung der Kinder und Jugendlichen) und diskriminierende Folgen für den
Ausbildungsweg der Kinder. Nicht zuletzt spielten auch permanente und grundsätzliche Versorgungsmängel eine Rolle,
z. B. ein völlig unangemessener Wohnraum. Wer letzteres als
Grund angab, konnte oder musste allerdings damit rechnen,
dass dieses Problem – zum Leidwesen wohnungssuchender

„Verbleiber" – kurzfristig gelöst und danach die Rücknahme des Ausreiseantrages erwartet wurde. Es gab solche Fälle. Sie versprachen jedoch nicht immer Dauerhaftigkeit. In der Tat hatte das MfS Grund zur Klage darüber, dass die auf diese Weise ruhiggestellten Bürger bald nach dem Neubezug der Wohnung abermals als Antragsteller, nun aber gestützt auf politische Gründe, hervortraten.

Für alle Antragsteller, die hartnäckig und unbeirrt ihre Ausreise betrieben, lassen sich typische Merkmale feststellen. Zum einen wurden sie von der Erkenntnis geleitet, dass der SED-Staat ihnen und ihren Kindern keine Perspektive mehr zu bieten hatte. Obwohl sie die künftigen Einschränkungen nur ahnen und die einzelnen Repressionen nicht genau ermessen konnten, erschien ihnen dieser Weg offenkundig dennoch zumutbar. Spätestens mit der Antragstellung auf Ausreise in die Bundesrepublik hatten sie sich demaskiert. Durch das Beharren auf Ausreise stellten sie sich letztlich – wie schon ausgeführt – gegen das gesetzliche Normengefüge der DDR.

Zum anderen konnten sich die Antragsteller spätestens seit 1975/76 auf internationale Verpflichtungen der DDR berufen. Mit der UNO-Charta, den internationalen Konventionen über politische und soziale Rechte sowie den Beschlüssen der KSZE-Konferenz verfügten ausreisewillige DDR-Bürger erstmals über Dokumente, mit denen sie ihren Willen, selbstbestimmt über ihren weiteren Lebensweg zu entscheiden, offen ausdrücken und stützen konnten. Das Bedürfnis der Machthaber nach internationaler Anerkennung erlaubte es nicht, die in diesen Abkommen enthaltenen demokratischen und humanitären Aspekte einfach zu ignorieren. Die DDR war gegenüber diesen Institutionen auch rechenschaftspflichtig. Das erzwang den Nachweis von Fortschritten und die Begrenzung oder zumindest die Verschleierung repressiver Maßnahmen gegenüber Antragstellern.

Die allgemeine Entwicklung seit 1975

So konnte es nicht wundern, dass es hauptsächlich unter Berufung auf diese Dokumente von 1975 auf 1976 zu einem sprunghaften Anstieg der Antragsteller von 13 000 auf 20 000 kam.[41]

Ein Teil von ihnen entfaltete schon damals die ganze Palette aufrührerischer Handlungen, wie sie unter Antragstellern in den achtziger Jahren zur Alltagserscheinung werden sollten. Dazu gehörten Suizidandrohungen, Hungerstreiks, Anketten, Demonstrationen mit selbstgefertigten Transparenten und Plakaten, das Anbringen von Ausreisesymbolen, die demonstrative Abgabe oder Verbrennung von Personaldokumenten sowie Fluchtversuche, die teilweise mit der Absicht verbunden waren, „sich inhaftieren zu lassen […] um nach Verbüßung eines geringen Teils der Strafe in das nichtsozialistische Ausland ausgewiesen zu werden"[42].

Auch Aktionen von Ausreisegruppierungen, die hauptsächlich in den achtziger Jahren öffentlich auf sich aufmerksam machten, hatten bereits in den siebziger Jahren ihre Vorläufer. So solidarisierten sich 1973 mit einer Resolution unter Berufung auf UNO-Konventionen 41 Bürger aus Pirna mit zwei Familien, denen die Ausreise in die Bundesrepublik verwehrt wurde.[43] 1976 erregten zwei Aktionen weltweites Aufsehen: 65 Ausreisewillige nutzten das westdeutsche Fernsehen, um auf ihr Schicksal aufmerksam zu machen,[44] und ein Riesaer Arzt, Dr. Karl-Heinz Nitschke, verfasste eine den westlichen Medien und der UNO zugespielte „Petition zur

---

[41] Jahresanalyse der Zentralen Koordinierungsgruppe (ZKG) des MfS für das Jahr 1976 vom 24.1.1977; BStU, ZA, ZKG 2164, Bd. 25.

[42] Ebenda, S. 34.

[43] Vgl. Siegmar Faust: Ich will hier raus, Berlin 1983, S. 114 f.

[44] Information der Zentralen Auswertungs- und Informationsgruppe (ZAIG) des MfS vom 28.1.1976; BStU, ZA, ZAIG 2477, Bl. 2–7.

vollen Erlangung der Menschenrechte".[45] Ihr schlossen sich über 60 ausreisewillige Bürger an.[46]

Auf das gestiegene Selbstbewusstsein der Ausreisewilligen reagierte das Regime mit Repressionsstrategien, die – höchstpersönlich von Honecker abgesegnet – auf abgestimmte Vorschläge des MfS mit den Justiz- und anderen staatlichen Organen zurückgingen.[47] Sie richteten sich gegen Antragsteller, die nicht bereit waren, die Ablehnung ihres Ausreisebegehrens widerstandslos hinzunehmen. Die Repressionen reichten von Berufseinschränkungen über Berufsverbote bis hin zu Inhaftierungen. Letzteres geschah in der Regel dann, wenn Ausreisewillige öffentlichkeitswirksam auftraten oder westliche Einrichtungen, Organisationen und Medien hilfesuchend einschalteten. Eine Trendwende gelang dem Regime dennoch nicht. Im Gegenteil: die Zahl der Antragsteller nahm ebenso wie ihre Aktivitäten zu.[48] Besonders ärgerlich mussten dem Regime die intensivierte Kontaktaufnahme von Antragstellern zur UNO und westlichen Vertretungen, vor allem mit der Ständigen Vertretung der Bundesrepublik in Ost-Berlin, ganz besonders aber die öffentlichkeitswirksamen Botschaftsbesetzungen erscheinen. Sie konterkarierten die Bestrebungen der Machthaber nach internationaler Reputation und lieferten fortdauernd Munition, die DDR wegen Verletzungen der KSZE-Beschlüsse öffentlich anzuklagen.

Um dem wachsenden inneren und äußeren Druck zu entgehen, entschloss sich das Regime 1984 zu einer Doppelstrategie. Ei-

---

[45] Vgl. Bernd und Peter Eisenfeld: Widerständiges Verhalten 1976–1982, in: Am Ende des realen Sozialismus, Bd. 3: Opposition in der DDR. Hrsg. von Eberhard Kuhrt in Verbindung mit Hannsjörg F. Buck und Gunter Holzweißig, Opladen 1999, S. 122.

[46] Vgl. ZAIG-Information vom 7.6.1976; BStU, ZA, ZAIG 2557, Bl. 1–6.

[47] Vgl. Bernd Eisenfeld: Strategien des MfS zur Steuerung der Ausreisebewegung, in: Analysen und Berichte des BStU, Reihe B, Nr. 1/97: Ausreisen oder dableiben?, Berlin 1997, Dokument 1.

[48] Vgl. Eisenfeld: Die Ausreisebewegung, S. 201 ff.

nerseits gewährte man plötzlich und kurzzeitig bis dahin besonders aufmüpfig gewordenen Antragstellern die Ausreise. Vom
21. Januar bis zum 28. April schwappte eine Ausreisewelle von
21 000 Ostdeutschen in die Bundesrepublik.[49] Andererseits ging
das Regime äußerst rigoros gegen verbliebene und neue Akteure vor. So leitete allein das MfS 2300 Ermittlungsverfahren
ein und setzte damit einen absoluten repressiven Höhepunkt.
Vorgeworfen wurden den Antragstellern „erpresserische Methoden" – wozu man u. a. 400 „provokatorisch demonstrative
Handlungen", 57 „Zusammenschlüsse zur Verfolgung gesetzwidriger Ziele" und 250 versuchte und über 600 vollzogene Beteiligungen an Botschaftsbesetzungen zählte – sowie 600 sogenannte staatsfeindliche Verbindungsaufnahmen.[50]

Die Repressionswelle minderte zwar kurzzeitig den öffentlichen Druck durch Antragsteller, die massive Ausbürgerung
erwies sich jedoch als Bumerang. Sie ermutigte mehr denn je
ausreisewillige Bürger, einen Ausreiseantrag zu stellen. Lag bis
dahin die Zahl der Erstantragsteller bei jährlich maximal
15 000, so explodierte sie 1984 auf rund 58 000 und pendelte sich
nach einer Halbierung im Jahre 1985 wieder auf dem hohen Niveau von jährlich zwischen 40 000 und 50 000 ein.[51] Schwerpunkte bildeten in der Reihenfolge die Bezirke Karl-Marx-
Stadt, Dresden, Berlin, Gera und Leipzig. Da die Zahl der genehmigten Ausreisen und der angeblich „zurückgewonnenen"
Bürger weit unter der Zahl der Erstantragsteller blieb, wuchs
der Bestand der Antragsteller seit 1984 weiter unaufhaltsam an
und überschritt 1987 erstmals die Grenze von 100 000.[52]

Diese Dynamik wurde ganz wesentlich durch die sogenann-

---

[49] Ebenda, S. 214 f.
[50] Hinweise zur Dienstkonferenz von Stasi-Chef Mielke am 2.11.1984; BStU,
    ZA, BdL 164, Bl. 5, sowie Einschätzung der politisch-operativen Lage der
    ZKG vom April 1989; BStU, ZA, Arbeitsbereich Neiber 184, Bl. 13.
[51] Vgl. Eisenfeld: Ausreisebewegung, Tabelle 1, S. 202.
[52] Ebenda.

ten „Rückverbindungen" verursacht. Es handelte sich hier um ausgereiste oder geflüchtete Personen, die über private Kontakte in die DDR zurückwirkten. Mit dem sprunghaften Zuwachs der Antragsteller seit 1984 stieg auch das Konfliktpotenzial. 1986 war von „zunehmend forderndem Auftreten" und von Gruppierungen in mehreren Städten die Rede, die es auf „öffentlichkeitswirksame Provokationen" anlegten. Im Frühjahr 1987 skandierten u. a. in Leipzig 300 Antragsteller die Losung: „Erich[53] gib den Schlüssel raus!" Auch griffen Antragsteller wieder vermehrt auf die Tradition „Weißer Kreise" zurück,[54] die schon Anfang der achtziger Jahre, vor allem in Jena, öffentliche Aufmerksamkeit erregt hatten. Gleichzeitig wurden die staatlichen Organe massiver denn je mit Beschwerden bombardiert. Ihre Zahl stieg von knapp 28 000 im Jahre 1981 auf über 130 000 im Jahre 1987, darunter befanden sich allein 22 000, die direkt an Honecker gerichtet waren.

1987 bekannten beispielsweise 14 Bürger aus dem thüringischen Ort Sonneberg in einer gemeinsamen Erklärung an die Staatsorgane und an das Zentralkomitee der SED, dass sie nicht länger bereit seien, sich den „Repressalien und dieser diktatorischen Lebensweise real existierenden Sozialismus auszusetzen".[55] In Ost-Berlin konstituierte sich eine Arbeitsgruppe „Staatsbürgerschaftsrecht der DDR", die u. a. das Ziel verfolgte, Ausreisewilligen eine legale Plattform zu schaffen.[56]

---

[53] Gemeint war SED-Chef Erich Honecker.

[54] Es handelte sich dabei um Ausreisegruppierungen, die sich öffentlich und teilweise weiß gekleidet trafen, Kreise bildeten oder einfach schweigend beieinander standen oder demonstrativ „spazieren" gingen. Vgl. Sonderdruck des „Tagesspiegel" vom 23.10.1983.

[55] Fünf der vierzehn Sonneberger wurden vom MfS als „Rädelsführer" ausgemacht und zu Haftstrafen verurteilt. Vgl. Berichterstattung der Bezirksverwaltung Suhl des MfS vom 10.7.1987; BStU, ASt Suhl, VS-Stelle (unerschlossener Bestand).

[56] Vgl. Günter Jeschoneck: Ausreise – das Dilemma des ersten deutschen Arbeiter-und-Bauern-Staates?, in: Freiheit ist immer Freiheit … . Hrsg. von Ferdinand Kroh, Berlin 1988, S. 234–265.

Festnahmen und kurzfristige Ausreisegenehmigungen von Akteuren im Vorfeld und während der Rosa-Luxemburg-Demonstration in Ost-Berlin heizten die Lage 1988 weiter an. Selbst der damalige Sicherheitssekretär des Zentralkomitees der SED, Egon Krenz, kam um das Eingeständnis nicht umhin, dass alle bisherigen Strategien, darunter eine seit Jahren gegen die Antragsteller ausgerichtete „breite gesellschaftliche Front", weithin erfolglos geblieben waren und die Antragsteller immer aggressiver auftreten würden.[57] Dass man 1988 mit vermehrten Ausreisegenehmigungen und Inhaftierungen wieder auf die verfehlte Doppelstrategie des Jahres 1984 zurückgriff, besagt eigentlich alles über die Hilflosigkeit des SED-Regime im Umgang mit der Ausreisebewegung: Wurden Ausreisegenehmigungen restriktiv gehandhabt, so stieg der Bestand der Antragsteller, was nahezu automatisch das Konfliktpotenzial erhöhte und vermehrte öffentlichkeitswirksame Aktionen auslöste. Reagierte das System mit verschärften Repressionen, so geriet es vor allem im Rahmen des KSZE-Prozesses ins Kreuzfeuer der Kritik. Hinzu kam, dass die Risiko- und Leidensbereitschaft unter Antragstellern in dem Maße zunahm, wie sie hingehalten und Diskriminierungen und Repressionen ausgesetzt wurden. Versuchte man schließlich, die Unruheherde durch verstärkte Ausreisegenehmigungen zu neutralisieren, so potenzierten sich die „Rückverbindungen" und mit ihnen die Zahl neuer Antragsteller.

Weg des geringsten Widerstandes oder wirkungsvolle Opposition?

Das grundsätzliche Dilemma für die SED in Sachen Flucht und Ausreise bestand darin, dass nicht die Ursachen, sondern die Symptome bekämpft wurden. Das lag allerdings nicht daran, dass man über die Motive der Betroffenen nicht oder

---

[57] Hausmitteilung Egon Krenz an Erich Honecker am 14.4.1988; SAPMO, ZPA, IV 2./2.038/308, S. 106.

nur unzureichend im Bilde gewesen wäre. Selbst von Antragstellern, die verhältnismäßig brav auftraten und ihren Ausrei-
sewunsch ausschließlich familiär begründeten, wusste man
Dank der Spitzeldienste, dass diese Gründe häufig nur vorge-
schoben waren. In Wirklichkeit hatten die Flucht- und Ausreisewilligen vor allem eines im Kopf: Sich einem System zu
verweigern bzw. zu entziehen, das sie fortlaufend zu entmün-
digen versuchte und die individuellen Freiheitsrechte des
Menschen mit Füßen trat. Dabei im einzelnen zwischen rein
politischen und materiellen Motiven unterscheiden zu wollen, erscheint insofern nahezu unmöglich, als das Menschenbild des SED-Regimes eine solche Trennung gar nicht zuließ.
Und so dürfte die Bewertung der „Flucht aus der Heimat",
wie sie 1993 rückblickend der Naturwissenschaftler und Bürgerrechtler sowie „Bleiber" Jens Reich beschrieb, wohl am
ehesten den Kern der Lage entsprochen haben. Gestützt auf
„hunderte" ihm bekannt gewordener Fälle sprach er von einer „stets" vorhandenen „Mischung aus politischem Protest,
aus Resignation, aus Trauer um den Verlust der Tradition, um
die deutsche Spaltung, aus Angst um die Zukunft der Kinder,
aus Wut über die Hemmung der kreativen und unternehme-
rischen Entfaltung, auch aus erwartungsvoller Konsumfreu-
de, aus Freiheitsdrang und Lebensfreude."[58] Die Machthaber
des Regimes wussten nur allzu gut, dass ihre Tage gezählt wa-

---

[58] Jens Reich, in: Die Zeit vom 9.4.1993. In einer Expertise für die Enquete-
Kommission zu Flucht und Ausreise aus der DDR stellte Prof. Dr. Karl F.
Schumann (Universität Bremen) zur Motivlage u. a. fest: „Im Vergleich zu
den 50er Jahren waren die Übersiedler der 70er und vor allem der 80er Jahre häufiger Kritiker des DDR-Systems mit Repressionserfahrungen, wobei
die willkürlichen Entscheidungen über Ausreiseanträge und die Verweigerung von Besuchsreisen zu Verwandten bzw. die Kriminalisierung von
Westkontakten einen spezifischen Beitrag leisteten." Materialien der Enquete-Kommission „Aufarbeitung von Geschichte und Folgen der SED-
Diktatur in Deutschland", Deutscher Bundestag, Bd. V/3, Baden-Baden
1995, S. 2405. Weiterhin zur Motivlage: Anne Köhler/Volker Ronge: Einmal
BRD – einfach". Die DDR-Ausreisewelle im Frühjahr 1984, in: Deutschland Archiv 17(1984), S. 1280-1286, sowie Eisenfeld: Flucht und Ausreise –
Macht und Ohnmacht, Auszüge aus Dokumenten Nr. 2–4 sowie 6 und 7.

ren, wenn sie diese Defizite beseitigt bzw. die eingeforderten
Freiheitsrechte gewährt hätten. Dazu genügte ein Blick zurück auf die Jahre und Tage vor dem Mauerbau. Ihr Grund-
anliegen war und blieb allein die Machtsicherung.[59] Flüchtlingen und Ausreiseantragstellern wurde demzufolge der
Stempel von „Verrätern und Feinden des Sozialismus" auf-
gedrückt und das Land mit Kampagnen überzogen, die be-
wirken sollten, „dass die Absicht zur Übersiedlung in allen
Lebensbereichen als moralisch verwerflich verurteilt
wird".[60] Ausreisewillige sollte der Makel eines egoistischen
und verantwortungslosen Bürgers angehängt werden, der
unter Verletzung von Pflichten und Gesetzen den gesellschaftlichen Fortschritt und die Verbesserung der Lebenslage in der DDR behindere, der irregeleitet und wohlstands-
verblendet der westlichen Propaganda auf den Leim krieche
und ein System stütze, das den Frieden gefährde und historisch überholt sei.

Wenn auch diese Strategie der Diskreditierung keine Wende
brachte, so hinterließ sie doch bedenkliche Spuren. Flüchtlinge und Ausgereiste mussten häufig als Sündenböcke für alle
nur möglichen Missstände in der DDR herhalten. Auch Repräsentanten der Kirchen verfingen sich in der staatlichen
Propaganda. Sie interpretierten die Ausreisewilligkeit als eine
Form der „Entsolidarisierung", sahen vor allem „psycho-
tische" und „materielle" Motive und im öffentlichen Aktio-
nismus von Antragstellern Störmanöver, die – soweit er kirchliche Räume erfasste – einem gedeihlichen Verhältnis zwischen Staat und Kirche und darüber hinaus der europäischen

---

[59] Vgl. Günter Schabowski: Entmannung aus Furcht vor der Sünde, in: Wo-
chenpost vom 3.2.1993.
[60] Studienmaterial der Juristischen Hochschule des MfS (JHS) von April
1985; BStU, ZA, DSt. 201835, S. 8.

Entspannungspolitik im Wege stünde.[61] Das Verlassen der DDR galt als Weg des geringsten Widerstandes. Bleiben und die DDR „verbessern" wollen, stand hingegen für ein couragiertes und gesellschaftlich verantwortungsvolles christliches Verhalten. Symptomatisch erscheint, dass selbst Pfarrer, die sich wegen ihres oppositionellen Verhaltens und damit einhergegangener staatlicher Repressionen zum Verlassen der DDR gezwungen sahen, nach den Regelungen der Evangelischen Kirche einem vorübergehenden Berufsverbot ausgesetzt wurden.[62]

Ebenso schlugen Teile der DDR-Opposition und eine Reihe einflussreicher Vertreter der westdeutschen öffentlichen Meinung mehr oder weniger offen mit moralischen Keulen auf Flüchtlinge und Ausreisewillige ein. Dabei traten vor allem diejenigen hervor, die die Erhaltung des machtpolitischen Status quo in Europa zur heiligen Kuh erklärten und an den Grundlagen des Systems entweder gar nicht oder nur insoweit rütteln wollten, als es den Machthabern zumutbar erschien. Nicht zuletzt dürfte mancher ideologischer Berührungspunkt eine Rolle gespielt haben: Flüchtlinge und Ausreisewillige unterminierten das „Experiment" DDR gleichermaßen wie die Träume von einem „dritten Weg", der aus der Konvergenz beider Systeme erwachsen und die angebliche soziale Sicherheit und Geborgenheit des Osten mit der Freiheit und dem Wohlstand des Westens in einem neutralen und entmilitarisierten Deutschland und/oder Mitteleuropa zusammenführen sollte.

---

[61] Vgl. Joachim Garstecki: Leben und bleiben in der DDR, in: Die Zeit vom 5.4.1985, und Bericht des Leiters der Zentralen Koordinierungsgruppe (ZKG) über die Haltung und Reaktion der Kirchen zu Übersiedlungen vom 17.10.1988; BStU, ZA, ZKG 7584. Sowie Gerhard Besier: Der SED-Staat und die Kirche – Höhenflug und Absturz, Berlin 1995.

[62] Vgl. Dietmar Linke: Niemand kann zwei Herren dienen – Als Pfarrer in der DDR, Hamburg 1988.

So konnten und wollten viele Deutsche in Ost und West nicht
wahrhaben, dass die „Abstimmung mit den Füßen" der tatsächliche Seismograph für den Zustand der DDR und der
Keim ihres Unterganges war. Wer der Freiheit bzw. Selbstbe-
stimmtheit wegen sein Leben aufs Spiel setzte sowie gesellschaftliche und berufliche Diskriminierungen, den Verlust des
Hausstandes, der Heimat, des sozialen und familiären Umfeldes und sogar Gefängnisstrafen in Kauf nahm, der erfüllte –
unabhängig von den objektiven Wirkungen – ein wesentliches
Kriterium widerständigen Verhaltens: Leidensbereitschaft
bzw. Hinnahme persönlicher Nachteile. Von einem Weg des
geringsten Widerstandes kann in solchen Fällen nicht die Rede sein. Das traf schon gar nicht auf diejenigen zu, die als Folge ihrer unmittelbar durch- und erlebten Widerstandserfah-
rungen zu dem Schluss kamen, der DDR den Rücken zu keh-
ren. Zwar gingen auf diese Weise oppositionelle Kräfte vor
Ort verloren, doch wirkten sie in vielerlei Hinsicht direkt und
indirekt höchst destabilisierend auf das SED-Regime zurück.
Genannt seien beispielsweise Roland Jahn und Jürgen Fuchs,
die im Geiste von Havemann und Biermann opponierten und
nach ihrer Ausbürgerung der Oppositionsbewegung der DDR
solidarisch und inspirierend verbunden blieben.

Ich wiederum dürfte exemplarisch für eine andere Gruppe
stehen, die neben Verbindungen zu Oppositionellen in der
DDR vor allem publizistisch, im Rahmen der politischen Bildung und (ehrenamtlich) als Pressesprecher bzw. Vorsitzender des „Verbandes ehemaliger DDR-Bürger, e.V." in West-
Berlin mit dazu beitrug, dass der seit Mitte der siebziger Jahre einsetzenden DDR-freundlichen Einfärbung der öffentlichen Meinung in der Bundesrepublik deutlichere Grenzen
gesetzt wurden. Darüber hinaus entschieden sich aus meinem
letzten kleinen Arbeitskollektiv zwei Familien und ein Single
für den Weg der Ausreise, obwohl ich sie nicht ausdrücklich
dazu animierte. Ihre Unzufriedenheit in der DDR nahm zu,
nachdem ich als Blitzableiter für ihre politischen Probleme

nicht mehr verfügbar war. Das ermutigte sie zu diesem Schritt.

Beispielhaft gehörte dazu aber auch Wolfgang Welsch, der sich nach Foltererfahrungen in den Gefängnissen der DDR und als freigekaufter politischer Häftling derart erfolgreich als Fluchthelfer „revanchierte", dass das MfS in seinem Fall letztlich auch vor Mordversuchen nicht zurückschreckte.[63]

Flucht und Ausreise signalisierten aber nicht nur die subjektive Bereitschaft, dem SED-Regime zu widerstehen, sie spiegelten vielmehr auch den Grad der Unterdrückung, der Ohnmacht und der Resignation von DDR-Bürgern wider. Resignation – übrigens auch im Blick auf die nationale Frage: Je mehr sie im öffentlichen Bewusstsein und durch die Politik verdrängt oder auf den Sankt-Nimmerleins-Tag verschoben und die internationale Anerkennung des SED-Regimes befördert wurde, um so stärker musste der Wille von Ostdeutschen wachsen, diese Frage ganz persönlich zu entscheiden: durch Flucht und Ausreise.

Ohnmacht der Macht

Der Versuch der Machthaber, Ende 1988 mit einem neuen Ausreisegesetz[64] den Zug gen Westen noch aufzuhalten, musste verpuffen, da er mit Blick auf die Entwicklung in Polen, Ungarn und der Sowjetunion schon längst überholt war und keine wirkliche Lösung des Problems versprach. Mehr und mehr wurde die „Abstimmung mit den Füßen" bzw. mit dem Ausreiseantrag von der Erkenntnis geleitet, dass die Be-

---

[63] Vgl. Presseberichterstattung zum Prozess im Falle Welsch am 25.11.1993 in: Berliner Morgenpost, Berliner Kurier, Die Welt und BZ; sowie zum Urteilsspruch am 29.11.1994 in: Süddeutsche Zeitung, Die Welt und Frankfurter Rundschau.

[64] Vgl. Verordnung vom 14.12.1988 über Reisen von Bürgern der Deutschen Demokratischen Republik nach dem Ausland vom 30.11.1988, §§ 10–21; Gesetzblatt Teil I, Nr. 25 vom 13.12.1988.

setzung westlicher Botschaften den sichersten und kürzesten Fluchtweg bot. Der endgültige Niedergang des Systems war schließlich programmiert, als im Frühjahr 1989 der Eiserne Vorhang an der ungarisch-österreichischen Grenze fiel und die ungarische Regierung das Auslieferungsabkommen mit der DDR aufkündigte. Die Flucht- und Ausreisebewegung flossen in einer unaufhaltsamen Symbiose zusammen. Nunmehr blieb kein Winkel der DDR mehr von der hochgradig demoralisierenden Losung „Der Letzte macht das Licht aus!" verschont. Und so gerieten all diejenigen, die bleiben und die DDR nicht abschaffen, sondern lediglich verändern wollten, unter Zugzwang. Getrieben vom immer lauter gewordenen Ruf: „Wir wollen raus!" reagierten sie mit dem Ruf: „Wir bleiben hier!". Als die ersten Kulissen des SED-Regimes zusammenstürzten und das zu DDR-Zeiten entmündigte Volk die Straße besetzte, folgte dem Ruf „Wir sind das Volk", schneller als von vielen erwartet, der Ruf „Wir sind ein Volk!". Damit war das Schicksal der DDR endgültig besiegelt. Die Bedeutung der Flucht- und Ausreisebewegung kann in diesem Kontext gar nicht hoch genug veranschlagt werden: Sie erwies sich auf Dauer – und in wechselseitiger Bedingtheit mit dem ruinösen Wirtschaftssystem – nicht nur als wirkungsvollster Totengräber des SED-Regimes, sie erzwang auch den Weg zur deutschen Einheit.

Literaturhinweise

Bernd Eisenfeld: Die Zentrale Koordinierungsgruppe. Bekämpfung von Flucht und Übersiedlung, BStU, MfS-Handbuch, Berlin 1995.

Bernd Eisenfeld: Die Verfolgung der Antragsteller auf Ausreise, in: Politisch motivierte Verfolgung: Opfer von SED-Unrecht. Hrsg. von Ullrich Baumann/Helmut Kury, Freiburg 1998.

Ludwig Geißel: Unterhändler der Menschlichkeit. Erinnerungen, Stuttgart 1991.

Gerhard Löwenthal/Helmut Kamphausen/C.P. Clausen: Feindzentrale. Hilferufe von drüben, Lippstadt 1993.

Wolfgang Welsch: Ich war Staatsfeind Nr. 1. Als Fluchthelfer auf der Todesliste der Stasi, Frankfurt a.M. 2001.

EDMUND KÄBISCH

Die letzten Jahre der DDR.
Mein Alltag als evangelischer Pfarrer in Zwickau

„Eure Rede aber sei: Ja, ja; nein, nein. Was darüber ist, das ist vom Übel."

(Matthäus 5,37)

Standortbestimmung

Ich habe die ganzen 40 Jahre in der DDR gelebt. Diese Jahre in der sozialistischen Gesellschaft haben mich geprägt. Ich kann sie nicht wegwischen oder leugnen, denn sie gehören zu meinem Leben. Sie waren keine vertane Zeit, denn ich bemühte mich, für Menschen dazusein und Nächstenliebe zu üben. So will ich meine persönliche Geschichte, die nicht spektakulär war, erzählen. Sie war mein Alltag.

Meine Biografie möchte ich kurz schildern. Sie macht mein Denken und Handeln verständlicher. 1944 wurde ich in Waldenburg (Schlesien) geboren. Im Sommer 1946 wurde meine Familie vertrieben, und wir mussten in einem Treck, in einem Viehwaggon Schlesien verlassen. Später erfuhr ich aus den Erzählungen der Eltern auch von den Gräueltaten, Plünderungen und Vergewaltigungen, die zuerst von den Russen und später von den Polen begangen wurden, so wie es immer in den Wirren der Kriege und in der Nachkriegszeit üblich ist. Jedenfalls stimmten die Erlebnisberichte nicht mit der offiziellen Darstellung überein. Damals musste meine Familie mehrere Wochen im Lager bei Elsterberg hinter Stacheldraht hausen. Dann wurden wir als Flüchtlinge in das Dorf Gelenau bei

Kamenz transportiert und dort auf einem Bauerngut unterge-
bracht. In Gelenau habe ich meine Kindheit verlebt, die von
Armut, Not und Diskriminierung gekennzeichnet war. Ich
musste am eigenen Leibe erleben, was Hunger heißt. Meine
Eltern kämpften ums Überleben. Mein Vater war ein sogenannter „Zwölfender", der 1932 in das 100 000-Mannheer der
Reichswehr eintrat und im Dritten Reich Soldaten ausbildete.
So brauchte er nicht an die Front und geriet auch nicht in Ge-
fangenschaft. In Gelenau bekam er auf Grund seiner Vergangenheit als Berufssoldat weder eine Arbeit noch eine Anstel-
lung. Er machte sich selbstständig und fertigte Strohschuhe
an, so wie er es in seiner Kindheit von seinen Eltern gelernt
hatte. Warmes Schuhwerk war eine begehrte Handelsware.
Daraus entwickelte sich eine Schusterwerkstatt. Später hat er
eine Frostschutzmatten- und Fußabtreterfabrik gegründet
und Arbeiter angestellt. Er wurde dadurch zum Kapitalisten.
Zum Schluss hat er noch eine Betonfirma aufgebaut. Diese
Kindheit hat Spuren hinterlassen. Es sind zwei Urerlebnisse:

Ich wurde immer wieder als Flüchtlingskind bezeichnet und
behandelt. Ich war ein Fremder, ein Ausgestoßener und gehörte oft beim Spielen nicht dazu. Das tat weh und sitzt immer noch tief! Und ich wurde von der roten Klassenlehrerin
als Kapitalistensohn bezeichnet und vor der Klasse bloßgestellt. Als Kapitalistensohn durfte ich z. B. nicht an der Schul-
speisung teilnehmen, obwohl wir zuhause oft nur Brot und
Sirup auf dem Tisch hatten und Fleisch nur von der Freibank
kaufen konnten. Diese Ausgrenzung und Diskriminierung
hat mich gekränkt.

Vor dem Hintergrund dieser frühen Erfahrungen habe ich bis
heute keine Berührungsängste vor Menschen, die ausgesto-
ßen, notleidend, schwach, benachteiligt, diskriminiert, asozial,
behindert sind. Ich kann mich in sie emotional hineinverset-
zen und für sie Verständnis aufbringen. Ich habe versucht,
solche Menschen in die Kirchengemeinde aufzunehmen, ob-

wohl dies nicht zu meinen offiziellen Pflichten gehörte und es angeblich dem Image der Kirche schadete. Ich bin dafür weder berufen noch legitimiert worden. Ich habe mir die Menschen nicht ausgesucht, sondern sie standen vor der Tür der sozialistischen Gesellschaft und der Kirche. Ich habe mir das Recht genommen, für sie eine Art Anwalt zu sein und mich ihrer Alltagsprobleme anzunehmen. Die Kirchenmitgliedschaft spielte dabei keine Rolle, sondern meine Gewissheit, dass Jesus es ähnlich getan hätte. Dieser Glaube hat mich angespornt, und ich habe mich auf Gottes Wort und Verheißung eingelassen. Das Handeln und nicht das Reden war mir wichtig. Ich sah meine zusätzliche Arbeit als ein stellvertretendes Handeln der Kirche an. Aber ich muss gestehen, dass ich dabei oft großes Herzklopfen hatte und unsicher war. Ich habe ein Stück evangelische Freiheit gelebt. Im bürgerlichen Sinne zeigte ich Zivilcourage, aber aus der Sicht des christlichen Glaubens nenne ich es Gehorsam. Ich habe die Freiräume – „Narrenfreiheiten" –, die andere Berufssparten nicht hatten, genutzt. Dadurch bin ich zum Störenfried und Unruhestifter sowohl im Staat als auch in der Institution Kirche geworden. Ich passte mit meiner Arbeit nicht in das Klischee des Pfarrers. Die Arbeit wurde zwar von der Amtskirche geduldet, aber sie war im Prinzip nicht gewollt. Die politischen Umstände brachten es mit sich, dass nach außen hin eine Geschlossenheit und Einmütigkeit dargestellt wurde, die aber nur Schein war. Die eigenen Leute sind mit staatlicher Empfehlung gegen mich heimlich vorgegangen.

Ich meine, dass ich meinen Part in der Geschichte Zwickaus gespielt habe, obwohl ich heute manchmal denke, zu wenig getan zu haben. Ich sah mich nie als Oppositioneller und Gegner der DDR, sondern ich betrachte mich als protestierenden Christen. Ein Protestant sollte ein Mensch sein, der für seinen Glauben öffentlich Zeugnis ablegt und für sein Bekenntnis auch Konsequenzen in Kauf nimmt, so wie es die Vorfahren während der Reformation oder die Märtyrer in

der ersten Christenheit taten. Für mich ist Jesus das Vorbild
eines Protestanten.

Von fünf Arbeitsfeldern werde ich berichten, die ich neben
den regulären pfarramtlichen Pflichten übernahm. Die Darstellung erfolgt nicht unter dem Blickwinkel eines Histori-
kers, sondern es sind alltägliche Ereignisse, die mir wichtig
sind. An ihnen werden mein Glaube und meine Theologie erkennbar. Die Veränderungen, die zum Sturz der DDR führten, begannen nicht erst im Herbst 1989, sondern viel früher.
Eine Grobeinteilung, die hilfreich für das eigene Geschichts-
verständnis ist und die auch hinter dieser Darstellung steht,
möchte ich für die achtziger Jahre vornehmen. Es sind drei
Etappen:

1. Die Jahre 1980 bis 1987 waren die Phase des Aufbegeh-
rens und der Protestaktionen (Friedensdekade, Aktion
„Schwerter zu Pflugscharen", Arbeitseinsätze). Der Einzelne entdeckte, dass er etwas bewegen konnte. Die Gleichgesinnten fanden sich und bekamen Mut. Es bildeten sich Basisgruppen und man solidarisierte sich. Diese Leute in den
Basisgruppen waren für den Staat gefährlich und wurden
von der Stasi geheimdienstlich bearbeitet entweder in Operativen Vorgängen (OV) oder in Operativen Personenkontrollen (OPK).[1] Die allseitige und unsichtbare Beeinflussung schwebte wie ein Damoklesschwert über meinem
Wirken. Für die Stasi war ich der OV „Kontrahent": Jedes
Telefonat wurde abgehört, die Briefe geöffnet. Inoffizielle
Mitarbeiter (IM) drangen in meine Privatsphäre, auch meine Kinder, Eltern und Geschwister wurden geheimdienst-

---

[1] In meinem Bericht werden die OV/OPK und die IM mit erwähnt, damit
erkennbar wird, wie die Stasi versuchte, überall konspirativ einzudringen,
Informationen zu sammeln und die Geschehnisse zu beeinflussen. Dabei
sind einige zu Verrätern geworden. Anscheinend erfasste die Stasi jeden,
der sich in die von mir angebotene Arbeit einbrachte und engagierte.

lich bearbeitet. Sogar der eigene Kirchenvorstand ist von der Stasi gegen mich gesteuert worden. Gegen meine Frau ist die OPK „Versucher" angelegt worden. Die Stasi verfolgte das Ziel, einen Ehebruch zu organisieren, der öffentlich gemacht werden sollte, um die Landeskirche zu nötigen, mich von Zwickau wegzuversetzen. Meine Arbeit war eine Gratwanderung, ein nicht einstudierter Balanceakt auf einem Artistenseil ohne Netz.

2. In den Jahren 1987 bis 1989 erfolgte in Zwickau eine Bündelung und Vernetzung der einzelnen Gruppen zum Konziliaren Prozess unter dem Thema: „Gerechtigkeit, Frieden und Bewahrung der Schöpfung". Erwin Killat (OV „Konzil") hat diesen Gedanken nach Zwickau getragen und wurde zum „Vater" dieser Bewegung. Die Unmündigkeit wurde abgestreift. Es war ein Befreiungsvorgang. Es wurden Strukturen geschaffen, um die Gedanken des Konziliaren Prozesses unter die Bevölkerung zu bringen. Eine DDR-weite Solidarisierung fand statt. Es begann eine Bewegung vom Konziliaren Prozess zu den Friedensgottesdiensten bis hin zu den Demonstrationen auf der Straße.

3. Ab Herbst 1989 begann die Phase der Aufspringer und Trittbrettfahrer. Für mich waren sie die DDR-Angepassten, die geschwiegen, devot alles mitgemacht und nichts riskiert hatten, aber jetzt nach vorn und nach oben strebten. Sie gehören zur Kategorie der Wendehälse, die in jeder Gesellschaft und auch in der Kirche zu finden sind. Nach ihren heutigen Erzählungen gehörten sie mit zu den angeblich 16 Millionen Widerstandskämpfern der DDR. Aber sie sind es, die den Abstoßungsprozess der Basisgruppen unter dem Deckmantel der jetzigen Demokratie betrieben und umgesetzt haben. Oder pointierter ausgedrückt: Sie brachten das Werk der Polarisierung, Differenzierung und Zersetzung, das von der Stasi begonnen worden war, zu Ende. Die Basisgruppen sind aus der Kirche gedrängt worden.

Fünf Arbeitsfelder aus meinem Pfarreralltag

Ökoarbeit

1981 kam ich als 2. Pfarrer (Archidiakon) an den Dom St. Marien zu Zwickau. Vorher war ich fast zwölf Jahre in Quesitz bei Leipzig Pfarrer. Der Dom ist eine Zentralkirche mitten in der Stadt. Diese Lage begünstigte die offene Arbeit, und für mich war Mission eine Chance. Jeder durfte kommen und war gern gesehen. Am Dom war der Jugendliche Michael Paschold hauptamtlich als Küster angestellt. Er besaß eine kircheneigene Wohnung in einem Hinterhaus, in die er öfters Jugendliche einlud und mit ihnen feierte. Sie hörten Musik, spielten zusammen und übernachteten mitunter bei ihm. Eines Tages hatten sie die Idee, den Hinterhof freundlicher zu gestalten. Die Gedanken wurden in die Tat umgesetzt, die Haustüren wie die Mülltonnen sind mit bunten Blumen bemalt worden. Dann meinte man, die Stadt etwas freundlicher gestalten zu müssen. Die Jugendlichen sind mit Plastesäcken durch die Stadt gezogen und haben das herumliegende Papier und den Unrat eingesammelt und anschließend entsorgt. Durch Zwickau fließt die Mulde, die als Müllkippe benutzt wurde. Die Jugendlichen zogen Autoreifen, Schrott, Leiterwagen etc. heraus und reinigten sogar ein Stück Uferpromenade. Sie forderten die Stadtverwaltung auf, die Dreckberge zu beseitigen, was auch geschah. In der Weihnachtszeit 1983, als die Hochrüstung in Ost und West auf Hochtouren lief, gingen die Jugendlichen auf den Weihnachtsmarkt. Sie hatten sich mit Bettlaken als Engel gekleidet und schenkten den Besuchern brennende Kerzen als Zeichen des Friedens. Diese Aktion wurde von der Stasi als Vermummungsaktion ausgelegt und untersucht.

Bei einem Kaffee erzählte mir Herr Paschold, dass gestern wieder einmal die Polizei in seiner Wohnung gewesen sei.

Er schilderte mir folgenden Hergang: Es klingelte an der Wohnungstür. Beim Öffnen standen zwei Uniformierte davor; einer setze sofort seinen Fuß zwischen Tür und Schwelle, damit die Tür nicht zugeschlagen werden konnte. Ohne zu fragen drangen sie in die Wohnung ein, durchsuchten alle Räume, kontrollierten die Ausweise der Anwesenden und machten sich entsprechende Notizen. So etwas sei in der letzten Zeit häufig vorgekommen. Für mich war das ein Zeichen äußerster Gefährdung, die Gruppe und ihr Tun wurden beobachtet. Ich schlug innerkirchlichen Alarm. Ich informierte den Superintendenten Günther Mieth (OV „Geier") und unterrichtete den Kirchenvorstand. Im Kirchenvorstand kamen wir überein, dass der Superintendent einen Brief an die Direktion des Volkspolizeikreisamtes (VPKA) schreiben sollte, was er auch umgehend tat. Darin wurde klargestellt, dass die Personenfeststellungen in einem privaten Wohnraum ohne Hausdurchsuchungsbefehl erfolgte und dass die Arbeit des Kirchners Gemeindearbeit sei. Die Antwort vom VPKA enthielt die Entschuldigung, die Streifenpolizisten hätten nicht sachgerecht gehandelt. Der Kirchenvorstand hat daraufhin mit Herrn Paschold einen neuen Mietvertrag abgeschlossen. Es wurde festgeschrieben, dass seine Wohnräume auch für die kirchliche Jugendarbeit genutzt werden. Wir haben beobachten können, dass die Polizei keine weiteren Kontrollen durchführte.

Im Frühjahr 1984 wurde Herr Paschold zu den Bausoldaten der Nationalen Volksarmee (NVA) einberufen und sein Freundeskreis besaß so kein Zuhause mehr. Ich kümmerte mich um die ökologisch Interessierten und lud sie ins Domgemeindehaus ein. Sie nahmen das Angebot an, weil ich schon vorher bei ihnen ein und aus ging. Daraus hat sich ein systematisch arbeitender Ökokreis gebildet. Es stießen weitere Jugendliche von der sozialdiakonischen Arbeit der Stadtmission hinzu, die Diakon Frank Kirschneck (OV „Kreis") aufgebaut hatte.[2] Der größte Teil nahm auch bei mir am Glaubenskurs teil und ließ sich taufen oder konfirmieren. Sie sahen in der Ökogruppe ein Betätigungsfeld, in dem sie ihr Christsein konkret umsetzen und Verantwortung übernehmen konnten. Jörg Banitz (OV „Kreis"), der später nach dem Ausscheiden und Tod von Herrn Paschold Domküster wurde, hat den Ökokreis bis Herbst 1989 selbstständig geleitet.

Die Jugendlichen hatten sich zur Aufgabe gestellt, die Bevölkerung auf die schlimmen Umweltprobleme, die totgeschwiegen wurden, aufmerksam zu machen und sie dafür zu sensibilisieren. Aus heutiger Sicht ist es unverständlich, dass es nach den staatlichen Angaben keine Umweltprobleme gab. Es wurden Umweltabende mit Kabarett, Bibel, Verkündigung und Meditation unter dem Thema „Es grünt so grün … oder nimmt der Dreck die Farbe weg", organisiert. Die Schauspielerin Ute Ziedrich-Büning und das Musikerehepaar Ronny und Conny Hofmann haben mit ihren Fähigkeiten die Jugendlichen ausgebildet, öffentlich aufzutreten. Das Programm wurde in Zwickau, Schneeberg, Annaberg, Glauchau, Werdau, Meerane,

---

[2] Kirschneck hat in der Robert-Müller-Straße in einem Abbruchhaus eine Wohnung ausgebaut, die von den Jugendlichen mit ausgestaltet und bemalt wurde. Sie wurde als „Kiste" bezeichnet. Kirschneck hat eine offene diakonische Jugendarbeit betrieben, die sich um kirchenferne und gefährdete Jugendliche (Arbeitslose, Strafgefangene, Alkoholiker, Aussteiger) kümmerte. Später hat er die Räume unter der Lutherkirche zum sogenannten „Lutherkeller" umgebaut. Dort wurde eine offene und ansprechende Jugendarbeit möglich. Der Lutherkeller ist zum alternativen Zentrum der Stadt geworden, in dem u. a. auch Stephan Krawczyk zum regelmäßig stattfindenden Liederabend eingeladen wurde. Wenn Jugendliche am Glauben interessiert waren, wurden sie zu mir in den Glaubenskurs am Dom empfohlen. Das gute Miteinander zwischen Dom und Sozialdiakonie war eine segensreiche Zeit. – Aber diesen Weg hat auch die Stasi benutzt, um IM in die Kirche und in meine Arbeit einzuschleusen z. B. der Schuster Frank Gille als IMB „Christoph Höhne", der Lehrling für Fertigungsmittel im Sachsenring Peter Linsener als IMS „Alex Wirth", der Anlagenfahrer bei der Wismut und Hobbyfunker Josef Miszler als IMS „Horst Kolbe". Im Auftrag der Stasi haben sich die IM taufen oder konfirmieren lassen und später hat mitunter sogar die Stasi die Kirchensteuer bezahlt. Durch die schriftlichen Berichte der IM ist diese Zeit gut dokumentiert. Ich selber habe kein Tagebuch geschrieben, denn das hätte gefährlich werden können.

Hohenstein-Ernstthal und bei kirchlichen Jugendtagen aufgeführt. Dabei wurde u. a. auch ein Erlenmeyer-Glaskolben mit Muldenwasser herumgereicht, aus dem ein stechender Geruch ausströmte, und ein verdorrter Tannenbaum gezeigt, der auf das Waldsterben des Erzgebirges hinwies. Neben den Umweltabenden sind verschiedene Arbeitseinsätze organisiert worden, die über den Rat der Stadt innerhalb des Stadtgebietes stattfanden. Später wurden diese Einsätze fast nur auf dem Kirchengelände oder im Kirchenwald durchgeführt.

Es dauerte nicht lange, bis der Superintendent und ich zum Oberbürgermeister Heiner Fischer ins Rathaus bestellt wurden.[3] Es wurde mir vorgeworfen, dass ich mich in staatliche Angelegenheiten einmische, da die Umwelt ausschließlich Sache des Staates sei, dass ich Angriffe auf den Sozialismus und den Staat provoziere, dass ich eine illegale Organisation bilde, dass ich das Veranstaltungsgesetz verletze, dass ich die Jugendlichen aufputsche, dass es in der Kirche keine eigenständige Umweltpolitik geben dürfe, dass ich mich ausschließlich um religiöse Dinge zu kümmern hätte und nur auf christliche Bürger Einfluss nehmen dürfe, einen ordentlichen Standpunkt zu erlangen.

Die Folge dieser staatlichen Konfrontation war, dass der Kirchenvorstand beschloss, ab jetzt die Ökogruppe offiziell zu einem festen Bestandteil der Domgemeinde zu machen. Ihr wurde der Namen „Christ und Schöpfung" gegeben. Die wöchentlichen Veranstaltungen sind in den Kirchenboten mit aufgenommen worden, und ich hatte offiziell die Verantwortung zu tragen. Die Basisgruppe ist bei dieser Entscheidung weder mit

---

[3] Die Gespräche fanden am 4.12.1984 und 28.5.1985 statt; zugegen waren der Stellvertreter des Bürgermeister für Inneres Rolf Stowasser, Stadtrat Dr. Horst Werner (IMS „Gerhard Förster") und der Referent für Kirchenfragen Günther Zöphel als IME „Ludwig". Beim Rat des Bezirkes Karl-Marx-Stadt ist mit dem Landeskirchenamt am 18.12.1984 ein ähnliches Gespräch geführt worden, von dem ich erst aus dem Aktenstudium erfuhr. Es war eine konzertierte Aktion.

einbezogen noch befragt worden, aber sie nahm dankbar an, dass sich der Kirchenvorstand und der Superintendent schützend vor sie stellte. In dieser Situation war der Beschluss richtig. Die Fürsorge- und Obhutspflicht wurde wahrgenommen.

In dieser Zeit entstand auch ein Gesprächskreis von Akademikern, in dem neben ökologischen Problemen auch theologische, ethische, politisch, soziale und psychologische Fragen erörtert wurden. Die Stasi erfasste diesen Kreis in der OPK „Forum" und versuchte, einen IM einzuschleusen, was jedoch nicht gelang. Die Gemeindehelferin Ute Böhme (OV „Konform") scharte engagierte Frauen um sich. Daraus entstand eine feministische Frauengruppe, die zielgerichtet die Frauenfeindlichkeit der DDR-Gesellschaft anklagte und neue Lebensformen von Gleichberechtigung anbot. Diese Basisgruppe ist von der Stasi mit IM unterwandert worden.

Gottesdienst neu erlebt

Die Glaubenskursteilnehmer zeigten nicht nur Interesse für die Ökoarbeit, sondern einige setzten sich für eine Neugestaltung des traditionellen Gottesdienstes ein und brachten ihre Begabungen ein. Sie organisierten, dass an bestimmten Tagen ein „Gottesdienst neu erlebt" in der Domgemeinde stattfand. Besondere Ereignisse oder Gedenktage wurden bewusst unter Gottes Wort gestellt und nicht nur der Gemeinde, sondern der ganzen Bevölkerung angeboten.[4] Die Einladungen konnten nicht über die Presse gehen, denn das war nicht möglich.

---

[4] Es waren im Schnitt drei bis vier Gottesdienste, die intensiv vorbereitet wurden: beispielsweise 8. März (Internationaler Frauentag), 1. Mai, 8. Mai (Befreiung vom Hitlerfaschismus), 6. August (Abwurf der 1. Atombombe auf Hiroshima), 1. September (Weltfriedenstag), 9. November (Reichskristallnacht), Friedensdekade. Zu den Christvespern am heiligen Abend, zur Auferstehungsfeier am Ostermorgen, aber auch zu anderen Gottesdiensten haben sich die jungen Christen mit eingebracht. Die Personen, die sich engagierten, sind entweder in den bereits erwähnten OV oder in neu angelegten Vorgängen bearbeitet worden: OV „Kontraste", „Konzept" und andere.

Da der Dom mitten im Stadtzentrum steht, sind die Fenster zur Plakatierung benutzt worden. Ein Anliegen der Gottesdienste war es, nicht nur Gottes Wort zu verkündigen, zu singen und zu beten, sondern das Gehörte in die Tat umzusetzen und selber aktiv zu werden. Eine Veränderung oder ein Neuanfang sollte nicht von den anderen gefordert werden, sondern konnte zuerst bei sich selber beginnen und zur Nachahmung anregen. Umkehr und Neuanfang wurden nicht als Forderung angesehen.

Erinnert werden soll auch an die innerkirchlichen Schwierigkeiten, die bei den „Gottesdiensten neu erlebt" über Jahre hinweg bestanden. Am Dom gab es zwei Kirchenmusiker: Kantor und Kirchenmusikdirektor Paul-Eberhard Kreisel und den Organisten Günther Metz.[5] Beide hatten etwas gegen neue Lieder und andersartige Musik. Die Auseinandersetzungen wurden bis hin zum Landeskirchenamt getragen und als Kompromiss habe ich dann musikalische Elemente in die Verkündigung aufnehmen müssen. Dieses Recht habe ich mir als Pfarrer nicht nehmen lassen. Hervorheben möchte ich den Michaelistag 1986. Es wurde ein Gottesdienst vorbereitet und gestaltet unter dem Thema: „Kinder an die Macht". Das war der Titel eines Liedes von Herbert Grönemeyer und sollte von der Schallplatte abgespielt werden. Für die Kirchenmusiker war das eine „Konserve", die nichts im Dom zu suchen hatte. Ich habe dann diesen Titel während der Predigt einspielen lassen.

Im Vorfeld des Gottesdienstes habe ich mich mit der Jugendfürsorgerin Frau Charlotte Liebold und dem Staatsanwalt Herrn Seelinger auseinandergesetzt, um konkrete Informationen über die wirkliche Situation der Problemkinder aus Zwickau zu erhalten. Diese Tatsachen habe ich dann im Got-

---

[5] Allerdings muss auch gesagt werden, dass der Organist Metz seine Bedenken oft zurückgestellt und die Gottesdienste mit seinen einmaligen und unvergesslichen Orgelimprovisationen bereichert hat.

tesdienst bekannt gemacht. Als besondere Aktion sind im Gottesdienst Pakete und Päckchen gepackt worden, die an Kinder in Kinderheimen geschickt wurden. Elemente dieses Gottesdienstes sollten auch zum Nationalfeiertag der DDR am 7. Oktober, an dem der Dom für die Bevölkerung geöffnet war, eingebracht werden.

Einen Tag vor dem Nationalfeiertag wurden der Superintendent und ich zu einem Disziplinierungsgespräch zum Oberbürgermeister geladen. Er stellte fest, dass der Gottesdienst „Kinder an die Macht" ein Angriff auf den sozialistischen Staat sei und dass das sozialistische Gesundheitswesen und die Sozialpolitik der DDR verleumdet worden wären. Ich hätte u. a. gesagt, dass in Zwickau jährlich zwischen 600 bis 800 Schwangerschaften legal unterbrochen würden, was Mord an wehrlosen Menschen sei, dass das jüngste geschlechtskranke Kind neun Monate alt sei und das sei geschehen, weil der leibliche Vater, der geschlechtskrank war, sich an ihm vergangen habe, dass ein Kind ans Bett gefesselt worden sei, während sich die Eltern vergnügten. Er sagte, hier liege eine Einmischung in staatliche Angelegenheiten und eine Diffamierung der Staatsorgane vor; ich würde strafbare Handlungen und Verbrechen, die einer Anzeigepflicht unterlägen, decken. Ich spräche nicht die Wahrheit, weil das alles nicht geschehen sei, und ich sei der einzige Zwickauer Pfarrer, der das gute Verhältnis von Staat und Kirche störe. Er werde als Bürgermeister das Landeskirchenamt bitten, meine Versetzung zu veranlassen.

Der Superintendent wies sofort die Anschuldigungen zurück und schrieb später noch einen Brief, in dem er betonte, dass die öffentliche Verkündigung auch auf gesellschaftliche Prozesse einzugehen habe, dass die negativen Beispiele den Staatsorganen bekannt seien, und erinnerte daran, dass ich als Pfarrer einer seelsorgerlichen Schweigepflicht unterliege und keine vertraulichen Informationen weiterzugeben habe.

Im Anschluss sind die staatlichen Anschuldigungen im Vorbereitungsteam diskutiert und ausgewertet worden. Wir kamen überein, bestimmte Elemente am 7. Oktober wegzulassen und nur ein Miniprogramm anzubieten. Das war ein Erfolg des Gespräches.

Im Herbst führte der Rat des Bezirkes Karl-Marx-Stadt mit dem Landeskirchenamt Gespräche, die meinen Weggang aus Zwickau zum Inhalt hatten. Daraufhin sind mit mir vier Kadergespräche geführt worden, die das Ziel hatten, mich zu bewegen, die Domgemeinde zu verlassen. Mir ist freundlich und verbindlich gesagt worden, dass meine Fähigkeiten und Begabungen in einer anderen Gemeinde besser zur Entfaltung kommen könnten und dass ich in Zwickau fehl am Platze sei. Ich sollte weggelobt werden. Für mich war das Abwerben wie Honig ums Maul schmieren. Als sachlicher Grund wurde angegeben, dass ich als Pfarrer zuviel am Dom sei, obwohl im Herbst 1986 erst die dritte Pfarrstelle durch Pfarrer Rudolf Hübler neu besetzt worden war.[6]

Amnestie-Arbeit

Sie begann im Herbst 1987, als eine allgemeine Amnestie zum 38. Jahrestag der DDR erfolgte. Diese war die größte seit der Gründung der Republik und führte bis zum 12. Dezember 1987 zur Entlassung von insgesamt 24 621 Personen aus den Gefängnissen.[7] In der DDR waren der Strafvollzug und die Eingliederung der entlassenen Straftäter Tabuthemen. Als Pfarrer konnte ich von diesem gesellschaftlichen Problem wegsehen und die Nöte der Haftentlassenen über-

---

[6] In den Akten ist sogar zu lesen, Hüblers „Einsatz in der Domgemeinde sei vom Landeskirchenamt auch unter dem Gesichtspunkt des ‚Wirkens' von Pfarrer Dr. Käbisch erfolgt". So Aktennotiz vom 8.10.1987 über ein Gespräch zwischen Hübler und Kirchenreferent Zöphel (IME „Ludwig"); BStU, ASt Chemnitz, Reg.-Nr. XIV 1523/74, Bd. II/5, Bl. 20.

[7] Angaben nach Freie Presse vom 14.12.1987, S. 2.

gehen, denn das gehörte nicht zu meinen Pflichten. Aber ich
bin auf diese Menschen zugegangen. Die Aussage Jesu, die
ich damals in einer Predigt für die Partnergemeinde aus Bad
Bramstedt auslegte, hat mich nicht zur Ruhe kommen lassen:
„Was ihr getan habt einem unter diesen meinen geringsten
Brüdern, das habt ihr mir getan." Da spricht Jesus konkret
aus: „Ich bin gefangen gewesen und ihr seid zu mir gekommen" (Matthäus 25,31 ff).

Fünf Zwickauer waren es, die die bevorstehende Amnestie
als eine Herausforderung für die Kirche ansahen: Frank Kirschneck, Günter Kreusel (OV „Kontraste"), Ursula Nike,
Hans Bahr (IMB „Uwe Schaarfschwert") und ich.[8] Wir wollten nach all unseren Kräften und Möglichkeiten den Amnestierten Hilfe anbieten. Das erste Mal trafen wir uns am 29.
September in den Räumen der Inneren Mission. Wir stellten
rasch fest, dass keiner eine Ausbildung, entsprechende Sach-
kenntnis noch Erfahrung hatte. Keiner war im Besitz entsprechender Gesetze und Rechtsvorschriften. Für diese Arbeit
standen uns auch keine Fachbücher zur Verfügung. Ebenso
fehlte es an Geldern, aber wir erhielten Unterstützung vom
Superintendenten und vom Leiter der Stadtmission Christian
Albrecht (OV „Harmonie"). Es war der Wille, der uns zu-
sammenführte und -hielt, für diese Menschen da zu sein, ihnen beizustehen und sie in den Alltag zurückzuführen. Sie
sollten spüren, hier in Zwickau leben Christen, die Verständnis für alle Nöte aufbringen und die den schwierigen Weg der
Eingliederung mitgehen.

---

[8] Kirschnek brachte auf Grund seiner Ausbildung und als Arbeiter im Sozi-
albereich die meiste Erfahrung mit. Kreusel war Pfarrer der Herrnhuter
Gemeinde, Frau Nike Sozialbetreuer der Inneren Mission. Der Kraftfah-
rer Hans Bahr hatte ca. 10 Jahre selbst im Gefängnis gesessen und kannte
damit die Gefängniswelt von innen und die Schwierigkeit nach der Entlassung. Kurzzeitig war auch der Haftentlassene Hans-Herbert Kuhl dabei;
Pfarrer Johannes Schubert stieß später zur Amnestiegruppe hinzu und engagierte sich.

Wir haben uns auch juristischen Beistand geholt. Kirchenamtsrat Andreas Richter (OV „Berater") hat uns mit seinem juristischen Wissen unterstützt. Ich persönlich habe von ihm als Laie sehr viel gelernt, z. B. dass man entsprechendes Fingerspitzengefühl aufbringen muss, wie man einerseits die bestehenden Gesetze einhält und andererseits die entsprechenden Freiräume – „Schlupflöcher" – ausschöpft. Er verglich das Gesetz mit einem Sieb: Je feinmaschiger es wird, umso mehr Löcher sind in ihm. So hat er uns die DDR-Gesetze erläutert und dabei immer wieder Hoffnung gemacht, die Schlupflöcher zu nutzen. Ebenso gehörte zum Rechtsbeistand die Zwickauer Rechtsanwältin Ruth Knoll, die für uns eine kostenlose Beratung durchführte und gangbare Wege aufzeigte. Mit ihr konnte ich so manchen Fall durchsprechen.

Ab Oktober erhielten politische Gefangene, Straftäter und Asoziale mit der Amnestie die Chance, ein neues Leben zu beginnen. Aber sie waren darauf nicht vorbereitet und mitunter nach mehrjähriger Haft psychisch unfähig, Dinge des normalen Alltages zu meistern. Dazu kam noch, dass ihnen eine soziale Kälte entgegen schlug. Keiner wollte sie haben. Sie waren stigmatisiert, denn sie passten nicht in das Menschenbild des real existierenden Sozialismus. Sie mussten Auflagen erfüllen, die kaum zu schaffen waren.[9] Mein Eindruck war, dass eine Art Hexenjagd getrieben wurde, um sie schnell wieder hinter Gitter zu bringen.

---

[9] Die Amnestierten erhielten zwar möblierten Wohnraum, der sich oft in einem katastrophalen Zustand befand, ebenso wurde ihnen eine Arbeitsstelle zugewiesen. Sie unterlagen jedoch strengsten Kontrollmaßnahmen: ihnen wurde ein staatliche Betreuer zugeteilt; sie mussten sich stets bei der Polizei melden; sie waren mit ihrem besonderen Personalausweis PM 12 jederzeit erkennbar; sie durften mitunter den Wohnort nicht verlassen; sie mussten regelmäßig arbeiten etc. Wer gegen die Auflagen verstieß, beging eine Straftat, wurde erneut verurteilt und oft mit einer höheren Haftstrafe wieder weggesteckt.

Die Amnestiegruppe hat etwa 40 Leute betreut und teilweise unter großer Anstrengung begleitet. Wir haben uns als Gesprächspartner angeboten, Vertrauen aufgebaut, konkrete Hilfe geleistet und Behördenängste genommen. Wir haben uns als Fürsprecher eingesetzt, neue Familienbande geknüpft oder sogar Familienanschluss für die Betroffenen gefunden. Wir gingen gemeinsam zu den Ämtern, in die Betriebe und zur Polizei. Wir halfen bei der Beschaffung von Kleidung, Möbeln und Kohlen. Wir renovierten die Wohnungen, verwalteten das Geld, schrieben versöhnliche Briefe an Familienangehörige und Schuldner. Zu denen, die wieder ins Gefängnis einfuhren, ist der Kontakt aufrechterhalten worden. Es wurden Briefe geschrieben und Päckchen gepackt. Es wurden Verbindungen zu den Gefängnispfarrern hergestellt, Besuchserlaubnisse beantragt und bei Genehmigung Besuche durchgeführt. So bin ich als Besucher in die verschiedensten Strafvollzugsanstalten der DDR gekommen. Über Superintendent Mieth haben wir uns auch bemüht, einen Erfahrungsaustausch oder Sachgespräche mit den staatlichen Stellen zwecks Wiedereingliederung[10] zu führen. Diesem Anliegen ist nicht entsprochen worden.

Diese Betreuung, Beratung und Unterstützung kostete Geld. Im Haushaltsplan der Domgemeinde war dafür kein Posten vorgesehen, und die Seelsorgekasse hat nicht ausgereicht. Der Bäckermeister und Konditor Dr. Bernd Engelmann hat für diese Amnestiearbeit stets ein offenes Ohr gehabt und sie finanziell unterstützt. Ohne viel Worte brauchte ich nur eine Summe zu nennen, und er hat ohne Spendenquittung den Betrag zur Verfügung gestellt. Er stellte nur die Bedingung, dass

---

[10] An diese Stelle wandte ich mich immer als Seelsorger der Haftentlassenen. Die Vorsitzende der „Wiedereingliederung" war Frau Christa Schiffner, die für die Abteilung I der Kriminalpolizei „positiv" erfasst war (die Akten der Kleinfläche I sind im Bezirk Karl-Marx-Stadt fast vollständig vernichtet worden); weitere Mitarbeiter der Wiedereingliederung waren u. a. Jürgen Willig (IMS „Erich Siebers") und Klaus-Dieter Barner (IMS Bernd Günther").

ich niemanden davon etwas erzähle.[11] Einen Härtefall möchte ich erwähnen, dessen Familie von ihm besonders unterstützt wurde. Der Fensterputzer Uwe Kinzel (OV „Fenster") wurde wegen politischer Witze zu einer 18–monatigen Haftstrafe, von der er über ein Jahr absitzen musste, verurteilt. Seine Frau, konnte nicht arbeiten gehen; sie hatte zwei Kinder, ihr jüngster Sohn war todkrank. Sie hatte nur das Nötigste zum Leben. Für die Frau war es nicht nur der finanzielle Betrag, der weiterhalf, sondern das Gefühl und die Gewissheit, dass ihre Not gesehen wird und Leute an sie denken. Diese symbolische Handlung gibt Kraft, Mut und Energie zum Aus- und Durchhalten.

Durch die Amnestiearbeit ist es gelungen, z. B. Frau Marita P. aus dem Cottbuser Gefängnis zu holen. Sie hat mehrere Wochen in unserer Wohnung in einer Art Asyl gelebt. Ihr Aufenthalt ist den staatlichen Organen gemeldet worden, und sie wurde nicht abgeholt. Dietmar W. konnte durch Kassation frei kommen. Bei der Abfassung der Kassationsschrift hat Frau Knoll mitgeholfen. Heute leben beide in Freiheit, wurden nicht wieder straffällig und zu ihnen bestehen immer noch Kontakte. Ebenso ist Jörg F., der mehrere Jahre in Waldheim auch in der dortigen Psychiatrie zubringen musste, betreut worden. Er wurde oft monatelang in Einzelhaft oder in die Isolierzelle weggesteckt.[12]

Neben dieser intensiven Arbeit mit den Strafgefangenen sind 1988 zwei „Gottesdienste neu erlebt" zum Thema „Entlassen und wie weiter" ausgestaltet und für die Bevölkerung angeboten worden. Dabei spielte auch das Symbol der brennen-

---

[11] Herr Engelmann hat mir erlaubt, jetzt seinen Namen zu nennen.

[12] Für Frau P. hat sich Oberkonsitorialrat Manfred Stolpe, der in den Stasi-Akten als IM „Sekretär" geführt wird, eingesetzt, da sie aus Cottbus stammte. Ich habe nur einmal mit Stolpe telefoniert und ihm in groben Zügen den Fall geschildert, am nächsten Tag stand fest, dass sie nicht wieder ins Gefängnis gehen musste.

den Kerze hinter dem Stacheldraht eine Rolle. Es war die Zeit, als viele Verhaftungen von Antragstellern auf Ausreise erfolgten. Mit den Angehörigen ist vorher abgesprochen worden, dass ihre konkreten Einzelschicksale erwähnt werden durften und die Namen öffentlich auf die Fürbittenliste gesetzt wurden. Es wurden auch Adressen von Inhaftierten bekannt gegeben, um diesen Strafgefangenen zu schreiben oder Pakete zu schicken. Ebenfalls sind Informationsblätter der DDR-Strafgesetzgebung mit konkreten Handlungshinweisen erarbeitet und vervielfältigt worden. Die Kollekte war für die Arbeit der Amnestiegruppe bestimmt. Die Staatsorgane haben die Namen aus der Fürbittenliste registriert und entschieden, die politischen Fälle zu prüfen und die kriminellen unberücksichtigt zu lassen.[13]

A-Leute in den A-Gottesdiensten

Der Buchstabe A steht für Ausreise. Es waren ungefähr 3,5 Millionen Bürger, die in 40 Jahren der DDR den Rücken gekehrt und den Staat verlassen haben.[14] Heute ist es sehr schwer, die Not und Diskriminierung nachzuvollziehen, die jene mit diesem Entschluss über sich ergehen lassen mussten. Mit dem Antrag auf Ausreise gerieten sie zunehmend in Isolation. Sie wurden manchmal von den eigenen Familienangehörigen gemieden und die Behörden behandelten sie wie Aussätzige. Sie waren gesellschaftlich stigmatisiert. Sie haben sich teilweise selbst und bewusst bis in die Asozialität treiben lassen, weil sie damit zum Ausdruck bringen wollten, dass sie nichts mehr für den sozialistischen Staat übrig hatten. Die Asozialität sahen sie als Druckmittel an, um die Aberken-

---

[13] Vgl. Partei-Information 416/88; BStU ASt Chemnitz, AKG 306, Bd. 1, Bl. 198 ff.

[14] Die Abwanderungsbewegung ist bis heute nicht gestoppt. In den letzten zehn Jahren haben ca. 1,5 Millionen Einwohner die neuen Bundesländer verlassen und sind in die alten Bundesländer übergesiedelt.

nung der Staatsbürgerschaft zu beschleunigen. So sind menschliche Härtefälle – besonders nach Verhaftungen – entstanden. Zum Beispiel konnten allein zwei harmlose Zeichen zu Schikanen oder Gefängnisstrafen führen. „A-Leute" brachten in der Hutablage ein großes „A" an oder klebten es an die Heckscheibe ihres Autos. Das verriet, dass sie den Ausreiseantrag gestellt hatten. Oder sie banden an die Antennenspitze ihres Autos ein schwarzes oder weißes Bändchen als Zeichen dafür, ihr Antrag sei abgelehnt oder bewilligt. Das waren Sichtelemente, die in der Öffentlichkeit verboten waren. Das Anbringen dieser Symbole, besonders wenn sie nach Aufforderung nicht entfernt wurden, konnte mit Haftstrafe geahndet werden.

Seit Februar 1988 kamen vier Antragsteller zum Sonntagabendgottesdienst in den Dom.[15] Keiner hatte sie gerufen. Sie waren einfach da und luden von sich aus andere ein. Aus den vier Leuten wurden immer mehr, bis es dann im Sommer etwa 400 Gottesdienstbesucher waren. Es sprach sich herum, dass der Dom ein legaler Ort der Begegnung war, an dem man sich treffen, aufhalten und austauschen konnte. Es gab neueste Informationen. Sie kamen von weit her gereist. Das kirchliche Gebäude bot das schützende Dach, weil woanders eine Ansammlung von mehreren Personen bereits als stumme Demonstration verfolgt und bestraft wurde. Der Gottesdienst musste sich auf die Not dieser A-Leute einstellen. Ich habe mich für eine situativ-missionarische Verkündigung eingesetzt. Für mich war mit dem Amen der Gottesdienst nicht zu Ende, sondern ich bemühte mich, selbst das Verkündigte zu leben. Mein Engagement für die Betreuung der A-Leute führte erneut zu starken innerkirchlichen Auseinandersetzungen und Spannungen.

---

[15] Es waren die Ehepaare Roland und Petra Sarfert sowie Stefan und Ute Will. Zu den herkömmlichen Abendgottesdiensten um 18.00 Uhr kamen im Schnitt 1 bis 20 Besucher; manchmal fiel er auch aus, weil keiner kam.

Der Pfarramtsleiter und die Mehrheit des Kirchenvorstandes
vertraten die Meinung, diesen Gottesdienst absetzen zu müssen und die A-Leute des Domes zu verweisen, weil der größte Teil von ihnen keine Christen seien. Sie würden die Veranstaltung benutzen, um damit ihre Ausreise zu beschleunigen.
Das sei eine Provokation und würde das gute Verhältnis zwischen Staat und Kirche belasten. Die A-Leute hätten mit ihrem Antrag selbst das Recht verspielt, kirchlichen Beistand
und Unterstützung zu erhalten. Wenn man sich um sie küm-
mere und auf ihrer Seite stünde, wäre dies kirchenschädi-
gend. Der „Missbrauch der Kirche" sollte verhindert werden.
Damals ahnte ich nicht, dass diese Meinung vom Staat und
der Stasi gefördert wurde. Es war für mich unverständlich,
dass gerade diesen Menschen in ihren Nöten das Evangelium
nicht verkündigt werden sollte. Superintendent Mieth unterstützte meine theologische Position.

Ich setzte mich dafür ein, dass dieser wöchentliche Gottesdienst ökumenisch eingebunden und von einem Team verantwortet wurde. Es fanden Besprechungen statt, bei denen wir
die sich stets verändernde Situation erörterten. So wurde der
jeweils letzte Gottesdienst ausgewertet und der nächste geplant. Wir legten fest, dass der jeweilige Prediger den Gottesdienst zu verantworten hatte. Neben den drei Dompfarrern
wurden der methodistische Superintendent Friedmar Walther (IMB „Waldemar"), der katholische Dekan Horst Hoffmann (OV „Dekan"), der Synodale Hans-Jörg Weigel (OV
„Spaten II") vom Königswalder Friedensseminar und andere
Pfarrer aus Zwickau und Umgebung eingeladen. Sie schick-
ten zum Teil Vertreter. Wir ließen uns von dem amtierenden
Kirchenamtsrat Richter und dem Rechtsanwalt Jürgen Meyer (IMB „Conradt") aus Limbach-Oberfrohna juristisch beraten.

Es wurden für die A-Leute Nachgespräche, Seelsorge, Beratung, Gemeindekreise, Glaubenskurs und Arbeitseinsätze an-

geboten. Wir Pfarrer verwiesen immer wieder darauf, dass sie sich nicht nur auf den Dom konzentrieren sollten, sondern in die eigenen Heimatgemeinden gehen möchten, was aber selten beherzigt wurde. Während des Gottesdienstes sind öfters Gebete auf Zettel geschrieben worden, die an ein Holzkreuz mitten im Dom geheftet wurden. Das war mehr als ein symbolischer Akt. Es wurde daran erinnert, dass derjenige, der in der DDR etwas verändern will, hier bleiben muss. Aber auch die Haltung, die DDR zu verlassen, wurde akzeptiert, denn das gehört zur freien Entscheidung eines jeden Einzelnen. Die Mahnung wurde oft ausgesprochen: Nicht unbedacht zu handeln und keine anstößigen Aktionen zu starten. Der Staat versteht keinen Spaß! Jeder ist für sich selbst verantwortlich. Nur in Freiheit kann etwas bewegt werden.

Wir hatten den Eindruck, die staatlichen Organe seien froh, dass die A-Leute in der Kirche ein Ventil für ihren Unmut fanden und wir als Kirche korrigierend auf sie einwirken konnten. Auf uns Pfarrer wurde gehört. Es drohten keine stummen Demonstrationen. Alles was geschah, war öffentlich und wurde auch im Gottesdienst angesagt. Die große Konzentration von A-Leuten ist geduldet worden. Es gab keine Übergriffe oder Verhaftungen, aber die Stasi hat alles observieren lassen. Wir haben davon nichts gemerkt.

In die Seelsorge kamen sehr viele, und ich war fast ausschließlich der Ansprechpartner. So entstand ein Vertrauensverhältnis. Die Ratsuchenden haben ehrlich ihre bisherigen Schritte preisgegeben. Die Anschriften der Rechtsanwälte Barbara von der Schulenburg, Jürgen Stang und Wolfgang Vogel wurden weitergegeben. Ein Kurierdienst nach dem Westen bildete sich heraus. Namen von juristischen, medizinischen und psychologischen Helfern wurden mitgeteilt. Auch die Besuche in der Nikolaikirche in Leipzig und der Zionskirche in Berlin wurden besprochen und anschließend öffentlich ausgewertet. Man war um Solidarisierung und Öffentlichkeit bemüht. Ohne Zustimmung der Hilfesuchenden habe ich nichts unternommen. Es war wichtig, Namen, Adressen, exakte Fakten und Einzelheiten zu besitzen, wenn es Härtefälle gab oder wenn Verhaftungen erfolgten. Ich fertigte mir darüber Notizen an und ließ sie Superintendent Mieth zukommen, denn er hatte eine Verbindung zum Zwickauer Rechtsanwalt Dr. Peter Wetzig (IMS „Sascha" oder „Dr. Peters")[16] knüpfen können. Er durfte die entsprechenden Härtefälle dort vorlegen. Nach einer gewissen Zeit konnten wir mit Erleichterung registrieren, dass dieser Weg von Erfolg gekrönt war und die Antragsteller zügig ausreisen konnten. Das sprach sich natürlich herum und andere A-Leute drängten, auf diese Liste der Härtefälle zu kommen.

Aber auch die Stasi hat über die Seelsorge IM eingeschleust, um Informationen zu sammeln und die kirchlichen Verbindungen auszukundschaften.[17] Für meine persönliche Sicherheit suchte ich mir drei Vertrauensleute aus, die keine Pfarrer waren. Ich habe ihnen eine Liste von Adressen aus dem Westen und dem Osten anvertraut. Die Drei erklärten sich bereit, falls mir etwas passieren sollte, die Adressaten über meinen Verbleib zu informieren. Sie wollten dann an die Öffentlichkeit gehen. Öffentlichkeit war ein Schutz.

---

[16] Wetzig war eine Art Unterhändler für den Rechtsanwalt Professor Vogel aus Berlin. Wetzig hat alle Dom-Fälle der Stasi vorgelegt, denn über ihren Tisch lief die Bearbeitung. Sogar die Gesprächskonzeptionen zwischen Mieth und Wetzig sind von der Stasi erarbeitet worden. Vgl. Partei-Information 416/88 (BStU, ASt Chemnitz, AKG 306, Bd. 1, Bl. 108 ff.) und Partei-Information 608a/88 (AKG 321, Bl. 129 f.). In einem Gespräch erzählte mir Wetzig sogar, dass er sich mit Mieth auch in der Tschechoslowakei wegen dieser Härtefälle getroffen habe.

[17] Michael Wagner als IMB „Frank Müller" sollte den Auftrag erhalten, auf Geheiß der Stasi einen Ausreiseantrag zu stellen. Er hat sich mit seiner Familie von mir taufen bzw. konfirmieren lassen. Vgl. BStU, ASt Chemnitz, Reg.-Nr. XIV 3154/79, Bd. I/1, Bl. 268 f.

Am 21. Juli 1988 sind Superintendent Mieth und ich ins Landeskirchenamt nach Dresden zitiert worden. Für mich war das kein Gespräch, sondern eine Disziplinierung. Mir wurde vorgeworfen, dass meine Predigten bei den A-Gottesdiensten bei staatlichen Stellen Anstoß erregt hätten. Das sei dem Landeskirchenamt im letzten Gespräch mit den Staatsorganen auf dem Rat des Bezirkes Karl-Marx-Stadt mitgeteilt worden. Es wurden Predigtauszüge vorgelesen. Mir ist gesagt worden, dass ich die legitime Ebene der christlichen Verkündigung verlassen und fragwürdige sowie staatskritische Äußerungen getan hätte. Das Landeskirchenamt könne sich nicht erklären, weshalb ich mich der Not dieser Menschen annehme. Ich würde wohl an mangelnder Selbstbestätigung leiden. Deshalb betriebe ich diese Arbeit. Ich sei ein Mensch, der gern den Löwen in den Schwanz zwicke. Die staatliche Seite habe der Kirche angeboten, bestimmte Anträge auf Übersiedlung zu prüfen. Das sei ein Entgegenkommen des Staates. Für das Landeskirchenamt waren das vernünftige Töne, zumal Superintendent Mieth diese Anträge vorlegen durfte. Das war ein wohlwollendes Angebot. Der entstandene Gesprächsfaden sollte nicht durchschnitten werden. Deshalb wurde ich ermahnt, künftig keine politischen Ansprachen zu halten und mich bei der Arbeit mit den A-Leuten zurückzunehmen. Ich sollte den dringenden Wunsch der Kirche aussprechen, die Leute zum Bleiben in der DDR aufzufordern.

Was ich zu diesem Zeitpunkt nicht wissen konnte: eine Phase neuartiger Kirchenbearbeitung war angelaufen. Die Stasi hatte eine Methode entwickelt, die eigenen Kirchenleute gegeneinander aufzubringen und sich wechselseitig auszuschalten. Dabei ging es nicht grobschlächtig zu, sondern feinfühlig, grazil und sanft – unter Anwendung neuester Erkenntnisse der Psychologie der Menschenführung. Gewöhnlich ist über IM herausgefunden worden, an welchen Stellen auch die integeren Menschen ansprechbar, beein-

flussbar und verletzbar waren. So konnte die operative Bearbeitung auf die konkrete Person zugeschnitten und immer wieder aktualisiert werden. Es wurden IM, die Vertrau-
en oder Einfluss besaßen, eingesetzt. Sie waren geschult,
wie solch eine Beeinflussung auszusehen hatte. Sie verstärkten eigene Gedanken und Empfindungen oder dämmten
diese ein. Entscheidungen und Handlungen wurden herbeigeführt, von denen man meinte, sie wären von einem selbst
gekommen. So wurde Einfluss ausgeübt und auf Entscheidung gedrängt. Diese Vorgehensweise ist schwer zu beweisen. Man kann daran auch kein juristisches Vergehen oder
gar eine Straftat feststellen, sondern hier wurden menschliche Werte und christliche Prinzipien unterlaufen. Der Gedanke, dabei etwas Gutes zu tun, ist verinnerlicht worden
und wirkte nach. Das gehört mit zu den Langzeitschäden
der Stasi wie die Folgen der Polarisierung, Differenzierung
und Zersetzung. Wer ein moralisches Empfinden besitzt
und eine christliche Sensibilität bewahrt hat, der sieht die
Unlauterkeit dieses Geschehens. Das war Verrat. Dieses
Verhalten vergiftete das Miteinander und zerstörte Vertrauen.

Erinnerungsskizze bis zum 1. Friedensgebet am 16. Oktober 1989 im Dom

Montag, 9. Oktober

An diesem Tag durfte ich mit in der Nikolaikirche Leipzig
sein und das historische Friedensgebet um 17.00 Uhr mit
der anschließenden friedlichen Demonstration miterleben.
Schon als ich mit meinem Trabi gegen 14.00 Uhr in die Stadt
hineinfuhr, spürte ich, dass Gewalt in der Luft lag. Überall
standen NVA-Soldaten, Polizisten mit Schild, Kampfgrup-
pen, Hundestaffeln, Wasserwerfern und Mannschaftswagen
zum Abtransport von Verhafteten. Die Uniformierten waren für den Einsatz zur Auflösung der „feindlich-negativen

Kräfte" gerüstet und warteten auf den Befehl. Ich konnte ungehindert zur Nikolaikirche gelangen. Am Kirchturm hing ein Plakat: „Leute, keine sinnlose Gewalt, reißt euch zusammen, lasst die Steine liegen." Am Fenstergitter hingen Blumen zum Gedenken an die Verhafteten und Verletzten früherer Demonstrationen. Dieses Symbol sprach in der angespannten Situation für sich. Man hat sich daran gehalten. Gewaltfrei war dieser Tag und der ganze Herbst 1989. Deshalb sei allen Verantwortlichen und Akteuren Lob und Dank!

Die Kirche war voll besetzt und wegen Überfüllung geschlossen. Es waren größtenteils vom Staat geschickte Leute, die zwei bis drei Stunden geduldig ausharrten. Mit Pfarrer Christian Führer (OV „Igel") war abgesprochen, dass ich über eine Seitentür hineinkam. Während des Friedensgebetes merkte ich, dass um die Kirche herum eine große Menge Menschen stand und auf das Ende des Friedensgebetes wartete. Die Rufe sind mir unvergesslich: „Gorbi, Gorbi"; „Wir bleiben hier"; „Keine Gewalt"; „Schließt euch an"; „Neues Forum zulassen"; „Wir sind das Volk"; „Freiheit" … Man hörte auch den Aufruf der Sechs über den Stadtfunk.

Nach dem Friedensgebet formierte sich auf dem Karl-Marx-Platz der Demonstrationszug um den Leipziger Ring. Es war ein beglückendes Gefühl, schweigend und innerlich erregt am Runden Eck vorbeizuziehen. Dort standen die Soldaten aufgereiht mit Helm, Schild und Schlagstöcken, um das Gebäude der Stasi-Bezirksverwaltung zu schützen. Nichts passierte. Von beiden Seiten erfolgten keine Übergriffe. Erleichterung trat bei allen ein, als das neue Rathaus erreicht war und die Straßenbahn mit ihren Bimmelgeräuschen vorbeifuhr. Aus der Bahn winkten jubelnde Fahrgäste. – Ich will nicht verheimlichen, dass bei mir die Angst dominierte. Ich habe immer darauf geachtet, schnell fliehen zu können, wenn die Sicherheitsorgane zuschlagen sollten. Ich wollte keinen Schlagstock über den Kopf bekommen.[18]

Dienstag, 10. Oktober
In der überfüllten Friedensbibliothek Zwickau berichtete ich
von den friedlichen Leipziger Ereignissen. Sie war eine Einrichtung des Konziliaren Prozesses[19] in der Ossietzkystraße.
Nach meinem Augenzeugenbericht wurde beschlossen, synchron zu dem Leipziger Friedensgebet ein ähnliches in
Zwickau durchzuführen, um so Solidarität auszudrücken, die
Leipziger Situation zu entlasten und eigene Akzente zu setzen. Dafür bildete sich ein Vorbereitungsteam mit Pfarrer
Thomas Storl (OV „Kammer II") und Uwe Wendt (OV „Gehilfe"), der Puppenspielerin Susanne Trauer (OV „Konzept"), der Gemeindehelferin Ulrike Dressel-Backofen (OV
„Konfrontation"), dem katholischen Landwirt Dirk Schöwe,
Maja Berger aus Dresden und mir.

An diesem Abend beschlossen wir, uns am Freitag in der
Wohnung von Pfarrer Storl zu treffen, um das Friedensgebet
für den kommenden Montag vorzubereiten. Bis dahin sollte
in Erfahrung gebracht werden, in welcher Kirche von Zwickau dieses Friedensgebet stattfinden könnte. Gedacht war an
den zentral gelegenen Dom. Wir machten aus, ständig in telefonischer Verbindung zu bleiben, um über die wechselnde Situation informiert zu sein.

---

[18] Im Frühjahr 1989 bin ich zweimal am Kopf wegen eines subduralen Hämatoms operiert worden und war zu diesem Zeitpunkt immer noch krank
geschrieben.
[19] Erwin Killat begann im September 1987 die einzelnen alternativen Basisgruppen in Zwickau zu sammeln und führte sie im Konziliaren Prozess
zusammen. Ein Jahr später, am 1. September 1988, wurde die Friedensbibliothek im Gemeindesaal der evangelischen Kirchgemeinde Neuplanitz
eröffnet.

Mittwoch, 11. Oktober

Pfarrer Storl brachte in Erfahrung, dass der Kirchenvorstand des Doms am kommenden Freitag tagen werde. Bis dahin sollte er dem Vorsitzenden des Kirchenvorstandes, Pfarrer Hübler, den Antrag auf Genehmigung und die Konzeption des Friedensgebetes vorlegen. Da offen war, ob der Kirchenvorstand dem Anliegen zustimmen würde, sprach Pfarrer Storl mit den Pfarrern der Paulusgemeinde. Sie erteilten sofort eine Zusage, da sie bereits montags um 18.00 Uhr eine Andacht angesetzt hatten. Pfarrer Storl kam mit den Pauluspfarrern überein, dass, falls im Dom kein Friedensgebet stattfinden dürfe, man es um 18.00 Uhr in der Pauluskirche abhalte werde.[20]

Nach dem Mittagsgebet um 13.00 Uhr befestigten Susanne Trauer und ich einen Aushang an einem Fenstergitter des Domes: „Freiheit für die Inhaftierten". An Blumensträußen, die wir ans Plakat banden, hingen kleine Zettel mit Bibelsprüchen. Sie erinnerten an die Verletzen und Verhafteten bei den letzten Demonstrationen in Leipzig, Dresden und Plauen.

Donnerstag, 12. Oktober

Ich ging ins Rathaus und sprach beim Stellvertreter des Bürgermeisters und Vorsitzenden der Abteilung Inneres, Rolf Stowasser, vor. Ich berichtete ihm von der explosiven Situation in der Bevölkerung und schlug vor, mich für einen Dialog zwischen der Zwickauer Stadtführung und dem Konziliaren Prozess einzusetzen. Herr Stowasser lehnte jedoch dieses Ansinnen ab. Am nächsten Tag sei bereits ein kurzfristig anberaumtes Gespräch mit Oberbürgermeister Fischer, das von den beiden Superintendenten Mieth und Walther sowie von

---

[20] In der Paulusgemeinde wirkten die Pfarrer Wolfgang Banert und Jochen Zimmermann. Banerts Motto war: „Wir haben die Not des Volkes. Es muss gebetet werden, dass es im Himmel klingelt."

Dekan Hoffmann gewünscht wurde, geplant. Die Basisgruppen und die Bevölkerung erfuhren davon, als der Bericht von der Begegnung am Sonnabend in der Zeitung „Freie Presse" stand.

Freitag, 13. Oktober
Am Vormittag kam das Vorbereitungsteam für das Friedensgebet in der Wohnung von Pfarrer Storl, Domhof 9, zusammen. Da jeder Erfahrungen mit Gottesdiensten und Friedensandachten hatte, war der Ablaufplan und die Verantwortlichkeiten rasch festgelegt. Gewählt wurde das Thema „Gewalt und Gewaltlosigkeit" und als Ort der Dom favorisiert. Um 17.00 Uhr sollte das Friedensgebet sein. Falls der Kirchenvorstand des Doms keine Zustimmung erteilte, sollte für 18.00 Uhr nach Paulus eingeladen werden.

Pfarrer Storl bemühte sich nach 12.00 Uhr zweimal telefonisch, mit Pfarrer Hübler über das Ergebnis des Vorbereitungsteams zu reden. Pfarrer Hübler war jedoch nicht bereit, ihn anzuhören und legte den Hörer auf. Das Team ging auseinander. Ich versprach zu versuchen, das Anliegen des Konziliaren Prozesses vor den Kirchenvorstand zu bringen, einen Organisten für das Orgelspiel zu gewinnen und entsprechende Tontechnik zu organisieren. Jeder sollte auf seine Weise das Ergebnis des Vorbereitungsteams weitersagen: Am Montag treffen wir uns 17.00 Uhr vor dem Dom. Falls er geöffnet wird, findet das Friedensgebet dort statt. Sonst werden wir zu der drei Kilometer entfernten Pauluskirche gehen, in der wir zum Friedensgebet herzlich willkommen sind.

Nach einer Mittagspause rief ich Pfarrer Hübler an. Er war empört und aufgeregt über meine Aktivitäten, die ich trotz meiner Krankschreibung unternahm. So etwas dürfe nicht sein. Von Kantor Kreisel habe er bereits gehört, dass das Friedensgebet im Dom stattfinden solle. Es sei eine Unverfrorenheit und Erpressung, ihn unter Druck zu setzten. Deshalb werde er alles unternehmen, das Friedensgebet nicht stattfinden zu lassen – nur über seine Leiche! Er sei außerdem am letzten Sonntag erneut wieder in den Dom „eingewiesen" worden. Ein Anruf von ihm genüge, und alles könne rückgängig gemacht werden. Dann legte er den Hörer auf.[21] Ich hatte keine Gelegenheit, die konkreten Umstände detailliert zu erklären.

Ich setzte mich mit Kantor Kreisel wegen des Organistendienstes in Verbindung. Er weigerte sich, zum Friedensgebet zu spielen, aber er hatte nichts dagegen, einen anderen Orgelspieler dafür zu bitten. Darauf rief ich den Verfahrenstechnik-Ingenieur Arnim Boitz an, einen Hilfskantor, ob er spielen könne. Er sagte sofort zu. Beim Jugendpfarramt, das eine entsprechende Tontechnik besaß, fragte ich nach, ob wir sie für das Friedensgebet ausleihen könnten. Ich erhielt eine Absage, da das Friedensgebet eine politische Sache sei. Dafür stehe ihre Technik nicht zur Verfügung. Daraufhin wurde die Beschallung bereitwillig und kostenlos von engagierten Bürgern aus der Stadt installiert.

Wie sollte der Antrag in den Kirchenvorstand kommen? Ich telefonierte mehrmals mit dem Stellvertreter des Kirchenvorstandes, Alfred Brunner. Er erklärte sich bereit, das Anliegen des Konziliaren Prozesses einzubringen. Zusätzlich schrieb ich dem Kirchenvorstand einen Brief. Darin legte ich die biblisch-theologische Notwendigkeit eines Friedensgebetes dar und sprach die dringende Bitte aus, in der angespannten Situation dem Konziliaren Prozess zu erlauben, im Dom

---

[21] Pfarrer Hübler wollte vor Ablauf der festgeschriebenen fünf Jahre die Domgemeinde wegen der laufenden Auseinandersetzungen verlassen. Er war bereits als Pfarrer in der Gemeinde Zöblitz gewählt und dorthin abgeordnet worden. Auf konspiratives Betreiben der Staatsorgane, der Stasi und des Kirchenvorstandes machte er dann seinen Weggang rückgängig. Hinzu kam, dass ich seit dem Frühjahr erkrankt war. Von der Neueinweisung Pfarrer Hüblers an den Dom habe ich nichts gewusst.

ein Gebet abzuhalten und Gott um Frieden zu bitten. Dem
Brief fügte ich die erstellte Verlaufsskizze und die Aufstel-
lung der Verantwortlichkeiten hinzu. Die Schriftstücke übergab ich Herrn Brunner, und er ging damit in die Sitzung des
Kirchenvorstandes.

Den Kirchenvorstand bewegte die Angst, dass nach dem
Friedensgebet eine Demonstration stattfinden und die
Staatsorgane mit Gewalt gegen die sich versammelten Bürger vorgehen könnten – wie im Sommer in Peking oder vor
einigen Tagen in Dresden, Leipzig und Plauen. Der Einsatz
der bewaffneten Kräfte könnte eskalieren und zu Blutver-
gießen führen. Die Kirchenvorsteher spürten ihre Verantwortung. Sie sahen sich als Zünglein an der Waage der Geschichte. Die Diskussionen und Entscheidungen waren von
tiefer Sorge um die Zukunft bestimmt. Sie wollten eine
Konfrontation verhindern und rangen um Erhalt des Status
quo. Superintendent Mieth hatte am Vormittag im Gespräch
beim Oberbürgermeister versprochen, eine Demonstration
zu verhindern. Er wollte nicht wortbrüchig werden. Die Basisgruppen hatten längst die Ängstlichkeit abgelegt, denn
die Zeit war reif, sich der totalitären Staatsmacht mit friedlichen Mitteln entgegen zu stellen. Sie drängten auf Reformen, forderten Veränderungen und wagten öffentlichen
Protest.

Die Debatte im Kirchenvorstand ging über vier Stunden. Im
Protokollbuch sind nur magere Stichpunkte festgehalten, die
die heiße Diskussion erahnen lassen:
– der Kirchenvorstand ist nicht gefragt worden, dass ein Friedensgebet im Dom stattfinden soll;
– diese Vorgehensweise wird missbilligt;
– für den Kirchenvorstand und Pfarrer Hübler ist diese Situation unerträglich;
– einstimmiger Beschluss, Superintendent Mieth muss mit
  Käbisch ein Gespräch führen;

- das Friedensgebet darf ausnahmsweise nur einmal am 16. Oktober stattfinden;
- die verantwortliche Gruppe soll einen Turnus mit anderen Kirchen suchen, wenn das geschehen ist, dann könnte es wieder im Dom sein;
- staatliche Vertreter sollen eingeladen werden;
- kein Plakat, keine Beschilderung, keine Einladung.

Sonnabend, 14. Oktober
Da sich Herr Brunner nicht meldete, rief ich ihn zur Mittagszeit an. Er war entrüstet, stinksauer und von mir enttäuscht, da ich mit unlauteren Mittel arbeite. Er sei missbraucht worden, denn ich hätte ihm die Hintergründe verschwiegen. Ich war erleichtert zu hören, dass der Kirchenvorstand die einmalige Zustimmung für das Friedensgebet erteilt hatte, aber ohne Plakatierung. Diese erfreuliche Nachricht gab ich sofort telefonisch weiter.

Jahre später erfuhr ich aus den Stasi-Akten, dass Pfarrer Hübler und Herr Brunner am Vormittag ein Gespräch mit Oberbürgermeister Fischer und seinem Stellvertreter Stowasser hatten. Dabei unterrichteten die beiden Kirchenvorsteher die Staatsorgane über die Sitzung des Kirchenvorstands und das geplante Friedensgebet. Der Konziliare Prozess habe den Kirchenvorstand vor vollendete Tatsache gestellt. Damit es nicht zu einem Demonstrationszug zu einer anderen Kirche käme, sei dieses Friedensgebet im Dom genehmigt worden. Dadurch hätten sie die Möglichkeit, auf die Veranstaltung einzuwirken und sie in Ruhe und Ordnung durchzuführen. In dem Gespräch wurden auch die weitere gemeinsame Vorgehensweise und die gegenseitige Information besprochen. Superintendent Mieth weilte an diesem Tag in Dresden. Ihm sollte nach seiner Rückkehr nochmals gesagt werden, dass er alles tun solle, um Konfrontationen zu verhindern und beruhigend einzuwirken.

Sonntag, 15. Oktober
Nach dem Gottesdienst stand der Superintendent vor meiner Tür und wollte mich unbedingt sprechen. Obwohl beide
Wohnungen im Pfarrhauskomplex Wand an Wand liegen,
hatte er mich in den letzten fünf Monaten während meiner
Krankheit nicht besucht. Er kam nicht als Pfarrer und Seelsorger, was die ureigenste Aufgabe eines Superintendenten
sein sollte, sondern im Auftrag des Kirchenvorstandes, um
mir dessen Missbilligung auszusprechen. Meine Unverantwortlichkeit schade der Gemeinde und der Kirche. Er hielt
mir das unbrüderliche Verhalten gegenüber dem Kirchenvorstand und die Unverantwortlichkeit meines politischen
Handelns vor. Er teilte mir ferner mit, ich müsse mich damit
abfinden, die Domgemeinde zu verlassen, falls es zu einer
Abstimmung über das Verbleiben im Amt am Dom zwischen Pfarrer Hübler und mir kommen sollte. Sie hätten
schon zuviel mit mir durchgemacht. Er werde alles unternehmen, dass es nach dem Friedensgebet zu keiner Demonstration und keiner gewalttätigen Auseinandersetzung
komme.

Montag, 16. Oktober
Nachdem Superintendent Mieth in den Morgenstunden ein
Gespräch mit dem Vorsitzenden des Rates des Kreises, Rolf
Saalfrank, hatte, trat aufgrund einer Schnelleinladung des
Superintendenten die „Konferenz des ökumenischen Stadtkonventes" in der Superintendentur zusammen. Es sei der
Wunsch des Landesbischofs Johannes Hempel, ein Friedensgebet im Dom stattfinden zu lassen. Es sollte verhindert werden, dass Bürger nach Leipzig fahren und es dort zu
einem massiven Auflauf komme. Die Laien und Basisgruppen, die die Initiatoren des Konziliaren Prozesses und des
Friedensgebetes waren, sind zu dieser Besprechung nicht
eingeladen worden. Sie haben erst später von der Zusam-
menkunft und den einschneidenden Beschlüssen der Amts-
träger erfahren:

– Superintendent Mieth übernimmt die Schirmherrschaft über das erste Friedensgebet;
– die kommenden Friedensgebete werden „Ökumenische Friedensgebete" genannt;
– sie werden im Rotationsprinzip in allen Stadtkirchen, nachdem die gemeindlichen Entscheidungsgremien zugestimmt haben, stattfinden;
– die Ortspfarrer übernehmen das Kanzelrecht;
– die Kirchenvorstände der einzelnen Gemeinden haben die Friedensgebete zu verantworten;
– der Konziliare Prozess liefert die aktuellen Informationen;
– die nächste Vorbereitung des Ökumenischen Friedensgebetes erfolgt in der Sakristei der Lutherkirche.[22]

---

[22] Über die „Ökumenischen Friedensgebete" hat der CDU-Pfarrer Theodor Polster im Mai 1990 eine Dokumentation angefertigt (Kopie im Privatarchiv Käbisch). Nach der Schilderung Polsters waren an diesem Montag (16.10.1989) Pfarrer der evangelisch-lutherischen, der evangelisch-methodistischen und der römisch-katholischen Kirche zusammengekommen, die ihre Bereitschaft signalisierten, sich angesichts der kritischen innenpolitischen Situation für den Gedanken eines Bittgottesdienstes zu öffnen. In dieser Besprechung wurde festgelegt, dass das zweite Friedensgebet am 23. Oktober in der Lutherkirche stattfinden solle, in der Polster selbst Pfarrer war. Aus Angst vor Abhörmaßnahmen fand die Vorbesprechung dieses Friedensgebetes am 19. Oktober in der Sakristei der Lutherkirche statt. Susanne Trauer, Ulrike Dressel, Dirk Schöwe und ich sind ohne Einladung dorthin gegangen und protestierten wegen der kirchlichen Vereinnahmung des Friedensgebetes. In der Dokumentation ist zu lesen, dass wir vom Konziliaren Prozess aufmuckten und uns gegen die Absprache des Pfarrerkreises stellten. Es wurde auch geäußert, der Pfarrerschaft sei das Friedensgebet von der Situation aufgenötigt worden. Nach einer Diskussion sahen wir ein, dass es kirchenrechtlich keine andere Möglichkeit gab, und waren der Ansicht, ein Schulterschluss sei entstanden. Am nächsten Tag ging Polster auf Wunsch des Dompfarrers Hübler ebenfalls ins Rathaus und unterrichtete den Stellvertreter des Oberbürgermeisters Stowasser im Beisein von Abteilungsleiter Jürgen Willig über den Ablauf des Friedensgebetes. Dabei erklärte Polster, dass er mit dem Kirchenvorstand als Veranstalter dafür Sorge tragen werde, dass das „Friedensgebet in Ruhe und ohne Vorkommnisse ablaufe". Vgl. Partei-Information 618/89; BStU ASt Chemnitz, AKG 406, Bd. 1, Bl. 145 f.

Mit diesem Beschluss waren die Basisgruppen und der Konziliare Prozess kirchenjuristisch aus dem Friedensgebet herausgenommen und trugen keine Verantwortung. Die Laien wurden zur Informationsbeschaffung gebraucht und zu Statisten degradiert. Damit hatte die Institution Kirche das Friedensgebet okkupiert. Das Friedensgebet am 16. Oktober 1989 war das einzige, das von der Basis gewollt, vorbereitet, organisiert, getragen und verantwortet wurde – trotz der nachträglichen Schirmherrschaft des Superintendenten. Es war ein Friedensgebet von unten. Während des ersten Friedensgebetes im Dom war auch das Symbol der brennenden Kerze hinter Stacheldraht aufgestellt worden. Es hat die Phase der friedlichen Revolution in Zwickau eingeleitet.

Von nun an öffneten Pfarrer und Kirchenvorstände, die den Status quo und das gute Staat-Kirche-Verhältnis eigentlich erhalten wollten, ihre Kirchen für die Friedensgebete. Es standen auch solche Pfarrer auf der Kanzel, die sich nie mit den Gedanken des Konziliaren Prozesses auseinander gesetzt hatten. Die Amtskirche hat das Friedensgebet nach ihren Vorstellungen verwaltet. Die Pfarrer waren von Amts wegen zur Predigt verpflichtet, aber ihre Verkündigung war oft nicht stimmig und kam nicht von Herzen. Was sie sagten, das deckten sie mit ihrem eigenen Leben nicht ab. Trotzdem sind diese „kirchlichen Würdenträger" (staatliche Bezeichnung für Pfarrer) ungewollt zu Gehilfen der anbrechenden Demokratie geworden. Die Struktur der Institution Kirche konnte auf den friedlichen Verlauf einwirken. Die Kirche wurde zu einer Art Katalysator. Das war für die weitere Entwicklung wichtig.

Ich sehe in diesem Beschluss der Pfarrer den Anfang einer Bewegung, an deren Ende die Basisgruppen der Kirche den Rücken kehrten. Sie wurden entmündigt. Sie hatten immer das Gefühl, in der Kirche nur geduldet zu sein; jedoch brauchten sie damals noch das schützende Dach der Kirche.

Nach der Sitzung des Stadtkonventes kam der Superintendent auf mich zu und untersagte mir, am Friedensgebet teilzunehmen. Als Grund gab er an, meine Anwesenheit würde
die Staatsorgane reizen. Ich solle den Kirchenvorstand nicht
weiter provozieren, denn was er aufbaue, würde ich kaputt
machen. Der Superintendent erteilte mir damit Hausverbot
an dem Ort, an dem ich als Pfarrer berufen und eingesetzt
worden war. Ich durfte am Gottesdienst, der zu den ureigens-
ten Aufgaben eines Pfarrers gehört, nicht teilnehmen. Ich befolgte seine Anordnung und fuhr mit meinem Sohn David
zum Friedensgebet nach Leipzig. Meine Frau bat ich, an mei-
nerstatt in den Dom zu gehen.

Ich möchte hier an die vielen mutigen Leute erinnern, die
sich in Basisgruppen zusammen schlossen und ihren historischen Platz einnahmen. Von Michail Gorbatschows Glasnost
und Perestroika ermutigt, drängten sie auf Veränderung und
Demokratisierung. Ich lernte keinen kennen, der die DDR
abschaffen wollte. Ihr beharrliches Kämpfen führte mit zur
Staatskrise und löste die umfassende Verwandlung der Gesellschaft aus, die nicht erst mit den Massendemonstrationen
im Oktober 1989 begann. In der neuen Gesellschaft jedoch
wurden diese Leute nicht mehr gebraucht. Ein Bild soll das
verdeutlichen. Die Basisgruppen waren vergleichbar der Hefe bei der Weinherstellung. Die Hefe bringt die Maische zum
Gären. Damit tritt der Prozess einer Umwandlung ein. Zuerst verläuft er stürmisch, aufwallend und überschäumend.
Dann wird er ruhiger und gärt gleichmäßig, bis der gesamte
Fruchtsaft zu Wein verwandelt ist und zu gären aufhört. Damit es ein edler Wein wird, muss der ganze Trub (Hefe) beseitigt werden. Dabei werden mehrfach die Verfahren des
Durchseiens und des Umstiches angewandt, bis der Wein
blank ist und mundet. Die Hefe der Wende waren die Laien,
die Basisgruppen und der Konziliare Prozess, die wie unruhi-
ge Geister die Gesellschaft durchsetzten. Der Einsatz, der
Mut und das Risiko dieser Leute haben mit dazu geführt,

dass die sozialistische DDR, die eine Diktatur und ein totalitärer Staat war, friedlich und gewaltfrei verändert wurde. Sie
haben mehr als ihre Pflicht getan. Sie haben Geschichte gemacht.

Die Stasi-Akte „Kammer" und Visionen

Es waren wiederum mutige Leute, die sich 1990 friedlich für
ein Gesetz einsetzten, das als einmalig bezeichnet werden
kann: das Stasi-Unterlagen-Gesetz.[23] Es erlaubt, die Vorgehensweise der Stasi zu erforschen und aufzudecken. Jeder
Bürger, der einen Antrag stellt, kann die Unterlagen einse-
hen, die die Stasi über ihn persönlich angelegt hat. Er kann
auch einen entsprechenden Antrag für die historische Aufarbeitung stellen. Nach Genehmigung können dann die Methoden, die Machenschaften, die Intrigen, die Maßnahmenpläne,
die Unverfrorenheit, die Doppelbödigkeit, die Gewalt, das
Unrecht der Diktatur wissenschaftlich aufgearbeitet und der
Öffentlichkeit zugänglich gemacht werden.

Im Jahre 1992 habe ich einen solchen Forschungsantrag gestellt. Seitdem versuche ich das Thema „Verhältnis des MfS
zur Evangelischen Kirche" aufzuarbeiten. Tatsache ist, dass es
neben der offiziellen Geschichte der Kirche, die sich sehen
lassen kann, noch eine inoffizielle gibt. Das ist eine peinliche
Geschichte für die Amtskirche, aber sie gehört auch zur Wirk-

---

[23] Gesetz über die Unterlagen des Staatssicherheitsdienstes der ehemaligen
Deutschen Demokratischen Republik (Stasi-Unterlagen-Gesetz – StUG)
vom 20.12.1991. Im Herbst 1990 haben Bärbel Bohley und andere Mit-
streitern die ehemalige Stasizentrale in der Berliner Normannenstraße
mit der Forderung besetzt, dass die Stasi-Akten geöffnet werden. Das cou-
ragierte Handeln und die Solidarisierung mit dieser Aktion haben mit dazu geführt, dass der Bundestag dieses Gesetzt verabschiedete. Vgl. Silke
Schumann: Vernichten oder Offenlegen? Zur Entstehung des Stasi-
Unterlagen-Gesetzes. Eine Dokumentation der öffentlichen Debatte
1990/1991, BStU Berlin 1995.

lichkeit des Christseins. Denn unser Glaube sagt, dass jeder si-
mul justus et pecator (sowohl ein Gerechter als ein Sünder)
ist. Die konspirative Geschichte bleibt gefährlich, wenn sie
nicht aufgedeckt, öffentlich gemacht und zu ihr gestanden
wird. Sonst geht sie weiter und richtet weitere Schäden an. Im
Aufdecken besteht die Chance, derartige geheime Machenschaften zu verhindern und Vertrauen durch Aufrichtigkeit
und Ehrlichkeit zu schaffen. Mein Alltag als Pfarrer war über-
schattet von der Beeinflussung der Stasi, die nicht nur durch
IM, sondern auch durch eigene Kirchenleute geschah. Neben
meinem persönlichen OV „Kontrahent" eröffnete die Stasi
am 15. Juli 1988 zusätzlich den OV „Kammer". So begann innerhalb der Domgemeinde eine weitere inoffizielle, geheime
und konspirative Geschichte. Sie wurde von der Stasi planmäßig gesteuert und war auf Langzeitwirkung angelegt. Differenzierung und Zersetzung sollten von den eigenen Leuten
durchgeführt und „demokratisch" praktiziert werden. Die
Stasi-Akte trägt zwar die Bezeichnung „OV" für Operativen
Vorgang, sie kann aber wie ein IM-Vorgang gelesen, verstanden und ausgewertet werden. Der Kirchenvorstand und der
Superintendent, die eine Obhuts- und Fürsorgepflicht auch
gegenüber den Pfarrern haben, wurden für die Ziele der Stasi
missbraucht. Die Einflussnahme geschah nicht direkt über die
hauptamtlichen Stasi-Mitarbeiter, sondern verdeckt über „gesellschaftliche Kräfte" oder IM. Der OV „Kammer" bezog
sich auf keine begangene oder zu erwartende Straftat nach
dem Strafgesetzbuch der DDR, was an sich die Voraussetzung
für die Anlage eines OV war, sondern benannte lediglich das
Ziel dieses Vorganges. Im Eröffnungsbericht heißt es:

„Die Zielstellung der komplexen operativen Bearbeitung aller Kirchenvorstandsmitglieder sowie seines Vorsitzenden
bestehen darin,
– eine umfassenende ‚Wer ist wer'-Aufklärung aller Mitglieder, aus spezifischer Sicht ihrer Stellung zu den Ereignissen
   am Dom, durchzuführen, um Mehrheiten für entsprechen-

de Beschlüsse gegen das Wirken von Pfarrer Dr. Käbisch kalkulierbar zu machen,
– entsprechend der Lage und nur in Abstimmung mit dem Leiter der Bezirksverwaltung offensive Maßnahmen einzuleiten, die es erreichen, dass Y. [Name anonymisiert] seine Position der Ablehnung der Ereignisse festigt und aktiv gegen Pfarrer Dr. Käbisch vorgeht sowie im Rahmen dieses Prozesses Superintendent Mieth, Günter ebenfalls zu konkreten Handlungen veranlasst wird."[24]

Um dieses Ziel zu erreichen, ging die Stasi folgendermaßen vor: Zuerst wurden vertrauliche Beziehungen zu einflussreichen Kirchenvorstehern hergestellt. Der Vorsitzende Pfarrer Hübler fand im Referenten für Kirchenfragen Zöphel einen Gesprächspartner, mit dem er über alles reden konnte. Die Weltpolitik, innerkirchliche Probleme und auch private Angelegenheit gehörten dazu. Für diese Begegnungen und Gespräche bekam der Kirchenreferent alias IME „Ludwig" von der Stasi konkrete Aufträge und Konzepte. Die Gesprächsprotokolle musste er schriftlich für die Stasi abfassen, die dann von ihr entsprechend analysiert und ausgewertet wurden. Sie bildeten die Grundlage für weitere Maßnahmen. Von diesem Hintergrundgeschehen hat Pfarrer Hübler nichts gewusst, aber er hätte es ahnen können, wenn er sich einem staatlichen Vertreter, der auf die Kirchenfragen spezialisiert war, anvertraute. Er war in der damaligen Situation froh, im Referenten einen Gesprächspartner und ein offenes Ohr für alle seine Probleme zu haben. Zöphel wurde zu einem Gesprächspartner, Freund und Vertrauten.

In ähnlicher Weise hat sich der Direktor der Ingenieurhochschule Zwickau, Professor Horst Aurich, um seine beiden

---

[24] Eröffnungsbericht der MfS-Kreisdienststelle Zwickau zum OV „Kammer" vom 15.7.1988, bestätigt durch den Leiter der Bezirksverwaltung, S. 1 f.; BStU, ASt Chemnitz, Reg.-Nr. XIV 1640/88, Bd. 1.

Mitarbeiter, den Wartungsingenieur Alfred Brunner und den Oberassistenten Dr. Heinz Fritzsch, gekümmert. Sie saßen im Kirchenvorstand. Aurich wirkte als IME „Winkler" für die Stasi und setzte gewissenhaft die von ihr entworfenen Gesprächskonzeptionen in die Realität um. Es waren stets Einzelgespräche. Der SED-Direktor zeigte plötzlich größtes Interesse am Domgeschehen und wusste über innerkirchliche Spannungen und Auseinandersetzungen Bescheid. Er baute auf Brunners und Fritzschs ehrliche und christliche Einstellung. Er erinnerte sie an ihr progressives Verhalten und Auftreten und appellierte an sie, das gute Staat-Kirche-Verhältnis nicht kaputt gehen zu lassen. Sie sollten keinen Missbrauch des Domes bei den A-Gottesdiensten zulassen, den Dom nicht zur „Zionskirche" werden lassen und auch die Aktivitäten des Konziliaren Prozesses zurückdrängen. Deshalb sollten sie sich im Kirchenvorstand einsetzen, derartige Dinge und Machenschaften zu unterbinden. Über diesen Weg, bei dem zugleich eine arbeitsrechtliche Abhängigkeit bestand, wurde auf die Meinungsbildung, die Entscheidungsfindung und das Abstimmungsverhalten der Kirchenvorsteher Einfluss genommen. Das war von Erfolg gekrönt. Bereits nach vier Monaten konnte in einem operativen Sachstandsbericht dem Leiter der Bezirksverwaltung Chemnitz, Generalleutnant Gehlert, gemeldet werden, die beiden Kirchenvorsteher hätten sich erfolgreich bemüht, Aktivitäten des Konziliaren Prozesses zu bremsen und die Absetzung der A-Gottesdienste am Dom zu betreiben. Auf Intervention des Superintendenten sind die Gottesdienst jedoch beibehalten worden. Die freiwillige Unterrichtung des Oberbürgermeisters wegen des ersten Friedensgebetes am Dom kann ebenfalls als Erfolg angesehen werden.

Superintendent Mieth ist häufig zu Gesprächen mit den Staatsorganen, die ebenfalls von der Stasi vorbereitet und konzipiert wurden, geladen worden und wurde dabei „abge-

schöpft". Er wurde nach seiner Haltung zum Konziliaren
Prozess, zur Friedensbibliothek und zu meiner Person befragt. Die angefertigten Gesprächsprotokolle wurden von der
Stasi ausgewertet und zur Planung neuer Maßnahmen benutzt. Bei den Gesprächen hat sich auch der Referent für
Kirchenfragen beim Bezirk, Steffen Klemm, eingeschaltet,
der zugleich ein „Offizier im besonderen Einsatz" der Stasi
war. Mieth hatte anfänglich Bedenken wegen der Überschreitung der bestehenden Gesprächsebene, hat aber dann
Klemm akzeptiert.[25] Mieth besaß bestimmte Rechte, die an
das alte römische Prinzip divide et impera erinnern. Er erhielt von der staatlichen Seite Informationen und Hintergründe, die er zumeist für sich behielt und selten kirchlicher-
seits auswertete. Auf ihn wurde eingewirkt, gegen den Konziliaren Prozess vorzugehen und besonders die Friedensbibliothek zu schließen. Er durfte die Härtefälle der A-Leute dem
Rechtsanwalt Dr. Wetzig vortragen und wurde somit privile-
giert.

Eine indirekte Beeinflussung Mieths durch die Stasi wird
auch durch den methodistischen Superintendenten Walther
deutlich. Walther war mit dem Leiter der MfS-Bezirksverwaltung Siegfried Gehlert befreundet. Beide besuchten sich gegenseitig und tauschten sich auch über kirchliche Belange
aus. Gehlert machte aus der Freundschaft eine konspirative
Beziehung zum IMB „Waldemar" (ohne Verpflichtungser-
klärung), sonst hätte er in seiner Stellung nicht mit einem
kirchlichen Würdenträger verkehren können. Walther wurde
operativ genutzt und hat sich sicherlich benutzen lassen, um

---

[25] Zur Gesprächsebene gehörte, dass der Pfarrer mit dem Stadtrat, der
Superintendent mit dem Oberbürgermeister und das Landeskirchenamt
mit dem Rat des Bezirkes sprach. Klemm versuchte Mieth eine wertvolle
Kristallvase zu schenken, die Mieth nicht annahm, denn er hat sich kor-
rekt an die kirchlichen Verordnung gehalten, keine Geschenke anzunehmen. Mieth bemühte sich, zu den Gesprächen möglichst nie allein zu gehen, und nahm sich kirchliche Begleiter mit.

auf Mieth Einfluss zu nehmen bzw. von ihm entsprechende Hintergrundsinformationen zu erhalten. Die Stasi sah die sich zuspitzende innenpolitische Lage realistisch. Die Zwickauer Basisgruppen besaßen eine Vorreiterrolle im DDR-Maßstab und waren nicht „in den Griff zu kriegen". Die Stasi wollte Gespräche, was aber die elitäre SED-Führung ablehnte. Deshalb hat sie wahrscheinlich den Wunsch, die Kirche möge mit dem Bürgermeister der Stadt Zwickau in einen Dialog treten, über Walther an Mieth herangetragen. Es sollte ein gesteuerter Verlauf der Entwicklung vereinbart und eine Demonstration verhindert werden. Weiterhin könnte es ganz im Sinne der Stasi gewesen sein, die Friedensgebete aus den Händen der Basisgruppen zu nehmen und sie nicht nur auf den Dom zu konzentrieren. Im entstandenen Rotationsprinzip lag vielleicht die Absicht versteckt, dass sich die Friedensgebete verlaufen werden.[26] Jedenfalls ist eine Spaltung zwischen dem kirchlichen Schirmherrn Mieth und den Basisgruppen eingetreten. Das lag ganz im Interesse der Stasi. Die Basisgruppen waren ein unkontrollierbarer Unsicherheitsfaktor. Dagegen war die Kirche mit ihren Würdenträgern kalkulier- und berechenbar. In ihr gab es Pfarrer, die von der

---

[26] Vgl. Aktennotiz des Rats des Kreises vom 17.10.1989; Sächsisches Staatsarchiv Chemnitz, Nr. 19788, ohne Paginierung. In der IM-Akte „Waldemar" finden sich an vier Stellen Verweise auf den (nicht identifizierten) IM „Geier", der Informationen über die Gespräche Mieths mit seinem Amtskollegen Walther an die Stasi weitergegeben hat (BStU, ASt Chemnitz, Reg.-Nr. XIV 1866/82, Bd. I/2, Bl. 129, und Bd. II/1, Bl. 96). Mit Superintendent Mieth habe ich gesprochen und ihn gebeten, mir konkrete Auskunft über die Ereignisse, Gespräche und Vereinbarungen der Tage im Umfeld des 1. Friedensgebetes zu geben, um diese einmalige Zeit für die Nachwelt zu dokumentieren. Er verweigerte mir jegliche Auskunft, sodass ich die Ereignisse nur aus meiner Sicht schildern und aus den schriftlichen Dokumenten zitieren kann, die aber sehr lückenhaft sind. Ein Grund für die spärliche schriftliche Überlieferung liegt wohl daran, dass es damals den Staats- und Stasi-Organen an Zeit und Ruhe fehlte, weil sich die Ereignisse überschlugen. In den geführten Gesprächen mit dem Leiter der MfS-Bezirksverwaltung Gehlert wurde meine Sichtweise bestätigt.

Stasi als „progressiv" eingeschätzt wurden.[27] Mieths Wunsch, umgehend mit den Gruppen des Konziliaren Prozesses Gespräche zu führen, kam durch die sich überschlagenden Ereignisse nicht mehr zustande.

Gott sei Dank kam der Herbst 1989, denn bis dahin hatte die Stasi ihre konspirative Einflussmöglichkeiten ausgebaut und perfektioniert. Die Konzeption der Maßnahmenpläne begann zu greifen und erreichte die erwünschte Wirkung. Die Geschehnisse am Dom konnten über „demokratische Beschlüsse" der Kirchengremien dirigiert und beeinflusst werden. Auch das Landeskirchenamt in Dresden ist in diesem Prozess der Einflussnahme mit eingeschaltet gewesen. Das wahre Ausmaß bedarf noch einer eingehenden Untersuchung. An dieser Stelle möchte ich besonders Pfarrer Hübler erwähnen und seine christliche Haltung hervorheben. Er ist die einzige Person, die sich im Prozess der Aufarbeitung für sein damaliges Verhalten öffentlich entschuldigt hat. Das lässt hoffen und sollte zur Nachahmung anspornen.

Der Titel und Inhalt des Buches von Dorothee Sölle „Ein Volk ohne Visionen geht zugrunde" haben mich nicht nur vor 1989 fasziniert. So wage ich auch sieben Visionen auszusprechen:

1. Es ist die Vision der Wahrheit, die öffentlich über Verstrickung, Verrat und Verletzung spricht. In diesem Geschehen kann ausgesprochene Schuld vergeben werden. Das führt zur Heilung der Gesellschaft!
2. Es ist die Vision der Gerechtigkeit, die Verletzungen von menschlichen Werten und christlichen Tugenden empfindet und ausspricht. Das führt zu einer neuen Qualität der DDR-Aufarbeitung!

---

[27] SED und Stasi teilten die Pfarrer in drei Gruppen ein: Progressiv, loyal und feindlich-negativ. Diese Einteilung gehörte zu den Differenzierungsmaßnahmen, um Basisgruppen und Personen besser zersetzen und paralysieren zu können.

3. Es ist die Vision der Zivilcourage, die aus dem protestanti-
schen Glauben lebt und Nachteile nicht scheut, wenn es
um die Grundrechte und Freiheiten der Menschen geht.
Es gibt viel zu tun!

4. Es ist die Vision der Solidarität, die mit der Dynamik rechnet, wenn einer für den anderen eintritt. Das Verlangen
nach Solidarität ist groß!

5. Es ist die Vision des Daseins für andere, in der die Kirche
beginnt aufzuhören, sich nur mit sich selbst zu beschäfti-
gen. So entsteht Hoffnung bei den Suchenden!

6. Es ist die Vision des aufrechten Ganges, bei der jeder seine
Rede und sein Leben nach den Worten Jesu ausrichtet:
„Ja, ja; nein, nein. Was darüber ist, das ist vom Übel." Auf-
richtigkeit tut not!

7. Es ist die Vision des Vertrauens. Vertrauen ist und bleibt
die Wurzel des friedlichen Miteinanders. Jeder sehnt sich
danach!

Literaturhinweise

Klaus Behnke/Jürgen Fuchs (Hrsg.): Zersetzung der Seele. Psychologie und
Psychiatrie im Dienst der Stasi, Hamburg 1995.

Gerhard Besier: Der SED-Staat und die Kirche 1969–1990. Die Vision vom
„Dritten Weg", Berlin und Frankfurt am Main 1995.

Gerhard Besier/Stephan Wolf (Hrsg.): Pfarrer, Christen und Katholiken. Das
Ministerium für Staatssicherheit der ehemaligen DDR und die Kirchen,
Neukirchen-Vluyn 1991.

Sebastian Engelbrecht: Kommunikationsgemeinschaft Kirche? Eine Studie
zum kirchenleitenden Handeln in der Evangelisch-Lutherischen Landeskirche Sachsens 1971–1989, Dissertation Leipzig 1999.

Dieter Grande/Bernd Schäfer: Kirche im Visier. SED, Staatssicherheit und
Katholische Kirche in der DDR, Leipzig 1998.

Helmut Müller-Enbergs (Hrsg.): Inoffizielle Mitarbeiter des Ministeriums für
Staatssicherheit. Richtlinien und Durchführungsbestimmungen, Berlin 1996.

Ehrhart Neubert: Geschichte der Opposition in der DDR 1949–1989, Berlin
1997.

Ulrike Poppe/Rainer Eckert/Ilko-Sascha Kowalczuk: Zwischen Selbstbehauptung und Anpassung. Formen des Widerstandes und der Opposition
in der DDR, Berlin 1995.

Katja Schlichtenbrede: Alternative Gruppen in Zwickau in den 80er Jahren
im Spannungsfeld von Staat und Kirche, Magisterarbeit Leipzig 1999.

Josef Schmid: Kirchen, Staat und Politik in Dresden zwischen 1975 und 1989, Köln 1998.

Siegfried Suckut (Hrsg.): Wörterbuch der Staatssicherheit. Definitionen zur „politisch-operativen Arbeit", Berlin 1996.

Walter Süß: Staatssicherheit am Ende. Warum es den Mächtigen nicht gelang, 1989 eine Revolution zu verhindern, Berlin 1999.

Clemens Vollnhals (Hrsg.): Die Kirchenpolitik von SED und Staatssicherheit. Eine Zwischenbilanz, Berlin 1996.

INES GEIPEL

Das „Sportwunder" DDR und die andere Seite seiner Medaillen

Geheimplan

Die anhaltenden, im Gedächtnis eingelagerten Sporterfolge der DDR sind maßgeblich das Ergebnis eines Ende 1974 beschlossenen konspirativen Masterplans. Das bestätigen die nunmehr zugänglichen Archive. Das SED-Politbüro hatte aus purer Renommiersucht – denn das Land war in jener Zeit weithin international anerkannt – einen kühl kalkulierten Plan beschlossen, dessen Umsetzung den unaufhaltsamen Aufstieg des Sportwunderlandes DDR garantierte. Der als Staatsgeheimnis konzipierte Plan 14.25 entpuppte sich als ein Programm zum flächendeckenden, konspirativen Zwangsdoping im ostdeutschen Leistungssport. Konkret: In der DDR wurde mehr, länger und aggressiver gedopt als anderswo, alternativlos und ohne jegliche medizinische Aufklärung der Athleten. Die Infamie bestand darin, dass bereits zehn- bis elfjährigen Mädchen hohe Dosen männlicher Hormone verabreicht wurden. Außerdem kam es besonders in den achtziger Jahren zu zahlreichen Versuchen am Menschen – an Sportlern –, mit Mitteln, die nicht auf der Medikamentenliste des Landes standen.

Am 23. Oktober 1974 trat die Arbeitsgruppe „Unterstützende Mittel" zusammen, deren Leiter, der Sportmediziner Manfred Höppner, zum Koordinator des konspirativen Dopings in der DDR wurde. Das blieb er bis zum Zusammenbruch des SED-Regimes. Zum Kern des Masterplans gehörten: staatlich gelenktes Doping, zentrale Anwendungskonzeptionen der Drogen und ihre Weiterentwicklung wie die absolute Geheimhaltung, also auch internationaler Betrug. Als Chef

kam Manfred Höppner in diesem System die Oberaufsicht
über Einkauf, Verteilung, Einsatzbereich und Anwendung
der Stoffe zu. Seine umfangreiche Geheimdienst-Akte als IM
„Technik" hat einen Anfang, aber kein Ende. Höppner wurde
im Dezember 1965 angeworben, der erste Treffbericht datiert
vom 5. März 1966, der letzte vom 3. Oktober 1986; verplombt
wurde die Akte jedoch erst am 29. November 1989. Bezeich-
nenderweise ist kein Abschlussbericht auffindbar. Ein vierter
Berichtsband, im Mai 1987 angelegt, ist offenbar vernichtet
worden. Das Aktenkonvolut liest sich wie die Minivariante
des großen Regieplans und offenbart das zentrale Herr-
schaftswissen dieses Arztes. Nichts, was es in der Akte nicht
gäbe: Neben der Durchsetzung des Geheimnisschutzes, der
Einschätzung zum Forschungsstand „Komplex 08" – der Do-
pingforschung also –, der Beurteilung seiner Kollegen, Höppners Aufträgen während seiner häufigen Auslandsreisen und
den Situationsberichten zu Sporthöhepunkten, finden sich in
einem Punkt seiner Treffberichte jeweils Einschätzungen zur
Anwendung von Anabolen.

So berichtet IM „Technik" im September 1973, also noch einige Zeit vor Gründung der Arbeitsgruppe „Unterstützende
Mittel": „Nach Einschätzung des IM wurde bei den Schwimmern etwas zuviel getan. Die enormen körperlichen Veränderungen (Oberschenkel, Rücken) sind eindeutig auf die
Anwendung von Anabolen zurückzuführen, wie auch Auswirkungen auf die Sprache und das Zurückgehen der Brüste.
Dass speziell bei den weiblichen Aktiven derartige Nachwirkungen auftreten, hat seine Ursache darin, dass durch die
Anwendung von Anabolen dem Körper männliche Hormone
zugeführt werden und quasi Schein-Zwitter erzeugt werden."[1] Im August 1974 diktierte Höppner in Vorbereitung auf
die Leichtathletik-Europameisterschaften in Rom seinem

---

[1] Manfred Höppner als IMV „Technik", Treffbericht September 1974;
BStU, Zentralarchiv (ZA), A 637/79 (Teilablage), Teil 2, Bd. 2.

Führungsoffizier „Erich": „Als Übergangslösung werden die
Aktiven in Vorbereitung auf die EM nach dem Absetzen der
Anabole mit Hormonen gespritzt, was jedoch nicht zu einer
ständigen Einrichtung werden kann, da die Nachwirkungen
bei den weiblichen Aktiven (Bartwuchs, tiefe Stimme) von
bleibendem Wert sind."[2] Wie der Plan eines Generalstabes
lesen sich dann die Berichte nach Gründung der sogenannten
„Höppner-Gruppe". Im März 1977 gibt es eine Kurzinforma-
tion über eine Beratung mit Manfred Ewald, dem langjährigen Präsidenten des „Deutschen Turn- und Sportbundes"
und Präsidenten des NOK der DDR: „Es gab eine längere
Diskussion zur Anwendung von anabolen Hormonen im Zusammenhang mit den zunehmenden internationalen Kontrollen und den aktuellen Leistungsverbänden für das Jahr 1977.
Von mir wurde dargelegt, dass die für 1977 verteilten Leis-
tungsaufträge an die Sportverbände bei Verzicht auf die Anwendung von unterstützenden Mitteln, insbesondere aber
anaboler Hormone nicht voll realisiert werden können und
die Verbandstrainer und die Jugendtrainer die Mediziner zur
Anwendung dieser Mittel nötigen. Antwort des Genossen
Ewald: Die Verbände müssen doch nicht überall hinfahren
und teilnehmen. Nur Medaillen 1980 zählen. Einwurf dazu
von Genossen Röder: Genosse Ewald, wir brauchen aber
schon internationale Spitzenleistungen und Siege auch im
Jahr 1977. Zwischenfrage von mir an Genossen Ewald: Wie
zum Beispiel die Schwimmer und Leichtathleten 1977 auftragsgemäß ihre Länderkämpfe, Europa-und Weltpokal-
wettkämpfe gewinnen sollen, wenn auf die Anwendung von
unterstützenden Mitteln verzichtet wird. Denn mit dem Trai-
ning allein reicht es nicht. Antwort von Genosse Ewald: Keine. Betroffenes Schweigen. In einer weiteren Anfrage machte
ich darauf aufmerksam, dass wir uns entscheiden müssen, wie
wir uns zukünftig mit der Anwendung von anabolen Hormonen bei den noch recht jungen Schwimmerinnen verhalten

---

[2] IM „Technik", Treffbericht August 1974; ebenda.

sollen, die ja in ihrem höchsten Leistungsalter im Verhältnis zu den anderen Sportlerinnen relativ sehr jung sind. Auf diese Frage wurde keine konkrete Antwort gegeben, geschweige denn eine Festlegung getroffen. Lediglich ein Genosse äußerte sich wie folgt: Es ist sehr problematisch. Alle übrigen schauten zu Boden, Genosse Ewald äußerte sich nicht."[3]

Im Jahr 1977 läuft das standardisierte Chemie-Programm der Herrenriege erst an, kaum zwei Jahre ist es her, dass es beschlossen wurde. Die Schäden für die Sportlerinnen und Sportler werden bei ihren Beratungen konkret besprochen. Längst sind sie unübersehbar. Entsetzt berichtet Manfred Höppner von einer 19-jährigen Schwimmerin, „die zum Rasieren gezwungen war, da die Schamhaare bereits bis in die Nabelgegend reichen".[4] Er führt mit ihr mehrere Gespräche, „da sie nach der bestätigten Festlegung erst seit einem Jahr mit Anabolika versorgt werden durfte. Es stellte sich heraus, dass die S. durch ihren Trainer bereits seit ihrem 15. Lebensjahr mit derartigen unterstützenden Mitteln versorgt wird. Aufgrund der angeführten Umstände hatte sich die S. entschlossen, mit dem Leistungssport nach den Olympischen Sommerspielen aufzuhören. Daraufhin habe man ihr von der Klubleitung die Alternative gestellt: Entweder sie bleibt weiterhin im Leistungssport, oder es wird ihr jegliche Unterstützung, auch in bezug auf die Ablegung ihres Abiturs in zwei Jahren versagt."[5]

Nach fünf Jahren als Marinearzt in Saßnitz und Peenemünde war Manfred Höppner 1964 zum ein Jahr zuvor gegründeten Sportmedizinischen Dienst gegangen. Er wird Verbandsarzt der Leichtathletik, lässt sich zum Facharzt für Sportmedizin ausbilden und startet damit seinen beachtlichen Aufstieg. Am

---

[3] IM „Technik", Treffbericht März 1977; ebenda.
[4] IM „Technik", Treffbericht März 1977; ebenda.
[5] IM „Technik", Treffbericht März 1977; ebenda.

23. Oktober 1974 wird ihm die Leitung der Arbeitsgruppe „Unterstützende Mittel" übertragen, er zögert nicht und konstituiert sie im Januar 1975 in Berlin. Am 19. Dezember 1978 gibt Höppner in einem Gespräch seinem Führungsoffizier zu Protokoll: „Nach Einschätzung des IM ergibt sich der hohe Geheimhaltungsgrad dieses Forschungsvorhabens in erster Linie aus dem Umstand, dass wir uns damit im Widerspruch zur offiziellen Sportpolitik befinden. Mit diesem Forschungsvorhaben als Staatsplanvorhaben wird faktisch bestätigt, dass unterstützende Maßnahmen sowie die weitere Suche nach neuen chemischen Mitteln zur künstlichen Leistungssteigerung von staatlicher und parteilicher Seite aus gebilligt werden. Bedenken meldet der IM an bei dem Teilvorhaben der Anwendung von Psychopharmaka zur Erhöhung der Aggressivität der Leistungssportler im unmittelbaren Wettkampf. Wird es überhaupt möglich sein, die damit erzielte Aggressivität in die richtige Richtung zu lenken und unter Kontrolle zu halten? Für die Wissenschaftler ist nach Vorliegen des Präparates alles weitere uninteressant, und sie haben auch keinen Einfluss mehr in der anschließenden konkreten Anwendung."[6]

Manfred Höppner meldet Bedenken an, Bedenken zum Einsatz illegaler, unerprobter Psychopharmaka. Wird es möglich sein, fragt er seinen Führungsoffizier, das alles in die richtige Richtung zu lenken und unter Kontrolle zu halten? Von den Wettkampfstätten der Turner kommen beunruhigende Berichte. Von regelrechten Amokläufen ist da die Rede, von starren Blicken. Einer musste geradezu wieder eingefangen werden. In den Stadien stellen die Funktionäre die gleichen starren Blicke bei den Leichtathleten fest, vollkommen traumatisierte Körper nach den Siegen. Bei den Turnerinnen kommt es aufgrund der extrem frühen Anabolika-Gaben zu regelrechten Veränderungen der Gewebestrukturen. Die

6 IM „Technik", Treffbericht Dezember 1978; ebenda.

Ärzte sind ratlos, sie kennen die neu entstandenen Formen
an den Gelenken nicht, wissen keine Therapie.

Es ist das Jahr 1978. Es wird gedopt, hemmungslos, dabei
sieht es so aus, als ob Höppners System nicht unter Kontrolle
kommt und von Beginn an aus den Bahnen läuft. Nach außen
dem Weltdoping den Kampf ansagen und nach innen geregel-
tes Zwangsdoping praktizieren, ist das eine. Doch es ist
Höppners System im eigenen Land, das er nicht beherrscht,
nicht in den Griff bekommt. Ein System in Dauerkrise, mit
mafiotischen Schattenwelten, mit immer höher drehendem
Drogen-Karussell, mit dem billigsten, wehrlosesten Material,
das vorstellbar ist. Und bei dem bald ganz andere ins Blick-
feld kamen.

Einer von ihnen ist Alexander Schalck-Golodkowski, Prinzi-
pal des riesigen, eng mit dem Geheimdienst verflochtenen Fi-
nanzimperiums „Kommerzielle Koordinierung" (KoKo). Er
wird Anfang der achtziger Jahre von seinem Chef Erich Mielke beauftragt, eine Restrukturierung zuerst der Berliner
Sportvereinigung Dynamo und in der Folge des gesamten
ostdeutschen Sportsystems anzugehen. Wieso, könnte man
fragen, heimsten die ostdeutschen Aktiven doch international Erfolg für Erfolg ein, oder was macht Schalck im Sport?
Kurz gesagt hatte der MfS-"Offizier im besonderen Einsatz"
so schnell wie möglich zu klären, ob das zwangsgedopte
„Sportlermaterial" nicht die chronisch defizitäre Zahlungsbilanz des Landes aufbessern könnte. Bis es soweit war, mussten allerdings rasch einige grundsätzliche Angelegenheiten
geklärt werden. Die Berliner Dynamo-Vereinigung war Mielkes Ziehkind, über das er allein bestimmen wollte. Spätestens
seit der Olympiade 1976 waren ihm aber vielfach kritische
Äußerungen von Dynamo-Ärzten zum immer aggressiver
werdenden Doping zugetragen worden. Der Sportmediziner
Bernd Pansold, selbst Drogenverabreicher an zahlreiche Dy-
namo-Schwimmerinnen, berichtete als IM „Jürgen Wendt"

nach Montreal 1976: „Unter einem Teil der Sportmediziner
gibt es Äußerungen dahingehend, dass die durchgeführten
Maßnahmen, speziell an Sportlerinnen, in gewissem Maße
kriminellen Vergehen gleichkommen."[7] Da Mielke den Ge-
heimdienstverein Dynamo zur sportlich ersten Kraft im Land
zu machen gedachte, konnte er keine skeptischen Ärzte ge-
brauchen. Bei allem Ärger im Land, wollte sich Mielke wenigstens im Stadion über seine „Dynamos" freuen können.
Also rief er den umtriebigen Schalck, der schnell herausfand,
was zu tun war: „Da ich mich mit den Problemen sehr beschäftigt habe und mit ihnen gewachsen bin", schreibt der im
Dezember 1984, „komme ich zu der Auffassung, dass die wis-
senschaftlich-feindliche Haltung, speziell der Leistungsmedizin, ein Niveau erreicht hat, was für die Sache unerträglich
ist. Es wäre wirklich zu prüfen, ob solche Leute wie Genosse S. oder H. die Arbeit weiterführen [...] Ich glaube, hier
müssen einige ideologische Grundfragen ganz schnell geklärt
werden."[8]

Vier Wochen zuvor hatte Schalck bereits ein Thesenpapier
zur Umstrukturierung des Sportmedizinischen Dienstes in
der SV Dynamo verfasst. Es ist deutlich: „Der Sportmedizini-
sche Dienst unterscheidet sich gegenüber einer Reihe anderer Disziplinen im wesentlichen dadurch, dass er neben theoretischen Aufgaben auch unmittelbar selbst produktiv im
Sinne eigener abrechenbarer Leistungen tätig ist."[9] Im Kern
entwirft Schalck sein Modell vom Sportler als einer „echten
sozialistischen Gemeinschaftsarbeit", die nur in der „Einheit
zwischen Sportfunktionär, Wissenschaft und Produktion"
hergestellt werden könne. „Die Zersplitterung der wissen-
schaftlichen-praktischen Kapazitäten ohne einheitliche und
koordinierende Leitung führt zu erheblichen Effektivitäts-

---

[7] Bernd Pansold als IM „Jürgen Wendt", Treffbericht Juli 1976; BStU, ZA,
AIM 9211/92, Teil 2, Bd. 1.
[8] Schalck-Golodkowski; SAPMO, DL 2/KoKo 1096.
[9] Schalck-Golodkowski; SAPMO, DL 2/KoKo 1096.

verlusten. Das wirkt sich in der Industrie – nur so will ich das
vergleichen – im gleichen Sinn negativ aus."[10]

Vorbilder

Schalck favorisierte die technokratische Fabrikation von ost-
deutschem Sport-Nationalgut, was ein gutes Stück histo-
risches Unterfutter erkennen lässt: Mit zwei sich überlap-
penden Folien im Kopf konnte die DDR-Sportnomenklatura
sowohl auf Hitlers als auch auf Stalins Mobilisierungskon-
zepte von Körpern zurückgreifen, um sie für die Belange der
DDR erneut einzusetzen. Bei allen Unterschieden sollten
diese Konzepte allen drei Regimen in ihren säkularisierten
Heilserwartungen dienlich sein.

Durch das nationalsozialistische Propaganda-Getöse ist in
Deutschland vor allem das Bild der Riefenstahl-Körper
nachhaltig in Erinnerung geblieben. Die Körper aus „Olym-
pia – Der Film von den XI. Olympischen Spielen Berlin
1936" orientieren sich dabei am „arischen Mann", der, so die
Bild-Architektin, der „Jugend Ansporn sein soll, noch schö-
ner und vollkommener zu werden." Ein der Antike entlehn-
ter, nobler, gepanzerter, unaufhaltsamer, männlicher Körper
– über ihn formt sich bis in den Krieg hinein das offizielle
Körperleitbild des Nationalsozialismus. Während der weihe-
vollen Eröffnungszeremonie in Riefenstahls 1938 aufgeführ-
tem Olympia-Film wird ein einzelner, muskulöser, strahlen-
der Männerkörper aus mehreren, dienenden Frauenkörpern
heraus geboren. Die drei Frauen verbrennen gleichsam in
den Flammen, bevor der edle Recke seine Augen öffnet und
mit der Fackel in der Hand zum Siegen ins Helle, in die neu
gebaute Berliner Arena, läuft. Mit dieser Metapher wird die
Tatsache verknüpft, dass das „Dritte Reich" 1936 mehr Medaillen gewann als alle anderen Nationen und im Medaillen-

---

[10] Schalck-Golodkowski; SAPMO, DL 2/KoKo 1096.

spiegel den ersten Platz einnahm. Von Anfang an verdeut-
lichte die NS-Politik ganz offen, dass Männer dem nationalsozialistischen Staat auf unterschiedliche Weise würden dienen können, die einzig wahre Berufung der Frau stattdessen
konnte nur die Ehe sein. Am besten erfüllte sie, wie Hitler in
„Mein Kampf" schreibt, den Auftrag des „völkischen Staates" im „Heranzüchten kerngesunder Körper".

Der allein lebenspendenden, gebärenden Frau im Nationalsozialismus steht das Bild der arbeitenden Mutter Sowjetruss-
lands gegenüber. Das Bolschewisierungsmodell brauchte die
Frau als „Erbauer des Sozialismus", das hieß zuerst und vor allem als Arbeitskraft, und sah gerade darin die Gleichstellung
von Frau und Mann. In einem vielschichtigen und ambivalenten Prozess wird sie schließlich nicht nur geopfert, sondern vor
allem auch maskulinisiert. Mit dem Ehegesetz von 1918 im revolutionären Sowjetrussland wurden zwar einerseits alle Paragraphen getilgt, die eine Diskriminierung der Frau enthielten.
Die unvorstellbare Roheit im Verhältnis der Geschlechter veränderte sich dennoch kaum. Die in besagtem Ehegesetz vollzogene rechtliche Trennung von Kirche und Staat trieb den
von den Bolschewiki betriebenen Atheisierungsprozess der
Gesellschaft voran, zugleich beförderte er die Eingliederung
der Frau in den Produktionsprozess. In diesen Kontext, der mit
einem Zivilisationsbruch einherging, gehört auch die Transfor-
mation der Frau zum Versuchsobjekt, die Degradierung ihres
Körpers zum totalen Experimentierfeld.

Ein frühes und sicher extremes Beispiel ist das 1929 auf einer
Affenzuchtfarm im georgischen Suchumi gestartete Experiment des russischen Zoologen Iwanow. Ein Zuchtversuch,
der die Kreuzung zwischen Affe und Mensch zum Ziel hatte,
die künstliche Besamung einer Frau durch das Sperma eines
Schimpansen. Die „Kommunistische Akademie", eine 1918
gegründete wissenschaftliche Einrichtung zur Förderung
marxistischer Forschungen, erhielt von der Regierung den

Auftrag, „die Aufnahme der notwendigen Versuche zu organisieren". Der Zuchterfolg stand offenbar nicht in Zweifel, denn eine Kommission der Akademie ordnete an, die Versuche geheimzuhalten, „bis zum Erhalt erster positiver Resultate". Gesucht wurden „ideell, nicht materiell interessierte" Sowjetbürgerinnen, die bereit waren, streng isoliert auf der Affenzuchtfarm zu leben. Die Natur blieb die letzte Instanz, um dieses skandalöse Unternehmen zu verhindern. Im Moment des Versuchsbeginns starb das einzige geschlechtsreife Anthropoiden-Männchen „Tarzan", das als Samenspender auf der Farm in Suchumi vorgesehen war.[11]

Drogensport und die Staatssicherheit

Es ist vorstellbar, dass die DDR-Sportpolitik die sowjetische Variante des Zugriffs auf den Körper der Frau bzw. von Mädchen aufnahm, um sie letztlich in den Riefenstahl-Körper, in das Klischee des „männlichen Ariers" zurückzuführen. Ideologen wie Manfred Ewald, über zwei Jahrzehnte Sportchef im Land, aber auch die Nachkriegsgeneration, die das ostdeutsche Sport-Wunderland und mit ihm sein Dopingmodell maßgeblich schufen, trugen die ästhetischen und realen Sieger als Ideale aus ihrem Bild-Gedächtnis in die ostdeutsche Diktatur. Ewald startete seine Offensive und sein Gefolge suchte – als Söhne und Töchter – den verlorenen Krieg ihrer Väter auf dem Gebiet des Sports zu gewinnen. So siegten vor allem die ostdeutschen Athletinnen als androgenisierte Körperpanzer aus hochgedopten Muskeln und dem Willen zur Leistung und zur Selbstopferung. Eine makabre Körperkunst, die im Grad ihrer technokratischen Durchführung ohne Beispiel geblieben ist. Dass bis weit in die Mitte der achtziger Jahre hinein keine farbigen Athleten Mitglied der DDR-Nationalmannschaft

---

[11] Vgl. dazu Kirill Rossijanow: Gefährliche Beziehungen: Experimentelle Biologie und ihre Protektoren, in: Dietrich Beyrau (Hrsg.): Im Dschungel der Macht. Intellektuelle Professionen unter Hitler und Stalin, Göttingen 2000, S. 340–359.

werden durften, kann in diesem Zusammenhang nur Erwäh-
nung finden.

Ob Schalck-Golodkowski bei der Neudimensionierung des
ostdeutschen Leistungssports das Problem des gegenge-
schlechtlichen Eingriffs bei Frauen durch Doping – und damit einer Doppelschädigung – überhaupt je in den Blick bekam, muss bezweifelt werden. Seiner Kaufmannsseele lagen
andere Dinge näher. Im großen Stil sicherte er dem DDR-
Drogensport seine Unterstützung zu. Im Dezember 1984
schrieb er an einen Dynamo-Funktionär: „Da ich mich der
SV Dynamo verschrieben habe und der Minister Dir alle
Vollmacht erteilt hat, das vorzubereiten, möchte ich Dir mitteilen, dass der jetzt erreichte Stand der Arbeit nach wie vor
nicht befriedigt [...] Die allgemeine Erklärung – wir entwickeln alles in der DDR – wird sicherlich stimmen, die Frage
ist bloß, wann wir diese Geräte aus dem Erprobungszustand
für unsere Sportler einsetzen können – ob das für die Olympiade 1988 oder für die Olympiade 1992 sein wird. Wir wollen
aber bereits 1985 siegen [...] Nach meiner Auffassung müssen
Anfang Januar Entscheidungen fallen durch den Minister."[12]

Für das Olympiajahr 1984, in dem die DDR mit dem ersten
Platz der Länderwertung in Los Angeles liebäugelte, wurde –
wie der Sporthistoriker Giselher Spitzer in seiner umfassenden Studie „Doping in der DDR" zeigte – eine neue „Über-
brückungsmaßnahme" für Sporthöhepunkte durchgesetzt.
Das geheime Forschungsinstitut für Körperkultur und Sport
Leipzig hatte mittels Computer exakte Zeitpläne für Athleten erstellt, um die international eingeführten Oral-Turina-
bol-Kontrollen durch „genau errechnete und erprobte Dosen
von Testosteron und Epitestosteron, intramuskulär gespritzt," zu umgehen. „Geltende Praxis war nun die compu-
tergestützt angehobene Dosierung geworden: Die Sport-

---

[12] Schalck-Golodkowski; SAPMO, DL 2/KoKo 1096.

ler/Innen erhielten jetzt höhere Mengen männliches Rein-
hormon als je zuvor durch Spritzen zugeführt, außerdem ver-
größerte sich der Kaderkreis für diese Methode", schreibt
Spitzer. [13]

Die für diese Methode notwendigen Geräte möglichst sofort
anzukaufen, hielt Schalck für geboten, um „die wissenschaft-
lich-feindliche Haltung, speziell der Leistungsmedizin," aus-
zubremsen. Der „ehrbare Kaufmann" – als der er sich erklärte – bestellt und kauft natürlich im Westen. Auch aus
diesem Grund erhöhen sich die Valutaaufwendungen für
den DDR-Sport in den achtziger Jahren rapide: zwischen
1985 und 1987 von 6,8 auf 12,2 Millionen, nur 1,6 Millionen
werden 1986 durch Start- und Preisgelder wieder hereinge-
holt.[14] Das war nicht nur für den zuständigen Schalck vermutlich ein unhaltbarer Zustand. Er wurde beauftragt, Ab-
hilfe zu schaffen. „Wir taten nicht mehr und nicht weniger,
als nicht genutzte ökonomische Ressourcen der Volkswirtschaft gezielt zur Devisenerwirtschaftung zu nutzen", so
schreibt Schalck es in seinen Memoiren,[15] und so geschah es
auch. Im März 1987 unterbreitete er der obersten Sportlei-
tung einen Vorschlag zum Aufbau einer Sportagentur mit
Außenhandelsvollmacht. Sie hatte zwei zentrale Optionen:
„die Konzentration aller Aktivitäten der Nutzung des Kom-
merz im Sport durch eine dazu berechtigte Firma und die
Berücksichtigung handelspolitischer Erfordernisse des Au-
ßenhandels der DDR."[16] Zur Gründung der besagten Sportagentur GmbH sollte es allerdings erst am 1. Oktober 1989
kommen.

---

[13] Giselher Spitzer: Doping in der DDR. Ein historischer Überblick zu einer
konspirativen Praxis, Köln 1998, S. 82.
[14] Siehe Schalck-Golodkowski; SAPMO, DL 2/KoKo 1096.
[15] Alexander Schalck-Golodkowski: Deutsch-deutsche Erinnerungen, Reinbek bei Hamburg 2000, S. 184.
[16] Schalck-Golodkowski; SAPMO, DL 2/KoKo 1096.

Warum nicht, könnte man sagen. Eine Dynamik, die eben in
der Zeit lag, ginge sie nicht ausschließlich auf Kosten der
Athleten – und eben der Wahrheit. Im DDR-Leistungssport
vollzog sich Anfang der achtziger Jahre ein Qualitätssprung,
den ein Verbandsarzt im Juni 1980 in aller umgangssprach-
lichen Anschaulichkeit so beschrieb: „Wir erleben hier den
Zweiten Weltkrieg. Ich habe ihn nicht mitgemacht, aber auch
damals hat Adolf nicht alles gewusst, was unten los war."[17]
Im Land ging es nicht vorwärts, und im Sport wurde Krieg
geführt. Das Auslaufen der Idee des Sozialismus in den
achtziger Jahren und der zeitgleich anlaufende Prozess der
Verflechtung mit den westlichen Märkten hatten in Ostdeutschland eine Militarisierung des Sports zur Folge, die
einen noch totaleren Zugriff auf die Körper der Athleten
ermöglichte.

Von einer „zunehmenden Verflechtung mit den westlichen
Märkten"[18] ist in jener Zeit auch an anderer Stelle die Rede.
Im Volkseigenen Betrieb Jenapharm zum Beispiel. Seit 1979
berichtet IM „Wolfgang Martinsohn" dem Geheimdienst
ausführlich davon, und Kompetenz wird ihm dabei keiner ab-
sprechen. Schließlich handelt es sich bei „Martinsohn" um
den Forschungsdirektor der Jenenser Pharmafirma – damals
wie heute – Professor Michael Oettel, von Beruf Tierarzt,
1939 in Jena geboren. 1975 war Oettel zuerst einmal von Jenapharm ans Zentralinstitut für Mikrobiologie und experimentelle Therapie (ZIMET) der Akademie der Wissenschaften,
ebenfalls in Jena ansässig, delegiert worden. Dort baute er die
seit 1978 aufgenommene Zusammenarbeit mit der Weltge-
sundheitsorganisation auf. Als Leiter der Endokrinologie-
Abteilung wurde Oettel in Geheimdienst-Einschätzungen als
Spezialist für die Steroidforschung gehandelt: „Die Zusam-

---

[17] IMS „Klaus Müller", Treffbericht Juni 1980; BStU, ASt Leipzig, Reg.-Nr.
XVIII/729/78, Bd. 2, Teilband 1.
[18] Michael Oettel als IM „Martinsohn", Treffbericht November 1979; BStU,
ASt Gera, Reg.-Nr. X 747/78, Bd. 1.

menarbeit zwischen der WHO und dem ZIMET erfolgt im
Auftrag des Ministeriums für Staatssicherheit und der Akademie der Wissenschaften der DDR." Sie sei deshalb so be-
deutungsvoll, schätzt Oettel ein, da „wir für die WHO aus
westlichen Firmen Steroide zur Testung bekommen".[19] Der
IM „Wolfgang Martinsohn" wird mit Beginn seiner Zusammenarbeit mit der Staatssicherheit 1979 häufig auf Reisen geschickt. Nach Genf sowieso. Die mit Valuta dotierten For-
schungsaufträge der WHO zur schnelleren Überführung der
Steroidsubstanzen STS 537 und STS 593 in die Produktion –
dabei ging es um die Wochenpille, die Monatspille, die Pille
danach und die Pille für den Mann – konnten für die Zukunft
bedeutsam werden. Tests für die „Pille danach" fanden dabei
ausgerechnet in Georgien statt. „Großversuche durch das
ZIMET wurden in der Affenfarm der Sowjetunion in Suchumi durchgeführt", weiß Oettels IM-Akte zu berichten.[20]

Noch im Januar 1978 hatte Höppner alias IM „Technik" berichtet: „Die bisherige Bereitwilligkeit im VEB Jenapharm,
für den Sport ‚außerhalb der Gesetze‘ zu arbeiten, hat ihre
Grenzen." „Martinsohn", der als inoffizieller Mitarbeiter
„kein mittelmäßiger Zuträger werden möchte", wird mit dem
1. Oktober 1979 Forschungsdirektor von Jenapharm. In dieser Funktion bleibt er auf Reisen, auch nach Georgien. Seine
Berichte tragen dann den Reisegrund „Zusammenarbeit Steroidforschung", so heißt es etwa 1980, als er am Institut für
experimentelle Pathologie von Suchumi weilt. Aus dem glei-
chem Grund fliegt er 1981 nach Bukarest zu einer Beratung
der Forschungsdirektoren. Oettel wird eine Art mobile Ge-
lenkstelle und für den Geheimdienst der lange gesuchte „All-
round-Experte". Für das Ministerium der Staatssicherheit
baut er „operativ nutzbare Verbindungen" auf, schöpft seine
Mitarbeiter im Land wie internationale Kollegen ab. Die Vor-

---

[19] IM „Martinsohn", Treffbericht November 1979; ebenda.
[20] IM „Martinsohn", Treffbericht November 1979; ebenda.

bereitungen zu zahlreichen, sich stark verästelnden Kommissionsgeschäften, wie sie in den achtziger Jahren zwischen West und Ost typisch werden, laufen auf Hochtouren. Schon 1976 hatte IM „Technik" von dem Präparat Thioctacid berichtet: „Es wurde der Hinweis gegeben, dass anlässlich der Leipziger Frühjahrsmesse Vertreter eines Arzneimittelwerkes aus Homburg/BRD darauf hingewiesen haben, dass o. a. Präparat im Leistungssport der DDR getestet worden sei, zur zeitweiligen Leistungssteigerung beiträgt und die Entwicklung in Verbindung mit Vertretern der Universität Halle durchgeführt worden sei. Der IM erklärte darauf, dass der Verbandsarzt Schwimmen Dr. Kipke dieses Mittel in der Vergangenheit bereits angewandt hat, wodurch der Stoffwechsel beeinflusst wird."[21] Michael Oettel ist im Osten der richtige Mann für die angestrebte Verflechtung einer sich zunehmend globalisierenden Pharmaindustrie und dementsprechend oft im Westen: Er reist zur Berliner Schering AG, der heutigen Stamm-Firma von Jenapharm, oder zu LAB in Ulm, zu Bayer, zu Chemie-Linz in Österreich, zu Syntex in Zürich oder zu Balpharm in Basel.[22] Es ging, wie seinen Berichten an die Staatssicherheit zu entnehmen ist, um den Absatz von Zwischenprodukten. Und um mehr.

„Aufdeckung zusäzlicher Leistungsreserven"

Unter dem Motto „Frauen, vertraut unseren Hormonen!" warb der VEB Jenapharm im eigenen Land für seine Produkte und meinte damit vielleicht seine wenig ausgereiften Antibaby-Pillen, die aufgrund ihrer extremen Nebenwirkungen bei den ostdeutschen Frauen nicht eben gerade auf Begeisterung stießen. Jenapharm als Doping-Hauptlieferant und massgebliche Forschungsstätte für Dopingangelegenheiten – da erhält der firmeneigene Slogan nochmal einen ganz ande-

---

21 IM „Technik", Treffbericht März 1976; BStU, ZA, A 637/79, Teil 2, Bd. 2.
22 Siehe IM „Martinsohn"; BStU, ASt Gera, Reg.-Nr. X 747/78, Bd. 1 und 2.

ren Sinn. Woran sich Jenapharms Forschungsdirektor Professor Oettel heute nicht erinnert, damals zumindest wusste er noch davon. 1984 fragte er auf einer Fachtagung in Weimar: „Welche Möglichkeiten bestehen, um den Virilisierungserscheinungen bei Sportlerinnen unter Anabolikagabe entgegenzuwirken?"[23] Es konnte nicht die richtige Frage zur rechten Zeit gewesen sein, denn Oettel nahm sie, wie seine IM-Akte belegt, sofort zurück.

Noch 1979 hatten ZIMET und Jenapharm die staatliche Planaufgabe erhalten, „Steroide auf aggressionsauslösende Effekte an der Maus zu testen". Diese Tests gehörten zum Forschungsvorhaben „Aufdeckung zusätzlicher Leistungsreserven 1975 – 1980" und dem im Staatsplan Wissenschaft und Technik enthaltenen „Komplex 08", die beide als Staatsgeheimnis eingestuft wurden. „Bei den zu schützenden Staatsgeheimnissen", heißt es in einer Sicherungskonzeption des Geheimdienstes vom 5. Januar 1979, „geht es darum, dass bei der Steigerung der sportlichen Leistungsfähigkeit zentral geleitet und kontrolliert unterstützende Mittel ‚uM' wissenschaftlich erforscht, erprobt und eingesetzt werden. Bei den vorliegenden Sicherungskonzeptionen ist der Geheimnisschutz bei folgenden wichtigen Detailaufgaben vorrangig zu gewährleisten: Forschungsarbeiten zur Entwicklung neuer Präparate und zum effektiveren Einsatz bekannter und neuer Präparate, Entwicklung von eigenen Nachweisverfahren und radioaktive Markierung bestimmter anaboler Substanzen, Ausarbeitung wissenschaftlich begründeter Anwendungskonzeptionen unterstützender Mittel. Die vorrangige Sicherung von Staatsgeheimnissen liegt darin, dass diese Mittel und deren individuelle Anwendungsvarianten nicht nachgewiesen werden können."[24]

---

[23] IM „Martinsohn", Treffbericht August 1984; ebenda, Bd. 2.
[24] ZIMET/Komplex 08; BStU ASt Gera, AGG 001511, 001503/1/2.

ZIMET und Jenapharm erhielten demnach gleichermassen den Auftrag, „anabole Substanzen und zentral-nerval wirkende Pharmaka neu- und weiterzuentwickeln und die Grundlagenforschung von Anabolen zu unterstützen".[25] „Martinsohn" ist in dieser Konzeption an zentraler Stelle verzeichnet, zum einen bei der Entwicklung eines neuen Anabolikums. Als Leiter des Tierlabors liegt die Verantwortung für die anberaumten Tierversuche natürlich bei ihm. Zusätzlich wird er damit betraut, die Experimentalsubstanz STS 646 „hinsichtlich des Aggressionsverhaltens in den Kampfsportarten" tierexperimentell zu prüfen. Ob Oettel, der Spezialist für Mäuseböcke, auch aus diesem Grund häufiger zu den Affen nach Suchumi unterwegs war, darüber will er nichts sagen. Dabei war den Experimentieraffen von Suchumi einmal mehr ein trauriges Schicksal beschieden. Nach dem Bürgerkrieg von 1991/92 tauchten die Jenapharm-Tiere in der georgischen Hauptstadt Tbilissi auf. Militärs hatten sie von der mittlerweile unkontrollierten Farm geholt und verkauften sie als Haustiere. Als eine georgische Verordnung befand, dass die Suchumer Versuchsaffen ein zu großes Risiko für die Bevölkerung darstellten, wurden sie erneut verbracht.

Doch zurück nach Jena: Richtig ist, dass 1987 der einzige Humanmediziner von Jenapharm Doktor Hartwich als IM „Klinner" in einem seiner Berichte gegenüber dem Geheimdienst überaus deutliche Zweifel in bezug auf seine Jenenser Forschung anmeldet: „Für mehrere Substanzen und Arzneifertigwaren, die vom VEB Jenapharm an den Auftraggeber geliefert wurden und die dort zur Anwendung am Menschen gelangten, wurden nicht die grundlegendsten pharmazeutischen, pharmakologischen und toxikologischen Grundregeln eingehalten."[26] Im Januar 1988 warnt Hartwich, „dass Prof. H. und Dr. R. in die

---

[25] Ebenda.
[26] Rainer Hartwich als IM „Klinner", Treffbericht Juni 1987; BStU, ASt Gera, Reg.-Nr. X/231/83, Teil 2, Bd. 1

Granulat-Beutel Dynvital (Vitamin/Koffein-Getränk) Anabo-
likasubstanzen STS 646 untermischen wollen, welches eine gro-
be Verletzung gegen das Arzneimittelgesetz darstellt".[27] Am 4.
Februar 1988 heißt es in einem Treffbericht von ihm: „Während
der Beratung am 26.1.1988 in Berlin wurde durch Dr. Höppner
auf eine Information verwiesen, wo durch das FKS (Forschungsinstitut für Körperkultur und Sport) Leipzig eine noch
nicht freigegebene Anabolikasubstanz an den Sportmedizinischen Dienst weitergegeben wird, die bereits seit ca. 10 Jahren
im Leistungssport eingesetzt wird. Bei dieser Substanz handelt
es sich um das Steroid STS 646, das als Tablettenform im VEB
Jenapharm Jena hergestellt wird. Ein Präparat, das erst jetzt
auf mein Drängen hin pharmakologisch, toxikologisch und kli-
nisch untersucht wird und seit Jahren bei Hochleistungssport-
lern relativ breit eingesetzt wird. Bis dato liegen noch keine
ausreichenden Untersuchungsergebnisse vor, die mit hinrei-
chender Sicherheit garantieren, dass die Anwendung dieser
Substanz nicht zu akuten oder chronischen Schädigungen des
menschlichen Organismus führt."[28]

Höppner hatte in seinen Berichten Ähnliches formuliert. Im
Dezember 1985 erklärt er als IM „Technik" seinem Führungsoffizier „Erich", dass „bereits seit einigen Jahren durch
ihn das Präparat STS 646 an die Sportler verabreicht wird,
ohne dass dieses jemals entsprechend dem Arzneimittelgesetz geprüft wurde [...] und ohne dass bekannt ist, welche
möglichen Nebenwirkungen bei den Sportlern in zehn oder
zwanzig Jahren auftreten".[29] Bei dieser Nichtprüfung ist es
bis zum Ende der DDR 1989 geblieben. 1982 produzierte
Jenapharm 1000 Gramm STS 646, eingesetzt bei Gewichthe-
bern, Schwimmern und Werfern in der Leichtathletik. 1988
wurden weit mehr, 60000 Tabletten STS 646, angefordert.

---

[27] IM „Klinner", Treffbericht Januar 1988; ebenda, Bd. 2.
[28] IM „Klinner", Treffbericht Februar 1988; ebenda, Bd. 2.
[29] IM „Technik", Treffbericht Dezember 1985; BStU, ZA, A 637/79, Teil 2,
      Bd. 2.

Doch die geschäftige Jenenser Forschercrew musste in jenen
achtziger Jahren ein weit breiteres Experimentierfeld abde-
cken. Die oberste DDR-Sportleitung führte ihren Sportkrieg
mittlerweile nicht mehr nur gegen den Westen als selbstredend ersten Staatsfeind, sondern auch gegen die Sowjetunion. Gleich die ganze Welt musste sich derweil gegen das
unaufhörlich siegende Miniland verschworen haben. Im Dezember 1985 schildert IM „Technik" wieder einmal vermeintlich besorgt: „Am 28. 11. 1985 fand eine Beratung mit den
beiden Vizepräsidenten, Genossen Köhler und Röder, über
den perspektivischen Einsatz unterstützender Mittel statt.
Beide Vertreter des DTSB brachten ihr Unverständnis darüber zum Ausdruck, dass bis 1988 angeblich nur die bisher
bekannten Pharmaka zur Anwendung kommen. Sie waren
der Auffassung, dass es möglich sein müßte, noch bis zu den
Olympischen Spielen 1988 die sogenannte ‚Wunderpille' zu
erforschen. Speziell Genosse Köhler stellte konkret die Forderung, ein solches Präparat aus der Reihe der Psychopharmaka zu entwickeln, um bei den Sportlern zum Wettkampf
eine gewisse Aggressivität zu entwickeln und vorhandene
Anzeichen von Angst und Nervosität auszuschalten."[30]

Gesucht: Wunderwaffe für den Leistungssport

Schalcks Ankaufoffensive von Ende 1984 hatte anscheinend
nicht genügend testosteronschwangere Sportler produziert, als
dass die DTSB-Vizen sich hätten beruhigt zurücklehnen können. Auch „Martinsohns" Steroidprogramm für Jenapharm
kam ihnen vermutlich zu spät oder ließ vielleicht einen zu kon-
ventionellen Zug vermuten. Im Februar 1985 gab Oettel diesbezüglich handschriftlich an die Staatssicherheit weiter:
„Schwerpunkt ist die Errichtung einer Pilotanlage 88/89, um
den notwendigen Vorlauf für die Errichtung einer Steroidfabrik an einem neuen Standort in Jena zu sichern. Mit dem Ste-

---

[30] IM „Technik", Treffbericht Dezember 1985; ebenda.

roidprogramm werden wesentliche Teile der betrieblichen
Entwicklung bestimmt."[31] Eine neue Steroidfabrik in Jena
oder Westgeräte zur Testosteronhöherdosierung durch
Schalck genügten nicht. Der Ruf nach der Wunderwaffe war
nun einmal laut geworden und zielte auf Explosiveres. Im Osten musste umgesattelt werden – auf Wachstumshormone,
Genforschung, Blutdoping, Psychopharmaka, auf Substanz-
kombinationen unterschiedlichster Art –, weil die Welt umsat-
telte, wie es hieß.

Schon am 1. Dezember 1983 hatte IM „Technik" zum Präparat Somatropin vermerken lassen: „Ausgehend von Veröffentlichungen in der Westpresse erklärte der IM, dass es sich
bei diesem Präparat um ein sogenanntes Wachstumshormon
handelt. Das Präparat findet schon mehrere Jahrzehnte Anwendung in der Medizin bei kleinwüchsigen Menschen, um
deren Wachstumsprozess zu beeinflussen. Bei nicht richtiger
Anwendung bzw. überhöhten Dosierungen kann es dabei zu
Missbildungen bestimmter Körperteile kommen. Genosse
Ewald wurde bereits darüber informiert, und es wurde festgelegt, entsprechende Untersuchungen und Forschungen
durchzuführen."[32] Knapp vier Wochen später ist das Präparat
schon im Land und Höppner erklärt lapidar: „Das Präparat
'Somatropin' wird gegenwärtig geprüft."[33] Wo? In Kreischa.
Dort werden, wie Akten belegen, einem Wintersportler
Wachstumshormone ins lädierte Knie gespritzt. Die Ärzte
sind erfreut über den Behandlungserfolg. Auch Schwimmerinnen erhalten diese Substanzen. Dr. Wolfgang Rockstroh,
einer der verantwortlichen Doping-Ärzte im Wintersport,
schreibt 1983 als IM „Heinze": „Um aber zu endgültigen
Aussagen und damit zu einer möglichen generellen Anwendung dieser Präparate (Wachstumshormone) zu gelangen,

---

[31] IM „Martinsohn", Treffbericht Mai 1985; BStU, ASt Gera, Reg.-Nr. X
747/78, Bd. 2.

[32] IM „Technik", Treffbericht Dezember 1983; BStU, ZA, A 637/79, Teil 2, Bd. 2.

[33] IM „Technik", Treffbericht Dezember 1983; ebenda.

werden 1984 umfassende Untersuchungen im Zentralinstitut Kreischa an Sportlern durchgeführt."[34]

Doch auch Wachstumshormone reichten nicht aus. Am 2. Mai 1985 schreibt „Erich" nach einem Bericht von Höppner: „Der IM informierte über das Forschungsprogramm und den dazu einbezogenen Personenkreis. Darüberhinaus sind noch ca. 100 Aktive im Rahmen der angewandten Untersuchung einbezogen, jedoch sind diese nicht darüber informiert, dass es sich um Forschungsprobleme handelt bzw. davon, was sie tatsächlich bekommen. Ihnen wurde lediglich gesagt, dass die Untersuchungen dem Zwecke der Erarbeitung einer wissenschaftlichen Arbeit dienen und deshalb wöchentlich darüber berichtet werden muss, welche Erscheinungen und Empfindungen bei ihnen aufgetreten sind."[35]

Unklar bleibt, welche Mittel bei der angestrengten Suche nach „Erscheinungen und Empfindungen" beim Athleten zum Einsatz kamen. Doch seit Mitte der achtziger Jahre gibt es in Höppners IM-Akten immer wieder Berichte zu Forschungen außerhalb des Staatsplanthemas 14.25. Am 5. August 1986 teilt er mit: „Am 25. 6. 1986 fand im Sporthotel eine interne Beratung über Probleme der Verbesserung der Sauerstoffversorgung bei Leistungssportlern statt. Es muss davon ausgegangen werden, dass zumindest ab dem Zeitpunkt dieser Beratung der angeführte Personenkreis Kenntnis darüber erhielt, dass man sich im Leistungssport der DDR mit dem Gedanken des Blutdopings beschäftigt. In diesem Zusammenhang muss beachtet werden, dass seit April 1986 das Blutdoping auf der Verbotsliste der Medizinischen Kommission des IOC steht, in Auswertung der Olympischen Spiele 1984 in Los Angeles. Die gegenwärtigen Untersuchungen auf diesem Gebiet laufen außerhalb

---

[34] Wolfgang Rockstroh als „IMB Wolfgang Heinze", Treffbericht November 1983; BStU, ZA, Reg.-Nr. XII 593/72, Teil 2, Bd. 2.
[35] IM „Technik", Treffbericht Mai 1985; BStU, ZA, A 637/79, Teil 2, Bd. 2.

des Staatsplanthemas 14.25. Ein Hauptproblem stellt nach wie vor dar, wie die im Gefrierzustand befindlichen Blutkonserven im Falle der Anwendung in die Wettkampforte im kapitalistischen Ausland transportiert und dort sicher aufbewahrt werden können."[36]

Ist Blutdoping die ersehnte Wunderwaffe? Besorgniserregend, da weiterhin ungeklärt, findet sich das Thema Blutdoping noch an anderer Stelle, und zwar im Zusammenhang mit dem Tod des Berliner Sportarztes Jürgen Stanzeit, der am 15. April 1991 vom Berliner Euopacenter stürzte. Stanzeit hatte, so der Journalist Thomas Kistner am 20. Mai 1995 in der „Süddeutschen Zeitung", sechs Jahre lang an einem Genforschungsprojekt zwischen Moskau und Jenapharm mitgearbeitet. Dabei sei es um Genmanipulation und Blutdoping gegangen. Kistner schreibt von „Experimenten, die an sowjetischen und ostdeutschen Sportlern in entlegenen Trainingslagern vorgenommen worden seien. Tatsächlich wurden Athleten vom Oberhofer ASK und aus anderen Klubs regelmäßig zu Lehrgängen nach Minsk und Nowosibirsk verschickt. Stanzeits zurückgelassenen Unterlagen würde eine Liste westdeutscher Namen beiliegen, die Wissen hatten von dem Projekt." Warum dieser Tod? Was für Unterlagen? Welche Mitwisser? Wie weit gingen die unseligen Allianzen zwischen Ost und West? Diese Fragen sind nicht beantwortet.

Jenapharm betrieb intensiv Genforschung, davon muss ausgegangen werden. Bereits im März 1984 hatte Oettels IM-Akte „Forschungen auf dem Gebiet der Gentechnik" verzeichnet. Im selben Jahr äußerte er sich über den „hohen Stand der wissenschaftlichen Arbeiten der Genetika" in der Sowjetunion. Mit drei bis fünf Jahren benannte er den sowjetischen Forschungsvorsprung gegenüber der DDR. Am 31. März 1989 fordert Hauptmann Winter, Mitarbeiter der Berli-

---

[36] IM „Technik", Treffbericht August 1986; ebenda.

ner Hauptabteilung XV der Staatssicherheit, bei der Quelle „Harry", einem Justitiar der Berliner Schering AG, die „weitere Orientierung auf die Beschaffung interessanter Dokumente zur Konzernstrategie, zu gesetzgeberischen Aktivitäten auf dem Gebiet der Genforschung und -technologie sowie zur Außenhandelskonzeption".

Tatsache ist, dass das perfektionierte staatliche Dopingsystem der DDR einerseits im Verlauf der achtziger Jahre erodiert: bis zu 20 Prozent der Sportärzte gaben ihr Berufsfeld auf, auch der Widerstand unter den Athleten gegen die verordneten Substanzeinnahmen wuchs an. Zugleich belegen die Unterlagen der Staatssicherheit den Sprung in eine neue Doping-Ära: Versuche am Menschen, ungeprüfte Kombinationen verschiedenster Substanzen, Blutdoping, Amphetamine, weiterhin Oral-Turinabol und STS 646, B 12, reines Testosteron, Weckamine, Diuretika, Betablocker, psychotrope Substanzen, Nasensprays mit Androstendion, Opiate, Wachstumshormone – die Liste ist endlos. Von den zentral gesteuerten Doping-Konzeptionen war wenig übriggeblieben. Im Land hatten sich längst Drogenringe gebildet, finanziert von der Staatssicherheit, von besonders agilen SED-Bezirksleitungen, von notorisch siegeshungrigen Sportclubs, von prämienabhängigen Trainern, mitunter auch von erfolgreichen Athleten, die vermeintlich „weichere" Stoffe aus dem Westen mitbrachten, um Geld zu verdienen.

Einsichten in die russischen Archive könnten klarstellen, mit welchen sowjetischen Präparaten das DDR-Sportsystem in den achtziger Jahren herumhantierte. Schon wegen Höppners eigener IM-Akte – 1986 der letzte Bericht, der vierte, verschwundene Band im Mai 1987 angelegt, die gesamte Akte erst 1989 verplombt – muss seine Aussage im „Stern" aus dem Jahr 1991 ernst genommen werden: „Nach dem Fall der Mauer wurde die Parole ausgegeben, sämtliche belastenden Papiere zu vernichten. Der nur mündlich weitergegebene Befehl kam von ganz oben. Zwischen November 1989 und April 1990 wanderten fast alle Dokumente in den Reißwolf."[37]

Dem war nicht so. Dank einer großen Anzahl von überlieferten Archivunterlagen konnte die Existenz des ostdeutschen Doping-Systems eindeutig nachgewiesen werden. Doch es fehlen Dokumente, insbesondere aus den letzten Jahren der DDR. An der Tatsache der spätestens seit 1983 im DDR-Sport eingesetzten Wachstumshormone besteht allerdings kein Zweifel. Bis 1985 wurden diese weltweit lediglich als extrahierte Produkte hergestellt, genauer aus den Hirnanhangsdrüsen von Leichen gewonnen. Erst ein von dem Heidelberger Forscher Peter H. Seeburg entwickeltes Verfahren ermöglichte deren biosynthetische, d. h. gentechnische Herstellung im Westen. In Osteuropa ist es bei dem ursprünglichen Verfahren der Hormongewinnung aus Leichen geblieben, bei der die Gefahr einer Infektion mit dem Aids erregenden HIV-Virus, mit Hepatitis oder gar der Creutzfeldt Jakob-Krankheit besteht. Dabei sind beim Einsatz von Wachstumshormonen ohnedies erhebliche Nebenwirkungen möglich: Veränderungen an inneren Organen, Herzmuskelschädigungen, Tumorbildungen, Veränderungen der Physiognomie durch einsetzendes Wachstum, besonders an Kinn, Zähnen, Fingern und Zehen. „1988 ist im DDR-Sport das flächendeckende Doping mit Wachstumshormonen beschlossen worden", verlas der Vorsitzende Richter Dirk Dickhaus aus den Vernehmungsprotokollen Höppners während des bisher größten Doping-Prozesses im Frühjahr 2000.[38] Doch Höpp-

---

[37] „Der Skandal nach dem Skandal", in: Stern, Nr 18 vom 25.4.1991, S. 46.

[38] Vom 3. Mai bis 18. Juli 2000 fand vor der 36. Strafkammer des Berliner Landgerichts der Prozess gegen die beiden Drahtzieher des ostdeutschen Dopingsystems Manfred Ewald und Manfred Höppner statt, angeklagt wegen 142 Fällen von vorsätzlicher Körperverletzung. Wegen Beihilfe zur vorsätzlichen Körperverletzung in 20 Fällen wurde Ewald zu 22 Monaten Gefängnis auf Bewährung, Höppner zu 18 Monaten Gefängnis auf Bewährung verurteilt.

ners Berichte aus jener Zeit fehlen. Ist es wahrscheinlich, dass die kurz vor dem Zusammenbruch stehende DDR in der Lage war, ihre neue Doping-Runde mittels Einsatz der teuren westlichen Substanzen zu beschließen? Oder welche Produkte sind hier zur Anwendung gekommen und an wem?

Nachsatz

Als am 31. Mai 2001 der Deutsche Bundestag über einen Antrag der CDU/CSU für die Errichtung eines DDR-Doping-Opfer-Fonds beriet, sah es kurzfristig so aus, als werde das nun fast zehnjährige Ringen um Aufklärung des konspirativen Zwangsdoping-Systems in der DDR erfolgreich beendet: Denn die da sprachen, sprachen zur Sache und augenfällig übereinstimmend – dass die Politik dieses Erbe anfangs aussitzen wollte, doch dass sie gegenüber den Betroffenen jedenfalls jetzt eine moralische Verpflichtung hätten. Dass also endlich etwas passieren müsse! Die Politik jedenfalls zeigte sich am Ende der 173. Bundestagssitzung beweglich, denn die einzelnen Fraktionen befürworteten die Gründung eines Fonds. Doch wie reagieren die Sportorganisationen auf alle diese Fragen?

Zur Aufklärung des kriminellen Sportsystems der DDR haben die Sportverbände seit 1990 nichts beigetragen und sie finden dafür auch Rückendeckung. Beispielsweise veröffentlichte das NOK – bemerkenswert zeitgleich zur Sitzung des Deutschen Bundestages – am 1. Juni 2001 in seinem offiziellen Mitteilungsblatt „NOK-Report" einen Beitrag von Willi Ph. Knecht, im Kern der Versuch, die jahrelange Aufklärungsleistung Vieler in Sachen DDR-Doping am besten gleich umfassend zu delegitimieren: Da sind die Betroffenen notorische Lügnerinnen, die Journalisten sowieso aufgehetzt und blind, die Wissenschaftler schließlich mit starrem Westblick ausgestattet. Der Text kommt ohne ein einziges Argument aus, es gibt keine einzige neue Tatsache. Zum Ausdruck kommt ein giftiges und abgestandenes, dabei irgendwie immer noch gängiges, weil bequemes Lagerdenken. Doch die Zeit der sinnleeren Polemiken ist vorbei. Jetzt gibt es gravierende, bisher durch nichts aufgefangene Schäden: Kinder mit Wasserköpfen, schwersten Klumpfüßen, Erblindungen, schwere Asthmatiker und Allergiker oder frühinvalidisierte Frauen, Herz- und Leberschäden, Krebs- oder Suchterkrankungen. Die Zahl der Geschädigten erhöht sich mit jedem Tag.

Cornelia Jeske beispielsweise, eine ehemalige Ruderin des SC Dynamo Berlin, schreibt im Zusammenhang mit einer Petition von DDR-Doping-Betroffenen an den Bundestag, in der Entschädigung und Prävention eingefordert werden, im Juni 2001: „Mit 16 Jahren wurde ich in den Olympia-Kaderkreis für 1984 aufgenommen. Ich bekam Eiweißzusatzstoffe, Vitamintabletten usw. Diese zusätzlichen Präparate müsse ich nehmen. Bei diesen hohen Trainingsanforderungen reiche die normale Ernährung nicht aus. ‚Du würdest sonst deinen Körper vergewaltigen!', sagte mein Trainer Bernd Ahrend. Zu Weltmeisterschaften und anderen internationalen Wettkämpfen mit westlicher Beteiligung durfte ich nie starten, obwohl ich mich zweimal sogar mit Medaillen-Platzierung zu den DDR-Meisterschaften sicher qualifiziert hatte. Ich war in jeder Bootsklasse, ob Zweier, Vierer oder Achter immer die Schlagfrau und somit das ‚Zugpferd' für die gesamte Mannschaft. Erst viele Jahre später (1997) erfuhr ich aus meiner Stasi-Akte, dass ich politisch nicht tragbar war. Nach langem Kampf, endlich mit dem Sport aufhören zu dürfen, beendete ich 1982 meine sportliche Laufbahn. 1983 hatte ich eine Herzmuskelentzündung und seitdem immer wieder Entzündungen im Körper (Blase, Nieren, Magenschleimhaut, Venen), ständig Herzrhythmusstörungen sowie Allergien wie Kälteallergien aufgrund unerklärlicher hormoneller Umstellungen. Aber am schlimmsten sind die extremen Rückenschmerzen im Hals- und Lendenbereich aufgrund einer schwer degenerativ veränderten Wirbelsäule. Alle drei Monate muss mein Rücken mit-

tels Kristallen anästhesiert werden. Seit Februar 2001 bin ich
nach fast einem Jahr Krankheit und neun Wochen Klinikauf-
enthalt berufsunfähig geworden. Da ich erst 38 Jahre alt bin,
habe ich keinen Anspruch auf Rente."[39]

Am 17. Oktober 2001 fand eine öffentliche Anhörung im
Sportausschuss des Deutschen Bundestages zur Gründung
eines Entschädigungsfonds für DDR-Doping-Opfer statt.
Wie auch immer das Parlament entscheiden wird: Bis zur tatsächlichen Klärung der menschenverachtenden Doping-Pra-
xis in der DDR und ihrer zeitgemäßen Rezeption in der Öffentlichkeit ist noch ein langer Weg.

Literaturhinweise

Brigitte Berendonk: Doping. Von der Forschung zum Betrug, Reinbek bei
    Hamburg, 1992.
Grit Hartmann: Goldkinder: Die DDR im Spiegel ihres Spitzensports, Leip-
    zig 1998.
Hans-Joachim Seppelt/Holger Schück: Anklage: Kinderdoping. Das Erbe
    des DDR-Sports, Berlin 1999.
Giselher Spitzer: Doping in der DDR. Ein historischer Überblick zu einer
    konspirativen Praxis, Köln 1998.

---

[39] Brief von Cornelia Jeske an Ines Geipel vom 9.6.2001.

Die Autoren

Thomas Auerbach

Geboren 1947, Elektromonteur, Erzieher, Diakon, Religions-pädagoge, Dipl.-Sozialpädagoge. 1970–1976 Stadtjugendleiter der Evangelischen Kirche in Jena; 1976 politische Inhaftierung durch das MfS, 1977 Zwangsausbürgerung aus der DDR; 1978–1993 Tätigkeit als Jugendleiter, Religionslehrer und Referent für politische Erwachsenenbildung am Gesamtdeut-schen Institut in West-Berlin; ab 1993 Wissenschaftlicher Mitar-beiter in der Abteilung Bildung und Forschung der Bundesbe-auftragten für die Unterlagen des Staatssicherheitsdienstes der ehemaligen DDR (BStU); 1998 Lehrauftrag am Sozialpädago-gischen Institut der Technischen Universität Berlin zum Thema Kinder und Jugendliche im Zugriff der Stasi-Jugendszenen in der DDR; 2000 Auszeichnung mit dem Bundesverdienstkreuz.

Veröffentlichungen u. a.: Vorbereitung auf den Tag X. Die geplanten Isolierungslager des MfS, BStU, Berlin 1995; Ein-satzkommandos an der unsichtbaren Front. Die Terror- und Sabotagevorbereitungen des MfS gegen die Bundesrepublik, Berlin 1999.

Achim Beyer

Geboren 1932, Mitbegründer einer Widerstandsgruppe ge-gen die SED-Herrschaft in Werdau/Sachsen 1950, Verhaftung mitten im Abitur 1951; im Prozess gegen die „Werdauer Oberschüler" zu acht Jahren Zuchthaus verurteilt; nach fünf-einhalbjähriger Haft 1956 Flucht in die Bundesrepublik, Studium in Erlangen, Diplomvolkswirt; 1957 Mitbegründer des „Collegium Politicum" an der Universität Erlangen (mit deutschlandpolitischen Aktivitäten); von 1963 bis 1993 Wissenschaftlicher Mitarbeiter in einem Institut der DDR- und vergleichenden Deutschlandforschung in Erlangen (Institut für Gesellschaft und Wissenschaft) mit den Forschungsschwerpunkten „Wirtschaftswissenschaften" und „Informations- und Dokumentationswissenschaft" in der DDR; 25 Jahre Vorstand des „Kuratorium Unteilbares Deutschland" in Erlangen, während dieser Zeit umfassend observiert durch das MfS. 1992 Verdienstmedaille des Verdienstordens der Bundesrepublik Deutschland.

Veröffentlichungen u.a.: Zeitzeugenbericht, in: Materialien der Enquete-Kommission „Aufarbeitung von Geschichte und Folgen der SED-Diktatur in Deutschland" (12. Wahlperiode des Deutschen Bundestages). Hrsg. vom Deutschen Bundestag, Band IV: Recht, Justiz und Polizei im SED-Staat, Frankfurt am Main 1995, S. 243 ff.; Der Prozess gegen die „Werdauer Oberschüler" 1951 – Jugendwiderstand in der SBZ/DDR, in: Deutschland Archiv 1/1998, S. 86 ff.; Betroffene und die „Akte" – Hinweise auf West-IM, in: PAC-Korrespondenz, Neue Folge Nr. 3/4 (63/64) 1999, S. 43 ff.; Über den Umgang mit Biographien – Die Täter verwöhnt, die Opfer verhöhnt, in: Deutschland Archiv 1/2000, S. 82 ff.; Werdauer Oberschüler, in: Lexikon – Opposition und Widerstand in der SED-Diktatur. Hrsg. von Hans-Joachim Veen u.a., Berlin/München 2000, S. 373 f.; Der schwierige Umgang mit der (DDR-)Vergangenheit – 125 Jahre Oberschule/Gymnasium Werdau in Sachsen, in: Deutschland Archiv 3/2001, S. 474 ff.

Annegret Dirksen

Geboren 1959, Studium der Ökonomie an der Fachschule für Binnenhandel in Dresden; ab 1981 im VEB Großhandelskombinat Textil/Bekleidung in Dresden tätig; eine Dozentenstelle an der Fachschule und ein weiterer beruflicher Aufstieg wurden ihr wegen „politischer Unzuverlässigkeit" verweigert. 1983 Ausreise aus der DDR nach Schleswig-Holstein; 1991/93 Aufenthalt in Ungarn.

Veröffentlichungen u.a.: „Im Weigerungsfall können diese Jugendlichen kein Lehrverhältnis aufnehmen", (Zus. mit Johannes Wrobel), in: Im Visier der Stasi. Hrsg. von G. Yonan, Niedersteinbach 2000.

Dr. Hans-Hermann Dirksen

Geboren 1966, Jura-Studium in Kiel, Referendarzeit in Schleswig-Holstein, 1995 Zulassung als Rechtsanwalt in Rheinland-Pfalz, heute in Hessen tätig. Verschiedene Forschungsprojekte zur Verfolgung der Zeugen Jehovas in Ungarn, Moldawien und der DDR.

Veröffentlichungen u.a.: „Keine Gnade den Feinden unserer Republik". Die Verfolgung der Zeugen Jehovas in der SBZ/DDR 1945–1990, Berlin 2001.

Bernd Eisenfeld

Geboren 1941, Bankkaufmann, Betriebswirt (grad.). 1966/67 Bausoldat in der DDR, in der Folge Berufsverbot; 1968/71 offenes Engagement für den „Prager Frühling" und Protest gegen die sowjetische Intervention, in der Folge Haft vom September 1968 bis März 1971; 1971/75 aktive Mitarbeit in einem kirchlichen Friedenskreis in Halle im Rahmen der Bausoldatenbewegung; 1975 Übersiedlung mit der Familie nach West-Berlin; dort freiberuflich in der politischen Erwachsenenbildung und als Referent am Gesamtdeutschen Institut Berlin/Bonn tätig; seit 1992 Wissenschaftlicher Mitarbeiter in der Abteilung Bildung und Forschung der Bundesbeauftragten für die Unterlagen des Staatssicherheitsdienstes der ehemaligen DDR (BStU).

Veröffentlichungen u.a.: Kriegsdienstverweigerung in der
DDR – ein Friedensdienst?, Frankfurt am Main 1978; Die
Zentrale Koordinierungsgruppe – Bekämpfung von Flucht
und Übersiedlung, BStU, Berlin 1995; Widerständiges Verhalten im Spiegel von Statistiken und Analysen des MfS, in:
Aktenlage. Hrsg. von Klaus-Dietmar Henke/Roger Engelmann, Berlin 1995, S. 157–176; Die Ausreisebewegung – eine
Erscheinungsform widerständigen Verhaltens, in: Zwischen
Selbstbehauptung und Anpassung – Formen des Widerstandes und der Opposition in der DDR. Hrsg. von Gerd Pop-
pe/Reiner Eckert/Sascha-Ilko Kowalczuk, Berlin 1995, S. 192-
223; Flucht und Ausreise – Macht und Ohnmacht; in: Am Ende des realen Sozialismus, Bd. 3; Opposition in der DDR von
den siebziger Jahren bis zum Zusammenbruch der SED-
Herrschaft. Hrsg. von Eberhardt Kuhrt u.a., Opladen 1999,
S. 381–419; Widerständiges Verhalten in der DDR 1976–1982,
(zus. mit Peter Eisenfeld), in: ebd., S. 83–131; Wehrdienstverweigerer als Opposition in: Widerstand und Opposition in
der DDR. Hrsg. von Klaus-Dietmar Henke u.a., Köln u.a.
1999, S. 241–256; Die Militarisierung von Erziehung und
Gesellschaft in der DDR (zus. mit Peter Eisenfeld), in: Materialien der Enquete-Kommission „Überwindung der Folgen
der SED-Diktatur im Prozess der Deutschen Einheit" (13.
Wahlperiode des Deutschen Bundestages). Hrsg. vom Deutschen Bundestag, Band IV/1, Baden-Baden 1999, S. 640–742;
Einsatz von Röntgenstrahlen und radioaktiven Stoffen durch
das MfS gegen Oppositionelle – Fiktion und Realität, BStU,
Berlin 2000; Lexikon Opposition und Widerstand in der
SED-Diktatur, (Mitherausgeber und Mitautor), Berlin/Mün-
chen 2000.

Ines Geipel

Geboren 1960, aufgewachsen in Thüringen, Besuch der Inter-
natsschule Wickersdorf, Leistungssportlerin; Anfang der 80er
Jahre Mitglied der Leichtathletik-Nationalmannschaft der

DDR, 1985 Abbruch der Sportlerinnenkarriere, Studium der Germanistik in Jena; 1989 Flucht in die Bundesrepublik, Studium der Philosophie in Darmstadt; seit 1996 freie Schriftstellerin, Wissenschaftliche Mitarbeiterin am Hannah-Arendt-Institut für Totalitarismusforschung an der TU Dresden mit dem Projekt „Archiv unterdrückter Literatur in der DDR", zusammen mit Joachim Walther; seit 2001 Professorin für Verssprache und Versgeschichte an der Hochschule für Schauspielkunst „Ernst Busch" in Berlin.

Veröffentlichungen u.a.: Inge Müller Irgendwo; noch einmal möchte ich sehn, Berlin/Weimar 1996; Die Welt ist eine Schachtel – Vier Autorinnen in der frühen DDR, Berlin 1999; Das Heft. Roman, Berlin 1999; Lyrik, Potsdam 1999; Verlorene Spiele. Journal eines Dopingprozesses, Berlin 2001.

Baldur Haase

Geboren 1939, Offset- und Buchdrucker, 1959–1961 politische Haft in der DDR; 1969–1972 Fernstudium am Institut für Literatur „Johannes R. Becher" in Leipzig, Mitarbeiter und Redakteur für Fachpublikationen am Bezirkskabinett für Kulturarbeit in Gera 1970–1990; nach 1991 Rehabilitierung und Anerkennung als ehemaliger politischer Häftling des SED-Regimes, Mitglied des Landesvorstandes Thüringen des Bundes der Stalinistisch Verfolgten (BSV) e.V. und Mitarbeit in weiteren Opferverbänden und Vereinen, die sich mit der Geschichte der DDR als Diktatur der SED befassen.

Veröffentlichungen u.a.: Orwells DDR – Briefe, die ins Zuchthaus führten. Eine autobiographische Dokumentarerzählung, Offenburg 1997; Die Kartenlegerin von Suhl: Ich bin bei der Stasi gefangen. Dokumentarisch erzählt. Hrsg. vom Landesbeauftragten des Freistaates Thüringen für die Stasi-Unterlagen, Erfurt 1998; Kasper kontra Mielke. Die Geraer Puppenbühne und die unabhängige Friedensbewegung um 1985.

Dokumentarisch erzählt. Hrsg. vom Landesbeauftragten des
Freistaates Thüringen für die Stasi-Unterlagen, Erfurt 1999.
Ab 1999 auch regelmäßige Beiträge zur Tätigkeit des MfS in
Bereichen der Kultur und Kunst im ehemaligen Bezirk Gera,
veröffentlicht in der Zeitschrift „Gerbergasse 18" der
Geschichtswerkstatt Jena e.V.

Dr. Edmund Käbisch

Geboren 1944, Elektromonteur, Theologiestudium in Leipzig; 1970 Pfarrer in Quesitz, 1979 Promotion über Jugendfra-
gen, 1981 zum zweiten Pfarrer am Dom in Zwickau gewählt,
1999 im Rahmen von Strukturveränderungen und Einspa-
rungen bei der sächsischen Landeskirche in den Ruhestand
versetzt, jetzt Religionslehrer; Patientenfürsprecher und
Gründungsmitglied im Verein D.A.V.I.D. – Mobbing in der
evangelischen Kirche; seit 1992 Beschäftigung mit der historischen Aufarbeitung des Verhältnisses von Kirche und SED-
Staat; dazu wurden mehrere Vorträge erarbeitet: Die theolo-
gisch-politische Dimension der Friedensgebete, Kirche im
SED-Staat, Zersetzung des Bekenntnisses, Die Stasi-Bear-
beitung der Kirche in Zwickau aus den Stasi-Akten, Kirchliche Basisgruppen im Visier der Stasi; gegenwärtig Forschungen in der Berliner Behörde für die Stasiunterlagen (BStU)
über die Selbstverbrennung des Pfarrers Rolf Günther.

Dr. Annette Kaminsky

Geboren 1962, Studium der Romanistik in Leipzig, Promotion 1992, Wissenschaftliche Mitarbeiterin und seit 2001 kom-
missarische Geschäftsführerin der Stiftung zur Aufarbeitung
der SED-Diktatur, Berlin.

Veröffentlichungen u.a.: Kaufrausch, Berlin 1998; (Hrsg.):
Heimkehr. Geschichte und Schicksale deutscher Kriegsge-
fangener, München 1998. Illustrierte Konsumgeschichte der

DDR, Erfurt 2000; Wohlstand, Schönheit, Glück. Kleine Konsumgeschichte der DDR, München 2001.

Dr. Peter Skyba

Geboren 1961, Studium der Geschichte und der Soziologie, Wissenschaftlicher Mitarbeiter am Hannah-Arendt-Institut für Totalitarismusforschung e.V. an der TU Dresden, seit 2002 am Institut für Zeitgeschichte München, Außenstelle Berlin; Lehrbeauftragter an der TU Dresden.

Veröffentlichungen u.a.: Die DDR vor dem Mauerbau. Dokumente zur Geschichte des anderen deutschen Staates 1949–1961 (hrsg. zus. mit Dierk Hoffmann und Karl-Heinz Schmidt), München 1993; Jahrbuch für zeitgeschichtliche Jugendforschung 1994/1995 (Mitherausgeber); Repression und Wohlstandsversprechen. Zur Stabilisierung von Parteiherrschaft in der DDR und der ČSSR (hrsg. zus. mit Christoph Boyer), Dresden 1999; Vom Hoffnungsträger zum Sicherheitsrisiko. Jugend in der DDR und Jugendpolitik der SED 1949–1961, Köln 2000.

Dr. Clemens Vollnhals M.A.

Geboren 1956, Studium der Geschichte und der Politischen Wissenschaften, 1989 Wissenschaftlicher Mitarbeiter am Institut für Zeitgeschichte in München und 1990/91 Lehrbeauftragter an der TU München, 1992 Fachbereichsleiter in der Abteilung Bildung und Forschung beim Bundesbeauftragten für die Unterlagen des Staatssicherheitsdienstes der ehemaligen DDR (BStU) in Berlin; seit 1998 Stellvertretender Direktor am Hannah-Arendt-Institut für Totalitarismusforschung e.V. an der TU Dresden; Gutachter in verschiedenen Gerichtsverfahren.

Veröffentlichungen u.a.: Die Evangelische Kirche nach dem Zusammenbruch. Berichte ausländischer Beobachter aus dem Jahre 1945, Göttingen 1988; Evangelische Kirche und Entnazifizierung. Die Last der nationalsozialistischen Vergangenheit, München 1989; Entnazifizierung. Politische Säuberung und Rehabilitierung in den vier Besatzungszonen, München 1991; (Hrsg.): Hitler. Reden, Schriften, Anordnungen. Februar 1925 bis Januar 1933. Bd. 1: Die Wiedergründung der NSDAP, München 1992; „In der DDR gibt es keine Zensur". Die Evangelische Verlagsanstalt und die Praxis der Druckgenehmigung 1954–1989 (zus. mit Siegfried Bräuer), Leipzig 1995; (Hrsg.): Die Kirchenpolitik von SED und Staatssicherheit. Eine Zwischenbilanz, Berlin 1996 (2. Aufl. 1997); Der Fall Havemann. Ein Lehrstück politischer Justiz, Berlin 1998 (2. Aufl. 2000); Justiz im Dienste der Parteiherrschaft. Rechtspraxis und Staatssicherheit in der DDR (hrsg. zus. mit Roger Engelmann), Berlin 1999 (2. Aufl. 2000); (Hrsg): William L. Shirer: This is Berlin. Rundfunkreportagen aus Deutschland 1939–1940, Leipzig 1999.

Joachim Walther

Geboren 1943, 1963–67 Studium der Literaturwissenschaft und Kunstgeschichte an der Humboldt-Universität Berlin. 1968 Lektor und Herausgeber im Buchverlag Der Morgen Berlin, 1983 erzwungene Kündigung wegen Problemen mit der Zensur; 1969–89 „Bearbeitung" durch das MfS (OV „Lektor", OPK „Schmetterling", OV „Verleger"); 1970 erster Roman; 1976 Redakteur der Literaturzeitschrift „Temperamente", 1978 Entlassung der gesamten Redaktion aus politischen Gründen; seit 1983 freiberuflich; 1984–89 Rückzug nach Mecklenburg. Ab 1990 in mehreren Funktionen: Lehraufträge am Grinnell College (Iowa) und Middlebury College (Vermont); Vizevorsitzender des erneuerten DDR-Schriftstellerverbandes, Mitglied des Bundesvorstandes des Verbandes deutscher Schriftsteller (VS); 1991 PEN-Zentrum Bundesrepublik Deutschland, 1995–96 Präsidiumsmitglied, zuletzt Vizepräsident und Beauftragter für „writers in prison" (Austritt 1996); 1993–97 Kuratoriumsvorsitzender der LiteraturWERKstatt Berlin; 1992–94 Verwaltungsrat der VG WORT; 1997 Vorsitz des Autorenkreises der Bundesrepublik. Seit 2001 Arbeit am Projekt „Archiv unterdrückter Literatur in der DDR". Preise: 1991 Hörspielpreis Funkhaus Berlin, 1996 Hörfunkpreis Goldenes Kabel.

Veröffentlichungen u.a.: Risse im Eis, Roman (1989); Verlassenes Ufer, Prosa (1994); Stille. Nacht. Klirrende Fahnen, Hörspiel (1995); Erich Mielke. Ein deutscher Jäger, Funkfeature (1995); Sicherungsbereich Literatur – Schriftsteller und Staatssicherheit in der Deutschen Demokratischen Republik. Dokumentation, Berlin 1996; Utopia oder Nahschuss ins Hinterhaupt, Funkfeature (1997).

Dr. Jürgen Weber

Geboren 1944, Studium der Geschichte, Politikwissenschaft und Romanistik in Mainz und Straßburg, Dozent an der Akademie für Politische Bildung Tutzing.

Veröffentlichungen u.a.: Der Europarat und Osteuropa, Bonn 1972; Die Interessengruppen im politischen System der Bundesrepublik Deutschland, München/Stuttgart 2. Auflage 1981; Vergangenheitsbewältigung durch Strafverfahren? NS-Prozesse in der Bundesrepublik (hrsg. mit Peter Steinbach), München 1984; Datenschutz und Forschungsfreiheit (Hrsg.), München 1986; Die Republik der fünfziger Jahre. Adenauers Deutschlandpolitik auf dem Prüfstand (Hrsg.), München 1989; Die doppelte Eindämmung. Europäische Sicherheit und deutsche Frage in den Fünfzigern (hrsg. mit Rolf Steininger u.a.), München 1993; Geschichte der Bundesrepublik Deutschland (Hrsg.), 5 Bände, München 4. Auflage 1997; Der SED-Staat: Neues über eine vergangene Diktatur (Hrsg.), München 1994; Eine Diktatur vor Gericht. Aufarbeitung von SED-Unrecht durch die Justiz (hrsg. mit Michael Piazolo),

München 1995; Freundliche Feinde? Die Alliierten und die Demokratiegründung in Deutschland (hrsg. mit Heinrich Oberreuter), München 1996; Spionage für den Frieden? Nachrichtendienste in Deutschland während des Kalten Krieges (hrsg. mit Wolfgang Krieger), München 1997; Justiz im Zwielicht. Ihre Rolle in Diktaturen und die Antwort des Rechtsstaates (hrsg. mit Michael Piazolo), München 1998; 50 Jahre Soziale Mark(t)wirtschaft. Eine Erfolgsstory vor dem Ende? (hrsg. mit Peter Hampe), München 1999; Kleine Geschichte Deutschlands seit 1945, München 2002.

Dr. Stefan Wolle

Geboren 1950, Studium der Geschichte an der Humboldt-Universität in Berlin, bis 1989 Mitarbeiter der Akademie der Wissenschaften, Forschungen auf dem Gebiet der altrussischen Geschichte, Promotion zu den deutsch-russischen Wissenschaftsbeziehungen im frühen 19. Jahrhundert; 1989/91 Teilnahme an der Stasi-Auflösung, 1990/91 Mitarbeiter der Behörde des Bundesbeauftragten für die Stasi-Unterlagen (BStU) in Berlin, 1991–1996 Assistent an der Humboldt-Universität, 1996–1998 Stipendiat der DFG, 1998–2000 Referent in der Stiftung für die Aufarbeitung der SED-Diktatur, seit 2001 freier Mitarbeiter der Robert-Havemann-Gesellschaft in Berlin.

Veröffentlichungen u.a.: „Ich liebe euch doch alle!" Befehle und Lagebeberichte des MfS (hrsg. zus. mit Armin Mitter), Berlin 1990; Die Ohnmacht der Allmächtigen.Geheimdienste und politische Polizei in der modernen Gesellschaft (hrsg. zus. mit Armin Mitter und Bernd Florath), Berlin 1992; Untergang auf Raten. Unbekannte Kapitel der DDR-Geschichte (zus. mit Armin Mitter), München 1993; Der Tag X. Der 17. Juni 1953 in der deutschen Geschichte (hrsg. zus. mit Armin Mitter und Ilko-Sascha Kowalczuk), Berlin 1995; Die heile Welt der Diktatur. Herrschaft und Alltag in der DDR,

Berlin 1998; Roter Stern über Deutschland. Die Sowjetarmee in der DDR (zus. mit Ilko-Sascha Kowalczuk), Berlin 2001.